입재집

이 책은 2018~2019년도 정부(교육부)의 재원으로 한국고전번역원의 지원을 받아
수행된 '권역별거점연구소협동번역사업'의 결과물임.

This work was supported by Institute for the Translation of Korean Classics - Grant funded by the Korean Government.

한국고전번역원 한국문집번역총서 / 경북대학교 영남문화연구원

# 입재집 10

정종로 지음 김영옥 송희준 옮김

鄭宗魯

# 立齋集

## 일러두기

1. 이 책의 번역 대본은 한국고전번역원에서 간행한 한국문집총간 제253~254집에 실린 《입재집(立齋集)》으로 하였다. 번역 대본의 원문 텍스트와 원문 이미지는 한국고전종합DB(http://db.itkc.or.kr)에서 확인할 수 있다.
2. 내용이 간단한 역주는 간주(間註)로, 긴 역주는 각주(脚註)로 처리하였다.
3. 한자는 필요한 경우 이해를 돕기 위하여 넣었으며, 운문(韻文)은 원문을 병기하였다.
4. 맞춤법과 띄어쓰기는 한글 맞춤법과 표준어 규정을 따랐다.
5. 이 책에서 사용한 부호는 다음과 같다.

( ) : 번역문과 음이 같은 한자를 묶는다.

〔 〕 : 번역문과 뜻은 같으나 음이 다른 한자를 묶는다.

" " : 대화 등의 인용문을 묶는다.

' ' : " " 안의 재인용 또는 강조 문구를 묶는다.

「 」 : ' ' 안의 재인용을 묶는다.

『 』 : 「 」 안의 재인용을 묶는다.

《 》 : 책명 및 각주의 전거(典據)를 묶는다.

〈 〉 : 책의 편명 및 운문·산문의 제목을 묶는다.

□ : 글자의 자리를 비워둠을 나타낸다.

▨ : 마멸 또는 삭제된 원문 글자의 자리를 나타낸다.

## 차례



## 입재집 제38권

### 갈명碣銘

## 입재집 제39권

### 갈명碣銘

## 입재집 제40권

### 묘갈명墓碣銘

## 입재집 제41권

### 묘표墓表



### 묘지墓誌

## 입재집 제42권

### 묘표墓表

# 입재집

# 제38권

# 갈명 碣銘

# 갈명 碣銘

## 증 예조 참의 행 사간원 정언 송암 이공 묘갈명 병서
## 贈禮曹參議行司諫院正言松巖李公墓碣銘 並序

국가가 임진왜란을 당하였을 때 무릇 충(忠)을 떨치고 일어나 왜적을 토벌했던 사람들은 이루 헤아릴 수 없지만, 촉석루(矗石樓)의 삼장사(三壯士)는 더욱 세상에 드러났다. 이는 대개 학봉(鶴峯) 김 선생(金先生)의 시구(詩句)[1] 중에 있는 말이다. 이른바 '삼장사'에서 그 한 분은 학봉 선생 자신을 말한 것이고, 또 한 분은 대소헌(大笑軒) 조공(趙公)[2]이고, 또 한 분은 곧 송암(松巖)

**1** 학봉(鶴峯) 김 선생(金先生)의 시구(詩句) : 학봉 김성일(金誠一)이 임진왜란 때 진주성에서 왜병과 맞서 싸우다 비장한 감개를 노래한 시 〈촉석루일절(矗石樓一絶)〉이 있는데, 그 시는 "촉석루에 있는 세 장사, 한잔 술로 웃으며 장강 물을 가리키네. 장강 물은 도도히 흘러가니, 물결 다하지 않는 한 넋도 죽지 않으리.〔矗石樓中三壯士, 一杯笑指長江水. 長江之水流滔滔, 波不竭兮魂不死.〕"라고 하였다. 《龍蛇日錄》 《鶴峯集 卷2》 김성일(金誠一, 1538~1593)은 본관은 의성(義城), 자는 사순(士純), 호는 학봉이다. 퇴계(退溪) 이황(李滉)의 문인이다. 임진왜란 때 경상도 초유사로 임명되어 왜란 초기에 피폐해진 경상도 지역의 행정을 바로 세우고 민심을 안정시키는 데 기여하였으며, 전장에서 세상을 떠났다. 저서로는 《학봉집(鶴峯集)》이 있다.

**2** 대소헌(大笑軒) 조공(趙公) : 조종도(趙宗道, 1537~1597)를 가리킨다. 본관은

이공(李公)이다. 그 당시에 왜적이 대거 침입하고 노략질을 해서 영남(嶺南)이 가장 먼저 전쟁에 도륙이 되어 여러 진영이 와해되었고, 임금님의 행차는 이미 서쪽으로 피난하여 나라의 존망이 경각에 달려 있었다. 그런데 학봉 선생이 절월(節鉞)[3]을 잡고 오랑캐를 막아 우뚝함이 마치 지주(砥柱)[4] 같았고, 공과 조공(趙公)이 또 좌우에서 도와 왜적과 함께 살지 않겠다고 맹세하여, 동남 지역이 보장(保障)의 땅이 되게 하니 여기에 힘입어 더욱 견고하게 되었다. 그러므로 논하는 자들이 "장순(張巡)이 남제운(南霽雲), 허원(許遠)[5]과 함께했던 것과 같다."라고 말한다. 하지만 저 두

함안(咸安). 자는 백유(伯由), 호는 대소헌이며, 시호는 충의(忠毅)이다. 정여립(鄭汝立)의 모반에 연루되어 하옥되었다가 풀려나 의병 활동을 하였다. 정유재란 때 안의(安義)에서 전사하였다. 저서로는 《대소헌일고(大笑軒逸稿)》가 전한다.

**3** 절월(節鉞) : 안찰사가 가지고 다니던 부절(符節)이란 깃발과 부월(斧鉞)이란 도끼이다. 부월은 생살여탈권(生殺與奪權)을 상징한다. 당시에 학봉 김성일이 경상 우도 초유사(慶尙右道招諭使)를 맡고 있었다.

**4** 지주(砥柱) : 하남(河南) 삼문협(三門峽) 동북쪽 황하 가운데 있는 산 이름이다. 황하의 물결이 아무리 거세게 흘러도 이 산을 무너뜨리지 못하고 이 지점에 와서 갈라져 두 갈래로 산을 싸고 흐른다 하여, 난세에 지조를 지키는 선비를 비유하는 말로 쓰인다.

**5** 장순(張巡)이 남제운(南霽雲), 허원(許遠) : 당(唐)나라 현종(玄宗) 때 안녹산(安祿山)의 난이 일어났을 적에, 다른 성들은 모두 함락되었으나 장순, 남제운, 허원 등은 수양(睢陽)을 굳게 지켜 2년을 버티다가 성이 고립되고 원군이 이르지 않아 결국 식량이 떨어지고 사졸이 없어 성이 함락되어 사로잡히고 말았다. 그 전에 장순이 전투를 독려하면서 눈을 부릅떠서 눈자위가 찢어져 피가 흘렀고, 이를 악물어 이가 부서졌는데, 포로가 된 뒤에 안녹산의 당인 윤자기(尹子奇)가 장순의 입을 칼로 찢어서 보니 남아 있는 이가 서너 개뿐이었다. 장순이 죽으면서 말하기를, "나는 군부(君父)를 위해 의리로 죽지만 너희들은 역적에게 붙었으니 개돼지만 못하다. 어찌 오래 가겠느냐."라고 하였다. 《舊唐書 卷187 忠義列傳下》

사람은 그 충렬이 성대하기는 하나 어찌 유술(儒術)에 근본을 둔 공과 비교할 수 있겠는가.

그러나 불행하게도 학봉 선생은 중도에 갑자기 세상을 떠났고, 조공은 황석산성(黃石山城)[6] 전투에서 전사하였으니, 공은 마침내 함께할 수가 없어서 그 뜻을 다 펴지 못하였다. 하지만 수백 년이 지난 지금까지도 삼장사에 대한 시구를 외우며 당시의 일을 생각해 보면, 일찍이 팔을 걷어붙이고 머리털을 곤두세워 순국한 의로움을 우러러보지 않을 수 없다.

지금 공의 8세손 관화(觀華)가 유집(遺集)과 미수(眉叟) 허 문정공(許文正公)[7]이 찬술한 행장을 받들고 와서 나에게 보이며 공의 묘갈명을 구하였다. 사양하였지만 받아들여지지 않아서 삼가 아래와 같이 서술한다.

공은 휘가 로(魯)이고 자가 여유(汝唯)이고 송암(松巖)은 그 호이며 이씨(李氏)로 본관은 철성(鐵城)이다. 철성 이씨는 고려 때

**6** 황석산성(黃石山城) : 경상남도 안음현(安陰縣)의 황석산 봉우리와 계곡의 지형을 이용하여 쌓은 산성으로, 조선 초에 수축하였고 임진왜란 때에는 왜군과 큰 싸움이 벌어졌던 곳이다. 정유재란 때 왜군이 다시 침입하자, 당시 체찰사 이원익(李元翼)이 이 성은 영호남을 잇는 요새로 왜군이 반드시 노릴 것이라고 판단하고 인근의 주민들을 동원하여 지키도록 하였다. 그러나 조방장(助防將) 백사림(白士霖)이 성을 포기하자, 왜군이 난입하여 끝까지 싸우던 함양 군수 조종도(趙宗道)와 안음 현감 곽준(郭䞭)이 전사하였다.

**7** 미수(眉叟) 허 문정공(許文正公) : 허목(許穆, 1595~1682)을 가리킨다. 본관은 양천(陽川), 자는 문보(文甫), 화보(和甫), 호는 미수이며, 시호는 문정(文正)이다. 경사(經史)와 예학(禮學)에 밝았고 전서(篆書)와 문장(文章)에도 뛰어났다. 저서로는 《기언(記言)》이 있다.

시중(侍中)을 지낸 엄충(嚴冲)과 인충(麟冲)이 비로소 크게 현달하였고, 이후로 대대로 높은 벼슬하는 이가 이어졌다. 우군 총제(右軍摠制) 백(伯)에 이르러서는 의령(宜寧)에 살았다. 휘 을현(乙賢)에 이르렀으니 을현은 우리 조선 태조 때 소감(少監)에 제수되었으나 나아가지 않았는데, 이분이 공의 6세조이다. 증조는 휘가 문창(文昌)이니 부호군(副護軍)을 지냈다. 조부는 휘가 한(翰)이니 첨정(僉正)에 증직되었다. 고(考)는 휘가 효범(孝範)이니 인의(引儀)[8]를 지냈고, 비(妣)는 남평 문씨(南平文氏)이니 충숙공(忠肅公) 문극겸(文克謙)[9]의 후손 판관(判官) 문은(文垠)의 따님이다. 가정(嘉靖) 갑진년(1544, 중종39) 3월 모일에 공을 낳았다.

공은 영특하고 뛰어났으며, 젊어서부터 강개(慷慨)하여 지조와 절개를 지녔다. 문정공(文貞公) 조남명(曺南冥)[10]의 문하에 가서 배우기에 미쳐 그가 벽립천인(壁立千仞)[11]의 기상을 지녔음을 보고는

**8** 인의(引儀) : 통례원의 종6품직 관원으로, 행사에서 의식을 담당한다.

**9** 문극겸(文克謙) : 1122~1189. 자는 덕병(德柄)이다. 음사(蔭仕)로 관직에 나간 뒤 의종 때 과거에 급제하여 좌정언(左正言)이 되고, 수국사(修國史), 판병부사(判兵部事), 권판상서이부사(權判尙書吏部事) 등을 역임하였었다. 명종 묘정(廟庭)에 배향되었다.

**10** 조남명(曺南冥) : 조식(曺植, 1501~1572)으로, 본관은 창녕(昌寧), 자는 건중(楗中), 호는 남명이다. 어려서부터 학문을 연구하여 벼슬을 거절하고 은거하며 학문에만 힘썼다. 영의정에 증직되었다. 진주 덕천서원(德川書院), 김해 신산서원(新山書院) 등에 제향되었다. 저서로는 《남명집(南冥集)》이 있다.

**11** 벽립천인(壁立千仞) : 벼랑이 매우 깨끗하고 높음을 형용한 말인데, 인품이 고결하여 험난한 세파(世波)에 흔들리지 않고 의연히 절의를 지킴을 비유하는 말로 쓰였다. 이는 고개지(顧愷之, 345~406)가 왕연(王衍, 256~311)의 인품을 칭찬하여

더욱 분발하고 힘썼으며 세속의 영욕에 관심을 두지 않았다. 널리 묻고 잘 기억하였으며 역리(易理)와 병법을 깨달아 통달하였다.

갑자년(1564, 명종19)에 국자시(國子試)에 입격하였다. 기사년(1569, 선조2)에 소장을 올려, 을사사화 때의 충신은 신원하고 간사한 무리는 벌주길 청하였다. 갑신년(1584)에 봉선전 참봉(奉先殿參奉)에 제수되었다. 경인년(1590)에 문과에 급제하였으며, 최수우(崔守愚)[12]의 억울함을 추송(追訟)하는 소를 올렸다. 신묘년(1591)에 직장(直長)에 임명되었다. 당시에 왜국의 우두머리 풍신수길이 국서(國書)에 답하면서, 순리를 범하는 말이 있었다. 공은 소를 올려 엄하게 물리치기를 진달하였는데, 그 말이 매우 준엄하여 만 리 밖에 있는 왜적의 간담을 서늘하도록 하기에 충분한 점이 있었다.

임진년(1592)에 공은 서울에 있었는데, 변방의 급한 소식을 듣고서 대소헌(大笑軒) 조종도(趙宗道)와 함께 지름길로 남쪽으로 돌아와서 창의하여 왜적을 토벌하자고 약속하였고, 함양(咸陽)에 도착하여 김성일(金誠一) 선생을 뵈었다. 선생은 당시에 초유사

"드높은 고결함이 천 길 높이 우뚝 선 벼랑 같다.〔巖巖淸峙壁立千仞〕"라고 표현한 데서 비롯된 말이다. 《晉書 卷43 王衍列傳》 주희(朱熹)가 증자(曾子)에 대해 도통(道統)을 지키고 전수한 점을 높이 평가하면서 이 표현을 사용하였다. 《朱子語類 卷93 孔孟周程張子》

**12** 최수우(崔守愚) : 최영경(崔永慶, 1529~1590)을 가리킨다. 본관은 화순(和順), 자는 효원(孝元), 호는 수우당이며, 조식(曺植)에게 수학하였다. 1590년(선조23) 기축옥사가 일어나자 최영경은 유령의 인물 길삼봉(吉三峯)으로 무고를 받아 옥사하였다. 뒤에 복관되고 대사헌에 증직되었다. 저서로는 《수우당실기(守愚堂實記)》가 있다.

(招諭使)로서 마땅한 사람을 얻지 못해 근심하고 있었는데, 공을 보고서 크게 기뻐하며 "이는 하늘이 나를 돕는 것이다."라고 하고, 곧바로 공을 소모관(召募官)으로 차임(差任)하였다. 공이 위험을 무릅쓰고 여러 고을을 바쁘게 달리며 충의(忠義)로써 격려하자, 달아나 숨어 있던 사민(士民)들이 모두 감읍(感泣)하여 떨쳐 일어나 기꺼이 함께하니, 군성(軍聲)이 더욱 떨쳐졌다. 또 쌀 팔백 사십여 석을 모아 김면(金沔)[13] 군사의 군량으로 보태었다. 당시에 송암과 곽망우당(郭忘憂堂)[14] 같은 의병장 십여 명이 모두 힘을 합쳐 왜적을 막아 낙동강 서쪽 예닐곱 개 읍이 당일의 즉묵성(卽墨城)[15]이 되었는데, 공은 의병을 불러 모집한 공적이 많았다. 김성일 선생이 한 명 한 명 포상하는 장계를 올려 모두 관직을 임명받게 되었으니, 공은 전적(典籍)에 제수되었다.

**13** 김면(金沔) : 1541~1593. 본관은 고령, 자는 지해(志海), 호는 송암(松庵)이며, 조식(曺植)의 문인이다. 유일(遺逸)로 천거되어 공조 좌랑에 임명되었지만 나가지 않았다. 임진왜란이 일어나자 조종도(趙宗道), 곽준(郭䞭), 문위(文緯) 등과 함께 거창과 고령에서 의병을 일으켰다. 저서로는 《송암실기(松庵實記)》가 있다.

**14** 곽망우당(郭忘憂堂) : 곽재우(郭再祐, 1552~1617)를 가리킨다. 본관은 현풍(玄風), 자는 계유(季綏), 호는 망우당이며, 시호는 충익(忠翼)이다. 임진왜란이 일어나자 의령에서 의병을 일으켜 천강홍의장군(天降紅衣將軍)이라 불렸고, 정유재란 때는 창녕의 화왕산성(火旺山城)을 지켰다. 저서로는 《망우당집(忘憂堂集)》이 있다.

**15** 즉묵성(卽墨城) : 전국 시대 제(齊)나라의 성이다. 연(燕)나라가 제나라로 쳐들어가 제나라의 모든 성이 함락되고 즉묵성 하나만 남아 있었다. 그때 전단(田單)이 즉묵성에 있으면서 화우(火牛)를 이용해 한밤중에 연나라 군사를 쳐 승리를 거둔 뒤, 그 승세를 타고 삽시간에 제나라의 72개 성을 수복하여 거의 망해 가던 제나라를 재건하였다. 그리고 당시 거(莒) 땅에 피해 있던 양왕(襄王)을 맞이하여 임치(臨淄)로 들어갔다. 《史記 卷82 田單列傳》

계사년(1593)에 명나라 군대가 평양에서 크게 승리하여 이긴 기세를 타고 남은 왜적을 추격하여 바야흐로 남쪽으로 내려오고 있다는 소식을 듣고, 여러 막좌(幕佐)들이 모두 손뼉을 치고 축하하면서, 여러 고을에 명하여 대군을 맞을 준비를 하고 기다리게 하고자 하였다. 공이 "평양이 비록 회복되었으나 한양에는 강한 왜구가 아직도 가득한데, 명나라 군사가 갑작스레 도착하기를 지금 만약 이와 같이 한다면 간신히 남아 있는 백성들이 장차 감당할 수 없을 것입니다. 어찌 우선 변화의 추이를 보고서 대처하지 않겠습니까."라고 하였다. 김성일 선생도 마음으로 그렇다고 여기고, 곧장 공에게 명하여 가서 살펴보게 하니, 과연 그러하였다. 공이 왜장에게 격문을 보내 풍신수길이 하늘을 쏜[16] 죄를 낱낱이 따지고, 창을 돌려 그의 머리를 베어 오도록 하니, 그 말을 들은 사람들이 더욱 장하게 여겼다.

처음 공이 김성일 선생을 따라 진양성(晉陽城)에 들어갔을 적에 성은 이미 텅 비었고 사방에는 사람이 없었다. 공이 "할 수 있는 일이 없습니다."라고 하면서, 조종도와 함께 강물에 빠져 죽고자 하고, 선생에게도 함께하기를 강요하였다. 선생이 말하기를, "헛되이 죽는 것이 무슨 이익이 되겠습니까. 마땅히 힘을 다해 함께 회복하기를 도모하여야 합니다. 만약 나라를 구하지 못한다면

**16** 하늘을 쏜 : 원문은 '석천(射天)'으로, 무도한 왜구가 우리 군사에게 활을 쏜다는 말이다. 은(殷)나라 무을(武乙)이 무도하여 허수아비를 만들어 천신(天神)이라 하고 바둑을 두다가 천신을 대신한 사람이 지면 욕을 하고, 가죽 주머니에다 피를 담아 매달고는 올려다보며 활로 쏘면서 "하늘을 쏘았다."라고 한 데서 가져왔다. 《史記 殷紀》

그때 죽어도 늦지 않습니다."라고 하였다. 대개 선생의 시(詩)는 이때 지은 것이라고 한다. 공은 이에 왜적을 토벌하려는 의지를 더욱 굳건히 하여, 한결같이 오직 선생의 지시를 따라 준수하였고, 공이 계책을 세우면 선생도 또한 가상히 여겨 받아들였으니, 사민(士民)이 저장해 둔 곡식 수만 석을 찾아내어, 모두 기꺼운 마음으로 보낸 것이 또한 그 한 사례이다.

당시에 박대암(朴大庵)[17]은 정인홍(鄭仁弘)[18]의 막부에 참모가 없으므로 선생에게 요청하여 공을 보내자고 하였다. 공이 "나는 우리 공과 시작과 끝을 함께하기로 맹세하였는데, 지금 어찌 여기를 놔두고 다른 데로 갈 수 있겠습니까."라고 말하고서 끝내 가지 않았다. 얼마 되지 않아 선생이 역질에 걸려 세상을 떠났다. 공은 대암(大庵)과 함께 정성을 다하여 치료하고 간호하였고, 이어서 지리산 기슭에 임시로 장사를 지낸 뒤에 통곡하고 헤어졌다. 당시에 명나라 장수가 퇴각하면서 왜적과 강화를 맺으려 하였는데, 공이 편지를 보내 그 불가함을 절실히 말하였다. 가을에 형조 좌랑(刑曹佐郎)에 제수되었다.

**17** 박대암(朴大庵) : 박성(朴惺, 1549~1606)으로, 본관은 밀양(密陽), 자는 덕응(德凝), 호는 대암이다. 임진왜란이 일어나자 초유사 김성일의 참모로 종사하였고, 정유재란 때는 조목(趙穆)과 상의하여 의병을 일으켜서, 체찰사(體察使) 이원익(李元翼)의 막하에 들어갔다. 저서로는 《대암집(大庵集)》이 있다.

**18** 정인홍(鄭仁弘) : 1535~1623. 본관은 서산(瑞山), 자는 덕원(德遠), 호는 내암(萊庵)이다. 조식(曺植)을 사사(師事)하였고, 1573년 학행으로 천거되어 장령 등을 지냈으며, 임진왜란 때 합천에서 의병을 일으켜 공을 세웠다. 이이첨과 계축옥사를 일으켜 영창대군을 제거하고 서령 부원군에 봉해졌다. 좌의정, 영의정을 역임하였다. 인조반정으로 참형되었다. 저서로는 《내암집(萊庵集)》이 있다.

갑오년(1594)에 비안 현감(比安縣監)에 제수되었다. 을미년(1595)에 사간원 정언(司諫院正言)에 제수되었다. 무술년(1598) 2월에 졸(卒)했으니, 55세를 살았다. 의령현 소산(所山) 곤좌(坤坐) 언덕에 장사 지냈다. 영조조에 예조 참의(禮曹參議)에 증직되었다.

부인은 초계 정씨(草溪鄭氏)이니 장양공(莊襄公) 정준(鄭俊)의 증손 호군(護軍) 정위(鄭渭)의 따님으로, 후사가 없다. 측실에게서 낳은 딸이 있으니, 곽망우당(郭忘憂堂)의 부실(副室)이 되었다. 공의 조카 주부(主簿) 만승(曼勝)이 그 차자인 석귀(錫龜)에게 공의 제사를 받들라고 명을 남겼다. 석귀는 형윤(亨潤)을 낳았고, 형윤은 정한(挺漢)을 낳았으며, 정한은 광언(光彦)을 낳았고, 광언은 후만(垕晩)을 낳았으며, 후만은 항록(恒祿)을 낳았으니, 항록은 관화(觀華)의 고(考)이다.

오호라, 공은 빼어난 자질이 있는 데다 겸하여 평소에 포부도 지니고 있었다. 또 소헌(笑軒), 대암(大庵)과 함께 서로 친하게 벗으로 지냈으며, 평생 앙모하고 열복(悅服)한 사람은 남명 선생과 학봉 선생이었다. 이 때문에 기사년(1569, 선조2)과 경인년(1590, 선조23)의 두 상소문은 이미 남들이 말하기 어려운 바를 말한 것이었다. 임진년과 계사년 간에 이르러서는 일에 앞서 벌모(伐謀)의 계책을 올리고, 난리에 임해서 적개심의 노고를 바쳐 회복(恢復)의 바탕을 도모한 것에는 그 빛나고 빛나는 충정이 바로 일월과 더불어 광명을 다툴 만하다. 오호라, 장하도다. 이것이 과연 근본하는 바가 없이 그럴 수 있는 것이겠는가. 그때 만약 공이 학봉 선생을 잃지 않고 끝까지 함께했더라면, 우뚝하게 수립한 공로가 당연히 여기에 그치지 않았을 텐데, 다시는 자신을 알아줄 사람에게 쓰이지 못했으니 어찌하랴. 공의 시문(詩文)은 병화에 잃어버려 단지 이 몇 권만 남았고, 혈육마저 세대를 전하는 이가 없으니, 하늘이 공에게 보답하여 베푸는 것이 또 유감스러울 뿐이다. 명은 다음과 같다.

세상 사람들이 "영남이 곧 우리나라의 진양[19]이다."라고 이르는 것이 잘못인가. 시험 삼아 촉석루 아래의 긴 강물을 보라. 만고토록 흐느끼며 무궁하게 흐르나니, 무릇 충혼이 죽지 않은 것이 모두 이와 같음을 알 수 있다. 나는 여기에서 또 오직 공만을 위해 탄식하는 것은 아니라네.

世謂嶺南卽我國之晉陽者非耶 試看矗石樓下長江水 萬古嗚咽無窮期 則凡忠魂之不死者皆若是 可知已 吾於此 又不獨爲公唏也

**19** 진양(晉陽) : 국가가 위급할 때 대피할 수 있는 보장지(保障地)를 가리킨다. 전국 시대 초기에 조간자(趙簡子)가 일찍이 윤탁(尹鐸)을 진양(晉陽)에 부임시켜 관대한 정치로 민심을 무마시켜 놓았는데, 뒤에 조간자의 아들 양자(襄子)가 지백(智伯)에게 쫓기게 되자, 장자(長子)가 가깝고 성이 튼튼하니 그곳으로 피하자는 신하의 말을 듣지 않고, 진양으로 들어가 회복의 터전을 삼고 결국에는 승리를 거두었던 고사에서 가져왔다.《國語 卷15 晉語9》

# 익위사 세마 도암 유공 묘갈명 병서

翊衛司洗馬道巖柳公墓碣銘 並序

고(故) 익위사 세마(翊衛司洗馬) 증 사헌부 장령(贈司憲府掌令) 도암(道巖) 유공(柳公)이 세상을 떠난 지 거의 수백 년이 되었지만, 묘도(墓道)에 아직도 드러내 새긴 비석이 없다. 그 7대손 유홍조(柳鴻祚)가 바야흐로 돌을 마련하여 비를 세우려고 공의 계씨(季氏) 수암(修巖) 선생[20]이 지은 공의 제문(祭文)과 기록한 유사(遺事)를 받들어 와서 나에게 보이며 말하기를, "공은 연대(年代)가 이미 오래되었고, 중간에 또 화재를 겪어서 징험할 만한 사적이 오직 이러할 뿐입니다. 원컨대 집사께서 여기에 근거하여 한마디 말을 해 주십시오."라고 하였다. 나는 사양하였지만 받아들여지지 않아서 그 글을 고찰해 보니 다음과 같은 말이 있었다.

"공은 타고난 성품이 효성스럽고 우애로웠으며 동배들 중에 매우 뛰어났고, 가정에서는 사람들이 이간하는 말이 없었다. 믿음으로써 붕우를 대하였고, 예(禮)로써 향당(鄕黨)에게 처하였다. 사람을 이롭게 하고 남을 구제할 마음을 지녔고, 자신을 잊고 나라에 충심(忠心)을 바칠 뜻을 지녔으며, 아홉 번 죽더라도 변치 않

20 수암(修巖) 선생 : 유진(柳袗, 1582~1635)을 가리킨다. 본관은 풍산(豐山), 자는 계화(季華), 호는 수암이다. 경술년(1610, 광해군2) 사마시에 급제하여 합천 군수, 청도 군수, 형조 정랑 등을 역임하였다. 저서로는 《수암집(修巖集)》이 있다. 《수암집》 권3에 〈제중형세마공문(祭仲兄洗馬公文)〉과 〈백중양형유사(伯仲兩兄遺事)〉가 있다.

는 절조를 지녔고, 천 길 절벽이 서 있는 듯한 기상을 지녔다. 자질은 얽히고설킨 어려운 일을 해결하기에 충분하였고, 식견은 향기로운 풀과 악취 나는 풀을 구분하듯 군자와 소인을 분별하기에 충분했지만, 깊이 감추어 마치 빈 듯이 있으며 스스로 표출해 드러내지 않았고, 무리들을 포용하는 도량[21]이 있어서 사람들이 그 경지를 헤아릴 수 없었다."[22]

또 다음과 같은 말이 있었다.

"강직하고 굳세며 준엄하고 단정하며, 공변되고 분명하며 자애롭고 어질었으니, 굳세어서 범하기 어려운 기색을 지녔지만 화평함으로 조화시키고, 확실하여 뽑지 못할 뜻을 지녔으나 학문(學問)으로 보완하였다. 남의 선행을 보면 비록 품팔이나 걸인 같은 미미한 사람일지라도 마치 지초 난초처럼 좋아하였고, 남의 악행을 들으면 비록 조맹(趙孟)의 귀함[23]일지라도 마치 원수처럼 끊어버렸다."[24]

아, 여기에서 충분히 공의 대략을 볼 수 있으니, 백세토록 미덥

21 포용하는 도량 : 원문은 '휴휴(休休)'이니, 마음이 아름다운 모습으로, 남을 포용하는 도량을 뜻한다. 《서경(書經)》 〈진서(秦誓)〉에 "그 마음이 아름다워 남을 포용함이 있는 듯하다.〔其心休休焉, 其如有容焉.〕"라고 한 데서 나왔다.

22 공은 타고난……없었다 : 이는 《수암집(修巖集)》 권3 〈제중형세마공문(祭仲兄洗馬公文)〉에 실려 있는 말이다.

23 조맹(趙孟)의 귀함 : 조맹(趙孟)은 진(晉)나라의 경(卿)으로 높은 관직에 있는 사람이다. 맹자가 "조맹이 귀하게 해 준 것은 조맹이 천하게 할 수 있다.〔趙孟之所貴, 趙孟能賤之.〕"라고 한 말에서 가져왔다. 《孟子 告子上》

24 강직하고……버렸다 : 이는 《수암집(修巖集)》 권3 〈백중양형유사(伯仲兩兄遺事)〉에 실려 있는 말이다.

게 전할 글이 여기에 더 보탤 것이 있겠는가. 그러나 나도 또한 감동한 점이 있었다. 공은 곧 서애(西厓) 선생 문충공(文忠公)[25]의 중자(仲子)이다. 문충공은 하늘이 낳은 대현(大賢)으로, 도산(陶山 퇴계 이황)의 학통을 이을 수 있어서 출사(出仕)해서는 망하려는 사직(社稷)을 보존하였고, 물러나서는 후세의 학문을 무궁하게 열었다. 이는 전대의 훌륭한 공적이 배태(胚胎)했던 것이고 전아한 가르침에 젖고 물든 것이었으니, 진실로 공 같은 사람이 이런 가정에서 나오는 것이 마땅하다. 그러나 오직 어찌하여 시대를 잘 만나지 못하고 또 연수(年壽)도 누리지 못하였으며, 단지 한 세마(洗馬)로서 생을 마쳤던가. 이것이 이미 천도(天道)를 알 수가 없는 점이다. 그리고 수암(修巖)이 횡액에 걸려 붙잡혀 갇혔을 때, 공은 혈심(血心)으로 애가 탔고 지극한 정성으로 구원하기를 도모하면서, 그 형체가 나누어지고 몸이 위태로워지는 것도 스스로 알지 못하였으니, 비록 귀신이라도 감동하기에 충분한 점이 있었다. 그러나 곧 끝내 중도(中道)에 서울 집에서 세상을 떠났으니, 저 조물주가 인자하지 않음이 또한 심하도다. 그러나 다행히도 수암 선생 같은 어진 계씨(季氏)가 있었으니, 그가 드러낸 몇 줄의 말은 지금과 후세에 무궁하게 징험하기에 충분한데, 내가 다시 무엇을 더 보탤 수 있겠는가. 마침내 살펴보고 위와 같이 쓰고, 이어서 그 아래에 세계(世系)와 자손(子孫)을 기록한다.

**25** 서애(西厓) 선생 문충공(文忠公) : 유성룡(柳成龍, 1542~1607)을 가리킨다. 자는 이현(而見), 호는 서애이며, 시호는 문충이다. 이황(李滉)의 문인이다. 저서로는 《서애집(西厓集)》, 《징비록(懲毖錄)》 등이 있다.

공은 휘가 단(褍)이고 자가 숙정(叔整)이며 유씨(柳氏)이다. 유씨는 본관이 풍산(豐山)으로, 고려 시대에 드러났다. 조선조에 들어와 휘 자온(子溫)이 있으니 진사(進士)에 급제하였고 이조판서(吏曹判書)에 증직되었다. 그 아들은 휘가 공작(公綽)이니 군수(郡守)를 지냈고 좌찬성(左贊成)에 증직되었다. 그 아들은 휘가 중영(仲郢)[26]이고 호가 입암(立巖)이니 황해도 관찰사를 지냈고 영의정(領議政)에 증직되었다. 이분이 휘 성룡(成龍)을 낳았으니, 곧 공의 고(考) 문충공(文忠公)으로, 영의정을 지냈고 풍원 부원군(豐原府院君)에 봉해졌다. 비(妣) 정경부인(貞敬夫人)은 전주 이씨(全州李氏)이니 현감(縣監)을 지낸 이경(李坰)의 따님이다.

공은 만력(萬曆) 경진년(1580, 선조13) 10월 모일에 태어났다. 기유년(1609, 광해1)에 국자시(國子試)에 입격하였고, 천거되어 익위사 세마(翊衛司洗馬)에 제수되었다. 도암(道巖)은 그 자호이다. 임자년(1612) 5월 모일에 졸(卒)하였으니 33세를 살았다. 그 뒤에 사헌부 장령(司憲府掌令)에 증직되었다. 묘소는 안동(安東) 서선면(西先面) 사향(巳向) 언덕에 있다. 부인은 서원 정씨(西原鄭氏)이니 판결사(判決事) 정사신(鄭士信)의 따님이고, 공의 묘에 부장하였다.

사자(嗣子)는 직장(直長) 백지(百之)이고, 딸은 박선(朴璿)에게 시집갔다. 직장 백지의 아들은 장하(章河), 석하(錫河), 창하

**26** 중영(仲郢) : 유중영(柳仲郢, 1515~1573)으로, 자는 언우(彦遇), 호는 입암이다. 1540년(중종35) 문과에 급제하고, 황해도 관찰사〔海西伯〕, 정주 목사, 예조 참의, 경연관 등을 역임하였다. 저서로는 《입암집(立巖集)》이 있다.

(昌河), 응하(應河)이니 모두 통덕랑(通德郎)을 지냈다. 장하의 아들은 후빈(後賓), 후승(後升), 후인(後寅)이다. 석하의 사자(嗣子)는 후열(後說)이다. 창하의 사자는 후승이다. 응하의 아들은 양자로 나간 후열과 후기(後夔), 후인(後演)이다. 후빈의 아들은 성천(聖天)이고, 성천의 아들은 주(霔)이고, 주의 아들은 완춘(完春)이고, 완춘의 아들은 홍조(鴻祚)이다. 홍조는 곧 나에게 묘갈명을 요구한 자이다. 명은 다음과 같다.

| | |
|---|---|
| 공이 지닌 지극한 성품과 고고한 행실 | 公之有至性高行 |
| 그리고 우뚝한 절개와 특별한 재주는 | 卓節奇才 |
| 무릇 세상에 수암의 글을 읽는 사람이면 | 凡世之讀修巖書者 |
| 이를 알지 못함이 없으리니 | 無不知之 |
| 또한 어찌 비석을 세울 게 있겠는가 | 亦奚用立石爲哉 |
| 단지 공의 묘도를 표시하기 위하여 | 只爲表公之阡 |
| 그 말을 드러내 새기니 | 顯刻其辭 |
| 후인들이 여기서 숭상하고 본받으리라 | 後之人尙式于玆 |

## 통정 대부 행 강계 부사 인동 장공 묘갈명 병서
通政大夫行江界府使仁同張公墓碣銘 並序

공은 휘가 진(瑱)이고 자가 군옥(君玉)이며 호가 모암(茅庵)으로 옥산 장씨(玉山張氏)이다. 상세(上世)에는 고려 때 집현전 대제학(集賢殿大提學) 계(桂)와 예문관 제학(藝文館提學) 비(備)가 있었고, 조선조에 들어와 옥산군(玉山君) 안량(安良)이 있다. 안량의 아들 말손(末孫)은 적개공신(敵愾功臣)으로, 연복군(延福君)에 봉해졌고 이조 판서에 증직되었으며 시호는 안양(安襄)이다. 그 아들 맹우(孟羽)[27]는 교리(校理)의 지위로 김안로(金安老)[28]를 거슬러 관직을 크게 하지 못하였으니, 이분이 공의 5세조가 된다. 고조는 휘가 응필(應弼)이니 적순 부위(廸順副尉)를 지냈다. 증조는 휘가 세희(世禧)이니 사마(司馬)를 지냈다. 조는 휘가 여핵(汝翮)이다. 고(考)는 휘가 원경(元慶)이고, 비(妣)는 안동 권씨(安東權氏)이니 판관(判官) 권순각(權純慤)의 따님으로, 숭정(崇禎) 을해년(1635, 인조13) 9월 모일에 공을 낳았다.

공은 어릴 때부터 뛰어나고 총명하였다. 《소학(小學)》을 수업

**27** 맹우(孟羽) : 1470~1511. 자는 익지(翼之)이다. 유사(遺事)에 "홍문관 교리가 되었는데 성대하게 시망이 있었다. 그러나 김안로에게 미움을 받아 좌천되어 황해도 도사가 되었는데, 해주 관사에서 졸하였다. 당시는 정덕 6년 신미일이니 향년이 42세였다."라는 말이 있다. 《茅庵集 卷三 遺事 五代祖考弘文館校理府君遺事》

**28** 김안로(金安老) : 1481~1537. 본관은 연안(延安), 자는 현숙(賢淑), 호는 희락당(希樂堂)이다. 영의정을 지냈다. 저서로는 《희락당고(希樂堂稿)》가 있다.

받고는 곧 어버이를 사랑하고 어른을 공경할 줄 알았고, 고인(古人)의 가언(嘉言)과 선행(善行)을 흠모하여 베껴 적어서 암송하며 본받고자 하였다. 15세에 여러 아이들과 앞 개울에서 목욕할 때, 장령(掌令) 이래(李崍)[29]가 부르는 운자에 말로 응대하여 이르기를, "만약 더러운 먼지가 오장 안에 생기게 되면, 곧장 배를 갈라 동으로 흐르는 물에 부치게 하겠노라."[30]라고 하였다. 비록 어버이를 위하여 과거 시험에 응시하기는 했지만 벼슬에 나아가기를 도모할 뜻이 전혀 없었다. 을사년(1665, 현종6)에 전시(殿試)에 합격하여 승문원에 들어갔다. 경술년(1670)에 황산 승(黃山丞)이 되었고, 몇 달 되지 않아 아버지 상(喪)을 당하였다. 상기를 다 마치고 성현 승(省峴丞)이 되었는데, 우인(郵人)이 동비(銅碑)를 세워 칭송하기를, "우리 후(侯)의 덕은 얼음처럼 맑고 옥처럼 깨끗하다."라고 하였다.[31]

정사년(1667, 숙종3)에 병조 정랑(兵曹正郎)을 거쳐 영암 군수

**29** 장령(掌令) 이래(李崍) : 1588~?. 본관은 진성(眞城), 자는 언첨(彦瞻), 호는 주봉(柱峯)이다.

**30** 만약……하겠노라 : 박주종(朴周鍾)이 지은 공의 행장에 "주봉 이래가 부르는 운자에 말로 응대하여 '온 몸에 십오 년 묵은 때를, 7월 가을 맑은 강물에 다 씻으리. 만약 더러운 먼지가 오장 안에 생기게 되면, 곧장 배를 갈라 동으로 흐르는 물에 부치게 하겠노라.' 했다.〔應口對李柱峯崍呼韻曰全身十五年前累, 洗盡淸江七月秋. 若使垢塵生五內, 直令刳腹付川流.〕"라고 하였다. 《茅庵集 卷4 附錄 行狀》

**31** 우인(郵人)이……하였다 : 행장에 "역졸을 어루만짐에 방도를 두었고 춘추에 항상 미포의 반을 거두었다. 기관을 세우고 자신이 물품 값을 주고, 또 봉급을 나누어 우인이 서울에 갈 때 양자를 대비하였으니, 모두 전에 없었던 것이다. 역민이 추사하여 동에 새겨서 칭송하였다."라고 하였다. 《茅庵集 卷4 附錄 行狀》

(靈巖郡守)가 되어서는 잘 다스린다는 것으로 이름이 났다. 오래지 않아 어머니 상(喪)을 당하여 고향으로 돌아왔다. 상기를 다 마치고 직강(直講)에 임명되었고, 정언(正言)으로 전직되었으나 나아가지 않았다. 얼마 있다가 지평(持平)으로 옮겼다.

신유년(1681)에 외직으로 나가 진주 목사(晉州牧使)가 되었는데, 적곡(糴穀)[32]을 공평하게 하고 세금을 고르게 하였으며 유학(儒學)을 공부하도록 권장하였으니, 고을이 크게 다스려졌다. 도백(道伯)이 "관리는 빙벽(氷蘗)처럼 깨끗하고, 백성들은 기름지게 산다."라는 것으로 조정에 알렸다. 얼마 있다가 공을 좋아하지 않는 자의 모함에 엮이어 파직되었다. 돌아오기에 미쳐 곧 부인의 상(喪)을 당하였는데 옷장에는 염습할 수 있는 수의가 없었다.

계해년(1683)에 제용감 정(濟用監正) 및 봉상시 정(奉常寺正)이 되었다. 갑자년(1684)에 외직으로 나가 울산 부사(蔚山府使)가 되었는데 바닷가 백성들이 부모로 일컬었다. 마침 병사(兵使)와 더불어 서로 의견이 맞지 않은 점이 있어서, 감사(監司)가 전례에 따라 파직의 장계(狀啓)를 올려 "잘 다스렸는데, 매우 애석히 여길 만합니다."라고 하니, 임금께서 특별히 유임시키라고 명하셨다. 그 뒤에 감사가 또 공의 맑은 풍모와 검소한 덕 그리고 탐관을 청렴하게 하고 탁류를 몰아낸[33] 것으로 임금께 알렸다.[34]

**32** 적곡(糴穀) : 곡식이 귀할 때에 백성에게 꾸어 주었다가 수확 후에 받아들이는 관곡(官穀)을 말한다. 10분의 1의 이식을 붙여 받는 것이 상례(常例)이다. 조적곡(糶糴穀), 환자곡〔還上穀〕이라고도 한다.

**33** 탁류를 몰아낸 : '격탁양청(激濁揚淸)'에서 온 말로, 탁류(濁流)를 밀어 내보내고 청류(淸流)를 끌어올린다는 뜻이니, 악을 제거하고 선을 장려하는 것을 말한다.

기사년(1689)에 봉상시 정(奉常寺正)에서 승문원 판교(承文院判校)로 임명되었으나 나아가지 않았다. 경오년(1690)에 영천 군수(永川郡守)가 되었다. 마침 그해에 크게 흉년이 들었는데, 공은 편의책(便宜策)으로 백성들을 구휼하여 굶주리고 병들어 죽는 이가 없게 하였으니, 백성들이 노래를 하였다. 계유년(1693)에 장령(掌令)으로 승진하였다. 얼마 있다가 장악원 정(掌樂院正)에서 강계 부사(江界府使)로 제수되었으나 나아가지 않았다.

갑술년(1694)부터는 구원(丘園)에서 여유롭게 노닐며 산수(山水)를 사랑하고 좋아하면서 이름난 이들과 함께 글 짓고 읊는 것을 즐거움으로 삼았다. 정해년(1707) 3월 모일에 졸(卒)하였으니, 73세를 살았다. 임종 때 청검(淸儉), 신의(信義), 신묵(愼默), 겸공(謙恭) 여덟 글자를 네 개의 첩에 손수 써서 네 아들에게 나누어 주고 보배롭게 지키도록 하였다. 축산현(竺山縣) 동쪽 오복(五福) 병향(丙向) 언덕에 장사 지냈다.

공은 성품이 효성스럽고 우애로웠다. 병이 드신 부모님을 모시며 간호할 때, 약을 달이고 미음을 끓이매 반드시 손수 자신이 마련해서 부모님께 드렸다. 상(喪)을 당하여서는 몸을 상함이 예제

"천하가 혼란하자 구설로 바로잡아 인물을 포폄하고 악을 제거하고 선을 장려하려 하였다.〔四海橫流, 而欲以口舌救之, 臧否人物, 激濁揚淸.〕"라고 한 말에서 가져왔다. 《資治通鑑 卷56 漢紀四十八》

**34** 감사(監司)가……알렸다 : 행장에 "방백 윤지완이 계를 올려 '상하 관의 사체가 서로 용납하기 어려운 점이 있습니다. 장진이 고을을 잘 다스렸는데, 또한 매우 애석할 만한 것입니다.' 하였다.……임금이 '파직하지 말고 유임시키라.'라고 명하였다." 라고 하였다. 《茅庵集 卷4 附錄 行狀》

(禮制)를 넘었다. 역병에 걸린 백씨(伯氏)를 앞장서서 구제하였는데, 병소(病所)에서 거처한 것이 전후로 몇 달이었지만 끝내 전염되지 않았으니, 사람들이 유곤(庾衮)[35]으로써 공을 비유하였다. 종족(宗族)에게 화목하였으니 재물을 씀에는 네 것 내 것이 없었고, 구휼을 할 적에는 미치지 못하는 듯이 하였다. 족인이 죽어 장사를 지낸다는 소식을 들으면 비록 소원하고 비천한 사람일지라도 반드시 고기를 먹지 않았다. 불의(不義)를 보면 마치 장차 더렵혀질까 염려하였다.

공은 충심과 사랑을 하늘로부터 타고났으니, 현종(顯宗)의 상(喪)에 곡함이 너무 애달팠고, 국장(國葬) 일이 지났는데도 여전히 소식(素食)을 하다가 거의 병이 들 지경이었으며, 조정에서 여러 신하에게 연회를 베풀어 주었다는 소식을 듣고 나서야 이에 고기를 내와 맛보았다. 일찍이 만언(萬言)의 소(疏)를 지어 나라를 보장(保障)하는 계책을 자세히 진술하였으나, 집정인이 이를 들어줄 만한 사람이 아니라며 올리지는 않았다. 백성에게 임해서는 공평하고 청렴하며 부지런하고 삼감을 한결같이 하였다. 일찍이 책상 위에 글을 적어 "무릇 사송(詞訟)에 관계되는 일에 만약 사사로운 청탁을 따른다면 하늘의 해가 위에 있으니 재앙이 반드시 미칠 것이다."라고 하였다.

**35** 유곤(庾衮) : 진(晉)나라 사람으로, 효성과 우애가 독실하였다. 대역(大疫)으로 두 형이 죽고 둘째 형 비(毗)가 또 병이 위중하였는데, 가족들이 모두 전염될 것을 염려하여 집 밖에 나가서 지냈으나 유곤은 형 곁에서 밤낮으로 잠도 자지 아니하고 몸소 간호하여 형의 병을 낫게 하였으며, 그 와중에도 죽은 형들의 관(棺)을 어루만지며 거애(擧哀)하는 예(禮)를 쉬지 않았다. 《晉書 卷88 庾衮列傳》

대개 공은 타고난 성품이 개제(愷悌)하고 고상한 뜻이 고고(高古)하였다. 이를 갈 나이의 어릴 때부터 성현(聖賢)의 글에 잠심하여 이(理)와 의(義)를 찾아 연구하였고 장구(章句)를 외는 말단은 일삼지 않았으며, 〈경재잠(敬齋箴)〉, 〈좌우명(座右銘)〉, 〈성학십도(聖學十圖)〉 등과 같은 글을 거처하는 곳마다 방의 벽에 걸어 놓고서 보고 반성하는 자료로 삼았다. 더욱이 '주자서(朱子書)'를 좋아하였으니, 비록 공무(公務) 중이라 할지라도 틈만 나면 잠심하여 완미하였다. 대저 이와 같이 하였으니, 그 행한 일에 드러난 것이 어찌 우뚝이 뛰어나고 밝게 빛남이 저와 같지 않을 수 있겠는가. 저술한 시문(詩文) 및 일기(日記) 약간 권이 집에 보관되어 있다.

부인은 함양 박씨(咸陽朴氏)이니 학생(學生) 박광(朴爌)의 따님으로, 맑은 덕을 지녔고 2남 3녀를 낳았다. 아들은 명걸(命杰)과 대걸(大杰)이고, 딸은 권양(權㒒), 김비연(金斐然), 현감(縣監) 유성화(柳聖和)에게 시집갔다. 계배(繼配)는 함양 박씨(咸陽朴氏)이니 박세준(朴世駿)의 따님으로, 2남 1녀를 낳았다. 아들은 계걸(繼杰)과 창걸(昌杰)이고, 딸은 신명귀(申命龜)에게 시집갔다. 명걸은 4남 1녀를 두었으니, 아들은 종서(宗瑞), 종보(宗輔), 종로(宗老), 종의(宗義)이고, 딸은 조집규(趙執圭)에게 시집갔다. 대걸은 1남 2녀를 두었으니, 아들은 종만(宗萬)이고, 딸은 황석항(黃錫恒), 진사 이민적(李敏廸)에게 시집갔다. 계걸은 아들 하나를 두었으니 종협(宗協)이다. 창걸은 1남 3녀를 두었으니, 아들은 종재(宗載)이고, 딸은 하세청(河世淸), 송지옥(宋之玉), 권지언(權之彦)에게 시집갔다. 나머지는 기록하지 않는다.

공의 현손(玄孫) 우권(宇權)이 가장(家狀)을 가지고 와서 나에게 공의 묘갈명을 부탁하였는데, 사양하였지만 받아들여지지 않아서 삼가 위와 같이 차례하여 쓰고, 이어서 다음과 같이 말한다.

| | |
|---|---|
| 진덕(進德) 수업(修業)한 의지는 | 進修之志 |
| 시종을 관통하여 변함이 없었고 | 貫終始無變 |
| 청렴(淸廉) 결백(潔白)한 지조는 | 淸白之操 |
| 표리를 통철하여 한결같았다네 | 徹表裏如一 |
| 행실과 다스림이 우뚝 뛰어나서 | 行治卓絶 |
| 세상에 그 짝할 사람이 드무니 | 世罕其匹 |
| 공이 이미 땅속에 묻혔다 말하지 마오 | 莫謂公已掩於土中 |
| 남긴 향기 오랜 세월 다하지 않으리니 | 遺芬曠百世不歇 |

## 무송 손공 묘갈명 병서

撫松孫公墓碣銘 竝序

진양(晉陽) 하군(河君) 경현(景賢)이 고을 사림(士林)의 의논에 따라 무송(撫松) 선생 손공(孫公)의 유사(遺事)를 받들고 와서 나에게 보이고 그 묘갈명을 구하며 "선생은 대각서원(大覺書院)[36]에 제향된 지 이미 백여 년이 되었습니다. 그러나 선생은 후사가 없고 사적(事蹟) 또한 흩어져 전하지 않아, 그 졸년(卒年) 및 배씨(配氏)가 모두 상세한 것이 없습니다. 오직 장지(葬地)만이 진주 수곡리(水谷里) 장박동(長朴洞) 간좌(艮坐) 등성에 있습니다. 저어컨대 백세 뒤에 우거진 풀에 묻혀 찾지 못할까 하는 근심이 있습니다. 지금 장차 비석을 세워 표시하려 하니, 어찌 한마디 말을 하여 드러내 새길 수 있게 하지 않으시겠습니까."라고 하였다. 나는 이 말을 듣고 슬퍼하면서 마침내 대략 그 행적과 치적을 다음과 같이 기록한다.

공은 휘가 천우(天佑)이고 자가 군필(君弼)이며 무송(撫松)은 그 호이다. 손씨(孫氏)는 신라 때 효자 손순(孫順)을 시조로 하니, 아이를 묻다가 종을 얻은 기이함[37]이 있었던 일이 《고려사(高

**36** 대각서원(大覺書院) : 경상남도 진주시 수곡면 사곡리에 있고, 1610년(광해군 2) 지방 유림의 공의로 하항(河沆), 손천우(孫天佑), 김대명(金大鳴), 하응도(河應圖), 이수(李壽), 유종지(柳宗智), 하수일(河受一)의 학문과 덕행을 추모하기 위해 창건하여 위패를 모셨다. 선현 배향과 지방 교육의 일익을 담당하여 오던 중 흥선대원군의 서원철폐령으로 훼철되었다가 1947년 지방 유림에 의하여 복원되었다.

麗史)》에 실려 있다. 조선조에 들어와 휘 약수(若水)가 있으니, 약수는 사명(使命)을 받들어 명나라 태조에게 조회 가서 큰 공훈을 세웠고, 돌아와서 재상의 질직에 승진하였다. 4세 뒤에 휘 광후(光後)가 있으니 참봉(參奉) 벼슬을 하였고, 현감(縣監) 유만정(柳萬禎)의 따님에게 장가들어 만력(萬曆) 병신년(1536, 중종31)[38]에 공을 낳았다.

공은 품부받은 재주가 보통 사람보다 뛰어났다. 장성해서는 남명(南冥) 조 문정공(曺文貞公 조식(曺植))의 문하에서 공부하여 《소학(小學)》, 《근사록(近思錄)》과 '성리서(性理書)' 등을 읽었는데, 최수우(崔守愚), 하각재(河覺齋)[39] 등 제현(諸賢)들과 서로 강론 연마하면서 한결같이 위기지학(爲己之學)에 뜻을 두니, 문정

**37** 아이를……기이함 : 손순(孫順)은 모친을 봉양하기 위하여, 할머니의 밥을 빼앗아 먹는 손자인 자기 자식을 산에 데려가 파묻으려다가 석종(石鐘)을 발견하여 아들을 묻지 않고 석종을 가지고 집에 돌아왔다. 종소리가 대궐까지 들렸고 자초지종을 알게 된 흥덕왕은 손순의 효성에 감동하여 집 한 채와 해마다 메벼 50석을 내렸다는 고사가 있다. 출전은 《삼국유사(三國遺事)》 권5 〈효행(孝善) 손순매아(孫順埋兒) 흥덕왕대(興德王代)〉이다. 저본에는 뒤 문장에 "여승(麗乘: 《고려사(高麗史)》)"이라고 하였으나, 《고려사》에는 보이지 않으니, 아마 오류인 듯하다.

**38** 만력(萬曆) 병신년(1536, 중종31) : 저본에는 융경(隆慶)으로 되어 있는데, 융경은 명나라 목종(穆宗)의 연호로, 1567년에서 1572년까지이다. 그런데 융경 연간에는 병신년이 포함되어 있지 않고, 연대로 보아 손천우와 잘 맞지 않는다. 그 스승 조식(曺植, 1501~1572)과 붕우들의 생몰 연대를 참고해 보면 만력(萬曆) 연간의 병신년(1536, 중종31)으로 짐작되므로 이를 근거로 수정하였다.

**39** 하각재(河覺齋) : 하항(河沆, 1538~1590)을 가리킨다. 본관은 진주(晉州), 자는 호원(灝源), 호는 각재, 내복재(來復齋)이다. 경남 진주에 거주하였다. 대각서원에 제향되었다. 저서로는 《각재집(覺齋集)》이 있다.

공이 기특하게 여겼다. 문정공이 병석에 있을 때 일찍이 손수 기록한 '사상례절요(士喪禮節要)'[40]를 공과 하각재에게 주고서 상(喪)을 치르도록 하였었다. 공은 심상(心喪) 3년을 복행하였다.

공은 타고난 본성이 지극히 효성스러웠다. 부모님의 병이 심해지자 두 번 다 손가락을 잘라 피를 드시게 하였다.[41] 장례를 지내고 나서는 여묘살이를 하면서 날마다 세 번 상식(上食)을 하였다. 임진왜란을 만나서는 신주(神主)를 지고 달아나 숨었고, 쌀을 구걸하여 얻어서 곧 죽을 끓여 올렸으며, 새로 나는 음식을 보면 반드시 돌아가신 부모님께 올렸다. 떠돌아다니다가 관북(關北)에 이르렀는데, 북인(北人)이 공을 사랑하고 흠모하였으니, 공이 세상을 떠났다는 소식을 듣고 사당을 세워 제사를 지냈다.

공은 우애(友愛)가 매우 돈독하였으니, 참봉을 지낸 아우 천뢰(天賚)와 더불어 잠자거나 독서할 때 반드시 상을 같이하였다. 평소에는 새벽에 일어나 세수하고 머리 빗고는 사당에 참배하였다. 물러 나와서는 깨끗이 소제하고, 옷을 단정히 하고 반듯하게 앉아서 종일 고서(古書)를 읽었다. 항상 은미한 곳에 있더라도 드러난

**40** 사상례절요(士喪禮節要) : 조식의 연보에 "목종 융경……5년 신미(1571, 선조4)는 선생의 나이 71세였다. 정월에 퇴계 선생의 부고를 들었다. 지난해 12월에 퇴계가 졸하였는데, 이때 선생에게 부고가 왔으니 상심하고 슬퍼함이 심하였다. 이어서 눈물을 흘리며 '이 사람이 죽었으니 나도 오래지 않아 죽겠구나.'라고 하면서 곧 책자에 사상례절요를 써서 문인 하응도 등에게 주며 '내가 죽거든 이것으로 상을 치르고 산천재 뒤 언덕에 장사 지내 주면 좋겠다.' 하였다."라고 한 말이 있다. 《无悶堂集 卷5 南冥先生年譜》

**41** 손가락을……하였다 : 원문은 '단지(斷指)'이니, 부모님이 병이 들었을 때 자식이 자신의 손가락을 잘라 피를 먹이는 것으로, 지극한 효성을 의미한다.

곳에 있는 듯이 하였고[42] 전전긍긍(戰戰兢兢)[43]하며 조금도 게을리 함이 없었으며, 온화하고 순일한 기운이 용모에 넘쳤으니, 당시 여러 사문(斯文)들이 모두 적자(赤子)의 마음[44]과 호련(瑚璉)의 그릇[45]이라고 칭찬하였다. 공이 세상을 떠났을 때, 진양의 선비들이 다들 "어진 사람이 죽었구나."라고 하였다. 사당에 모셔 제향을 드리고 높여 보답한 것이 이 때문이거늘, 오직 알지 못하겠노니, 하늘이 공에게 후사가 없도록 한 것이 어찌해서인가. 명은 다음과 같다.

오호라, 여기는 무송 손 선생의 거처이다. 대저 현인의 넋과 영혼은 하나일세. 그 영령을 모시는 곳을 선비들이 높이고 받듦이 이미 저와 같은데, 곧 그 넋이 내려오는 곳을 홀로 호위함이 이와

**42** 은미한……하였고 : 원문은 '처유여현(處幽如顯)'으로, 《심경부주》에 서산(西山) 진씨(眞氏)가 "인심은 지극히 신령하니 털끝만 한 작은 것이라도 조금만 스스로 속임이 있으면 반드시 심중에 만족하지 못하는 점이 있다.……오직 은미한 곳에 있더라도 드러난 곳에 있듯이 해야 한다.〔人心至靈, 毫髮之微, 少有自欺, 必有不能慊於中者.……惟夫處幽如顯.〕"라고 한 말에서 가져왔다. 《心經附註 第1卷 詩云潛雖伏矣章》

**43** 전전긍긍(戰戰兢兢) : 조심스러운 마음으로 매사를 신중히 처리하는 것을 말한다. 《시경(詩經)》〈소민(小旻)〉에 "전전긍긍하여 깊은 못에 임하듯 얇은 얼음을 밟듯 한다.〔戰戰兢兢, 如臨深淵, 如履薄氷.〕"라는 말에서 가져온 것이다.

**44** 적자(赤子)의 마음 : 맹자가 말하기를 "대인은 어린아이의 마음을 잃지 않은 자이다.〔大人者不失其赤子之心者也〕"라고 한 데서 가져왔으니, 적자심(赤子心)은 순일(純一)하여 거짓이 없는 마음을 말한다. 《孟子 離婁下》

**45** 호련(瑚璉)의 그릇 : 훌륭한 자질로 나라의 중요한 인재가 된다는 말이다. '호(瑚)'와 '연(璉)'은 모두 종묘(宗廟)에서 서직(黍稷)을 담는 그릇이다.

같아서는 불가할 것이다. 나는 알겠네, 천추만세토록 선생의 무덤을 지나는 자가 반드시 높이 우러러 흠모함이 원우와 함께 다름이 없을 줄.

嗚呼 是惟撫松孫先生之室 夫賢人之魄與靈一也 其安靈之所 章甫之尊奉旣如彼 則其降魄之所 獨不可衛護之如是矣乎 吾知千秋萬歲過先生封者 必爲之景仰欽慕 與院宇無異同焉

## 진주 판관 증 병조 참의 모산 최공 묘갈명 병서
## 晉州判官贈兵曹參議茅山崔公墓碣銘 並序

대개 임진왜란이 일어났을 당시에 국가를 위하여 충(忠)과 열(烈)을 바친 사람이 한둘에 그치지 아니하지만, 오직 진양성(晉陽城)에서 순절(殉節)한 사람이 가장 드러났으니, 모산(茅山) 최공(崔公) 같은 사람이 곧 그 가운데 한 분이다. 이 때문에 조정에서 병조 참의(兵曹參議)를 증직하여 포상하였고, 사림(士林)이 창절사(彰節祠)에 제향하여 존숭하였다. 그 7대손 중임(重臨)이 또 묘도(墓道)에 비석을 세워 드러내려고 나에게 한마디 말을 지어 줄 것을 부탁하니, 즐거이 말하지 않을 수 있겠는가.

삼가 살피건대, 공은 휘가 기필(琦弼)이고 자가 규중(圭仲)이며 그 선조는 전주인(全州人)이다. 전주 최씨는 고려 때 문하시중평장사(門下侍中平章事)를 지낸, 시호가 문성(文成)인 최아(崔阿)가 시조이다. 안렴사(按廉使) 용생(龍生), 사복시 정(司僕寺正) 사필(斯泌)에 이어 우리 조선조에 군수(郡守)를 지내고 형조 판서(刑曹判書)에 증직된 휘 득경(得涇)을 지나, 형조 참판(刑曹參判)에 증직된 효량(孝良)에 이르렀으니, 효량이 공의 고조가 된다. 증조는 휘가 윤(崙)이니 첨정(僉正)을 지냈다. 조는 휘가 영견(永堅)이니 진사이다. 고(考)는 휘가 정(涏)이니 호조 참판(戶曹參判)에 증직되었으며, 비(妣) 정부인(貞夫人)은 밀양 손씨(密陽孫氏)이니 호군(護軍) 손난우(孫蘭友)의 따님이다.

공의 아버지 호조 참판 공이 일찍이 집 뒤에 우뚝이 선 모산

(茅山)을 가리키며 "나의 자손이 반드시 이와 같으리라."라고 하였고, 또 네 개의 구슬이 하늘에서 내려오는 꿈을 꾸었는데, 과연 연이어 네 아들이 과거에 급제하여 모두 현달하였다. 공은 셋째 아들로, 가정(嘉靖) 임술년(1562, 명종17) 4월 11일에 태어났다.

공은 어릴 때부터 재능이 뛰어나고 조숙하였다. 7, 8세에 이미 경전과 역사서를 섭렵하였으며 문장과 학문이 일취월장하였다. 《맹자》를 읽다가 "위무(威武)가 그 지조를 굽히게 할 수 없다."[46]라는 구절에 이르러 무릎을 치며 감탄하기를, "대장부는 마땅히 이와 같아야 한다."라고 하였다. 일찍이 부모[47]를 여의었는데, 상제(喪制)를 지킴이 마치 성인(成人)과 같았으니, 이웃 사람들이 곡하며 우는 소리를 듣고 모두 감동하여 마음 아파하였으며 효자 아이로 칭찬하였다.

공의 형제는 모두 무(武)로 현달하였지만, 공은 홀로 시서(詩書)를 끼고 밤낮으로 외고 읽었으니, 수오(守吾) 오한(吳僩),[48] 송정(松亭) 하수일(河受一),[49] 창주(滄洲) 하징(河憕),[50] 사호(思

46 위무(威武)가……없다 : 맹자가 "부귀가 그 마음을 음란하게 하지 못하며 빈천이 그 절개를 옮겨 놓지 못하며 위무가 그 지조를 굽히게 할 수 없는 것을 대장부라 이른다.〔富貴不能淫, 貧賤不能移, 威武不能屈, 此之謂大丈夫.〕"라고 말한 데서 가져왔다. 《孟子 滕文公下》

47 부모 : 원문은 '호시(怙恃)'로, 《시경(詩經)》 〈육아(蓼莪)〉에 "아버지 아니시면 누구를 의지하며, 어머니 아니시면 누구를 믿을까.〔無父何怙, 無母何恃.〕"라는 말에서 유래하였다.

48 오한(吳僩) : 1546~1589. 본관은 함양(咸陽), 자는 의숙(毅叔), 호는 수오당(守吾堂)이며, 조식(曺植)의 문인이다. 그의 사적을 기록한 《수오당실기(守吾堂實記)》가 있다.

49 하수일(河受一) : 1553~1612. 본관은 진주(晉州), 자는 태이(太易), 호는 송정

湖) 오장(吳長)[51] 등과 함께 서로 강론 연마하였다. 조정에서 공의 품행과 도의를 가상히 여겨 참봉에 제수하였다. 뒤에 사옹 봉사(司饔奉事)로 옮겼으며, 진주 판관(晉州判官)이 되기에 이르렀다. 그러나 공은 벼슬살이를 즐거워하지 않으며 진주 서쪽 백운동(白雲洞)에 몇 칸의 초가집을 지어 모산(茅山)이라 이름을 걸고서 예전 살던 곳을 잊지 않겠다는 뜻을 깃들였다.

임진년(1592)에 왜구가 크게 창궐하여 조선 팔도가 와해되기에 이르렀는데, 오직 진주의 촉석산성(矗石山城)은 판관(判官) 김시민(金時敏)[52] 공 덕분에 보존할 수 있었다. 이듬해 계사년(1593, 선조26)에 왜적의 병사가 또 압박해 산성이 장차 함락되려 하였다. 공은 개연히 떨쳐 일어나 말하기를, "이 성이 없으면 삼남(三南)도 따라서 지탱할 수가 없고, 왜적이 재차 능묘와 대궐을 놀라게 할 것이 틀림없다."라고 하고, 곧 집안의 장정들을 거느리고 적들의 칼날을 무릅쓰고 진주성으로 들어가 죽기를 각오하고 성을 지켰으며, 혈전을 벌여 적의 목을 벤 것이 많았다. 얼마 있지

(松亭)이다. 저서로는 《송정집(松亭集)》이 있다.

**50** 하징(河憕) : 1563~1624. 본관은 진주, 자는 자평(子平), 호는 창주(滄洲)이다. 조식(曺植)의 문인이다. 저서로는 《창주집(滄洲集)》이 있다.

**51** 오장(吳長) : 1565~1617. 본관은 함양(咸陽), 자는 익승(翼承), 경지(敬止), 호는 사호이다. 임진왜란 때 의병으로 활약했고, 정언(正言), 경성 판관(鏡城判官) 등을 지냈다.

**52** 김시민(金時敏) : 1554~1592. 본관은 안동(安東), 자는 면오(勉吾)이며, 시호는 충무(忠武)이다. 1578년(선조11) 무과에 급제하여 훈련원 판관(訓鍊院判官), 진주 판관(晉州判官), 경상 우도 병마절도사(慶尙右道兵馬節度使) 등을 역임하였다. 임진왜란 때인 1592년 8월에 진주 목사가 되어 진주성을 지키다가 순절하였다. 선무공신(宣武功臣) 2등에 추록되었다.

않아 열 겹으로 포위된 가운데 원군도 끊기고 군량도 다하였으며, 병사(兵使) 황진(黃進)[53]과 목사(牧使) 장윤(張潤)[54]이 모두 탄환에 맞아 죽었다. 공은 어떻게 할 수 없는 상황인 것을 알고, 왜적의 칼날에 의(義)를 더럽힐 수 없다고 여기고 마침내 북쪽을 향해 네 번 절하고 창의사(倡義使) 김천일(金千鎰),[55] 의병장(義兵將) 고종후(高從厚)[56]와 함께 모두 남강(南江)에 투신하였으니,

**53** 황진(黃進) : 1550~1593. 본관은 장수(長水), 자는 명보(明甫), 호는 아술당(蛾述堂)이며, 시호는 무민(武愍)이다. 충청도 병마절도사로, 1593년(선조26) 일본군이 전열을 정비해 진주성을 공략하자 김천일, 최경회(崔慶會) 등과 함께 성을 굳게 지키다가 성이 함락되면서 전사했다. 좌찬성에 증직되었고, 진주 창열사(彰烈祠), 남원 민충사(愍忠祠)에 제향되었다.

**54** 장윤(張潤) : 1552~1593. 본관은 목천(木川), 자는 명보(明甫)이며, 시호는 충의(忠毅)이다. 1582년(선조15) 무과에 급제하였고 훈련원 정, 사천 현감 등을 역임하였다. 임진왜란 때 전라좌의병 부장(全羅左義兵副將)으로 성산(星山), 개령(開寧) 등지에서 왜적과 싸웠고, 1593년 진주성 싸움에서 전사하였다. 병조 참판에 증직되었으며, 진주 창열사(彰烈祠) 등에 제향되었다.

**55** 김천일(金千鎰) : 1537~1593. 본관은 언양(彦陽), 자는 사중(士重), 호는 건재(健齋), 극념당(克念堂)이며, 시호는 문열(文烈)이다. 이항(李恒)의 문인이다. 임진왜란 때 고경명(高敬命) 등과 함께 의병을 일으켜 많은 공을 세웠고, 진주성을 지키다가, 10만에 달하는 왜군의 공세로 성이 함락되자, 아들 상건(象乾)과 함께 남강에 투신하여 자결하였다.

**56** 고종후(高從厚) : 1554~1593. 본관은 장흥, 자는 도충(道冲), 호는 준봉(準峰)이며, 시호는 효열(孝烈)이다. 1577년(선조10) 문과에 급제한 후 예조 좌랑, 임피 현령 등을 역임하였다. 임진왜란 때 아우 고인후(高因厚)와 함께 아버지 고경명(高敬命)의 뜻을 받들어 의병을 일으켰으나 금산(錦山) 싸움에서 아버지와 아우를 잃었다. 이후 복수의병군(復讐義兵軍)을 조직하여 진주성에 들어가 성을 지키며 항전하다가 성이 함락되자 남강에 투신 자결하였다. 이조 판서에 증직되었으며, 광주(光州) 포충사(褒忠祠) 등에 제향되었다.

곧 만력(萬曆) 계사년(1593) 6월 29일이었고, 향년이 겨우 32세였다. 공이 남긴 의관(衣冠)을 가지고 진주 서산(西山) 대동(岱洞) 태좌(兌坐) 등성에 장사 지냈다. 부인 숙인(淑人) 면천 한씨(沔川韓氏)를 합장하였다.

공은 뜻이 크고 마음이 올곧아 다른 사람들과 구차하게 영합하지 않았다. 책을 읽을 적에는 대의(大義)를 통하고, 실천하는 데에 힘썼다. 부모를 섬기고 형제를 대하며 마을에서 생활할 때는 모두 그에 맞는 도리를 극진히 하였다. 사우(士友)들과 예전 역사를 토론하다가 옛사람이 절개를 위해 목숨을 바친 곳을 보면, 의분을 터트리며 눈물을 흘리지 않은 적이 없었으니, 대개 곰 발바닥과 어물을 분변함[57]이 평소 가슴속에 정해져 있던 것이 이와 같았다. 그러므로 비록 땅이 꺼지고 하늘이 무너지는 때를 당해서도 7척(尺) 되는 몸을 하찮은 터럭같이 여겼으니, 한 손으로 미친 물결을 막고자 하면서 기꺼이 분골쇄신함을 사양하지 않았다. 이는 정충(精忠)과 열기(烈氣)가 바로 일월과 더불어 빛을 다투지 않고서야 이와 같을 수 있겠는가.

왜란이 평정된 뒤 조정에서 산성(山城)에 정충단(旌忠壇)을 세

**57** 곰……분변함 : 두 가지를 다 원하지만 한꺼번에 할 수 없을 경우에는 의(義)에 맞는 쪽을 택한다는 뜻이다. 《맹자》 〈고자 상(告子上)〉에 "어물도 내가 원하는 바요, 곰 발바닥도 내가 원하는 바이지만, 이 두 가지를 겸하여 얻을 수 없다면 어물을 버리고 곰 발바닥을 취하겠다. 삶도 내가 바라는 바이고 의도 내가 바라는 바이지만 이 둘을 다 가질 수 없다면 삶을 버리고 의를 취하겠다.〔魚我所欲也, 熊掌亦我所欲也, 二者不可得兼, 舍魚而取熊掌者也. 生亦我所欲也, 義亦我所欲也, 二者不可得兼, 舍生而取義者也.〕"라고 한 데서 가져왔다.

우고 그 당시 함께 순절한 신하들을 모두 제향할 것을 명하였으며, 또한 선무원종훈이등(宣武原從勳二等)에 녹훈하였다. 사당이 세워지자 다시 '창열(彰烈)'이라는 편액을 내렸으며, 전후(前後)의 얼사(臬司 지방의 장관), 곤수(閫帥 지방의 병마절도사), 이조 판서(吏曹判書) 등의 여러 공이 모두 천양(闡揚)하는 방도에 힘을 다하였으니, 촉석루 앞의 비문을 살펴보면 또한 알 수 있다.

부인 한씨(韓氏)는 문정공(文正公) 한표(韓彪)의 후손 한대박(韓大璞)의 따님으로, 맑은 덕을 지녔으며 부인의 도리와 어머니의 위의를 모두 갖추었고, 아들 둘을 낳았다. 아들은 별제(別提) 수(洙), 익(瀷)이다. 수는 아들이 둘이니 진립(振立), 사립(斯立)이고, 딸이 하나이니 유인형(柳寅亨)에게 시집갔다. 익은 아들이 둘이니 인후(仁厚)와 종후(從厚)이다. 증현손 이하는 다 기록하지 않는다. 명(銘)은 다음과 같다.

나라가 의지하는 바는 충이고, 충이 권면하는 바는 동일하다. 그러나 살아서 장성이 된 자가 사람의 충심(衷心)을 격발시킴은 오히려 죽어서 장성이 된 사람의 공이 더욱 큰 것만 못하다. 어찌 살피지 않겠는가, 공의 무리가 진양성에서 죽은 이후로 호남, 호북에서 관서, 관동에 이르기까지 그 풍모를 사모하지 않음이 없어서 다투어 충을 떨쳐 자신이 맡은 땅을 지켰음을. 나는 그런 까닭으로 특별히 써서 무궁한 후세에 길이 알리노라.

國之所賴者忠 忠之所勸者同 然生而爲長城者其激人衷 猶不若死而爲長城者之尤爲功也 盍觀夫自公輩死晉陽城中 湖南北以及關西東莫不慕其風 爭奮忠以守其封 吾故特書之 以詔無窮焉

# 부사 모촌 이공 묘갈명 병서
府使茅村李公墓碣銘 並序

군자의 학문은 오직 부모와 임금과 스승을 한결같이 섬기는[58] 의리에 본분을 극진히 함이니, 이것이 큰 절개가 됨이 분명하다. 모촌(茅村) 이공(李公) 같은 사람은 그 남긴 일이 비록 간략하다마는, 이 때문에 하찮게 여겨서야 되겠는가.

공은 휘가 정(瀞)이고 자가 여함(汝涵)이며 그 선조(先祖)는 월성인(月城人)으로, 신라 때 좌명공신(佐命功臣) 이알평(李謁平)이 시조이다. 고려 때 이우칭(李禹偁)은 재령군(載寧君)에 봉해졌는데, 자손이 이로 인해 본관으로 삼았다. 병조 참의(兵曹參議)에 증직된 이오(李午)에 이르러 비로소 함안(咸安)의 모곡리(茅谷里)에 거주하였으니 이분이 공의 5세조가 된다. 증조는 휘가 중현(仲賢)이니 병조 참지(兵曹參知)를 지냈다. 조부는 휘가 무(珷)이니 수군우후(水軍虞候)를 지냈다. 고(考)는 휘가 경성(景成)이니 감찰(監察)을 지냈으며 병조 참판(兵曹參判)에 증직되었다.

공은 가정(嘉靖) 신축년(1541, 중종36)에 태어났다. 어려서부터 명민(明敏)하고 재주와 국량을 지녔다. 일찍이 남명(南冥) 조문정공(曺文貞公 조식(曺植))의 문하에 종유하여 학문하는 큰 방도

**58** 부모와……섬기는 : 원문은 '생삼사일(生三事一)'로, 진(晉)나라 대부 난공자(欒共子)가 "백성은 부모와 스승과 임금 밑에서 사는지라, 섬기기를 한결같이 한다.〔民生於三, 事之如一.〕"라고 말한 데서 유래하였다. 《國語 晉語》

를 듣고서 받들어 행하였다. 만력(萬曆) 임진년(1592, 선조25)에 왜적이 크게 쳐들어왔는데, 영남이 제일 먼저 적병에게 점령되자 사민(士民)들이 모두 새나 짐승처럼 숨었다. 하지만 공은 창의(倡義)하여 군대를 모집하고 무기를 마련해서 왜적을 잡아 베어 죽이는 등 여러 번 기특한 공을 세웠다. 이 일이 조정에 알려져서 특별히 사포 별좌(司圃別坐), 사근 승(沙斤丞)에 제수되었고, 단성 현감(丹城縣監)으로 옮겼다. 또 공로가 있다는 것으로 청주 목사(淸州牧使)에 승진하였고, 상주 목사(尙州牧使)로 천직(遷職)하였으며, 선산부(善山府), 창원부(昌原府)를 맡아 다스렸는데, 이르는 곳마다 너그럽고 은혜로우며 공평 정대한 것으로 명성이 있었다.

공은 만년에 진주(晉州)의 원당리(元塘里)에 우거(寓居)하였는데 고향 동산에서 매화를 옮겨 와 심어 놓고 매양 한가로이 읊조리고 감상하면서 유유자적하였으니, 이로 인하여 모촌(茅村)이라고 호를 삼았다. 계축년(1613, 광해군5)에 집에서 세상을 떠났으니 73세를 살았다. 함안(咸安) 대리(大里) 덕산(德山) 신좌(辛坐) 언덕에 장사 지냈다. 아들은 이장(而樟)이고, 손자는 욱(燠)이다. 욱의 사자(嗣子)는 지한(之翰)이다.

공은 초년에 반고(班固)와 사마천(司馬遷)의 역사서를 즐겨 읽었다. 이윽고 또 정자(程子)와 주자(朱子)의 학문을 존숭하였는데, 일찍이 시를 지어 "성(性)을 논하면서 진실로 마땅히 이(理)를 이야기해야 하니, 공허한 담론으로 이(理)를 구하는 것은 참으로 성(誠)이 아니라네."라고 하였으니, 그 학문과 식견의 정밀함을 알 수 있다.

대개 공은 덕성(德性)이 순일하고 순수하며 기상(氣象)이 온화하고 굳세었다. 효성과 우애는 친족들에게 칭송을 받았고, 공정(公正)함으로 고을에 드러났다. 왜적을 토벌하고 백성을 잘 보살폈으니, 이미 도(道)를 배우고 사람을 사랑하여 의병을 거느리고 적과 싸워 사직(社稷)을 지키는 의리를 극진히 하였다. 일찍이 지리산(智異山)에 있을 적에 꿈에 백발을 한 노인이 와서 말하기를, "찬바람이 뼈에 사무쳐 참을 수가 없다."라고 하였다. 공이 깜짝 놀라 깨어나서 선대의 묘에 변고가 있는 줄을 알아차리고 가서 보니, 증조 참지공(參知公)의 널이 적에 의해 파헤쳐져 드러날 지경이었다. 즉시 개장(改葬)하였다. 사람들이 "그 혼령의 감응이 정성스런 효에 말미암았다."라고들 한다. 덕산서원(德山書院)[59]을 창건하여 남명(南冥) 선생을 제향하였고, 전쟁을 겪고 나서 다시 중건하여 새롭게 하였다. 그 부모와 임금과 스승을 한결같이 섬김이 이와 같은 점이 있었다.

공은 일찍이 병란이 일어난 이후로 전쟁과 굶주림으로 인해 널려 있는 죽은 시신들을 마땅히 땅에 묻어야 한다는 일로써 관찰사(觀察使) 학봉(鶴峯) 김 문충공(金文忠公 김성일(金誠一, 1538~1593))에게 고하였는데, 문충공이 막 잠자리에 들려고 하던 차에 벌떡 일어나 좋다고 칭찬하고, 즉시 삼태기와 삽을 준비하여 거행하도록 하였다. 좋구나, 이 또한 어진 사람의 마음이로다. 공의 7

59 덕산서원(德山書院) : 조선 선조(宣祖) 때 경상도 진주(晉州)에 건립한 서원으로, 조식(曺植)의 학덕을 기리기 위하여 그가 강학하던 곳에 창건하였다. 1609년(광해군1)에 사액되었으며, 조식, 최영경(崔永慶) 등을 배향하였다. 현재 경상남도 산청군(山淸郡)에 속한다.

대손 기경(基慶)이 족손(族孫) 진엽(震燁)을 시켜 나에게 묘갈명을 지어 달라고 부탁하였다. 명은 다음과 같다.

| | |
|---|---|
| 군자의 크나큰 절개는 | 君子大節 |
| 오직 효도와 충심이요 | 惟孝與忠 |
| 스승을 존숭하여 정성을 다함도 | 尊師竭誠 |
| 또한 떳떳한 충정에서 나옴이라 | 亦由彝衷 |
| 공은 실로 이것을 잘 행했으니 | 公實能之 |
| 학문이 어찌 이를 벗어나겠는가 | 學豈外是 |
| 명을 지어서 후세에 알리노니 | 銘以詔後 |
| 영세토록 아마 볼 수 있으리라 | 永世其視 |

## 참봉 수졸당 이공 묘갈명 병서

參奉守拙堂李公墓碣銘 並序

진성(眞城) 이 침랑(李寢郎) 야순(野淳)[60] 보(甫)가 그 6세조로 공릉 참봉(恭陵參奉)을 지낸 수졸당(守拙堂)의 유사(遺事)를 가지고 와서 나에게 그 묘갈명을 지어 달라고 부탁하며, "공은 문순공(文純公 퇴계(退溪) 이황(李滉))의 증손으로 선대의 의열(義烈)을 이어서 남긴 규범을 잘 부지하였고, 아울러 사우(師友)들을 따라 의리(義理)를 강론 연마해서, 부화(浮華)함을 제거하고 본실(本實)을 도타이 하였습니다. 재능을 감추고 스스로를 닦았으면서 남이 알아주기를 구하지 않았습니다. 그 전할 만한 행적이 또 화재에 의해 없어져 버려서 단지 족조(族祖) 영춘공(永春公) 수정(守貞)[61]이 찬술한 것만 남아 있었는데, 지금은 그 또한 거의 잃어버렸습니다. 그래서 제가 삼가 다시 여러 방면으로 수습하고 모아서 약간을 얻은 것이 이와 같습니다. 어찌 한마디 말씀을 내려 주어서 드러내 비석에 새겨 후손들에게 알리도록 하지 않으시겠습니

**60** 야순(野淳) : 이야순(李野淳, 1755~1831)으로, 자는 건지(健之), 호는 광뢰(廣瀨)이다. 문장에 능하였으며 이상정(李象靖)과 김종덕(金宗德)의 문하에서 퇴계 이황의 성리학을 전습하였다. 특히 예학에 조예가 깊었으며, 저서로는 《예설유편(禮說類編)》, 《광뢰집》이 있다.

**61** 영춘공(永春公) 수정(守貞) : 이수정(李守貞, 1709~1795)을 가리킨다. 자는 계고(季固)이다. 1762년(영조38) 학행으로 천거받아 목릉 참봉이 되고, 영춘 현감(永春縣監)으로서 선정(善政)을 베풀어 송덕비(頌德碑)가 세워졌다.

까."라고 하였다. 내가 시험 삼아 열람해 보았다.

공은 운천(雲川) 김용(金涌),[62] 검간(黔澗) 조정(趙靖)[63]을 따라 공부하였고, 또 표은(瓢隱) 김시온(金是榲)[64]과 벗으로 잘 지냈다. 젊어서부터 글 읽기를 좋아하였으니 《심경(心經)》, '주자서(朱子書)' 등을 더욱 깊이 공부하였다. 일상생활에서의 행동거지는 한결같이 문순공이 남기신 가르침을 따랐으니, 간간이 손수 베껴 써서 가지고 다니며 복응(服膺)한 것이 많았다. 공의 지조 있는 행실은 그 당시에 공경과 중망을 받았다. 광해 을묘년(1615, 광해7)에 북론(北論 인목대비 폐모론)이 막 일어나서 인륜의 기강이 장차 무너져 끊어지려 함을 보고는 곧 과거 공부를 그만두고 말하기를, "이 어찌 벼슬길에 나갈 때이겠는가."라고 하고, 마침내 고향 동산에 은거해 지내며 오직 평상시의 행실에 본분을 다하다

62 운천(雲川) 김용(金涌) : 1557~1620. 본관은 의성(義城), 자는 도원(道源), 호는 운천이다. 1590년(선조23) 문과에 급제하였다. 임진왜란이 일어나자 안동에서 의병을 일으켜 안동 수성장(安東守城將)에 추대되었고, 이듬해 성균관 전적 등을 지냈으며, 이어 이조 정랑, 예문관 검열 등을 역임했다. 저서로는 《운천집(雲川集)》, 《운천호종일기(雲川扈從日記)》 등이 있다.

63 검간(黔澗) 조정(趙靖) : 1555~1636. 본관은 풍양(豊壤), 자는 안중(安中), 호는 검간이다. 김성일(金誠一)의 문인으로, 1605년(선조38) 문과에 급제하여 봉상시정(奉常寺正)를 지냈고, 이조 참판에 증직되었으며, 상주 속수서원(涑水書院)에 제향되었다. 저서로는 《검간집》, 《진사록(辰巳錄)》 등이 있다.

64 표은(瓢隱) 김시온(金是榲) : 1598~1669. 본관은 의성(義城), 자는 이승(以承), 호는 표은, 도연(陶淵)이다. 병자호란 이후 인근 수령과 관찰사가 문학기덕(文學耆德)으로 조정에 천거하여 참봉 등에 제수되었으나 끝내 응하지 않고 '숭정처사(崇禎處士)'라 자칭하였다. 저서로는 《표은집(瓢隱集)》이 있다.

가 일생을 마쳤다. 64세를 살았다.

공이 행한 대절(大節)을 뽑아 보면, 평생 생산하는 일에 마음을 쓰지 않았으니, 외가로부터 받은 토지와 전답이 몇천 묘(畝)였지만, 이를 마치 잃은 듯이 버려 두었다. 부모 잃은 조카를 마치 자신의 자식처럼 돌보아 주었고, 여러 아우들을 사랑하여 밭과 집을 더 주었다. 온계동(溫溪洞)에 왜란을 겪어 거의 없어지려는 끝에 남아 있는 문순공의 옛 규약을 정비하고 밝혀서 사람들을 권면하였다.

〈도산심원록(陶山尋院錄)〉에 기록되어 있던 감사(監司) 정조(鄭造)[65]의 이름을 삭제한 이가 있었으니, 정조가 성을 내며 매우 급히 찾았는데, 공이 그 사람을 비호하여 화를 면할 수 있도록 하였다. 도유(道儒)들이 방백(方伯)이 사림(士林)을 해치고자 한다는 것으로 장차 상소하여 그 무고함을 지적하려 하였다. 공은 퇴계 선생의 가르침에 의거하여 그것의 과당(過當)함을 힘껏 말하였다. 이것은 모두 드러나서 사람들이 귀로 듣고 눈으로 본 것이다. 나는 감탄하였다. 마침내 그 세계(世系)와 생졸년(生卒年)과 자손(子孫)을 다음과 같이 기록하고 명(銘)을 붙인다.

공은 휘가 기(岐)이고 자가 사숙(士夙)이다. 조부는 휘가 준(寯)이니 첨정(僉正)을 지냈다. 고(考)는 휘가 영도(詠道)이니 목

**65** 정조(鄭造) : 1559~1623. 본관은 해주(海州), 자는 시지(始之)이다. 1605년(선조38) 문과 급제하고 형조 참판에 이르렀다. 이이첨(李爾瞻)에 동조하여 1617년(광해군9) 폐모론을 제기하였고 인목대비를 서궁(西宮)에 유폐시키는 데 적극 가담하였다. 인조반정 때 원흉으로 지목되어 처형되었다.

사(牧使)를 지냈으며 임진왜란에 공로가 있다는 것으로 좌승지(左承旨)에 증직되었다. 비(妣) 숙부인(淑夫人)은 안동 권씨(安東權氏)이니 충재(冲齋) 충정공(忠定公) 권벌(權橃)[66]의 후손이고 현감 권동미(權東美)의 따님이다. 공은 가정(嘉靖) 신유년(1561, 명종16) 5월 모일에 태어났고, 천계(天啓) 갑자년(1624, 인조2) 9월 모일에 졸(卒)하였다. 바야흐로 병이 심해졌을 때 정신은 아직 흐리지 않아 집안일을 처리함에 유감이 없도록 하였으니, 좋구나, 이 또한 군자가 생을 바르게 마친 것이로다. 묘소는 건지동(搴芝洞) 손향(巽向) 언덕에 있다. 부인 안인(安人)은 풍양 조씨(豐壤趙氏)이니 곧 참판에 증직된 검간(黔澗) 조정(趙靖)의 따님이다.

아들 둘이 있으니 장남은 찰방(察訪) 희철(希哲)이고 차남은 주부(主簿) 극철(克哲)이다. 딸은 금삼달(琴三達), 참봉(參奉) 금성휘(琴聖徽), 임헌(任憲)에게 각각 시집갔다. 희철의 아들은 이조 참판(吏曹參判)에 증직된 회(檜), 그리고 주(柱)이다. 극철의 아들은 규(樛), 이조 참의(吏曹參議)에 증직된 구(榘)이다. 회의 아들은 이조 판서(吏曹判書)에 증직된 참봉 수약(守約)이다. 주의 아들은 수경(守經)이다. 규의 아들은 수근(守近), 첨지(僉知) 수강(守綱), 수훈(守勛), 수휘(守徽)이다. 구의 아들은 이조 참판에 증직된 수원(守元)이다. 수약의 아들은 문과 급제한 사서(司書)

66 권벌(權橃) : 1478~1548. 자는 중허(仲虛), 호는 충재(冲齋), 훤정(萱亭), 송정(松亭)이며, 시호는 충정(忠定)이다. 기묘사화에 연루되어 파직당하고 귀향하여 15년간 고향에서 지내다가 복직되었다. 양재역 벽서 사건에 연루되어 유배지인 삭주(朔州)에서 죽었다. 삼계서원(三溪書院)에 제향되었으며, 저서로는 《충재집(冲齋集)》이 있다.

세진(世震), 세관(世觀), 전부(典簿) 세항(世恒), 문과 급제한 지사(知事) 세사(世師)이다. 수경의 아들은 첨지(僉知) 세복(世復), 문과 급제한 참의(參議) 세태(世泰)이다. 수근의 아들은 세휘(世徽)이다. 수강의 아들은 세협(世浹), 세경(世敬)이다. 수훈의 아들은 세범(世範)이다. 수휘의 아들은 세명(世命), 세로(世魯)이다. 수원의 아들은 동지(同知) 세익(世翊), 세흡(世翕), 세습(世習), 생원 세립(世立)이다. 5대 이하는 다 실을 수 없어서, 오직 등과(登科)하여 벼슬살이한 자를 실었으니, 귀원(龜元)은 첨지(僉知)를, 귀서(龜書)는 참봉을, 귀용(龜容)은 첨지를 지냈고, 귀운(龜雲)은 문과 급제하여 지금 응교(應敎)이고, 귀성(龜星)은 지금 현감이다. 야순(野淳)은 참봉이고, 태순(泰淳)은 문과에 급제하고 지금 군수(郡守)이며, 가순(家淳)은 참봉이고, 언순(彦淳)은 문과에 급제하고 지금 현감이며, 노순(老淳)은 진사이다. 휘원(彙遠)은 생원이다. 명은 다음과 같다.

| | |
|---|---|
| 공이 방당을 만들었으니 | 公鑿方塘 |
| 하나의 거울처럼 환하네[67] | 一鑑中朗 |
| 누가 반 이랑이라고 했나 | 誰云半畝 |
| 나는 그 넓음을 보겠노라 | 吾見其廣 |

**67** 방당을……환하네 : 방당과 거울은 마음의 실체를 살펴 수양하는 것으로 삼으니, 주희(朱熹)의 시에 "반 이랑의 네모진 못 거울 하나 열렸나니, 하늘빛 구름 그림자 함께 배회하누나. 묻노니 물이 어찌 이렇게도 맑은가, 원두에서 활수가 흘러오기 때문이지.〔半畝方塘一鑑開, 天光雲影共徘徊. 問渠那得淸如許, 爲有源頭活水來.〕"라고 한 데서 가져왔다.《朱子大全 卷1 詩 觀書有感》

| | |
|---|---|
| 원두의 솟아나는 활수는 | 源頭活水 |
| 말해 보매 오직 퇴계이네 | 曰惟退溪 |
| 거듭 밝힘에 방이 있으니[68] | 重磨有方 |
| 졸함 지켜 같기를 생각[69]하네 | 拙以思齊 |

**68** 거듭……있으니 : 퇴계(退溪) 이황(李滉)이 옛 성현들의 잠(箴), 명(銘), 찬(贊) 77수를 모아 엮은 《고경중마방(古鏡重磨方)》이 있으니, 주자(朱子)가 임희지를 전송하는 시 〈송임희지(送林熙之)〉에 "고경을 거듭 밝히려면 고방이 필요하니, 그렇게 하면 안광이 햇빛과 밝음을 다투리라.〔古鏡重磨要古方, 眼明偏與日爭光.〕"라고 한 구절에서 가져온 것이다. 《退溪先生文集攷證 卷2, 韓國文集叢刊 31輯》 고경과 고방은 《주자대전차의(朱子大全箚義)》에서 "고경(古鏡)은 마음을 가리키고, 고방(古方)은 경(敬)을 가리킨다."라고 하였다.

**69** 같기를 생각 : 원문은 '사제(思齊)'로, 공자(孔子)가 "어진 이를 보거든 그와 똑같이 되기를 생각하고, 어질지 못한 이를 보거든 스스로 반성해야 한다.〔見賢思齊焉, 見不賢而內自省也.〕"라고 말한 데서 가져온 것이다. 《論語 里仁》

# 동지중추부사 김공 묘갈명[70] 병서

## 同知中樞府事金公墓碣銘 並序

문소(聞韶 경북 의성(義城)) 김생 경수(金生敬洙)가 《읍지(邑誌)》 및 유장(儒狀)에 실린 그 선조(先祖) 동지중추부사공(同知中樞府事公)의 유사(遺事)를 받들고 구성(龜城)에서 나의 집에 찾아와서 그 묘갈명 지어 주기를 청하며 말하기를, "선조(先祖)는 어릴 적 《소학(小學)》을 읽을 때부터 자신을 단속하고 어버이를 섬김에 한결같이 그 가르침을 준수하였습니다. 부모님의 상(喪)에는 여묘(廬墓)살이 하고 죽을 먹었으며 3년 동안 질대(絰帶)을 벗지 않았습니다. 국기일(國忌日)에는 반드시 소식(素食)을 하였고 국휼(國恤)을 당하여서는 반드시 외실(外室)에서 잠을 자고 제단을 마련해서 향을 태우며 인산일(因山日)의 기일(期日)을 넘겼습니다.

공은 일찍이 감호(鑑湖) 가에 집을 건축하여 경서(經書)에 잠심(潛心)하고 이륜(彝倫)을 힘써 행하였으니, 한 지방 사람들이 본받아 법으로 삼게 되었습니다. 임진왜란 때 공은 본현 교임(本縣校任)이었는데, 위험한 적의 칼날을 무릅쓰고 성묘(聖廟)의 위

**70** 동지중추부사 김공 묘갈명 : 《입재집》 원집의 초판본(初版本)과 후쇄본(後刷本) 사이에 고친 부분이 발견되는데, 이 김공 묘갈명에는 여러 군데 고친 부분이 있다. 이는 아마 후반에 있는 자손록에 출입이 있어 후쇄본을 내면서 많은 부분을 고친 것으로 보인다. 우선 소제목은 저본에는 〈동지중추부사 김공 묘갈명(同知中樞府事金公墓碣銘)〉이라 되어 있고, 후쇄본에는 〈동지중추부사 관란재 김공 묘갈명(同知中樞府事關瀾齋金公墓碣銘)〉이라 되어 있다.

판(位版)을 받들고 나와서 깊은 계곡 정갈한 곳에 묻어 두었다가 왜적이 물러가고 나서 촌사(村舍)에 임시로 안치하고서 초하루와 보름이 될 때마다 향례(香禮)를 행했습니다. 기해년(1599, 선조 32) 가을에 유천(柳川) 한준겸(韓浚謙)[71] 공이 본도의 도백(道伯)으로서 이 사실을 듣고 즉시 향교에 와서 배알하고, 공이 성인의 위판을 호위한 공(功)을 매우 칭찬하였습니다. 이어서 시를 지어 줌에 "팔 년의 전쟁에 성묘를 안전하게 하였네."라는 구절이 있으니, 대개 여러 향교의 위판(位版)이 모두 병란의 화를 입었지만 오직 이곳만은 보존할 수 있었기 때문입니다. 그래서 포계(褒啓)가 올라가 복호(復戶)[72]하였는데, 공은 사양하고 받지 않았습니다. 왜란이 평정된 뒤에 무릇 위판을 다시 만든 것에, 척도(尺度)와 규제(規制)를 모두 여기에서 본받았습니다. 그러므로 《읍지》 및 장보(章甫)의 진정서에는 실상에 근거하여 밝게 게재하였으니, 지금까지 수백여 년이 되도록 유적(遺蹟)이 오히려 없어지지 않았습니다. 원컨대 한마디 말을 하시어 비석에 새겨 드러낼 수 있도록 해 주십시오."라고 하였다.

나는 감동이 일어 감탄하며, "사군자(士君子)의 큰 절의는 효·충·의(孝忠義) 세 글자보다 더한 것이 없는데, 지금 그대의 선조

**71** 한준겸(韓浚謙) : 1557~1627. 본관은 청주(淸州), 자는 익지(益之), 호는 유천이며, 시호는 문익(文翼)이다. 1586년(선조19) 문과에 급제하여 호조 판서, 경상 감사, 함경도 관찰사 등을 역임하였다. 《소학(小學)》과 《가례(家禮)》 등의 책을 간행·보급하여 학문을 진흥시켰다. 저서로는 《유천유고(柳川遺稿)》가 있다.

**72** 복호(復戶) : 국가가 호(戶)에 부과하는 요역 부담을 감면하거나 면제해 주던 제도이다.

는 참으로 이를 잘 실천하였습니다. 평생 사랑하고 믿었던 것은 오직 임금과 어버이였고, 존경하고 우러른 것은 오직 성인과 현인이었으니 《소학》을 도타이 믿고 실천했음을 여기에서 알 수 있습니다. 심지어 사나운 왜구가 대거 침입한 날에 사람들은 모두 새나 짐승처럼 숨기에 바빴지만, 공은 홀로 만 번 죽음도 무릅쓰고 성묘(聖廟)의 위판을 모시고 나와서 온전하고 안전하도록 하였습니다. 임금께서 방백(方伯)이 포계(褒啓)함으로 인하여 그 사실을 듣고는 그 집을 복호토록 했는데도, 공은 선비가 해야 하는 보통의 일이라며 굳게 사양하고 받지 않은 것 또한 훌륭합니다."라고 하였다. 마침내 그 세계(世系)와 생졸 및 자손을 아래와 같이 차례하고 명(銘)을 이어 놓았다.

공은 휘가 여권(汝權)이고 자가 자중(子中)이며 고려 때 첨사(詹事) 용비(龍庇)가 그 시조이다. 이로부터 이후로 대대로 벼슬한 이가 이었다. 휘 용초(用超)에 이르렀으니, 용초는 우리 태조를 도와 개국한 공로가 있었고 관직이 호남 병마사(湖南兵馬使)를 지냈다. 증조는 휘가 온(溫)이니 전력부위(展力副尉)를 지냈다. 조부는 휘가 승조(承祖)이니 장사랑(將仕郎)을 지냈다. 고(考)는 휘가 수(粹)이니 참봉(參奉)을 지냈고, 비(妣)는 벽진 이씨(碧珍李氏) 모의 따님이다.

공은 가정(嘉靖) 정사년(1557, 명종12) 3월 모일에 태어났고 숭정(崇禎) 경진년(1640, 인조18) 5월 모일에 졸(卒)하였으니, 향년 84세이다. 동지중추부사는 수직(壽職)[73]이다. 구미(龜尾) 묘

73 수직(壽職) : 조선 시대에 80세 이상의 사람에게 경로(敬老)의 뜻으로 준 직계

향(卯向) 언덕에 장사 지냈다. 부인은 성산 이씨(星山李氏)이니 참봉 이국언(李國彦)의 따님이고, 공의 묘에 부장하였다. 4남 2녀를 두었다.

아들 가운데 익(釴)은 양자로 나갔고 좌랑(佐郎)에 증직되었고, 부호군(副護軍) 협(鋏), 확(鑊), 호군(護軍) 호(鎬)가 있으며, 딸은 호군 이정복(李廷馥), 장내적(張乃廸)에게 각각 시집갔다. 익의 아들은 덕이(德頤)이고, 협의 아들은 덕승(德升)이고, 확은 후사가 없고, 호의 아들은 문과 급제한 좌랑(佐郎) 덕제(德濟)이다. 덕승의 아들은 만휘(萬徽)이다. 덕제의 아들은 만최(萬最), 만광(萬光)이다. 현손 이하는 기록하지 않는다. 나에게 묘갈명을 청한 사람은 공의 7대손이다. 명은 다음과 같다.

| | |
|---|---|
| 학문이 비록 넓다 해도 | 學雖博 |
| 행실이 도탑지 않으면 | 行不篤 |
| 끝내 무슨 이익이 있겠는가 | 終何益 |
| 공이 복응한 것은 | 公所服 |
| 오직 소학이니 | 惟小學 |
| 실천함에 참으로 힘을 썼네 | 踐寔力 |
| 효의 직분을 다하고 | 孝盡職 |
| 충으로 소식을 함은 | 忠素食 |

(職階)이다. 원래 품계를 지녔던 사람에게는 1계를 더하였고, 4품 이상의 실직(實職)을 지낸 사람에게는 가자(加資)하였다. 그리고 일백 살인 사람에게는 모두 가자하였다. 《經國大典 續大典 吏典 老人職》

다 가슴속에서 나온 것이었네　率由臆
위험한 화살 무릅쓰고　冒危鏑
성묘(聖廟)의 위판을 홀로 보호한　護版獨
의가 더욱 탁월하여라　義尤卓
읍지에 기록되어 있고　誌在邑
유장(儒狀)에 열거되었으니　狀列掖
그 사적이 아직도 분명하다　蹟尙白
내가 돌에 새겨　我銘石
그 영역을 표시하니　表厥域
영원히 없어지지 않길 기약하노라　期不泐

## 성균 진사 운계 정공 묘갈명 병서
成均進士雲溪鄭公墓碣銘 並序

생각건대, 성산(星山)은 한강(寒岡), 동강(東岡) 선생[74] 두 분의 고향으로, 풍교가 도탑고 두터워 빈빈(彬彬)[75]하게 사숙(私淑)[76]한 어진 이들이 많았으니, 부지런히 배워 의(義)를 행한 고(故) 운계(雲溪) 정공(鄭公) 같은 이가 어찌 참으로 그런 사람이 아니겠는가.

공은 휘가 홍석(弘錫)이고 자가 계응(季鷹)이며 그 선대는 동래인(東萊人)이다. 동래 정씨는 고려 시대부터 대대로 크게 드러났으니 시조 휘 목(穆)은 관직이 상서 좌복야(尙書左僕射)였다. 봉산군(蓬山君) 호(瑚), 양도공(良度公) 양생(良生)을 지나, 정절공(靖節公) 휘 구(矩)에 이르렀으니, 구는 우리 태종이 잠저 시절 벗이었다는 것으로 높은 관직으로 여러 번 불렀으나 응하지 않았

**74** 한강(寒岡), 동강(東岡) 선생 : 정구(鄭逑, 1543~1620)와 김우옹(金宇顒, 1540~1603)을 가리킨다. 정구는 본관은 청주(淸州), 자는 도가(道可), 호는 한강이며, 시호는 문목(文穆)으로, 저서로 《한강집》이 있다. 김우옹은 본관은 의성(義城), 자는 숙부(肅夫), 호는 동강이니, 부제학, 이조 참판 등을 지냈고 저서로 《동강집》이 있다.

**75** 빈빈(彬彬) : 내용과 형식이 훌륭하게 조화된 군자라는 뜻으로, 《논어(論語)》 〈옹야(雍也)〉에 "바탕이 문채를 압도하면 촌스럽게 되고, 문채가 바탕을 압도하면 겉치레에 흐르게 되나니, 문채와 바탕이 조화를 이룬 뒤에야 군자라고 할 수 있다.〔質勝文則野, 文勝質則史, 文質彬彬然後君子.〕"라고 한 데서 유래하였다.

**76** 사숙(私淑) : 직접 가르침을 받지는 않았으나, 마음속으로 그 사람을 본받아서 도(道)나 학문을 배우거나 따름을 말한다.

다. 구의 아들 휘 선경(善卿)은 호조 판서에 증직되었고, 서울에서 성주(星州)로 옮겨 살았다. 2세를 지나 휘 항(恒)이 있었으니 형조 참판에 증직되었다. 그 아들 휘 언충(彦忠)은 부사(府使)를 지냈다. 그 아들 휘 지(墀)는 장사랑(將仕郎)을 지냈고 학행(學行)이 있었으니, 곧 공의 고(考)이다. 비(妣)는 진주 하씨(晉州河氏)이니 도사(都事) 하수일(河受一)[77]의 따님이다. 만력(萬曆) 정미년(1607, 선조40) 7월 모일에 공이 태어났다.

공은 어려서부터 총명하고 뛰어난 도량을 지녔다. 6세에 《소학(小學)》을 수업 받고는 대의(大義)에 능통하였다. 13세에 아버지가 돌아가시니, 공이 애통해하며 돌아가신 아버지의 뜻을 생각하면서 발분(發憤)하여 글을 읽음에 조금도 게을리하지 않았다. 나가서는 사우(師友)들을 따라 배워서 학업이 더욱 진보하였다.

정묘년(1627, 인조5)에 서쪽 오랑캐가 침범하였는데, 공의 부옹(婦翁) 이천봉(李天封)[78] 공이 의병장(義兵將)이 되어 공에게 문서를 맡김에, 공이 매우 알맞게 처리하였다. 병자년(1636)에는 또 이공이 창의(倡義)했던 것을 따라[79] 하여 서쪽으로 가다가 이

**77** 하수일(河受一) : 1553~1612. 자는 태이(太易), 호는 송정(松亭)이다. 형조 정랑(刑曹正郎) 등을 지내고, 권제(權濟), 손천우(孫天祐) 등과 교유하였으며 진주 대각서원(大覺書院)에 제향되었다.

**78** 이천봉(李天封) : 1567~1634. 본관은 경산(京山), 자는 숙발(叔發), 호는 백천(白川)으로, 한강 정구(鄭逑)의 문인이다.

**79** 병자년(1636)에는……따라 : 이공은 이천봉을 가리킨다. 병자년은 병자호란이 일어난 해로, 이천봉은 그 2년 전 갑술년에 세상을 떠났다. 《여헌집》 권12에 실린 이천봉에 대한 묘갈명을 살펴보면 "공은 휘가 천봉이고……공은 갑술년(1634, 인조

미 성이 함락되었다는 소식을 듣고 시를 지어 비분강개한 뜻을 깃들였다.

임오년(1642)에 진사시에 입격하였다. 이어서 당세에 대한 뜻을 끊고 천석(泉石) 사이에 은거하여 그 집에 편액을 걸어 '운계(雲溪)'라고 하였다. 당시의 이름난 이들 곧 동명(東溟),[80] 기옹(畸翁)[81] 등과 같은 여러 공과 함께 서로 강론 연마하고 시를 창수하면서 즐거움으로 삼았다. 원근의 학자들이 다투어 추종하였으니, 장려하고 진보시킨 효과가 많았다. 고을 사람들과 함께 낙영재(樂英齋), 양몽재(養蒙齋) 등을 설치하고 규약(規約)을 세워 남전씨(藍田氏)[82]의 고사(故事)를 본받아 매월 초하루와 보름에 향음례(鄉飮禮)를 행하였으니, 질서 정연하게 순후한 고풍(古風)이 매우 성대하였다. 신해년(1671, 숙종11) 6월 모일 65세를 살고

12) 6월 임신일에 세상을 버리니, 68세를 살았다.〔公諱天封,……以甲戌六月壬申棄世, 壽六十八.〕"라고 되어 있다. 《旅軒集 卷12 宣敎郎義禁府都事李公墓碣銘》

**80** 동명(東溟) : 김세렴(金世濂, 1593~1646)으로, 본관은 선산(善山), 자는 도원(道源), 호는 동명이며, 시호는 문강(文康)이다. 1636년(인조14)에 통신 부사로 일본을 다녀왔다. 저서로는 《동명집(東溟集)》, 《해사록(海槎錄)》 등이 있다.

**81** 기옹(畸翁) : 박공구(朴珙衢, 1587~1658)로, 본관은 순천(順天), 자는 자룡(子龍), 호는 기옹이다. 정구(鄭逑)의 문인으로, 병자호란 이후 과거에 뜻을 끊고 낙동강 가에 은거하며 성리학을 연구하다가, 인조반정 이후 대군 사부(大君師傅)를 지냈다. 저서로는 《기옹집》이 있다.

**82** 남전씨(藍田氏) : 남전 여씨(藍田呂氏)로, 남전은 중국 섬서성(陝西省)의 고을 이름이다. 여씨는 송나라 때 남전에 살던 여대충(呂大忠), 여대방(呂大防), 여대균(呂大鈞), 여대림(呂大臨) 등 형제 네 사람이니 이들은 그 고을 사람들과 서로 지키기로 약속한 자치 규범인 '여씨향약(呂氏鄉約)'을 만들었다. 여대균이 《여씨향약》을 지었다.

세상을 떠났다. 막동(莯洞) 간좌(艮坐) 등성에 장사 지냈다. 공을 영결하여 보낸 사림(士林)들이 수백 명이었다.

공은 효성과 우애를 천성으로 타고났다. 선공(先公)의 상(喪)이 났을 때는 바야흐로 어린 나이였지만 상례(喪禮)를 행하여 몸이 훼척하게 된 것이 마치 어른과 같았다. 계비(繼妣)를 받듦에 공양(供養)을 지극히 하였고, 돌아가시기에 이르러 상(喪)을 치름에는 더욱 삼가서, 늙었다고 해서 혹 게을리하지 않았다. 형제들에게는 재물을 달리함이 없었으니, 비난하는 말이 없었다. 분가할 때에는 밭과 종들을 모두 자신은 못한 것을 가지고 동기(同氣)들에게는 좋은 것을 주었으니, 사람들이 더욱 어질다고 여겼다. 매양 제사 때는 비록 매우 추운 날이라도 반드시 목욕하고 제기(祭器)를 직접 세척하였다. 항상 부모님을 일찍 여읜 것을 애통히 여겼으니, 말에 언급이 되면 눈물을 흘리지 않은 적이 없었다.

공은 평생 한강(寒岡) 선생과 동강(東岡) 선생을 도타이 흠모하였으니, 학문은 오직 자신을 위한 공부를 하였고, 예(禮)로써 자신을 단속하였다. 매일 새벽에 일어나 가묘(家廟)에 배알(拜謁)하고, 물러나 운계재(雲溪齋)에 거처하며 윤건(綸巾)을 쓰고 학창의(鶴氅衣)를 입은 채 종일 도서(圖書) 사이에 바르게 앉아서 얽매인 곳 없는 듯이 지냈다. 사람들을 대함에는 마음을 열어 정성을 보여 주고, 수식하는 뜻이 전혀 없었다. 문사(文辭)를 지음에도 또한 한결같이 이취(理趣)에 근본 하였으니, 저술한 《계척집(鷄蹠集)》 6, 7권이 집에 보관되어 있다.

문생(門生)들이 일찍이 공의 영상(影像)을 그려 두었으니, 후인들이 이로 인하여 걸어 놓고 제사를 지냈다. 축문에 "행의(行

誼)는 근원함이 있었고, 문장(文章)은 세상에 사표(師表)가 되었다."라고 하였으니, 오호라, 여기에서 공을 징험할 수 있다.

부인은 곧 이천봉 공의 따님이니, 이공은 도사(都事)를 지냈고 본관이 성주(星州)이다. 후배(後配)는 김신(金信)의 따님이니 본관은 언양(彦陽)이다. 3남이 있으니 영(泳), 유(游), 혜(潓)이고, 2녀가 있으니 진사 이유방(李惟昉), 김시수(金時壽)에게 시집갔다. 측실 소생으로 아들 숙(淑)이 있다. 영은 1남 3녀를 두었으니 아들은 임명(林明)이고, 딸은 장무창(張茂昌), 첨사(僉使) 송영기(宋永基), 최익제(崔翼濟)에게 시집갔다. 유는 3남 1녀를 두었으니 아들은 임태(林泰), 임대(林大), 임채(林采)이고, 딸은 박유무(朴有茂)에게 시집갔다. 혜는 3남 1녀를 두었으니 아들은 임하(林夏), 임기(林起), 임일(林一)이고, 딸은 송은기(宋殷基)에게 시집갔다. 증현손 이하는 기록하지 않는다. 공의 6세손 윤택(潤宅)이 침랑(寢郎) 정위(鄭煒)[83] 씨가 찬술한 행장을 가지고 와서 묘갈명 지어 줄 것을 부탁하였다. 명은 다음과 같다.

| | |
|---|---|
| 용이 뛰어오르는 연못에 | 龍躍之淵 |
| 이를 흠모하여 뛰어오르는 것이 있으니 | 有慕而躍者 |
| 이는 반드시 모두 용의 무리일 것이다 | 必皆龍之屬也 |
| 봉황이 비상하는 언덕에 | 鳳飛之岡 |

**83** 정위(鄭煒) : 1740~1811. 본관은 서원(西原), 자는 휘조(輝祖), 호는 지애(芝厓)로, 성주(星州)에 거주하였다. 이상정(李象靖)과 최흥원(崔興遠)에게 사사하였으며, 저서로는 《지애집》이 있고, 편서로는 《가례휘통》이 있다.

이를 흠모하여 날아오르는 것이 있으니　有慕而飛者

이는 반드시 모두 봉황의 족속일 것이다　必皆鳳之族也

나는 알겠네, 공은 교룡이 아니면 봉황[84]일 줄　吾知公非蛟螭卽鸑鷟

그러니 후세 사람들이　後之人

어찌 그 유에게 눈을 비비고 보지 않겠는가　盍於其類也而拭目焉

**84** 봉황 : 원문은 '악작(鸑鷟)'으로, 《국어(國語)》 〈주어 상(周語上)〉에 "주나라가 흥성할 무렵 봉황이 기산에서 울었다.〔周之興也, 鸑鷟鳴於岐山.〕"라는 데서 가져왔다.

## 둔헌 이공 묘갈명 병서

遯軒李公墓碣銘 並序

나의 선조(先祖) 문장공(文莊公) 우복(愚伏) 선생[85] 문하에는 선비들이 거의 백여 명이 넘었는데 그 가운데 둔헌(遯軒) 이공(李公) 같은 사람이 있으니, 내가 늦게 태어났기에 막연히 그 사적(事蹟)이 어떠한지를 알지 못한다. 하루는 공의 5세손 수양(遂陽)이 몇 조목을 기록해 가지고 와서 나에게 그 묘갈명을 청하며 "세대가 이미 멀고 또 전쟁을 겪어서, 이것 외에는 모두 잃어버리고 전하지 않습니다. 하지만 어찌 한마디 말을 지어 비석에 새겨 드러내도록 하지 않겠습니까."라고 하였다. 그래서 살펴보고 서술한다.

공은 휘가 위(蘬)이고 자가 화백(華伯)이며 둔헌(遯軒)은 그 호이다. 태종(太宗)의 둘째 아들 정효공(靖孝公) 효령대군(孝寧大君) 휘 보(補)가 시조이다. 보성군(寶城君) 합(峇), 물거군(勿巨君) 철(徹), 양록정(楊麓正) 수(粹), 종묘서령(宗廟署令) 인홍(仁弘), 어모장군(禦侮將軍) 강(跭)을 지나, 적순위(廸順尉) 여길(汝佶)에 이르렀으니, 이분이 공의 고(考)이다. 비(妣)는 성산 이씨(星山李氏) 모의 따님으로, 만력(萬曆) 무인년(1578, 선조11) 정월 모일에 공을 낳았다.

85 우복(愚伏) 선생 : 정경세(鄭經世, 1563~1633)를 가리킨다. 본관은 진주(晉州), 자는 경임(景任), 호는 우복이며, 시호는 문장이다. 1586년 문과에 급제하였고, 이조 판서를 지냈다. 저서로는 《우복집(愚伏集)》이 있다.

공은 총명하고 준수함이 보통 아이들보다 빼어났다. 이를 가는 어린 나이 때부터 어른 같은 의범(儀範)을 지녔다. 장성하여서는 문예(文藝)를 돈독히 하였다. 이미 사마시(司馬試)에 합격하고는 곧바로 과거 공부를 그만두고, 나의 선조 문장공을 따라 공부하여 학문하는 방도를 들었다. 함녕(咸寧)의 옥계(玉溪) 가에 정자를 하나 건축하고 이름하여 '양한(養閒)'이라 하였으니, 대개 장차 당세의 여러 어진 이들과 함께 서로 강론 연마하여 그 학업을 진보하려 했던 것이다. 경진년(1640, 인조18) 윤(閏)1월 모일에 졸(卒)하였으니 63세를 살았다. 공이 평소 효도하고 우애로웠던 실상은 사람들이 칭찬하지 않는 이가 없었다. 장사(長沙) 경향(庚向) 언덕에 장사 지냈다.

부인은 함양 박씨(咸陽朴氏)이니 장사랑(將仕郎) 박영선(朴榮先)의 따님이다. 아들은 다섯이니 득형(得馨), 익형(益馨), 장형(長馨), 석형(碩馨), 만형(晩馨)이고, 딸은 하나이니 심정선(沈挺善)에게 시집갔다. 손자는 여섯이고 손녀는 넷이다. 나머지는 기록하지 않는다. 대개 공의 아버지 부위공(副尉公)은 문학(文學)을 지니고 있어서 백담(白潭) 조우신(趙又新)[86] 공이 일찍이 스승으로 섬겼으니, 공이 가정(家庭)에서 얻은 것이 얕지 않으리라. 또 더구나 나의 선조 문장공의 문하에서 친히 공부를 하였음에랴. 애석하여라, 유사(遺事)가 일실(逸失)되어 전하지 않음이. 명은 다음과 같다.

**86** 조우신(趙又新) : 1583~1650. 본관은 한양(漢陽), 자는 여집(汝輯), 호는 백담이다. 저서로는 《백담집(白潭集)》이 있다. 상주 지강서원(芝岡書院)에 배향되었다.

| | |
|---|---|
| 공자 문하 칠십 명의 전에 | 孔門七十子傳 |
| 그 성명만 실은 이가 과반이지만 | 只載其姓名者過半 |
| 그래도 성인의 문도가 됨에 해가 되지 않는다 | 猶不害爲聖人之徒 |
| 성인과 현인이 비록 차이가 있지마는 | 聖與賢雖有間 |
| 공은 이미 내 선조의 문도가 되었다 | 公旣爲吾先祖之徒矣 |
| 더구나 약간의 사적이 남아 있으니 | 況有若干蹟遺焉 |
| 후세 사람이 여기에서 징험할 수 있으리라 | 後之人其徵於斯哉 |

## 용암 처사 최공 묘갈명 병서

龍巖處士崔公墓碣銘 並序

한강(寒岡) 정 선생(鄭先生 정구(鄭逑))의 문인들은 대체로 서원에 제향된 어진 이들이 많다. 그런데 오직 용암(龍巖) 최공(崔公)은 불행하게도 단명(短命)하여 뜻과 학업을 미처 성취하지 못하였기에 지금까지 묻혀 있었으니, 어찌 개탄할 만하지 않겠는가.

살피건대, 공은 휘가 동윤(東尹)이고 자가 자임(子任)이며 용암(龍巖)은 그 호이다. 최씨(崔氏)는 경주(慶州)에서 나왔으니, 본래 신라 사량부(沙梁部)의 후예이다. 조선조에 이르러 휘 예(汭)가 있으니, 예는 청백(淸白)으로 드러났고 관직은 성균 사성(成均司成)을 지냈다. 그 증손 득정(得汀)은 군기시 첨정(軍器寺僉正)을 지냈고 좌통례(左通禮)에 증직되었으니, 이분이 공의 고조이다. 증조 삼빙(三聘)은 효렴(孝廉)으로 천거되어 참봉을 지냈고 좌승지(左承旨)에 증직되었다. 조부는 휘가 신보(臣輔)이니 병조 참판(兵曹參判)에 증직되었다. 고(考)는 휘가 진립(震立)이니 임진년(1592, 선조25)에 창의(倡義)하였고, 병자년(1636, 인조14)에 절의로 세상을 떠났고, 관직은 공조 참판(工曹參判)을 지냈으며 병조 판서(兵曹判書)에 증직되었고 시호는 정무(貞武)이며 제향을 받았다. 비(妣) 정부인(貞夫人)은 서산 유씨(瑞山柳氏)이니 고려 때 문희공(文僖公) 사암(思庵) 유숙(柳淑)[87]의 후손이고 유

**87** 유숙(柳淑) : 1316~1368. 자는 순부(純夫), 호는 사암, 시호는 문희이다. 1340

윤렴(柳允濂)의 따님으로, 만력(萬曆) 신묘년(1591, 선조24) 12월 모일에 공을 낳았다.

공은 어려서부터 남다른 자질을 지녔으며, 8세에 글을 지을 수 있었다. 장성하여서는 성현(聖賢)의 글에 오로지 뜻을 두었다. 약관(弱冠 20세)의 나이에 사상(泗上)[88]에 가서 공부하였으니, 자주 칭찬과 허여를 받았다. 한강(寒岡) 선생이 세상을 떠나고 나서는 용암(龍巖) 아래에 집을 짓고서 날마다 《심경(心經)》, 《근사록(近思錄)》 등의 책에 깊이 잠심하였다. 임술년(1622, 광해군14)에 효심과 우애를 하늘로부터 받아 오로지 위기지학(爲己之學)을 일삼은 것으로 향천(鄕薦)[89]에 뽑혔다. 갑자년(1624, 인조2)에 어머니 상을 당하였는데 너무 슬퍼하여 뼈가 앙상하였고, 이로 인하여 병이 들어 상복을 벗은 이듬해 정묘년(1627) 11월 모일에 세상을 떠났으니 37세를 살았다. 곽동(藿洞) 감좌(坎坐) 등성에 장사 지냈다. 그 뒤에 증손 경로(慶老)가 귀하게 됨으로써 사복시정(司僕寺正)에 증직되었다.

부인 숙인(淑人)은 단성 이씨(丹城李氏)이니 교리(校理) 이을규(李乙奎)의 후손이고 이시실(李時實)의 따님이다. 공의 묘소 아

년(충혜왕 복위1) 과거에 급제하였고 강릉대군(江陵大君) 시절의 공민왕을 시종하여 4년간 원나라에 있었다. 공민왕이 즉위하자 고려로 돌아와 판도판서(版圖判書), 첨의평리(僉議評理) 등을 역임하였다. 1368년(공민왕17) 9월에 신돈(辛旽)의 참소를 받고 영광(靈光)에서 교살되었다.

**88** 사상(泗上) : 한강(寒岡) 정구(鄭逑)가 살던 곳의 지명으로, 경북에 있다.

**89** 향천(鄕薦) : 매년 군읍(郡邑)이 행의(行誼)가 특이한 자를 추천하여 조정에 알리면, 그중 우수한 자를 택하여 벼슬을 맡기는 것을 말한다.

래에 부장하였다. 아들이 셋이니 국철(國哲), 호조 참의에 증직된 국형(國衡), 국범(國範)이 있고, 딸이 셋이니 권대현(權大賢), 정희현(鄭希賢), 서후유(徐後裕)에게 시집갔다. 국형의 아들은 영기(永基)이고, 국범의 아들은 학기(學基)이다. 영기의 아들은 경갑(慶甲), 무과에 급제하여 동지중추부사를 지낸 경로(慶老), 경만(慶晩)이다. 학기의 아들은 경후(慶厚)이다. 나머지는 기록하지 않는다.

공이 남긴 글은 화재로 다 잃어버리고, 오직 한강 선생을 모시고 산과 바다를 노닐며 지은 약간 편만 전하고 있다. 하지만 일찍이 스승을 만날 수 있었고, 향천(鄕薦)에 오르기에 이르렀으며, 한강 선생의 문인록에 또 "뜻과 학업이 완성되기도 전에 불행히 일찍 죽었다."라고 기록되어 있다. 이것으로 살펴보면 공이 보존한 것을 또한 상상할 수 있는데, 이에 어찌 그대로 두어서 마침내 없어지게 할 수 있겠는가. 공의 6세손 석현(錫賢)은 나를 따라 공부했는데, 공의 묘갈명을 청하기에 마침내 차례하여 이상과 같이 쓰고, 이어서 다음과 같이 말한다.

내가 일찍이 칠십자의 전을 보았더니 다만 그 성명만 기록된 사람이 거의 3분의 2였는데, 그럼에도 모두 공자의 문도(門徒)가 되어 만세토록 이름을 남길 수 있었다. 공 같은 이는 이미 대현의 문도가 되었으니, 혹 이른바 "천리마 꼬리에 붙어 천 리를 치달린다."[90]라는 것이 공과 같은 사람을 말하는 것이 아니겠는가.

**90** 천리마……치달린다 : 《사기(史記)》 권61 〈백이열전(伯夷列傳)〉에 "안연이 비

余嘗觀七十子傳則只錄其姓名者殆三之二　皆得爲仲尼之徒而留名於萬禩　若公旣爲大賢之徒矣　倘所謂附驥尾而致千里者　得非如公之謂耶

록 학문에 독실하였지마는 천리마 꼬리에 붙어 치달렸기에 그 행실이 더욱 드러났다.〔顔淵雖篤學, 附驥尾而行益顯.〕"라는 구절이 있는데, 당(唐)나라 사마정(司馬貞)의 주석에 "'쉬파리가 천리마 꼬리 끝에 붙어서 천 리를 가는 것〔蒼蠅附驥尾而致千里〕'처럼, 안회도 공자 덕분에 이름이 드러나게 되었다는 뜻이다."라고 하였다.

## 소헌 처사 풍양 조공 묘갈명 병서

疎軒處士豐壤趙公墓碣銘 並序

소헌 처사(疎軒處士) 풍양(豐壤) 조공(趙公)은 휘가 해(瀣)이고 자가 서휘(瑞輝)이니, 그 상세(上世)엔 고려 때 시중(侍中) 벼슬을 한 휘 맹(孟)이 있어 처음으로 드러났다. 우리 조선조에 들어와서는 휘 숭(崇)이 있으니 태조를 도와 좌명공신〔佐命勳〕에 들었고, 휘 서정(瑞廷)은 의정부 사인(議政府舍人)을 지냈으며, 휘 광헌(光憲)은 좌승선(左承宣)에 증직되었고 효성으로 알려졌다. 광헌의 아들은 휘가 정(靖)으로 검간(黔澗) 선생이니 이조 참판(吏曹參判)에 증직되었고 덕행과 학문으로 속수서원(涑水書院)[91]에 제향되었다. 이분이 휘 영원(榮遠)을 낳았다. 영원이 휘 능(稜)을 낳으니, 성균관에 들어가 공부하였고 호가 영모암(永慕庵)이다. 이분이 휘 대윤(大胤), 호 입재(立齋)를 낳으니, 곧 공의 고(考)이다. 대대로 유자(儒者)의 행실이 있어서 고을 사람들에게 추앙을 받았다. 비(妣)는 상산 김씨(商山金氏)이니 명묘조(明廟朝)에 유일(遺逸)인 후계(后溪) 김범(金範)[92]의 증손녀이고 이조

**91** 속수서원(涑水書院) : 경상북도 의성군 단밀면 속암리에 있다. 1657년(효종8)에 세웠다. 《검간집(黔澗集)》 권4의 〈연보〉에 의거해 보면, 조정(趙靖, 1555~1636)은 1730년(영조6)에 속수서원에 제향되었다〔崇禎後再庚戌, 今上六年, 士林追享涑水書院.〕고 되어 있다. 서원철폐령으로 훼철되었다가 1972년 복원하였다.

**92** 김범(金範) : 1512~1566. 자는 덕용(德容), 호는 후계(后溪)이다. 1540년(중종35) 진사가 되었고, 옥과 현감을 지냈다. 저서로는 《후계집(后溪集)》이 있다.

참의(吏曹參議) 성극당(省克堂) 김홍미(金弘微)[93]의 손녀이자 현감 김형(金珩)의 따님으로, 현종(顯宗) 병오년(1666, 현종7) 모월 모일에 공을 낳았다.

공은 성품이 지극히 효성스러웠으니 어버이를 섬김에 한결같이 순종하여 어버이 마음에 알맞게 하였다. 상(喪)을 당해서는 몸이 훼척함이 심하였지만 상복을 갖추어 입고 3년을 마쳤다. 성묘하는 일이 아니면 발이 여묘 밖을 밟지 않았다. 여묘 앞에 하나의 와심(瓦鬵)을 마련해 두고 몇 일(溢)의 쌀[94]을 가지고 죽을 끓여 마시고 채소와 장은 먹지 않았다. 제사를 받들 때는 정성과 공경을 지극히 하였다.

여러 동생에게 도타이 하고 우애로웠으니 기름진 밭을 분할하여 동생들에게 주었다. 종족(宗族)에게 화목하여 궁한 이를 구휼하고 급한 일이 있는 이를 돌봐 주면서 오직 미치지 못할까 근심하였다. 빈객들을 좋아하여 귀천에 차이를 두지 않고 그들을 대접함에 한결같이 정성스런 마음으로 하였다. 일찍이 저장고에 들어와 곡식을 훔친 도적이 있었는데, 공이 이를 보고 측은히 여기면서 가만히 그 사람을 경계시키고 곡식을 주어 보내며 "이 흉년이

**93** 김홍미(金弘微) : 1557~1605. 자는 창원(昌遠), 호는 성극(省克)이다. 김범(金範)의 아들이다. 1585년(선조18)에 문과 급제하여 청송 부사, 강릉 부사, 대사간, 이조 참의 등을 역임하였다.

**94** 몇 일(溢)의 쌀 : 《의례(儀禮)》 〈상복(喪服)〉에 "죽을 마시되 아침에 1일 분량의 쌀을 마시고 저녁에 1일 분량의 쌀을 마신다.〔歠粥, 朝一溢米, 夕一溢米.〕"라고 하였는데, 그 주에 "24냥(兩)을 1일(溢)이라 하니, 백미 1승에 24분의 1승을 더한 것이 된다."라고 하였다.

사람을 사납게 만들었을 따름이니, 어찌 너의 본성이겠는가. 다른 사람이 알아차리지 않도록 빨리 가거라."라고 하였다.

공은 항상 인자하고 사랑함이 봄기운 같았으니 비록 초목이나 곤충 같은 미물이라도 또한 차마 상하게 하지 않았다. 평소에 예(禮)로써 스스로를 단속하였고 자손들을 의로운 방도로 훈계하였으니, 가정(家庭)에는 질서 정연하게 법도가 있었다. 구원(丘園)에 자취를 감추고서 담박하게 세상 이익을 사모함이 없었고, 시비(是非)와 훼예(毁譽)에 대해서는 여유롭게 대처하며 마치 듣지 못한 듯 하였다. 성품은 차분하고 엄중하여 성색(聲色)을 크게 하지 않았으니 사람들이 모두 공경히 믿으며 기쁘게 복응하였다.

공은 두툼한 얼굴과 큰 귀에 풍채가 맑고 깨끗하였으니, 바라보는 사람이 그 흰 머리털 우뚝한 관[95]에 티끌 기운이라곤 하나도 없는 모습을 보고는 혹 상산(商山)의 노인 기리계(綺里季)라고 일컫기도 하였다. 나이 69세 되는 영조 갑인년(1735)[96] 모월 모일

**95** 흰……관 : 원문의 '호발(皓髮)'과 '위관(偉冠)'은 상산사호(商山四皓)를 가리키는 말로, 신선처럼 삶을 의미한다. 한 고조(漢高祖)가 태자를 폐위하고, 척부인 소생 조왕 여의(趙王如意)를 세우려 하자, 장량이 계책을 내어 고조가 평소 존경하던 상산사호를 초빙하여 그들에게 태자를 시위(侍衛)하게 한 일이 있으니, "네 사람이 태자를 따르니, 나이가 모두 80여 살이고 수염과 눈썹이 하얗고 의관이 매우 훌륭하였다.〔四人者從太子, 年皆八十有余, 鬚眉皓白, 衣冠甚偉.〕"라고 한 말에서 유래하였다. 《漢書 卷40 張良傳》 상산사호는 진(秦)나라 말기에 상산에서 영지를 캐 먹으며 은거해 살았던 동원공(東園公), 기리계(綺里季), 하황공(夏黃公), 녹리선생(甪里先生)이다.

**96** 영조 갑인년(1735) : 저본에는 '숙묘(肅廟) 갑인년(1674, 숙종 즉위년)'으로 되어 있으나, 생년인 현종(顯宗) 병오년(1666, 현종7)을 기준해서 보면 1735년(영조

에 세상을 떠났으니, 선영을 따라 구룡산(九龍山) 병향(丙向) 언덕에 장사 지냈다. 부인은 의성 김씨(義城金氏)이니 관찰사(觀察使) 김성구(金聲久)의 따님이고 부제학(副提學) 개암(開巖) 김우굉(金宇宏)[97]의 후손으로, 맑은 덕을 지녔으며 공보다 먼저 세상을 떠났다. 무덤은 공의 묘소 아래에 있다.

5남 4녀를 두었다. 장남은 시경(時經)이고 다음은 흠경(欽經), 선경(善經), 이경(履經), 인경(麟經)이며, 딸은 이홍인(李弘仁), 조경회(曹景淮), 정만제(鄭萬濟), 이동욱(李東旭)에게 시집갔다. 서자(庶子)는 순경(順經), 존경(存經)이 있고, 서녀(庶女)는 김승주(金承胄), 김만우(金萬佑)에게 각각 시집갔다. 시경의 아들은 문과에 급제하여 지평(持平)을 지낸 석우(錫愚)가 있고, 다음은 석로(錫魯)가 있고, 딸은 이문룡(李文龍), 노경문(盧絅文), 유광수(柳光洙)에게 각각 시집갔다. 흠경의 아들은 석중(錫重), 석문(錫文), 석준(錫俊)이 있고, 딸은 강필엽(姜必燁)에게 시집갔다. 선경의 아들은 석춘(錫春), 석권(錫權), 진사 석철(錫喆), 문과에 급제하여 승지(承旨)를 지낸 석목(錫穆)이 있다. 이경은 아들이 없어서 석목을 후사로 삼았다. 인경의 아들은 문과에 급제하여 승지를 지낸 석룡(錫龍), 다음 석응(錫鷹)이 있고, 딸은 생원 황계희(黃啓熙)에게 시집갔다. 석우는 아들이 넷이니 장자는 호연(虎

10) 갑인년이 공의 나이 69세가 되는 해이므로 수정 번역하였다.

**97** 김우굉(金宇宏) : 1524~1590. 자는 경부(敬夫), 호는 개암이며, 이황(李滉)의 문인이다. 1566년(명종21) 문과에 급제하여 대사성, 부제학 등을 역임하였다. 저서로는 《개암집(開巖集)》이 있고, 상주의 속수서원(涑水書院)에 봉향(奉享)되었다.

然)이고, 다음은 생원 학수(學洙), 사연(獅然), 규연(虯然)이다. 내외손증(內外孫曾) 이하는 대략 몇 명이 있다.

하루는 호연(虎然) 씨가 공의 유사(遺事)를 가지고 와서 나에게 보이며 묘갈명 지어 주기를 청하였는데, 사양하였지만 받아들여지지 않아서 마침내 차례하여 위와 같이 쓰고, 다음과 같이 명을 한다.

| | |
|---|---|
| 여러 대에 인을 쌓은 기업을 계승하였고 | 承累世積仁之基 |
| 신령함을 기른 고문의 기대에 마땅했으니 | 當高門毓靈之期 |
| 강자에 가득한 것은 모두 측은의 뜻이었고 | 滿腔皆惻隱之意 |
| 몸에 온전히 지닌 것은 길상의 기운이었네 | 全體有吉祥之氣 |
| 그래서 자신에게 보존함은 곧 순덕이 되고 | 所以存於己則爲純德 |
| 후세에 드러남은 곧 크나큰 복이 되었으니 | 發於後則爲景福 |
| 오호라, 소헌이여 | 於乎疎軒 |
| 잊을 수 없으리라[98] | 其不可諼 |

**98** 잊을 수 없으리라 : 《시경(詩經)》 〈기욱(淇澳)〉에 "문채 나는 군자여, 잘라 놓은 듯하고 간 듯하며 쪼아 놓은 듯하고 간 듯하다. 엄밀하고 굳세며 빛나고 점잖으니 문채 나는 군자여, 끝내 잊을 수 없노라.〔有匪君子, 如切如磋, 如琢如磨, 瑟兮僩兮, 赫兮咺兮, 有匪君子, 終不可諼兮.〕"라고 한 데서 가져왔다.

## 시강원 사서 이공 묘갈명 병서

侍講院司書李公墓碣銘 並序

공자가 말하기를, "부유함과 귀함은 사람들이 원하는 것이지만, 만약 구할 수 없으면 내가 좋아하는 것을 따르겠다."[99]라고 하였다. 이는 반드시 좋아하는 바가 부유함과 귀함보다 더한 것이 있어야 바야흐로 이를 할 수 있다. 만약 구해서는 안 되는 의(義)가 없어 그 도(道)로써 얻을 수 있는데도 또한 처하지 않는 자라면, 어찌 더욱 높아서 말속(末俗)을 바로잡기에 참으로 충분한 자가 아니겠는가.

퇴도(退陶 퇴계(退溪) 이황(李滉)) 선생의 7세손 사서(司書) 이공(李公)은 명릉(明陵 숙종의 능호) 경신년(1680, 숙종6) 10월 모일에 태어났다. 공은 어릴 때부터 망령되이 말하거나 웃지 않았으며 행의(行誼)를 잘 갖추고 있었으니, 사람들이 다들 거인(巨人)이라고 칭찬하였다. 취학(就學)하기에 이르러서는 과정 공부의 독려를 기다리지 않고도 스스로 힘써 열심히 하였으니, 약관(弱冠)의 나이에 학업이 이미 통달하였다. 우아한 성품은 조용하고 담담하였

**99** 부유함과……따르겠다 : 《논어》 〈이인(里仁)〉에 공자가 "부와 귀는 사람들이 원하는 것이지만 정당한 도리로 얻은 것이 아니면 거기에 처하지 않으며, 빈과 천은 사람들이 싫어하는 것이지만 정당한 도리로 얻은 것이 아닐지라도 버리려고 안달하지 않는다."라고 말한 것과 〈술이(述而)〉에 공자가 "부가 구할 수 있는 것이라면 채찍을 잡는 천한 일이라도 나는 또한 하겠다마는, 만약 구할 수 없는 것이라면 내가 좋아하는 것을 따르겠다."라고 말한 것에서 가져왔다.

으니 비록 어버이 명으로 공거(公車 과거에 급제하는 것)에 종사하였지만 그것은 좋아함이 아니었다. 영묘(英廟) 을묘년(1735, 영조 11) 병과(丙科)에 급제하였다. 과거 시험 합격자를 발표하는 날에 곧 임시 우사(右史)에 충원되었다. 돌아와서 곧 아버지 상(喪)을 당하였다.

무오년(1738)에 상복을 벗었고, 병조 좌랑에 제수되었다. 사은숙배하러 갈 때 이천(利川)에 도착해서 여관에 묵었는데 밤 날씨가 차가웠다. 시를 지어 "누가 벼슬살이가 좋다고 말하는가, 이미 괴로움이 심하다는 것을 깨달았네. 내일 도성에 들어간 뒤, 뼈에 사무치는 차가움을 어찌 견딜까.〔誰云仕宦好, 已覺齒生酸. 明日入城後, 那堪逼骨寒.〕"라고 하였다. 열흘이 되지 않아 특별히 시강원 사서에 임명되었다. 공은 사직 소(疏)를 올렸으나 승정원에서 받아들이지 않아서 마침내 마지못해 출사(出謝)[100]하였다. 그러나 공은 항상 물러나 고향으로 돌아가고 싶어 하였다. 이듬해 2월에 비로소 휴가를 받아 돌아왔다.

공은 이미 돌아와서 여러 아우에게 말하기를, "나의 이 행차는 대귀(大歸)[101]이니, 어찌 다시 조령(鳥嶺)을 넘고 한강을 건널 수 있겠는가. 이제부터 이후로 살아서는 날마다 일어나면 선인(先人)의 오두막에 거처하면서 만년의 허물을 개선하고, 죽어서는 사서

**100** 출사(出謝) : 대궐에 나와 사은숙배(謝恩肅拜)하던 일.

**101** 대귀(大歸) : 출가한 부인이 시집에서 나와 영원히 친정으로 돌아가는 것을 뜻하는 말에서 나와, 다시는 돌아오지 않겠다고 작정하고 은퇴하여 고향으로 내려가는 것을 비유해서 쓴 말이다.

(司書)라는 하나의 직함을 명정(銘旌)에 쓴다면 충분할 것이다." 라고 하였다. 대개 공은 풍수(風樹)의 애통함[102]을 마음에 품은 이후로 더욱 녹(祿)을 구하는 데 뜻을 끊고, 바야흐로 또 분수를 따라 고인(古人)의 글을 읽고서 가업(家業)을 계승하였다. 이에 이해 7월 모일에 세상을 떠났으니 향년이 겨우 60세였다. 처음에는 봉화(奉化) 땅에 장사 지냈다가, 뒤에 백운지(白雲池)의 선영(先塋) 곁 산기슭 병향(丙向) 언덕으로 옮겨 부장(祔葬)하였다.

공은 휘가 세진(世震)이고 자가 형백(亨伯)이며 본관이 진보(眞寶)이다. 고조는 휘가 기(岐)이니 참봉을 지냈다. 증조는 휘가 희철(希哲)이니 찰방(察訪)을 지냈고 이조 참의(吏曹參議)에 증직되었다. 조는 휘가 회(褱)이니 이조 참판(吏曹參判)에 증직되었다. 고(考)는 휘가 수약(守約)이니 참봉을 지냈고 이조 판서(吏曹判書)에 증직되었다. 비(妣)는 정경부인(貞敬夫人)에 추증된 진주 강씨(晉州姜氏)이니 사복시 정(司僕寺正) 강자(姜鄙)의 따님이다.

부인 의인(宜人)은 청주 정씨(淸州鄭氏)이니 참판에 증직된 정기조(鄭基祚)의 따님이다. 아들은 귀범(龜範), 귀하(龜夏)가 있고, 딸은 권정국(權正國), 풍은군(豐恩君) 유종춘(柳宗春)에게 각각 시집갔다. 귀범은 아들 양순(養淳)이 있고, 딸은 유명휴(柳明休)에게 시집갔다. 귀하는 아들 경순(景淳), 정순(正淳), 득순(得淳),

102 풍수(風樹)의 애통함 : 자식이 어버이를 여읜 슬픔을 뜻한다. 춘추 시대 공자가 길을 가는데, 고어(皐魚)라는 사람이 나무를 안은 채 슬피 울고 있기에 까닭을 물었더니, "나무가 잠잠해지려 하나 바람이 자지 않고, 자식이 봉양하려 하나 어버이는 기다려 주시지 않습니다.〔樹欲靜而風不止, 子欲養而親不待也.〕"라고 한 말에서 유래하였다. 《韓詩外傳 卷9》

학순(學淳), 연순(淵淳), 원순(源淳), 인순(仁淳)이 있다. 양순은 휘근(彙謹)을 후사로 삼았다. 권정국은 아들 권사겸(權思兼)이 있다. 풍은군의 사자(嗣子)는 유상조(柳相祚)이니 문과에 급제하여 지금 참판 벼슬을 하고 있다. 나머지는 기록하지 않는다.

공은 성품이 지극히 효성스러웠다. 어버이가 병이 들었을 때 밤낮 옷을 벗지 않고 곁에서 간호하였으며 탕약을 드시게 함에 반드시 자신이 직접 달여서 올렸다. 제사에는 음식을 풍성하고 정갈하게 하기에 힘썼고, 마치 곁에 계시는 듯[103] 정성을 다하였다. 동생들에게 도타이 하고 우애롭게 하였으니 어머니를 잃고[104] 나서는 마치 자상한 어머니처럼 보호하고 지켜 주었다. 온 가문의 사람들에게 돈목(敦睦)하게 하여 길흉(吉凶)과 경조(慶吊)에는 모두 물건으로 도와주었다.

다른 사람과 접할 때는 한결같이 정성스런 마음으로 하여 온화한 기운이 넘쳤으며, 또한 휩쓸려 따르지는 않고 확고하게 지킴이 있었으니, 의(義)가 아니면 아주 작은 것이라도 취하지 않았다. 합당히 해야 할 일이 있으면 문득 즉시 행하기를 마치 바람과 우레처럼 신속하게 처리하였다. 본현(本縣)이 무신년(1728)[105]에 창

**103** 마치……듯 : 원문은 '여재(如在)'로, 《중용장구》 제16장에 "제사를 지낼 때면 양양히 그 위에 있는 듯도 하고 좌우에 있는 듯도 하다.〔承祭祀, 洋洋乎如在其上, 如在其左右.〕"라고 한 말에서 가져왔다.

**104** 어머니를 잃고 : 원문은 '실시(失恃)'로, 《시경(詩經)》 〈육아(蓼莪)〉에 "아버지가 없으면 누구를 믿으며 어머니가 없으면 누구를 믿을까.〔無父何怙, 無母何恃.〕"라는 구절에서 유래하여, 아버지를 잃은 것을 실호(失怙), 어머니를 잃은 것을 실시(失恃)라고 하는 데서 가져왔다.

의(倡義)했을 때 현의 사람들과 함께 의병을 모으는 일을 나누어 관장하였는데, 그 일을 완료함이 유독 남들보다 앞섰다.

역동서원(易東書院)[106]을 일찍이 무뢰배들이 점거하고 있었는데 누구도 감히 어찌하지를 못하였다. 고을에서 의논하여 공을 추대해서 동주(洞主)로 삼아 달려 들어가자, 자리 가득한 무뢰배들이 모두 경악하며 흩어졌다. 춘방(春坊)[107]에서 당직할 때 월식(月蝕)의 재앙이 있었는데, 동궁(東宮) 밖에 휘장을 설치하고 인정(人定 밤 10시)부터 파루(罷漏 새벽 4시)가 될 때까지 쟁기(錚器)를 쳤다. 공은 움직이지 않고 단정히 앉아서 삼가 공손하게 대월(對越)[108]의 정성을 지극히 하니, 누워서 잠자고 혹은 시끄럽게 웃던 여러 동료가 모두 부끄러워하며 탄복하였다. 항상 왕의(王禕)가 명 태조(明太祖)에게 고했던 "임금은 마땅히 충후(忠厚)를 마음에 담

105 무신년(1728) : 1728년(영조4) 소론과 남인이 연합하여 일으킨 난으로, 이인좌(李麟佐)의 난이라고도 한다. 신임사화(辛壬士禍)로 득세한 소론이 영조의 즉위로 노론에게 밀려나게 되면서, 영조가 신임사화 때 김창집(金昌集) 등 노론 사대신을 무고(誣告)한 소론파 김일경(金一鏡) 등을 처형하자, 이에 소론의 과격파와 갑술옥사(甲戌獄事) 이후 정계에서 밀려난 남인이 연합하여 이인좌, 정희량(鄭希亮) 등을 중심으로 일으킨 난이다.

106 역동서원(易東書院) : 1567년(명종22) 이황에 의해 발의되어 세워진 안동 지역 최초의 서원으로, 고려 말의 성리학자인 역동(易東) 우탁(禹倬, 1262~1342)을 제향하였다. 원래 안동시 예안면 부포리 오담에 있었으나, 1868년(고종5)에 훼철되었다가 1969년 안동시 송천동으로 이건하였다.

107 춘방(春坊) : 세자 시강원(世子侍講院)의 별칭이다.

108 대월(對越) : 대월상제(對越上帝)의 준말로, 상제를 대하듯 임금을 마주한다는 뜻이다.

고, 관대(寬大)함으로 정사를 해야만 하니, 주(周)나라가 팔백 년을 누린 것은 충후함으로써 했기 때문이고, 한(漢)나라가 사백 년을 누린 것은 관대함으로써 했기 때문입니다."[109]라고 한 말을 사랑하였다. 공이 언지(言地)의 직책에 있게 되면 이를 진달하려고 하였지만, 그렇게 하지 못하였다.

입조(立朝)한 지 60일이 채 되기도 전에 여망(輿望)이 흡족하여 다들 말하기를, "도야(陶爺 이황(李滉))에게 후손이 있도다."라고 하였다. 대신들이 서로들 조정에서 쓸 그릇이라고 아뢰었으나, 공은 이미 호연히 고향으로 돌아왔다. 하늘이 또 나이를 더 빌려주지 않았고 한 지방의 전형(典刑)이 되게 함도 또한 세상에 오래 할 수가 없게 하였으니, 오호라 슬프도다.

하루는 침랑군(寢郎君) 야순(野淳)이 예전에 기문(記聞)한 것 및 당세 여러 명현이 칭술(稱述)한 것을 모아서 가장(家狀)을 만들고, 나에게 공의 묘갈명을 부탁하였다. 마침내 명을 다음과 같이 말한다.

노선생(老先生 이황)께서 평생 조용히 물러나 자신이 좋아하는 바를 따르시더니, 공 같은 사람이 비록 그 좋아하는 바가 과연 어떤 경지에 나아갔는지는 알지 못하겠지만, 조용히 물러나는 한 절

**109** 왕의(王禕)가…… 때문입니다 : 《명사(明史)》 기사본말(紀事本末) 권14에 나오는 말이다. 왕의(王禕, 1322~1373)는 자가 자충(子充)이고 절강성 의조(義烏) 사람이다. 명나라 주원장(朱元璋)이 불러 관직을 제수하였으니, 강남유학 제학(江南儒學提學), 남강부 동지(南康府同知) 등을 지냈다.

목에 대해서는 일찌감치 해내었다고 할 만하다. 기타 빛나는 여러 행실 또한 후세에 전하여 말속(末俗)으로 하여금 경계하고 깨닫게 하는 바가 있기에 충분하니, 후세 사람들이 어찌 여기에서 시험 삼아 살펴보지 않겠는가.

老先生生平恬退 以從其所好 若公者雖未知其所好果何地造 然於恬退一節則可謂辦得早矣 其他焯焯羣行 亦足以傳諸後 使末俗有所警悟 後之人盍於此試考焉

## 농수 조공 묘갈명 병서

聾叟趙公墓碣銘 並序

농수(聾叟) 조공(趙公)은 휘가 시섭(始燮)이고 자가 성신(聖臣)이며 본관은 함안(咸安)이다. 고려 때는 대장군(大將軍) 정(鼎)이 있었다. 공조 전서(工曹典書) 열(悅)에 이르렀으니 그 맑은 풍모와 고고한 절개는 포은(圃隱),[110] 야은(冶隱)[111]과 더불어 같았다. 우리 조선에 들어와 어계(漁溪) 선생 휘 여(旅)가 있으니, 여는 진사(進士)로서 세조가 선위(禪位)를 받는 것을 보고는 명륜당(明倫堂)에 올라가 여러 생도에게 인사하고, 돌아와 함안(咸安) 백이산(伯夷山) 아래에 은거해 살다가 생을 마쳤으니, 곧 노릉(魯陵)의 생육신 중의 한 분으로, 시호는 정절(貞節)이다. 그 아들 동호(銅虎)는 진사로 군수(郡守)를 지냈고 또 이조 참판에 증직되었다. 이분이 문과 급제한 집의(執義) 삼(參)을 낳으니, 학문과 행실로 중종 때 《대학》과 《당감(唐鑑)》[112]을 하사받았다. 삼의 아

**110** 포은(圃隱) : 정몽주(鄭夢周, 1337~1392)의 호이다. 본관은 영일(迎日), 자는 달가(達可)이며, 시호는 문충(文忠)이다. 공민왕 9년(1360)에 문과 급제하여 예조정랑(禮曹正郎) 겸 성균박사(兼成均博士)가 되었다. 저서로는 《포은집(圃隱集)》이 있다.

**111** 야은(冶隱) : 길재(吉再, 1353~1419)의 호이다. 본관은 해평(海平), 자는 재보(再父)이며, 시호는 충절(忠節)이다. 1389년(창왕1)에 문하주서(門下注書)가 되었으나, 나라가 장차 망할 것을 알고서 이듬해 봄에 고향 선산(善山)으로 돌아왔다. 저서로는 《야은집(冶隱集)》이 있다.

들 정백(庭栢)은 별제(別提)를 지냈고, 처음으로 청송부(青松府) 안덕현(安德縣)에 거주하였다. 호가 방호(方壺)인 손(孫) 휘 준도(遵道)에 이르러서는 천거를 받아 관직이 주부(主簿)가 되었다. 증손(曾孫) 함일(咸一)은 사복시 정(司僕寺正)에 증직되었으니, 이분이 공의 5세조가 된다. 고조는 휘가 중린(重藺)이니 사복시 정에 증직되었다. 증조는 휘가 암(嵒)이니 좌대언(左代言)에 증직 되었다. 조부는 휘가 경인(景仁)이니 호조 참판에 증직되었다. 고(考)는 휘가 상우(相虞)이고, 비(妣)는 진성 이씨(眞城李氏)이니 이달중(李達中)의 따님으로 영묘(英廟) 병오년(1726, 영조2) 9월 모일에 공을 낳았다.

공은 어릴 때 영민하고 총명하였으니, 처음 수업을 받음에 번거롭게 뜻을 풀이해 주지 않아도 이해하였다. 조금 성장하여서는 과정의 독서를 끊지 않았고, 매양 달 뜬 밤에 글을 외움에 낭랑한 소리가 마치 옥이 부서지는 소리 같았다. 을해년(1755)에 향해(鄕解)에 합격하였다. 병자년(1756)에 아버지 상(喪)을 당하였는데 몸이 상하도록 예제(禮制)를 넘었다. 기묘년(1759)에 국자시(國子試)에 합격하였다. 사은(謝恩)하는 날, 임금께서 지은 바를 외워 보게 하였으니, "그대의 목소리가 좋구나."라고 칭찬한 것이 세 번이었다. 돌아가신 아버지의 무덤에 영소(榮掃)[113]할 때에 슬

**112** 당감(唐鑑) : 송(宋)나라 때 범조우(范祖禹)가 당(唐)나라 고조(高祖)부터 소종(昭宗)·선종(宣宗)까지의 역사의 대강을 적고 논평을 더하여 지은 책으로, 12권이었으나, 여조겸(呂祖謙)이 주를 달고 24권으로 나누었다.

**113** 영소(榮掃) : 과거나 벼슬 등 경사로운 일이 있을 때, 선조의 무덤에 고하고 제사 지내는 일을 말한다. 영(榮)은 영광, 소는 소분(掃墳)의 뜻이다.

프게 부르짖음을 그치지 않아 피눈물이 눈동자를 적셨다. 효성으로 어머니를 섬겼다. 어머니의 성품이 엄정(嚴正)하였으니, 공은 한결같이 뜻을 받들어 따르고 거스르는 바가 없었으며, 이문(異聞)이 있으면 반드시 상세히 알려 드렸다. 상(喪)을 당하여서는 몸이 몹시 훼척함이 이전 아버지 상 때와 같았으니, 이로 인하여 심복(心腹)의 병을 얻었다. 아우가 네 명 있다. 막내가 양자로 나가서 거처를 달리하였는데, 어머니가 매우 사랑하고 어여뻐하였기에, 공은 그 남기신 뜻을 잘 체득하여 매양 막내가 궁핍하게 되면 자신이 가진 것으로 돌봐 주었으며, 여러 자식에게 영원토록 준수하여 폐하지 않도록 경계하였다.

공의 학문을 좋아하는 성실함은 늙어서도 더욱 돈독하였으니, 손님이 찾아오거나 출입의 분주함이 있지 않으면 여러 아우와 함께 날마다 서사(書史)를 열람하면서 즐거움으로 삼았다. 비록 병으로 자리에 누워 있을 때라도 오히려 폐하지 않고, 혹 다른 사람에게 외우게 하며 말하기를, "이는 병을 잊기에 충분하니 곧 내 본분의 일이다."라고 하였다. 자제들을 가르치매 비록 학문에 몽매한 이라도 반드시 실올처럼 분석해 주어 그가 깨닫게 되고서야 그만두었다. 매양 가을과 겨울에는 강회(講會)를 마련하여 권면하고, 봄과 여름에는 곧 학사(學舍)에서 고과(考課)하였다. 거처하는 곳에는 지산(芝山)이 위에 있고 한천(寒泉)이 아래에 있다. 좋은 날 아름다운 절기를 만나면 여러 어진 이와 함께 지팡이 짚고 짚신 신고 소요하였으니 속세를 벗어난 생각이 있었다. 당저(當宁)[114] 원년(元年) 신유년(1801, 순조1) 5월 모일에 세상을 떠났으니 73세를 살았다. 고송현(古松縣) 대곡(大谷) 자좌(子坐) 언덕에 장사 지냈다.

공은 성품이 지나치게 굳세어서 어릴 때는 자못 성급하고 조급한 병통이 좀 있었는데, 만년에는 기상(氣像)이 한 번 변하여 화평(和平)을 따르기에 힘썼으므로 사람들이 후덕한 장자(長者)라고 일컬었으니, 또한 독서를 좋아했던 힘이었다.

부인은 안동 권씨(安東權氏)이니 권세한(權世漢)의 따님으로 정숙(貞淑)하고 자상하고 민첩하여 군자(君子)를 섬김에 어김이 없었다. 공보다 먼저 세상을 떠났고 공과 같은 언덕에 장사 지냈다. 아들이 둘이니 기원(基元)과 기덕(基德)이고, 딸이 둘이니 생원 안호중(安虎重), 최계란(崔啓瀾)에게 시집갔다. 기원의 아들은 옥(鈺)이고, 기덕의 아들은 탁(鐸)이다. 하루는 기원이 우곡(雨谷) 김 상사(金上舍) 도행(道行)[115] 씨가 찬술한 행장을 가지고 와서 나에게 보이며 그 묘갈명을 지어 달라고 청하였다. 명은 다음과 같다.

| | |
|---|---|
| 전서 공은 맑은 풍모를 지녔으며 | 典書淸風 |
| 어계 어른은 곧은 충정을 지녔네 | 漁溪貞忠 |
| 대대로 이름난 사람이 있었으니 | 代有聞人 |

**114** 당저(當宁) : 현재의 왕을 말한다. 저(宁)는 문병(門屛)의 사이를 말하니, 《예기(禮記)》 〈곡례(曲禮)〉에 "천자(天子)는 당저(當宁)하여 선다.〔天子當宁而立〕"라고 한 데서 유래하였다.

**115** 우곡(雨谷) 김 상사(金上舍) 도행(道行) : 김도행(金道行, 1728~1812). 본관은 의성(義城), 자는 중립(中立), 호는 우고(雨皐)이다. 저서로 《우고집(雨皐集)》이 있다.

| | |
|---|---|
| 이것으로써 공에게 이르렀기에 | 以及于公 |
| 마땅히 자질이 아름다웠고 | 宜質之美 |
| 마땅히 행실이 돈독하였네 | 宜行之篤 |
| 더욱 숭상할 만한 것으로는 | 尤可尙者 |
| 시종 학문을 염두에 둠이라 | 念終始學 |
| 여기 네 척 우뚝한 무덤이 | 惟玆四尺 |
| 농수공의 봉분이니 | 聾叟之墳 |
| 후세에 알고 싶은 이는 | 後欲有知 |
| 나의 이 글을 보시라 | 其視我文 |

# 이안당 조공 묘갈명 병서

## 易安堂趙公墓碣銘 並序

풍양(豐壤) 조공(趙公) 휘 천경(天經), 자 군일(君一)은 증 이조 참판(贈吏曹參判) 검간(黔澗) 선생 휘 정(靖)[116]의 5세손이다. 고조는 휘가 흥원(興遠)이다. 증조는 휘가 도(纛)이다. 조는 휘가 덕윤(德胤)이고 호가 광천(廣川)이다. 고(考)는 휘가 자신(自愼)이고, 비(妣)는 안동 권씨(安東權氏)이니 대사간(大司諫) 권도(權濤)[117]의 증손 생원 권계형(權繼亨)의 따님으로, 숙묘(肅廟) 을해년(1695, 숙종21) 정월 모일에 공을 낳았다.

공은 타고난 자질이 총명하고 영특하였으며 재주와 국량이 매우 빼어났다. 5, 6세에 이미 글을 지어서 사람들을 놀라게 한 구절이 있었다. 이윽고 장성해서는 이식산(李息山)[118]의 문하에 종

116 정(靖) : 검간(黔澗) 조정(趙靖, 1555~1636). 1605년(선조38) 문과에 급제하여 봉상시 정(奉常寺正)을 지냈고, 이조 참판에 증직되었으며, 상주 속수서원(涑水書院)에 제향되었다.

117 권도(權濤) : 1575~1644. 본관은 안동(安東), 자는 정보(靜甫), 호는 동계(東溪)이다. 정구(鄭逑)와 장현광(張顯光)의 문인이다. 1601년(선조34) 진사시에 합격하여 홍문관 부수찬, 사간원 대사간 등을 지냈다. 저서로는 《동계집》이 있다.

118 이식산(李息山) : 이만부(李萬敷, 1664~1732)로, 본관은 연안(延安), 자는 중서(仲舒), 호는 식산이다. 이황을 주자학의 적전으로 존숭하였다. 벼슬을 단념하고 학문 연구에만 전념하였다. 누대에 걸쳐 서울에서 살았지만, 영남의 학자들과 친분이 있어 영남으로 이거해서 후진 양성과 풍속 교화에 힘쓰며 저술 활동을 하였다. 저서로는 《식산집》이 있다.

유(從遊)하여 강론·연구하고 사색·변론함에 반드시 끝까지 궁구하려고 하였다. 선생의 '일령(日令)'[119] 및 〈서실잡의(書室雜儀)〉를 손수 베껴 써서 복응하고 익혔다. 일찍이 하과(夏課) 복시(覆試)에서 말단에 올랐는데, 한 늙은 유자(儒者)가 간곡히 참여하고 싶어 하기에 공이 마침내 그에게 양보하였으니, 주사(主司)가 이를 의롭게 여겼다.

26세에 사마시(司馬試)에 합격하였다. 무신년(1728, 영조4) 봄에 별시 복과(別試覆科)에 응시하러 가는 길에 역변(逆變)[120]이 일어났다는 소식을 듣고 말을 되돌려 돌아왔다. 집안의 재물을 기울이고 집안의 종들을 데리고 본주(本州) 창의소(倡義所)로 달려갔으니 담당한 것은 서기(書記)였는데, 곧바로 적들이 이미 섬멸되었다는 소식을 듣고 마침내 그만두었다. 성균관에 머물렀을 때, 한 재신(宰臣)이 전송하며 하는 말에 공을 천거하고 싶어 하는 마음을 내비쳤으나, 공은 사양하고 응하지 아니하고 행장을 재촉해 돌아왔다. 수직(壽職)으로 호군(護軍) 벼슬을 받았고 품계가

**119** 일령(日令) : 식산 이만부의 〈행장〉을 살펴보면 "일령(日令)을 지어 벽에 걸고 말하기를, '일령의 요점은 다만 정자(程子)가 말한 주일무적(主一無適) 및 주자(朱子)가 말한 유외근지(惟畏近之)에 있다.' 하였다."라는 말이 있다. 《息山集 附錄 上 行狀 李瀷》

**120** 역변(逆變) : 영조 4년 소론과 남인이 연합하여 일으킨 난으로, 이인좌(李麟佐)의 난이라고도 한다. 신임사화(辛壬士禍)로 득세한 소론이 영조의 즉위로 노론에게 밀려나게 되면서, 영조가 신임사화 때 김창집(金昌集) 등 노론 사대신을 무고(誣告)한 소론파 김일경(金一鏡) 등을 처형하자, 이에 소론의 과격파와 갑술옥사(甲戌獄事) 이후 정계에서 밀려난 남인이 연합하여 이인좌, 정희량(鄭希亮) 등을 중심으로 일으킨 난이다.

올라 자헌(資憲)에 이르렀다. 영묘(英廟) 병신년(1776, 영조52) 6월 모일에 정침에서 고종(考終)하였으니 향년이 82세였다. 주(州)의 북쪽 발산(鉢山) 계좌(癸坐) 언덕에 장사 지냈다.

공은 하늘로부터 효성을 타고났다. 9세에 병이 드신 선공(先公)을 모시고 밤낮 그 곁을 떠나지 않았고 대소변을 보는 그릇을 반드시 손수 비웠으며 변기를 반드시 직접 씻었다. 머리 빗을 경황도 없을 지경에 이르렀지만, 여러 달을 하루같이 하였다. 11세에 어머니가 해산(解産)을 할 때 기운이 장차 다하려 했는데, 공이 잉어가 좋다는 말을 듣고 눈물을 흘리며 강 언덕에 가서 구하매 한 자 되는 잉어를 얻어 어머니께 드리니, 곧바로 마침내 되살아났다.

공은 약관(弱冠)의 나이 이후에 아버지의 명으로 진양(晉陽)에 우거하였는데, 집과의 거리가 매우 멀었지만 달마다 반드시 집으로 돌아와 부모님을 뵈었고, 맛난 음식과 따뜻한 옷을 받들어 올리기를 부족하게 한 적이 없었다. 연이어 아버지 어머니 상(喪)을 당하여서는 모든 부신(附身)과 부관(附棺)[121]의 물품을 극진히 마련하여 유감(遺憾)이 없게 하였고, 상복을 갖추어 입고 상제를 마쳤다. 이미 영감(永感)[122]이 되어서는 두 분의 수묵(手墨)을 수습

**121** 부신(附身)과 부관(附棺) : 상사(喪事)를 치르는 예를 의미한다. 《예기》에, 자사(子思)가 "상은 3일 만에 빈소에 모시되 시신에 부속되는 물건들을 반드시 성심껏 준비하고 반드시 신실하게 갖추어 나중에 후회하지 않게 해야 하고, 3개월 만에 장례를 치르되 무릇 관에 넣을 물건을 반드시 성심껏 챙기고 진실하게 넣어 뒤에 후회됨이 없게 해야 한다."라고 말한 데서 가져왔다. 《禮記 檀弓上》

**122** 영감(永感) : 부모를 모두 여의어 고아가 되었을 때를 말한다. 옛날에 과거에

하여 보배롭게 간직하였으며, 이를 보면 반드시 눈물을 흘렸다. 늙어서는 〈사친가(思親歌)〉 한 곡을 지었는데, 어떤 때는 목이 메어 소리가 나오지 않았다.

형제들과 돈독하고 우애롭게 지냈으니, 부모 잃은 조카들을 어루만지고 길러 주어 성취함이 있도록 하였다. 종족(宗族)에게는 도탑고 화목하게 대하였고, 자애롭고 어짊으로 남을 사랑하였으며, 벗들에게는 신의가 있었다. 평소에 근면함과 검소함으로 스스로를 다스렸으니, 아직 날이 밝지 않았을 때 일어나 종일 책을 보았다. 손수 쓴 글의 책이 무릇 수백여 책 있고, 또 《오후청(五侯鯖)》 80여 권[123]을 찬술하였는데, 의약(醫藥), 복서(卜筮), 병전(兵田), 호구(戶口), 음양(陰陽), 성력(星曆), 산천(山川), 도리(道里)에 이르기까지 하나하나 다 기록하여 경륜(經綸)의 뜻을 담아 세밀하게 종합하고 정리하였다. 비록 생계를 꾸림과 힘써 밭을 가는 일 같은 것이라 해도 혹 엉성하거나 빠뜨림이 없게 하여 손님 접대와 제사에 쓰도록 대비하였다. 자신을 위해서는 매우 검약하였으니, 식사에는 두 가지 고기를 먹지 않았고 옷은 갖옷이나 비단옷을 입지 않았다. 항상 자제들을 경계시켜 말하기를, "세상에 스스로 받들기를 화려하고 사치하게 함을 좋아하는 자는 망하지 않는 이가 드물다."라고 하였다.

급제했을 때 부모 모두 생존 시에는 구경(具慶), 부친만 생존 시에는 엄시(嚴侍), 모친만 생존 시에는 자시(慈侍), 부모 모두 여의었을 때에는 영감(永感)이라고 하였다.

**123** 손수……권 : 조목수(趙沐洙)가 찬술한 〈이안당 행장〉에 "또 고금 인물의 충사와 득실의 사적을 손수 찬술하여 '오후청'이라고 명명한 것이 또 80여 권에 달한다. 〔又手纂古今人物忠邪得失之蹟, 名曰五侯鯖者, 亦至八十餘卷.〕"라고 한 말이 있다.

공은 일찍이 이안(易安)을 당호(堂號)로 걸었으니, 도정절(陶靖節)의 용슬(容膝)의 뜻[124]에서 취한 것이다. 문사(文詞)를 지음에는 나래 펴고 날 듯한 글솜씨로 관각문(館閣文)의 재질을 지녔다. 무릇 네 번 동해시(東解試)에 합격하였고 거듭 사관(祠官)에 천거되었으며, 또 전정(殿庭) 대책(對策)에 선발되었지만 끝내 불우(不遇)하였으니, 공의 재능과 뜻을 끝내 세상에 한 번 시용하지 못하였음이 어찌 운명이 아니겠는가.

부인은 진주 강씨(晉州姜氏)이니 참의(參議) 강심(姜深)[125]의 5세손 강여보(姜汝輔)의 따님이다. 3남 3녀를 두었으니, 아들은 석하(錫蝦), 후사로 나간 석후(錫垕), 석효(錫孝)이고, 딸은 권병(權棅), 권성봉(權聖鳳), 진사 홍천휴(洪天休)에게 시집갔다. 손증 이하는 기록하지 않는다.

하루는 공의 증손 술요(述堯)가 그 족숙(族叔)인 구당(舊堂) 호연(虎然)[126]이 찬술한 행장을 가지고 와서 나에게 묘갈명을 부탁하였다. 그래서 살펴보고 차례하고, 다음에 이어서 말한다.

**124** 도정절(陶靖節)의 용슬(容膝)의 뜻 : 도정절은 진(晉)나라 도잠(陶潛)을 가리킨다. 용슬은 자그마한 집을 의미한다. 도잠의 〈귀거래사(歸去來辭)〉에 "남창에 기대어 오연(傲然)히 즐거워하니, 무릎이나 들어갈 작은 집이 편안한 줄 알겠네.〔倚南窓以寄傲, 審容膝之易安.〕"라고 한 데서 가져왔다.

**125** 강심(姜深) : 조선 전기 유학자로, 임진왜란 때 절충장군(折衝將軍)에 오른 아들 강덕룡(姜德龍, 1560~1627)의 공로로 공조 참의(工曹參議)에 증직되었다.

**126** 호연(虎然) : 조목수(趙沐洙, 1736~1807). 이칭은 조호연(趙虎然)으로, 자는 사위(士威)이고 호는 구당(舊堂)이다.

갑장산이 높고 높으며　甲之山峩峩
병계의 물이 양양하다　屛之水洋洋
공은 그 사이에서 태어났으니　公生其間
의당 신령함과 상서로움이 모였을 터　宜鍾毓其靈祥
저 기자(箕子) 구주(九疇)의 오복[127]을　彼箕疇之五福
그 온전하게 할 수 있었던 자 누구던가　得其全者伊誰
넓고도 넉넉하며 검소하고도 근면했네　博而洽儉而勤
그 평소 행한 자취가　跡其平日
후손들에게 끼침이 많았으니　多後昆是貽
공을 알고자 하는 이 있거든　有欲知公
이 비석에 새긴 말을 보시라　視此貞珉之辭

**127** 기자(箕子) 구주(九疇)의 오복 : 기자가 홍범구주(洪範九疇)를 지었는데 그 가운데 아홉 번째에 다섯 가지의 복이 있으니, 수(壽)·부(富)·강녕(康寧)·유호덕(攸好德)·고종명(考終命)을 말한다. 《書經 洪範九疇》

## 둔옹 합천 이공 묘갈명 병서

遯翁陜川李公墓碣銘 並序

《주례(周禮)》〈대사도(大司徒)〉에, 향학(鄕學)의 삼물로 백성을 가르치는데 그 하나를 '육행(六行)'이라 하였으니, 곧 효(孝), 우(友), 목(睦), 연(婣), 임(任), 휼(恤)[128]이 이것이다. 만약 이것을 잘할 수 있는 사람이 있다면 마땅히 빈흥과(賓興科)[129]에 포함되어 있어야 하는데, 세상이 예만 같지 못하여 포의(布衣)로서 끝나는 자가 도도하게 많았다. 근고(近古)에 둔옹 처사(遯翁處士) 합천(陜川) 이공(李公) 같은 사람이 또한 그런 사람이라, 어찌 개탄하지 아니할 수 있겠는가.

공은 휘가 양주(陽柱)이고 자가 경일(擎一)이니, 신라 때 제부(諸部)의 대인(大人)[130] 이알평(李謁平)이 그 시조이다. 고려 때

**128** 향학(鄕學)의……휼(恤) : 《주례(周禮)》〈지관(地官) 대사도(大司徒)〉에 "향학(鄕學)이 세 종류의 교법(敎法)을 가지고 만민을 교화하고 인재가 있으면 빈객의 예로 우대하면서 천거하여 국학에 올려 보낸다. 첫째 교법은 육덕이니 지・인・성・의・충・화이고, 둘째 교법은 육행이니 효・우・목・연・임・휼이고, 셋째 교법은 육예이니 예・악・사・어・서・수이다.〔以鄕三物敎萬民而賓興之, 一曰六德知仁聖義忠和, 二曰六行孝友睦婣任恤, 三曰六藝禮樂射御書數.〕"라고 하였다.

**129** 빈흥과(賓興科) : 빈흥(賓興)은 빈객으로 예우한다는 뜻으로, 주나라 때 향대부가 소학에서 현능한 인재를 천거할 적에 그들을 향음주례(鄕飮酒禮)에서 빈객으로 예우하며 국학에 올려보낸 것에서 유래하였다.

**130** 제부(諸部)의 대인(大人) : 신라는 서기 32년(유리왕9)에 이전의 육촌(六村)을 육부(六部) 체제로 정비하여 그 이름을 바꾸고 각 부에 성씨를 하사하였는데, 알

는 상서 좌복야(尙書左僕射) 경분(景芬)이 있다. 본조(本朝)에 들어와서는 공조 참판(工曹參判) 윤검(允儉)이 있으니 기묘명현(己卯名賢)[131]이 되었다. 수찬(修撰) 희증(希曾)은 일두(一蠹)[132]의 문하에 종유(從遊)하였다. 판돈령(判敦寧)에 증직된 천수(天受)는 호가 개석정(介石亭)이다. 우찬성(右贊成)에 증직된 윤서(胤緖)는 시호가 장의(壯毅)이니, 이분이 공의 5대조가 된다. 고조는 휘가 형원(亨源)이고 호가 농암(聾庵)이다. 증조는 휘가 우신(又新)이고 호가 취백헌(翠白軒)이다. 조부는 휘가 창희(昌禧)이니 호군(護軍)을 지냈다. 고(考)는 휘가 봉서(鳳瑞)이고, 비(妣)는 창녕성씨(昌寧成氏)이니 성인세(成麟世)의 따님으로, 원릉(元陵 영조의 능호) 을사년(1725, 영조1) 정월 모일에 공을 낳았다.

공은 수려한 눈썹에 넓은 이마, 도톰한 뺨에 선명한 눈동자를 가졌으니, 보는 자들이 모두 덕(德)이 있을 징표라고 칭찬하였다. 7세에 증사(曾史)[133]를 수학하였는데 처음에는 어눌하더니 곧바로

천 양산촌(閼川楊山村)은 양부(梁部)로 바꾸고 이씨(李氏) 성(姓)을 하사하였다.

**131** 기묘명현(己卯名賢) : 1519년(중종14) 기묘사화(己卯士禍)로 화를 입은 조광조(趙光祖)를 비롯한 사류(士類)를 일컫는다.

**132** 일두(一蠹) : 정여창(鄭汝昌, 1450~1504)의 호이다. 본관은 하동(河東), 자는 백욱(伯勖)이며, 시호는 문헌(文獻)이다. 김종직(金宗直)의 문인으로, 성리학의 대가이며 경사(經史)에 통달하였다. 무오사화(戊午士禍) 때 경성으로 유배 가서 죽었다. 정구(鄭逑)의 《문헌공실기(文獻公實記)》에 그 유집(遺集)이 전한다.

**133** 증사(曾史) : 원(元)나라 사람 증선지(曾先之)가 편찬한 중국 역사서 《십팔사략(十八史略)》을 말한다. 《십팔사략》은 편년체(編年體)로 되어 있으며 《사기(史記)》, 《한서(漢書)》로부터 《신오대사(新五代史)》에 이르기까지 16종의 정사(正史)와 2종의 송대(宋代) 사료(史料)를 취사(取捨)하여 태고로부터 송말(宋末)까지의

민첩하게 받아들였으며, 시구를 잘 지어 장자(長者)들에게 인정을 받았다. 어떤 복자(卜者)가 공에게 "만약 문(文)을 버리고 무(武)를 한다면 월(鉞)[134]을 잡을 수 있을 것이다."라고 말하였지만, 공은 수긍하지 않았다.

기사년(1749)에 선공(先公)이 상(喪)을 당한 중에 병들어 눕자, 공이 날마다 여차(廬次)에서 선공을 모시고 탕약을 올리며, 아침 저녁 음식 올리는 일과 무덤 자리를 정하고, 봉분을 만들며 나무를 심는 일들을 모두 아버지 대신 행함에 예(禮)에 따라 하였다.

병자년(1756)에 어머니가 매우 심하게 역병을 앓았는데, 공은 하늘에 기도하며 자신이 대신하기를 원하였다. 어머니가 돌아가시고 나서 곡용(哭踊)[135]을 하여 거의 숨이 끊어질 지경이 되었다. 성복(成服)을 하고 나서는 온 집안사람들이 밖으로 나가 피하였고, 공도 아버지의 명에 못 이겨 잠시 행랑 밖으로 옮겨 있었는데, 새벽과 저녁에 궤연(几筵)에 인사드렸지만 끝내 아무 탈이 없었다.

사실(史實)을 간략하게 기록하여 초학자의 역사 교재로 삼은 것이다.

**134** 월(鉞) : 군대를 통솔하는 장수의 상징으로, 의장용 도끼이다. 《삼국지(三國志)》 〈손견전(孫堅傳)〉에 "옛날의 명장은 월을 가지고 군사들에게 임하여 단참하여 시위하지 않는 자가 없었다.〔古之名將, 仗鉞臨衆, 未有不斷斬以示威者也.〕"라고 했다.

**135** 곡용(哭踊) : 상주(喪主)가 매우 슬피 울며 발을 구르는 것을 말한다. 《예기》 〈단궁(檀弓)〉에, 공자가 어머니가 돌아가시자 어린아이처럼 곡하는 자가 있음을 보고 "예는 남에게 전할 수 있고 남이 본받아 이어 갈 수 있어야 한다. 그러므로 곡하고 발 구르는 일에도 절도가 있는 것이다.〔夫禮爲可傳也, 爲可繼也, 故哭踊有節.〕"라고 하였다는 말이 있다.

계사년(1773, 영조49)에 아버지 상(喪)을 당하였다. 병간호와 상례를 행함을 이전 어머니 때와 똑같이 하였다. 장지(葬地)는 지극한 정성으로 금지하는 자를 감동시켜 송사(訟事)가 없을 수 있었다. 재기(再朞 대상(大祥))에 이르러 묘소 아래에 재실을 지어 거주하였는데, 종신토록 흠모한다는 뜻을 붙여 편액을 여둔(旅遯)이라 하였다. 매양 제사 때가 되면 제수를 지극히 풍성하고 정갈하게 마련해서 상여(喪餘)[136]의 슬픔을 극진히 하였다.

임신년(1752, 영조28)[137]에 누이와 남동생이 역질에 걸려 매우 위독하였는데, 공이 띠를 풀지 않고 눈도 붙이지 않은 채 밤낮으로 간호하기를 무릇 20여 일 동안 하여, 끝내 완전히 낫게 하였다. 신축년(1781, 정조5)에 아우가 그 아들을 잃고서 병을 얻었다. 공은 아우를 집으로 데리고 와서 마음을 다해 간호하였다. 구명하지 못하게 되기에 이르자, 자신의 것으로 마련해 두었던 수구(壽具)[138]를 아우를 영결(永訣)하는 데 썼고, 아버지 잃은 조카를 마치 자기 자식처럼 어루만지고 돌보아 주었다.

종숙부(從叔父)가 병이 위독하여 종인(宗人)의 집에 있었는데, 공이 모시고 와서 친자제처럼 종숙부를 봉양하였으니, 가인(家人)들이 모두 그 뜻을 받들어 오직 명하는 대로 하였다. 상사(喪事)

**136** 상여(喪餘) : 상사(喪事)의 여분(餘分)이라는 뜻으로, 보통 삼년상 뒤에 지내는 기제(忌祭)를 가리킬 때 쓰는 말이다.

**137** 임신년(1752, 영조28) : 저본에 임신년(壬申年)으로 되어 있으나, 연도의 흐름으로 보아 병신년(1776, 정조 즉위년)의 오류가 아닌가 한다.

**138** 수구(壽具) : 장사 지내는 데 필요한 옷, 베개, 이불, 관(棺) 등을 생전에 미리 마련해 두는 것을 말한다.

를 당하여서는 부신(附身) 등 여러 절차를 다 갖추어 유감이 없게 하였다. 재종제(再從弟)가 궁하여 죽기에 이르렀을 때도 자신의 힘이 미치는 데까지 극진히 하여 기일에 맞추어 염장(斂葬)할 수 있게 하였다. 어떤 부스럼 병을 앓는 걸객(丐客)이 빈사(濱死) 상태로 공의 집에 들어와 의탁하였는데, 공은 그에게 마음을 다해 석 달에 이르도록 약물 치료를 해 주었다. 무릇 의지할 데 없고 하소연할 데 없는 사람을 보기만 하면 공은 측연히 여겨 힘닿는 대로 구제하였다.

공은 향시(鄕試)에 합격한 것이 세 번이었으나 끝내 성시(省試 회시(會試) 또는 복시(覆試))에는 합격하지 못하였다. 부모님이 다 돌아가시고 난 뒤에는 이어 과거 시험을 그만두고, 강가에 작은 정자를 매입하여 장수(藏修)[139]할 곳으로 삼고, 창문 벽에 옛 도서(圖書) 잠명(箴銘) 및 경의충신(敬義忠信) 네 글자를 걸어 두고 항상 바라보았다. 뜰과 집 모퉁이에는 매화, 난초, 오동나무, 대나무를 심어 놓고 마음을 의탁하고 감상하였다. 정묘(正廟) 갑인년(1794, 정조18) 6월 모일에 미미한 병에 걸려 세상을 떠났으니, 향년 70세였다. 11월에 초계군(草溪郡) 북쪽 구미산(九美山) 사향(巳向) 언덕에 장사 지냄에, 모인 사람들이 수백 명이었다.

부인은 벽진 이씨(碧珍李氏)이니 이세윤(李世潤)의 따님이다.

**139** 장수(藏修) : 한결같은 마음으로 학업에 매진한다는 뜻이다. 《예기》 〈학기(學記)〉에 "군자는 배움에 있어 장하고, 수하고, 식하고, 유한다.〔君子之於學也, 藏焉修焉息焉遊焉.〕"라고 하였는데, 공영달(孔穎達)의 소(疏)에서 "장은 마음속에 항상 학업을 품는 것이고, 수는 닦고 익히기를 그만두지 않는 것이다.〔藏謂心常懷抱學業也, 修謂修習不能廢也.〕"라고 하였다. 《禮記正義 卷36 學記》

3남 3녀를 두었으니, 아들은 동벽(東壁), 양자로 나간 동선(東璿), 동찬(東瓚)이고, 딸은 배흥경(裵興慶), 문주택(文周宅), 노윤(盧潤)에게 시집갔다. 나머지는 기록하지 않는다.

공은 육행(六行)이 이미 찬란함이 저와 같았다. 그리고 남을 대하고 물(物)을 접함이 지극한 정성에서 나와 가슴속이 평탄하여 숨기는 것[140]이 없었으니, 한마디 말을 하면 마음을 훤히 볼 수 있었다. 남의 선행을 들으면 마치 자신이 미치지 못할 듯이 칭찬하였고, 불선을 행하는 자는 비루하게 여기며 멀리하였다. 많은 사람이 모인 자리라고 해서 자랑하거나 뽐내는 바가 있지 않았고, 그윽한 곳에 홀로 있다고 해서 혹어라도 나대하거나 태만하지 않았다. 말을 함에는 거칠고 사납게 발언함이 조금도 없었으니, 이 때문에 향당의 지구(知舊)들이 공경하고 감복하여 교화된 사람이 많았다.

공은 평생 생계를 위한 것을 일삼지 않았으나 또한 오직 수입을 헤아려 지출하였다. 손님 접대와 제사와 혼가(婚嫁)에는 반드시 힘써 하고 검소하게 하였다. 세금 납부는 반드시 이웃 사람보다 먼저 행하였다. 일체의 세상맛에 담박하여 즐기는 것이 없었다. 거처하는 곳에 있는 서적(書籍)과 궤안(几案)은 반드시 정돈되어 늘 일정하였으며, 의복과 두건, 신발은 반드시 밝고 깨끗이

**140** 숨기는 것 : 원문은 '성부(城府)'로, 사람의 마음가짐이 성부(城府)와 같이 깊고 은밀하여 남이 모르는 것을 비유하여 한 말이다. 《송사(宋史)》 권311 〈부요유전(傅堯俞傳)〉에, "요유가 후중하고 말이 적어서 사람을 대우하는 것이 성부(城府)가 없으니, 사람들이 차마 속이지 못했다.〔堯俞厚重言寡, 遇人不設城府, 人自不忍欺.〕"라고 한 데서 유래하였다.

하여 때가 없었다.

책에 대해서는 《심경(心經)》, '주자서(朱子書)'를 더욱 좋아하여 반복해 읽고 잠심하여 음미하였다. 항상 말하기를, "배움이라는 말은 책을 읽는 것을 말하는 것이 아니다. 일상생활에 늘 행하는 것이 우리가 급히 힘써야 할 것이 아닌 게 없으니, '경(敬)' 한 글자가 행저습찰(行著習察)[141]의 으뜸이 되는 부절이다." 하였다. 아손(兒孫)들을 가르칠 때는 반드시 《소학(小學)》을 우선으로 삼았다. 자획(字畫)은 반드시 해정(楷正)하게 썼으니, 남에게 주는 글은 비록 편지글이라도 흘려 쓰지 않았다. 만년에는 퇴도(退陶 퇴계(退溪) 이황(李滉))의 필법을 좋아하였으니 구곡시(九曲詩)를 인쇄하여 항상 바라보았다. 여기에서 공의 학문은 근본한 바가 있음을 또한 알 수 있다. 하루는 동벽(東壁)이 공의 유사(遺事)를 가지고 와서 묘갈명을 청하였다. 명은 다음과 같다.

| | |
|---|---|
| 오직 타고난 바탕이 아름다우니 | 惟其質之美 |
| 이 때문에 행실이 아름다웠다네 | 是以行之懿 |
| 이미 기량을 품었기에 의당 시험할 만했는데 | 旣懷器宜見試 |
| 어찌하여 끝내 궁하게 죽었는가 | 云胡卒窮而死 |
| 내가 그래서 특별히 기록하노라 | 吾故特爲之識 |

**141** 행저습찰(行著習察) : 멀리서 이치를 구하지 말고, 자신의 모든 행위에서 구하라는 뜻으로, 《맹자》 〈진심 상(盡心上)〉에 "행하면서도 밝게 알지 못하고 익히면서도 살피지 못한다. 그러므로 평생토록 행하면서도 그 도를 알지 못하는 자가 많은 것이다.〔行之而不著焉, 習矣而不察焉, 終身由之而不知其道者衆也.〕"라고 한 데서 가져왔다.

# 좌승지 의정 이공 묘갈명 병서
## 左承旨宜亭李公墓碣銘 並序

사군자(士君子)는 처세(處世)에 곤궁함과 현달함을 막론하고 요컨대 마땅히 스스로 믿어 부끄러움이 없도록 할 따름이니, 좌승지(左承旨) 의정(宜亭) 이공(李公) 같은 사람이 어찌 그런 사람이 아니겠는가.

공은 휘가 서조(瑞朝)이고 자가 맹양(孟陽)이며 의정(宜亭)은 그 호이다. 공정왕(恭定王 태종)의 별자(別子) 경녕군(敬寧君) 비(裶)가 공에게 11세조가 된다. 3세를 지나 휘 홍(洪)이 있으니 명유(名儒)로 일컬어졌고, 그 아들 형욱(馨郁)이 귀하게 됨으로써 이조 판서에 증직되었으니, 그 아들은 곧 대사헌(大司憲)을 지냈고 좌찬성(左贊成)에 증직되었으며 호가 난고(蘭皐)이다. 이분이 휘 소(熽)를 낳으니, 광해조에 정언(正言)의 지위로 만언소(萬言疏)를 진달하여 이이첨(李爾瞻)[142]을 벨 것을 청하다가 금고(禁錮)의 죄를 받아 세상을 마쳤는데, 인조(仁祖)가 특별히 도승지(都承旨)를 증직하였다. 이분이 공의 5세조이다. 고조는 휘가 익배(益培)이니 병조 판서에 증직되었다. 증조는 휘가 집(鏶)이니

142 이이첨(李爾瞻) : 1560~1623. 본관은 광주(廣州), 자는 득여(得輿), 호는 관송(觀松)이다. 1594년(선조27) 문과에 급제하고 대제학, 예조 판서 등을 역임하였다. 정인홍과 함께 광해군을 옹립하여 대북파의 핵심 인물이 되었다. 1623년 인조반정 때 참형되었다.

기개와 절의가 있었고, 관직은 공조 판서를 지냈으며, 시호는 장숙(莊肅)이다. 기사년(숙종15)[143] 인현왕후가 손위(遜位)하였을 때 훈국 대장(訓局大將)으로서 매달 땔감을 제공하는 일을 하였는데, 공경하고 예우함을 한결같이 하였다. 조부는 휘가 하부(夏溥)이니 수직(壽職)으로 첨추(僉樞)를 지냈다. 고(考)는 휘가 계(棨)이니 생원이다. 비(妣)는 청주 한씨(淸州韓氏)이니 첨추(僉樞) 한종협(韓宗協)의 따님으로, 영묘(英廟) 경술년(1730, 영조6) 6월 모일에 수원부(水原府)의 매산리(梅山里)에서 공을 낳았다.

공은 총명함이 남들보다 뛰어났다. 3세에 증사(曾史 《십팔사략(十八史略)》)를 읽었으니, 처음 10여 줄을 가르쳐주매 곧 글의 뜻을 꿰뚫어 이해하였다. 겨우 10세에 사서오경(四書五經)과 《춘추좌전(春秋左傳)》, 《국어(國語)》, 반고(班固)의 《한서(漢書)》, 사마천의 《사기(史記)》 등을 두루 읽었고, 백가(百家)의 글들을 두루 보았다. 15세에는 문사(文詞)가 성대하였으니, 장옥(場屋 과거 시험장)에서 여러 수재가 공을 앞서지 못하였다.

기사년(1749)에 아버지 상(喪)을 당하였고, 기축년(1769)에 어머니 상을 당하였다. 몸이 상하도록 예제(禮制)를 넘어 곡할 때 문득 피를 토하여 거의 감당할 수 없을 정도였다.

공은 어린 나이 때부터 대과(大科)·소과(小科)·초시(初試)의

**143** 기사년(숙종15) : 저본에는 을사(乙巳)로 되어 있으나, 인현왕후는 숙종의 계비로, 숙종 재위 기간에는 해당 을사년이 없고, 인현왕후는 1689년(숙종15) 기사환국으로 폐위되고 희빈(禧嬪) 장씨(張氏)가 왕비가 되었다. 여기에 근거하여 수정 번역하였다. 《국역 숙종실록 20년 3월 23일》

급제자 명단에 이름이 없는 때가 없었다. 정종(正宗) 기유년(1789, 정조13)에 현륭원(顯隆園)[144]을 수원부로 옮겼는데, 임금께서 수원부 내의 지체와 명망이 있는 사람을 택하여 관직을 제수하라고 명하자, 다들 공을 맨 먼저 천거하였다. 이듬해 임금께서 친히 능원에 행차하시어 과거를 시행했는데, 공이 비로소 등제(登第)하였다. 채번암(蔡樊庵)[145]이 당시에 명관(命官)[146]으로서 공의 시권(試券)을 가지고 그 세덕(世德)과 인망(人望)을 진달하여 말하기를, "나이 비록 많지만 등용할 만합니다."라고 하였으니, 대개 공이 경세제민(經世濟民)의 역량을 풍부하게 지니고 있음을 알았기 때문이다. 곧 임시 주서(注書)로서 당후(堂后)에 들어갔고, 다음 날 병조 좌랑(兵曹佐郎)에 임명되었다.

계축년(1793)에 전망(前望)[147]으로 전적(典籍)에 제수되었다. 갑인년(1794) 봄에 감찰(監察)에 제수되었다. 이듬해에 병조(兵曹)로 옮겼고, 또 그다음 날 임금의 특명으로 지평(持平)에 제수되었다. 얼마 있다가 정언(正言)에 임명되었고, 가을에 다시 지평에 임명되었다가 정언으로 이직하였다. 을묘년(1795) 가을에 이조 좌랑(吏曹

**144** 현륭원(顯隆園) : 조선 제21대 왕 영종의 아들 사도세자의 무덤이다. 그의 아들 정종이 양주에 있던 무덤을 이때에 수원으로 옮겼다.

**145** 채번암(蔡樊庵) : 채제공(蔡濟恭, 1720~1799). 본관은 평강(平康), 자는 백규(伯規), 호는 번암이다. 1743년(영조19) 문과에 급제하여, 형조 판서 겸 판의금부사, 우의정을 역임하였다. 시호는 문숙(文肅)이다. 저서로는 《번암집》이 있다.

**146** 명관(命官) : 특별히 과거를 보는 경우, 임금이 과장(科場)에 친림(親臨)하는 시험을 대신 주재하도록 임명한 시관(試官)을 가리키는 말이다.

**147** 전망(前望) : 이전에 천거되었던 후보자 명단을 가리킨다.

佐郎)에 임명되었다. 겨울에 임금의 특명으로 경기 도사(京畿都事)에 임명되었는데, 청렴하고 삼감으로 스스로를 견지하였고, 간척(干尺)[148]을 통렬히 끊었으니 사람들이 사사로움으로써 감히 요구함이 없었다. 임기가 다하고 나서 정언(正言)에 임명되었는데, 소를 작성하여 흉작인 보리농사와 백성들의 고통스런 상황을 진달하였다.

경신년(1800) 2월 왕세자를 책봉할 때, 70세 이상인 사람을 추은(推恩)함에 공은 첨추(僉樞)에 임명되었다. 곧바로 우부 승지(右副承旨)에 제수되었다. 승진하여 좌승지로 약원 부제거(藥院副提擧)를 겸하기에 이르렀고, 또 이방색(吏房色)을 겸하였으니, 이는 도승지가 으레 겸하는데 공이 겸할 수 있었던 것은 또 특별한 은전이었다. 얼마 있다가 병조 참의로 이직하였는데, 본조(本曹)의 여러 관료들이 나오지 않아서 공이 오랫동안 입직을 하자, 임금께서 공이 연로해서 감당하지 못하리란 것을 살피고 출직(出直)을 명하셨다. 6월에 정조께서 승하하셨다. 공은 산릉(山陵) 및 대상(大祥), 소상(小祥) 때에 병을 무릅쓰고 곡하는 열에 나아갔다. 돌아와서는 끝내 도성 안으로 들어가지 않고, 전원의 집에서 유유자적하면서 경사(經史)와 바둑과 술로 스스로 즐겼으며, 생도들을 교수하면서 소일하였다. 정묘년(1807, 순조7) 모월 모일에 세상을 떠났으니, 78세를 살았다. 남양(南陽) 저팔리(楮八里) 선영 곁 해향(亥向) 언덕에 장사 지냈다.

공은 학문이 매우 넓어서 고금(古今)의 중국 역사와 우리나라 역사를 마치 손바닥 보듯 환히 알았다. 평생 행의(行誼)를 돈독히

**148** 간척(干尺) : 면간서탁(面干書託). 만나서 청탁하고 글로 부탁함을 말한다.

하였고 지조(志操)에 힘써 행하여 남을 따라 이리저리 살피는 것을 하지 않았으며, 분경(奔競)[149]하는 사람을 보면 마치 장차 더렵혀질까 여겼으니, 늙음에 이르러 감가(坎坷)[150]해도 후회하는 기색이 없었다. 만년에 비로소 진출하여 등용되어 지위가 대부의 반열에 올랐으나 거친 옷을 입고 거친 밥을 먹으며 한사(寒士)처럼 지냈다. 일찍이 말하기를, "근래에 대간(臺諫)에서 논하여 탄핵함이 모두 권세 있는 자의 뜻에서 나오므로, 비록 그 사이에 자신의 의견을 내놓는 자가 있다 해도 또한 의중을 살피고 엿본다는 것으로 지목하니, 사대부가 차라리 장마(仗馬)[151]의 기롱을 받을지언정, 어찌 응견(鷹犬)[152]의 이름을 얻을 수 있겠는가."라고 하였다. 또 일찍이 말하기를 "검소하지 않으면 덕을 기를 수 없고, 부지런하지 않으면 일을 이룰 수 없다."라고 하였고, 항상 이것으로 자제와 후생들을 가르쳤다. 임종(臨終)에 이르러서도 정신이 혼란하지 않았다. 부녀자들을 물린 후 제생에게 인사하고 조용하고 편안하게 세상을 떠났으니, 그 보존한 것을 또한 상상할 수

**149** 분경(奔競) : 분추경리(奔趨競利)의 줄임말로, 분주히 권세가의 집을 좇아다니며 명리(名利)를 다투는 것을 말한다.

**150** 감가(坎坷) : 행로(行路)가 평탄하지 못한 것을 이른다.

**151** 장마(仗馬) : 의장에 쓰는 의장마(儀仗馬)로, 화를 두려워하여 직간하지 못하는 신하를 비유한 말이다. 당 현종(唐玄宗) 때 간신 이임보가 권력을 독단하고 조정 신하들의 입을 막기 위해 비유하며 "그대들은 저 의장마를 보지 못했는가. 저 말들은 종일 소리를 지르지 않고 조용히 있으면 좋은 꼴과 콩을 먹을 수 있지만 한 번이라도 울면 쫓겨나고 만다."라고 한 데서 유래하였다. 《唐書 卷223 李林甫列傳》

**152** 응견(鷹犬) : 사냥에 쓰는 매와 사냥개. 사냥할 때 매와 개를 사용하여 짐승을 잡았으므로 이것을 빌려 남의 사주를 받아 행하는 것을 말한다.

있다. 유문(遺文) 약간 권이 집에 보관되어 있다.

부인은 나주 정씨(羅州丁氏)이니 생원 나가신(羅可愼)의 따님이고 승지(承旨) 나도복(羅道復)의 손으로, 정숙(貞淑)하였고 덕이 있는 이의 배필이 되기에 충분하였다. 1남 3녀를 두었으니, 아들은 방(堃)이고, 딸은 홍기덕(洪基德), 이지성(李之聖), 현감(縣監) 심일로(沈日魯)에게 시집갔다.

하루는 방이 공의 유사(遺事)를 가지고 와서 나에게 묘갈명 지어 줄 것을 청하였다. 아, 공의 홀로 서서 한결같은 뜻을 행하매 그 문학(文學)의 넉넉함으로도 거두어들여 시행하지 못했던 것 같음은 시운(時運)인지, 운명(運命)인지, 개탄스러워할 만하다. 마침내 그를 위해 다음과 같이 명을 한다.

| | |
|---|---|
| 몸에는 문채 남이 있었고 | 有斐于躬 |
| 마음에는 고집함이 있었네 | 有執于衷 |
| 갈옷 입음은 궁해서가 아니요 | 衣褐非窮 |
| 비단옷 입음은 현달해서가 아니라네 | 服緋非通 |
| 움직임에 오직 딱 알맞았으니 | 動惟適可 |
| 그래서 자신을 잃지 않았네 | 而不喪我 |
| 거의 허물을 적게 하였고 | 庶幾寡過 |
| 이로써 길이 승화하였네 | 以永乘化 |
| 남양의 저팔리 언덕에 | 南陽之原 |
| 높이 솟은 무덤 있으니 | 睾如其墳 |
| 아, 너희 후손들은 | 咨爾後昆 |
| 이 비에 새긴 글을 보시라 | 視此刻文 |

# 양실당 노공 묘갈명 병서

## 養失堂盧公墓碣銘 並序

나는 이미 전 부사(府使) 안강(安康) 노상추(盧尙樞) 군에게 그의 선인(先人) 양실당(養失堂)의 행장을 지어 주었다. 군이 또 묘갈명 지어 줄 것을 나에게 청하며 "집사께서 혹 다시 몇 구 시를 더 지어서 비석에 드러내 새기게 해 주신다면 더욱 먼 후세까지 보전(保傳)할 수 있겠습니다."라고 했다. 대개 쇠한 몸을 부지하며 와서 간절히 부탁한 것이 한두 번이 아니었다. 나는 진실로 그 효성을 아름답게 여겼더니, 이에 이르러 더욱 감동함이 있어서 마침내 또 서문을 쓰고 명을 한다.

공은 휘가 철(澈)이고 자가 군징(君澄)이며 양실(養失)은 그 자호이다. 노씨는 신라 시대 대광(大匡) 광한(光漢)이 시조이다. 조선에 들어와 군기시 첨정(軍器寺僉正) 종선(從善)이 있으니 김점필(金佔畢)[153]의 문하에서 공부하였다. 호가 송암(松庵)인 진사 휘 수함(守諴)에 이르러서는 박송당(朴松堂)[154]을 스승으로 섬겼

**153** 김점필(金佔畢) : 김종직(金宗直, 1431~1492)으로, 본관은 선산(善山), 자는 효관(孝盥), 계온(季昷), 호는 점필재(佔畢齋)이며, 시호는 문충(文忠)이다. 정몽주(鄭夢周), 길재(吉再)의 학통을 이은 아버지로부터 수학하고, 조선 시대 도학(道學)의 정맥을 잇는 중추적 역할을 하였다. 저서로는 《점필재집(佔畢齋集)》이 있다.

**154** 박송당(朴松堂) : 박영(朴英, 1471~1540)으로, 본관은 밀양(密陽), 자는 자실(子實), 호는 송당이다. 어릴 때부터 무예에 뛰어나 담 너머 물건을 쏘아도 반드시 맞히므로, 아버지가 기이하게 여겨 이름을 영(英)이라 하였다. 낙동강 변에 집을 지

고, 임진왜란에 창의(倡義)한 공로가 있다. 이분이 휘 경필(景佖)을 낳았다. 경필은 장여헌(張旅軒)[155] 선생과 함께 향천(鄕薦)[156]을 받았고, 관직이 안기 승(安奇丞)이었으며, 곧 공의 5세조이다. 고조는 휘가 세효(世孝)이니 여헌(旅軒)을 따라 공부하였고, 집의(執義)에 증직되었다. 증조는 휘가 이원(以元)이니 좌승지(左承旨)에 증직되었다. 조는 휘가 성빈(聖賓)이니 호조 참판(戶曹參判)에 증직되었다. 고(考)는 휘가 계정(啓禎)이니 관직은 병마 절도사(兵馬節度使)이고, 만년에 물러나 독서하며 죽월헌(竹月軒)이라고 호를 하였다. 비(妣) 정부인(貞夫人)은 영천 이씨(永川李氏)이니 부호군(副護軍) 이시번(李時蕃)의 따님으로, 부인의 법도를 지님이 순수하고 아름다웠으며, 경묘(景廟) 신축년(1721, 경종1) 2월 모일에 공을 낳았다.

공은 어릴 때부터 자질이 남달랐다. 8세에 이미 엄연함이 마치 어른과 같았다. 《소학(小學)》을 수업받기에 이르러 개연히 이를 복행(服行)하고자 하였고, 아버지 절도공(節度公)에게 활쏘기를 그만두고 일삼지 않겠다고 아뢰었으며, 좌우(座右)와 벽에 십도(十圖 성학십도) 병풍과 옛 어진 이들의 잠(箴)을 벌여 놓고서 아침저녁으로 보고 성찰하였다. 평소에 항상 정제엄숙(整齊嚴肅)하

은 후 '송당'이라는 편액을 걸고, 학문에 힘썼다.

**155** 장여헌(張旅軒) : 장현광(張顯光, 1554~1637)으로, 본관은 인동(仁同), 자는 덕회(德晦), 호는 여헌이며, 시호는 문강(文康)이다. 관직은 공조 좌랑, 형조 참판, 대사헌 등을 역임하였다. 저서로는 《여헌집》 등이 있다.

**156** 향천(鄕薦) : 매년 군읍(郡邑)에서 행의(行誼)가 특별한 자를 추천하여 조정에 올리는 것을 말한다.

였고 행동할 때는 법도를 준수하였다.

부모님을 섬길 때, 거처하심에는 편안함을 지극히 하였고, 봉양함에는 즐거움을 극진히 했으며, 병을 앓으실 때는 근심을 지극히 하였고, 상에는 슬픔을 지극히 했으며, 제사에는 엄숙함을 극진히 하였으니, 이 모두에 조금도 정성을 다하지 않음이 없었다. 혹 부모님이 노여워하며 기뻐하지 아니할 때는, 비록 노복들의 잘못으로 인한 것일지라도 반드시 관(冠)을 벗고 뜰에 엎드려 노여움이 풀리기를 기다렸다. 달이 밝고 한가로이 지내는 밤에는 반드시 부모님 곁에서 읊조리고 노래하며 춤을 추어 부모님의 마음을 기쁘게 해 드렸다. 어머니를 모심에는, 정질(貞疾)[157]을 이십여 년 앓으심에 정성을 다하길 하루같이 했다. 집에서 묘소까지의 거리가 십 리였지만 날마다 성묘하기를 폐하지 않았다. 매양 기제사가 돌아올 때면 반드시 기일에 앞서 재계하고 소식(素食)을 하며, 기제사를 지나 며칠이 되어야 비로소 그쳤다. 국상(國喪)의 경우, 장헌(莊獻)[158]의 상에는 문을 닫고 손님을 사절했으며 술과 고기 끊기를 기년(朞年)에 이르도록 오래 하였다.

항렬이 높은 사람에게는 비록 젊었더라도 마치 부형(父兄)처럼 예로 대우하였다. 가난하고 궁하여 의지할 데 없는 자에게는 혹

**157** 정질(貞疾) : 난치병(難治病)이란 뜻으로, 《주역》 예괘(豫卦) 육오 효사에 "정한 질이 오래도록 죽지 않는다.〔貞疾, 恒不死.〕"라고 한 데서 유래하였다.

**158** 장헌(莊獻) : 장헌세자(莊獻世子, 1735~1762)를 가리킨다. 조선 제21대 왕인 영조(英祖)의 둘째 아들이자 제22대 왕인 정조(正祖)의 아버지. 이복형 효장세자(孝章世子)가 요절하자 세자에 책봉되어 1749년(영조25) 영조의 명을 받고 15세에 대리기무(代理機務)를 보았다. 김한구(金漢耉) 일파의 모함을 받아 뒤주에 갇혀 죽었다.

옷과 음식을 주었으며, 수십 년에 이르도록 함께 살아도 싫어하거나 괴로워하는 뜻이 없었다. 궁한 이가 상을 당한 경우에 반드시 관곽(棺槨)을 마련해 주어 장사 지내도록 하였다. 고을 사람과 함께 처할 때는 삼감과 침묵으로 일관하였고 '붕당(朋黨)'이라는 두 글자에 미치지 않았다. 멀리서 존경할 만한 사람을 보면 비록 멀리 있더라도 반드시 말에서 내렸다. 이것이 어찌 근본 함이 없이 그럴 수 있는 것이겠는가.

대개 공이 학문(學問)한 공(功)은 경신(敬身)에 더욱 지극히 하였다. 그래서 자신에게는 매우 검약(儉約)하였으니, 재취(再娶)할 때 아버지 절도공(節度公)이 바야흐로 선천(宣川)을 다스렸는데도, 솜옷을 입고 마(麻)로 만든 신을 신었다. 부모님이 살아 계실 때는 절대 사적으로 지닌 재화가 없었고 사사로이 빌린 것이 없었다. 그리고 부부(夫婦)가 서로 대하기를 마치 빈(賓)을 대하듯 하였으니, 밖에서 돌아오면 반드시 서로 절하였다.

공은 병석에 있게 되어서도 의관(衣冠)을 갖추고 가묘(家廟)에 가서 배알하기를 평소처럼 하였다. 임종(臨終) 때, 가인(家人)을 불러 각각 경계의 말을 남기고 마침내 세상을 떠났으니, 곧 원릉(元陵 영조의 능호) 임진년(1772, 영조48) 7월 모일로, 52세를 살았다. 부(府)의 북쪽 백연동(白蓮洞) 진향(辰向) 언덕에 장사 지냈다.

부인 공인(恭人)은 완산 최씨(完山崔氏)이니 인재(認齋) 최현(崔晛)[159]의 5세손 최헌(崔憲)의 따님으로, 아들 하나가 있으니

159 최현(崔晛) : 1563~1640. 본관은 전주(全州), 자는 계승(季昇), 호는 인재(訒齋)이며, 시호는 정간(定簡)이다. 형조 참의, 부제학, 강원도 관찰사 등을 지냈다.

상식(尙植)이다. 둘째 부인은 풍양 조씨(豐壤趙氏)이니 검간(黔澗) 조정(趙靖)[160]의 5세손 조달경(趙達經)의 따님으로, 시부모님께 효도하고 남편에게 순종하였다. 아들이 둘이니 곧 상추(尙樞), 무과 급제한 상근(尙根)이며, 딸은 유항조(柳恒祚)에게 시집갔다. 셋째 부인은 진성 이씨(眞城李氏)이니 온계(溫溪) 이해(李瀣)[161]의 후손 이원복(李元復)의 따님이다. 상식의 아들은 정엽(珽燁), 용엽(龍燁)이다. 상추의 아들은 무과 급제한 익엽(翼燁)이고, 딸은 유가조(柳家祚), 김제원(金濟遠)에게 각각 시집갔다. 정엽의 아들은 종옥(宗玉), 양자로 나간 재옥(在玉)이다. 나머지는 기록하지 않는다. 명은 다음과 같다.

| | |
|---|---|
| 자신을 수양하는 큰 법은 | 修身大法 |
| 소학보다 나은 것이 없는데 | 小學莫過 |
| 공은 참으로 이를 실천하였으니 | 公允蹈之 |
| 도타운 행실 누가 이보다 더하랴 | 篤行誰加 |
| 생각하니 옛날 송암[162]은 | 念昔松庵 |

저서로는 《인재집(認齋集)》이 있다.

**160** 조정(趙靖) : 1555~1636. 본관은 풍양, 자는 안중(安中), 호는 검간(黔澗)이다. 임란 때 의병을 일으켰으며, 1605년(선조38) 문과 급제하고, 형조 정랑, 봉상시정 등을 역임하였다. 저서로는 《검간집(黔澗集)》이 있다.

**161** 이해(李瀣) : 1496~1550. 본관은 진보(眞寶), 자는 경명(景明), 호는 온계(溫溪)이며, 시호는 정민(貞敏)이다. 1528년 문과 급제하여 예조 참판, 한성부 우윤, 대사헌을 역임하였다.

**162** 송암(松庵) : 노수함(盧守諴, 1516~1573)의 호이다. 자는 경부(敬夫), 송당(松堂) 박영(朴英)의 문인으로, 1540년(중종35) 진사시(進士試)에 입격하였다.

| | |
|---|---|
| 송당을 스승으로 섬겼고 | 師事松堂 |
| 훌륭한 역정[163]은 | 於休櫟亭 |
| 문강공과 함께 천거되었네 | 同薦文康 |
| 빛나는 죽월헌[164]이 있음에 | 有洸竹月 |
| 만년에 물러나 글을 읽었으니 | 晩退讀書 |
| 이에 그 아름다움을 이어서 | 爰趾厥美 |
| 아름다운 명예 드리웠네 | 寔垂令譽 |
| 그 큰 절도를 모아 보니 | 撮其大節 |
| 효성과 충성이라네 | 曰孝與忠 |
| 내가 그래서 명을 지어 | 我故作詩 |
| 무궁한 후세에 알리노라 | 以詔無窮 |

**163** 역정(櫟亭) : 노경필(盧景佖, 1554~1595)의 호이다. 자는 구중(懼仲)이며 정구(鄭逑)의 문인이다.

**164** 죽월헌(竹月軒) : 노계정(盧啓禎, 1695~1755)의 호이다. 자는 국휴(國休)이고, 무과 급제하여 전라 우도 수군절도사, 경상 좌도 병마절도사 등을 역임하였다.

## 첨지중추 풍산 유공 묘갈명 병서
僉知中樞豐山柳公墓碣銘 並序

공은 휘가 사춘(師春)이고 자가 계존(季尊)이며 성은 유씨(柳氏)이니, 대대로 풍산현(豐山縣)에서 살았다. 8대조 휘 중영(仲郢)은 관찰사를 지냈고, 휘 성룡(成龍)을 낳았다. 성룡은 세상에서 서애(西厓) 선생이라 일컫는 분이니, 도산(陶山 이황(李滉))의 학문을 전수받았고, 중흥한 공훈이 으뜸이었으며, 관직은 영의정(領議政)을 지냈고, 풍원 부원군(豐原府院君)에 봉해졌으며, 시호는 문충(文忠)이다. 그 손자 휘 원지(元之)에 이르렀으니 현감을 지냈고 호는 졸재(拙齋)로, 가학(家學)을 잘 계승하였다. 원지가 휘 의하(宜河)를 낳으니 익찬(翊贊)을 지냈다. 의하가 휘 후상(後常)을 낳으니 교관(敎官)을 지냈다. 후상이 휘 성화(聖和)를 낳으니 현감을 지냈고 참판(參判)에 증직되었으며 풍양군(豐陽君)에 봉해졌다. 이분의 사자(嗣子) 휘 운(澐)이 풍창군(豐昌君)에 습봉(襲封)되었으니, 곧 공의 고(考)이다. 비(妣) 정부인(貞夫人)은 부림 홍씨(缶林洪氏)이니 생원 홍서귀(洪瑞龜)의 따님이다.

공은 영묘(英廟) 신유년(1741, 영조17) 11월 모일에 태어났다. 첫돌이 채 되기 전에 어머니가 세상을 떠났다. 장성하여서는 백씨(伯氏) 풍은군(豐恩君) 유종춘(柳宗春)에게 공부하여 시례(詩禮)[165]의 가르침을 받아서 삼가고 겸손한 법도를 지켰고 경상(卿

165 시례(詩禮) : 가정교육 또는 가학(家學)을 뜻한다. 공자의 아들 이(鯉)가 뜰에

相)의 가문에 장가들었어도 들뜨고 화려한 습속에 물들지 않았다. 선공(先公)을 섬길 적에 기쁜 낯빛을 하고 어버이의 뜻에 순종함을 조금도 게을리하지 않았다. 일찍이 일 때문에 서울에 들어갔다가 홀연 마음에 동요됨이 있어 배도(倍道)[166]로 돌아왔더니, 선공(先公)의 병이 이미 위독하였다. 마침내 얼굴을 뵙고 영결할 수 있었으니, 사람들이 "정성스런 효심에 감동한 바가 있었다."라고 말하였다. 상(喪)을 치를 때는 소식(素食)을 하면서 예제를 마쳤다. 자애로운 어머니의 얼굴을 알지 못하는 것을 애통히 여겨 기제사 때에는 슬퍼함이 마치 처음 상을 당했을 때처럼 하였다. 집이 매우 가난하여 단표(簞瓢)도 자주 떨어졌지만 편안한 듯이 처하였다.[167] 여러 아들이 차례로 과거에 급제하게 됨에 영화와 봉양이 모두 지극하였으나, 항상 경계하고 두려워하는 생각을 지녔다.

서 공자 앞을 빠른 걸음으로 지나다가 공자로부터 시(詩)와 예(禮)를 배웠느냐는 질문을 받고 또 그것을 왜 배워야 하는지에 대해 듣고서 물러나와 시와 예를 배웠던 일에서 유래한 말이다. 《論語 李氏》 여기서는 백씨에게 배운 것을 말한다.

**166** 배도(倍道) : 보통에 비해 곱절로 길을 빨리 걷는 것으로, 곧 이틀 걸릴 길을 하루에 가는 것을 말한다. 《손자(孫子)》 〈군쟁(軍爭)〉에 "갑옷을 벗어 메고 걸음을 재촉하고, 밤낮을 쉬지 않고 두 배의 길을 행군하여, 백 리를 가서 승리를 다툰다. 〔卷甲而趨, 日夜不處, 倍道兼行, 百里而爭利.〕"라는 말에서 유래하였다.

**167** 단표(簞瓢)도……처하였다 : 도연명(陶淵明)의 〈오류선생전(五柳先生傳)〉에 "단표조차도 자주 떨어졌지만 편안한 듯하였다.〔簞瓢屢空, 晏如也.〕"라는 말이 있다. 이는 《논어》 〈옹야(雍也)〉에, 공자가 "한 그릇의 밥과 한 표주박의 물로 누추한 시골에 사는 것을 사람들은 그 근심을 견디지 못하는데 안회는 그 즐거움이 변치 않으니 어질구나, 안회여.〔一簞食, 一瓢飮, 在陋巷, 人不堪其憂, 回也不改其樂, 賢哉, 回也.〕"라고 한 것과, 〈선진(先進)〉에 "안회는 도에 가까웠으나, 자주 끼니를 굶었다. 〔回也其庶乎, 屢空.〕"라고 한 데서 가져온 것이다.

가난한 친족이 오면 그때마다 구휼하고 돌봐 주도록 하였고, 사람을 만남엔 친소(親疎)에 관계없이 곡진하고 정성스럽게 하였다.

만년에는 또 너그럽고 평온하여 말을 빨리 하거나 노하여 꾸짖은 적이 없었으니, 비록 종들에게라도 매질함이 드물었다. 날마다 종족(宗族), 지구(知舊)들과 함께 소요하는 것을 즐거움으로 삼았다. 당저(當宁)[168] 경오년(1810, 순조10) 나이 70세에, 아들이 임금을 시종한 은전의 전례에 따라, 공이 첨지중추부사(僉知中樞府事) 겸 오위장(兼五衛將)에 임명되었다. 갑술년(1814) 정월 모일에 아들이 재직 중인 현풍현(玄風縣) 관아에서 세상을 떠났으니, 75세를 살았다. 바야흐로 병이 심해졌을 때 여러 아들을 경계시켜 충효(忠孝)를 다하고 온화함과 공경함을 행하도록 하며, 부녀자들을 물리고 의건(衣巾)을 바로 하고 생을 마쳤으니, 평소 지켰던 바를 또한 알 수 있다. 예천군(醴泉郡) 비봉산(飛鳳山) 묘향(卯向) 언덕에 장사 지냈다.

부인 숙부인(淑夫人)은 연안 이씨(延安李氏)이니 대사마(大司馬) 이지억(李之億)의 따님이다. 아들이 셋이니 전 교리(前校理) 태좌(台佐), 생원 석조(奭祚), 전 현령(前縣令) 철조(喆祚)이며, 딸은 생원 강철흠(姜哲欽)에게 시집갔다. 태좌의 아들은 희목(希睦), 기목(祈睦)이고, 딸은 진사 최운승(崔雲升)에게 시집갔다. 석조의 아들은 예목(藝睦)이고, 딸은 이휘로(李彙老)에게 시집갔다. 철조의 딸은 이휘상(李彙祥)에게 시집갔고, 아들은 어리다.

**168** 당저(當宁) : 저(宁)는 문병(門屛)의 사이로, 금상(今上)과 같은 말이다. 《예기》 〈곡례(曲禮)〉에, "천자는 당저하여 선다.〔天子當宁而立〕"라고 한 데서 유래하였다.

강철흠의 아들은 강선영(姜選永)이고, 딸은 유치경(柳致絅)에게 시집갔다. 나머지는 어리다.

나는 공을 만나 본 것이 겨우 서너 번이었지만 그 도탑고 진실하며 어질고 선함에 깊이 감복했었는데, 다시 볼 수 없음이 한스럽다. 지금 철조가 공의 상(喪)을 치르며 나에게 공의 묘갈명 지어 주길 청하였다. 굽어보고 우러러보아도 아프고 슬프니, 어찌 차마 사양하겠는가. 명은 다음과 같다.

| | |
|---|---|
| 훌륭하여라, 공의 가문은 | 緊公之門 |
| 명망과 덕행이 대대로 빛나니 | 赫世名德 |
| 어려서부터 가학에 무젖어서 | 幼長擩染 |
| 졸하고 간약함을 복행하였네 | 拙約是服 |
| 나의 천륜(天倫)을 보전하며 | 葆我天常 |
| 개결하게 하곡에 거처하였고 | 介居河曲 |
| 난옥 같은 후손 뜰에 가득하여 | 蘭玉盈庭 |
| 영화와 복록을 모두 누리었네 | 備享榮祿 |
| 80세쯤에 온전히 돌아갔으니[169] | 八耋全歸 |
| 누가 그 복과 같을 수 있으랴 | 孰如其福 |
| 내가 돌에 이 명을 새기노니 | 我詩于石 |
| 갈라지지 않기를 기약하노라 | 期與不泐 |

**169** 온전히 돌아갔으니 : 원문은 '전귀(全歸)'로, 몸을 잘 보존해서 생을 마치는 효성을 말한다. 증자의 제자 악정자춘(樂正子春)이 "부모가 자식을 온전히 낳아 주셨으니 자식이 몸을 온전히 하여 돌아가야 효도라고 이를 수 있는바, 몸을 훼손하지 않으며 몸을 욕되게 하지 않으면 온전히 한다고 이를 수 있다.〔父母全而生之, 子全而歸之, 可謂孝矣. 不虧其體, 不辱其身, 可謂全矣.〕"라고 한 데서 온 말이다. 《禮記 祭義》

# 흥양 이공 묘갈명 병서

## 興陽李公墓碣銘 並序

선비가 이 세상에 태어나 오직 일상생활에서 행하는 떳떳한 윤리에 분수를 다하여야 유감이 없을 수 있다. 근고(近故) 흥양(興陽) 이공(李公) 같은 사람은 포의(布衣)의 신분으로 세상을 떠났는데도 자손들에게 법이 될 만한 점이 있으니, 그 묘에 표시하여 적지 않을 수 없다. 이에 공의 아들 상사(上舍) 승배(升培)의 청으로 인하여 삼가 다음과 같이 쓴다.

공은 휘가 곤택(坤宅)이고 자가 여안(汝安)이니 월간(月澗) 선생 휘 전(㙉)[170]의 6대손이다. 5세조는 휘가 일규(一圭)이니 사축(司畜)을 지냈다. 고조는 휘 재박(在博)이니 문행(文行)이 있고 호가 삼휴당(三休堂)이다. 증조는 휘가 항지(恒至)이다. 조부는 휘가 증수(增秀)이다. 고(考)는 휘가 세원(世遠)이고, 비(妣)는 여산 송씨(礪山宋氏)이니 주부(主簿) 송량(宋亮)[171]의 후손 송지상(宋之祥)의 따님으로, 원릉(元陵) 무신년(1728, 영조4) 7월 모

**170** 월간(月澗) 선생 휘 전(㙉) : 이전(李㙉, 1558~1648). 자는 숙재(叔載), 호는 월간이다. 임진왜란 때에 아우 이준(李埈)과 함께 의병을 일으켰다. 왜적의 기습을 받아 패배하자, 병든 아우를 업고 백화산(白華山)으로 도망하여 화를 면했는데, 뒤에 명나라 화공에게 의뢰하여 그린 〈형제급난도(兄弟急難圖)〉가 전한다.

**171** 송량(宋亮) : 1534~1618. 자는 경명(景明), 호는 우곡(愚谷)이다. 학행(學行)으로 정구(鄭逑)의 천거를 받아 헌릉 참봉(獻陵參奉)에 제수되었고, 사포서 별제, 사헌부 감찰 등을 역임하였다. 저서로는 《우곡집(愚谷集)》이 있다.

일에 공을 낳았다.

공은 어려서 장난치는 것을 좋아하지 않았으며, 침묵하여 말이 적었다. 19세에 어머니 상을 당하였다. 당시는 흉년이 들고 역병이 돌았는데, 장례를 치름에 슬픔을 지극히 하고 능히 예제(禮制)를 다하였다. 백부(伯父)를 아버지처럼 섬겼고, 선군(先君)의 뜻을 체행하였다. 종족(宗族)과 함께 월간(月澗)과 사축공(司畜公)의 비갈을 세웠다. 늙어서 의지할 데 없는 누이와 그 자녀들을 데리고 와서 흉년에도 보호하였고 또 머물러 살도록 하였다. 자질(子姪)들을 가르치고 종들을 다스림에 말을 급하게 하거나 낯빛을 다급하게 함이 없이 한결같이 웃는 말로 천천히 경계시켰다. 여러 자부(子婦)가 문후를 하면 공은 각각 그 직분상 마땅히 할 바에 힘쓰게 하였다.

평소에 날마다 머리 빗고 세수하고서 의관을 입고 있었으니, 비록 문중의 소년이라 하더라도 일찍이 속옷 차림으로 그를 접하지 않았다. 절대 남의 장단점을 말하지 않았다. 문을 닫고 졸(拙)함을 지켰으며 발걸음은 향린(鄕隣)에 간 것이 드물었다. 일찍이 "나라의 풍속에, 과거 시험에 급제하기를 중히 여긴다. 하지만 이것은 말단의 일이니, 실지 공부는 학문하는 것만 함이 없다."라고 하며, 항상 그 아들에게 힘쓰게 하였다. 또 조종(祖宗)을 존숭하고 공경하며, 내외를 엄히 하고 친족 간의 돈목(敦睦)에 힘쓰는 등을 가지고 거듭거듭 가르쳤다.

정묘 기미년(1799, 정조23) 1월 모일에 병으로 세상을 떠났다. 임종 때 죽음을 슬퍼하는 기색이 없었다. 오호라, 공 같은 사람이 어찌 이른바 "자취를 밟지 않아도 선하다."[172]라는 이가 아니겠는

가. 상주의 청리(青里) 무이산(武夷山) 곤향(坤向) 언덕에 장사 지냈다.

부인은 남양 홍씨(南陽洪氏)이니 직제학(直提學) 홍여강(洪汝剛)[173]의 후손 홍성문(洪聖文)의 따님으로, 아들 하나를 두었으니 경배(敬培)인데 양자로 나갔다. 둘째 부인은 장수 황씨(長水黃氏)이니 익성공(翼成公) 황희(黃喜)의 후손 황성하(黃聖河)의 따님으로, 3남 2녀를 두었으니, 아들은 관배(觀培), 승배(升培), 태배(泰培)이고, 딸은 김희상(金希相), 이희수(李喜壽)에게 시집갔다. 경배의 아들은 호(壕)이고, 딸은 노광주(盧光柱), 권용환(權龍煥)에게 각각 시집갔다. 관배의 아들은 경(墩)이고, 딸은 노광학(盧光學)에게 시집갔다. 승배의 아들은 양자로 나간 석(塽), 섭(墢)이 있고, 나머지는 어리다. 태배의 아들은 완(垸)이 있고 나머지는 어리다. 사위 김희상은 아들이 셋이고, 이희수는 딸이 둘이다.

공은 대개 충실하고 믿음직한 사람이다. 마음을 정립함에 신중함과 과묵함을 주로 하여, 날마다 행한 볼 만한 행실이 이미 이상과 같이 빛나고 빛났는데도 또 화려하고 사치함을 경계하였으며, 삼가 조세 납부를 항상 남보다 먼저 행하였으니, 이 또한 어찌 쉬운 일이겠는가. 명은 다음과 같다.

**172** 자취를……사람이다 : 《논어》 〈선진(先進)〉에 "자장이 선인의 도를 물으니, 공자께서 '성인(聖人)의 자취를 밟지 않더라도 악행을 하지 않지만, 성인의 경지까지는 들어가지 못한다.' 하였다.〔子張問善人之道, 子曰不踐迹, 亦不入於室.〕"라고 한 데서 가져왔다.

**173** 홍여강(洪汝剛) : 1373~1463. 호는 정재(靜齋)이니, 문과 급제하여 보문각 직학사를 지냈고, 도승지에 증직되었다.

세상에 현달하여 영화로운 사람이 많으나, 세상을 떠나고 나서 일컬을 만한 것이 없는 사람이 무릇 몇이겠는가. 온전한 몸으로 태어나 온전한 몸으로 돌아감이 이와 같은 점이 있으니, 아, 그대 후손들은 나의 이 글을 보시라.

世之顯榮人多矣 歿無可稱者凡幾 全而來全而歸有如是 嗟爾雲仍其吾文之視焉

입재집

제39권

# 갈명 碣銘

## 백불암 최 선생 묘갈명 병서
### 百弗庵崔先生墓碣銘 並序

우리나라의 맑은 기운이 영남에 서려서 그 정기를 모아 홍유석학(鴻儒碩學)을 태어나게 한 것이 대개 수백 년 동안 그치지 않았다. 조선조 명릉(明陵 숙종의 능호)의 시대에 이르러 백불암 최 선생 같은 이가 팔공산(八公山) 아래에서 태어나셨으니, 휘는 홍원(興遠)이고 자는 여호(汝浩)이다. 최씨의 본관은 월성(月城 경주(慶州))에서 유래하였다. 중세(中世)에 휘 단(鄲)은 조선조 태조를 도와 병조 판서를 지냈으며, 현감을 지낸 그의 손자 맹연(孟淵) 때 와서 비로소 달성(達城) 옻골에 살았다. 5대를 지나 휘 계(誡)는 임진왜란 때 창의한 공로로 병조 참의에 증직되었다. 이분이 휘 동집(東集)을 낳으니 호가 대암(臺巖)이다.[1] 정한강(鄭寒岡)[2]

1 동집(東集)을……대암(臺巖)이다 : 최동집(崔東集, 1586~1661). 본관은 경주(慶州), 자는 진중(鎭仲), 호는 대암으로 정구(鄭逑)와 서사원(徐思遠)의 문인이다. 1616년(광해군8) 진사에 합격하여 대군사부(大君師傅)가 되었다. 명(明)나라가 망하고 난 후 팔공산(八公山)에 들어가 농연정(聾淵亭)을 짓고 은거하였기에 세상 사람들이 숭정처사(崇禎處士)라고 칭하였다.

선생의 문하에서 수학하였는데, 유행(儒行)으로 천거되어 대군사부(大君師傅)가 되었으며 명(明)나라가 망하자 팔공산(八公山)에 은거하였다. 이분이 휘 위남(衛南)을 낳으니 생원을 지냈다. 이분이 휘 경함(慶涵)을 낳았고, 이분이 감찰(監察)을 지낸 휘 수학(壽學)을 낳았다. 이분이 휘 정석(鼎錫)을 낳았으니 높은 덕망으로 일컬어졌다. 진사(進士)를 지냈으며 본관이 함안(咸安)인 조화(趙宩)의 따님에게 장가들어 선생을 낳았으니, 곧 을유년(1705, 숙종31) 2월 모일이다.

선생은 일찍부터 과거 시험 공부를 그만두고 은거하며 독실하게 학문을 하니, 영남의 동남 지역 선비들이 일치된 마음으로 모두 스승으로 존숭하여 칠계(桼溪) 선생이라 일컬었다. 관찰사와 암행어사가 교대로 추천하여 정조(正祖) 무술년(1778, 정조2)에 장릉 참봉(莊陵參奉)에 임명되었고, 기해년(1779, 정조3)에 동몽교관(童蒙敎官)에 임명되었으며, 임인년(1782, 정조6)에 대신의 추천으로 장악원 주부(掌樂院主簿)에 발탁되었다. 계묘년(1783, 정조7) 봄에 임금께서 특별히 선생의 행의(行誼)를 칭찬하고 또 말씀하시기를 "내가 들으니 '공이 선공고(先公庫)와 휼빈고(恤貧庫)를 만들어 이웃 고을 사람들로 하여금 정기적으로 내는 세금이 있는 것을 염려하지 않게 하였으며[3] 이것을 계기로 고을의 유

2 정한강(鄭寒岡) : 정구(鄭逑, 1543~1620)를 말한다. 본관은 청주(淸州), 자는 도가(道可), 호는 한강이다. 김굉필(金宏弼)의 외증손이며, 조식(曺植)과 이황(李滉)의 제자이다. 벼슬이 대사헌에 이르렀으며 시호는 문목(文穆)이다. 저서로《한강집》과《오선생예설분류(五先生禮說分類)》등이 있다.

3 공이……하였으며 : 최흥원(崔興源)은 남전 향약(藍田鄕約)을 본떠 1738년(영조

자들을 권면하여 가르쳤다.'라고 하니 내가 매우 가상히 여겨 만나 보고 싶구나." 하시고, 해당 관청에 명하여 직책을 승진시켜 상경하여 오도록 하고 또 경상도 관찰사에게 명하여 사서(四書)를 인출하여 기증하도록 하였다. 이해 겨울에 고공랑(考功郎)에 승진하였다. 이듬해 봄에 왕세자(王世子)를 책봉할 때 계방(桂坊 세자 시강원(世子侍講院)의 별칭)을 선발하매 선생을 좌익찬(左翊贊)으로 삼았으나 선생은 끝내 출사하지 않았다. 병오년(1786, 정조10)에 수직(壽職)으로 통정대부(通政大夫)에 올라, 임금으로부터 마땅한 자리를 보아 등용하라는 교지가 있었다. 이해 8월 모일에 감기에 걸려 돌아가시니 향년 82세였다. 4년이 지난 기유년(1789, 정조13)에 정려(旌閭)를 명하고[4] 좌대언(左代言 좌승지(左承旨))을 증직하였다. 처음에는 칠계(桼溪) 동쪽에 장례를 치렀는데, 지금의 임금〔純祖〕 무진년(1808, 순조8)에 지계산(枝界山) 을좌(乙坐) 언덕에 개장하였다. 전후로 장례에 참석한 사림이 거의 수백 명이었다.

선생께서는 어려서부터 지극한 성품을 지니고 있었다. 어머니께서 유방의 부스럼으로 매우 아파 하는 고통을 보고는 절대로 다시는 젖을 빨지 않았기에 죽을 먹여서 길렀다. 조금 성장함에 어른을 따라 집안의 제사에 반드시 참여하였고, 맛좋은 음식과 기

14) 대구(大邱) 부인동(夫仁洞)에서 부인동 향약을 만들고, 이 향약을 중심으로 1753년에 선공고(先公庫), 1770년에 휼빈고(恤貧庫) 등의 사창(社倉)을 만들어 동민(洞民)들의 세금과 구휼 및 조제(助祭) 비용 등을 공동으로 마련하게 하였다.《百弗菴集 附錄 卷2 年譜, 韓國文集叢刊 222輯》

**4** 정려(旌閭)를 명하고 : 나라에서 효행으로 장려하여 정문(旌門)이 세워졌다.

이한 완물을 얻으면 반드시 동생들에게 미루어 주었다. 매일 의관을 정제하여 부모의 곁에서 모시면서 기쁜 낯빛과 유순한 용모로 어버이의 뜻에 순종하였으며, 항상 옥을 잡은 듯이 하고 가득 찬 물그릇을 받들 듯이 하여,[5] 몸소 맛있는 음식을 갖추어 오직 마땅하게 맞추어 올렸다. 만약 부모님이 질병이 있으면 비록 그 병환이 오래 지속되어도 한 번도 허리띠를 풀거나 눈을 붙이고 자지 않았으며, 증세를 살펴 거기에 따라 즉시 조치하여 보살펴 드렸다. 병이 위독하자 눈물을 흘리며 대변을 맛보았다. 돌아가시자 상중에 있으면서 슬픔을 다하기를 한결같이 옛 예절〔古禮〕을 준수하였다. 아버지가 먼저 돌아가시고 어머니가 돌아가셨을 때는 선생의 연세가 이미 환갑이었고 시절이 겨울이라 추위가 맹렬하였다. 그러나 장례 지내기 전 6개월 동안 주야로 널 옆에 엎드려 죽을 먹으며 곡을 하였다. 이미 장례를 치르고 여막에서 지키면서 묘소에서 아침저녁으로 곡하였는데, 때때로 호랑이가 나타나고 눈이 내려 무릎까지 잠겼지만 그 일을 그만두지 않았으며, 형편없는 밥을 먹고 물을 마시며 삼년상을 마쳤다. 그러고는 매일 새벽에 사당을 공경히 배알하였으며, 비록 먼 곳에서 우거할지라도 매일 아침 반드시 가묘가 있는 방향을 향하여 옷깃을 여미고 바라보며

**5** 기쁜……하여 : 《예기》 〈제의(祭儀)〉에 "효자로 부모에게 깊은 사랑을 두는 자는 반드시 화한 기운이 있고, 화한 기운이 있는 자는 반드시 기쁜 안색이 있고, 기쁜 안색이 있는 자는 반드시 온순한 용모가 있으니, 효자는 옥을 잡은 듯이 하며 가득 찬 것을 받들 듯이 하여, 성실하고 전일하여 감당하지 못하는 듯이 하며 장차 잃을 듯이 여긴다.〔孝子之有深愛者, 必有和氣, 有和氣者, 必有愉色, 有愉色者, 必有婉容, 孝子如執玉, 如奉盈, 洞洞屬屬然, 如弗勝, 如將失之.〕"라고 하였다.

생각에 잠기면서 정성을 표현하였다.

더욱이 제사에 삼감을 극진히 하여 정지(正至)와 삭망(朔望),[6] 속절(俗節 명절) 외에 특별히 사중제(四仲祭)[7]와 9월녜(九月禰)[8]를 지냈다. 바야흐로 제사를 지낼 때는 비록 추위가 심하여도 반드시 목욕재계하였으며 엄숙하고 공경히 행하여 마치 그 자리에서 조상님을 볼 수 있는 것과 같이 하였다. 어느 날 하루는 녜제(禰祭)를 거행하는데, 울면서 동생들에게 "우리들이 오늘 스스로 정성을 다 바칠 수 있는 것은 오직 제사 뿐이다."라고 말하고서는 제전(祭田)을 늘리기를 도모하였다. 제전이 이미 많아지자 또 선친의 효우(孝友)를 미루어 넓혀 위로는 고조부와 증조부에 미치고 아래로는 백숙부와 백숙모에 이르렀다. 대암공(臺巖公)을 조천(祧遷)하게 되자 별묘(別廟)를 세워 제사를 지냈다. 병조 참의에 증직된 최계(崔誡) 선조가 일찍이 학사(學舍)를 설치하여 자제들을 가르쳤는데, 선생께서 그분의 유의(遺意)를 본받아 효제당(孝悌堂)을 건립할 것을 의논하였다. 그러고는 학조(學條)를 만들어 문중 후생들을 인솔하였는데, 매양 중양절에 모여 신의와 화목을 강

6 정지(正至)와 삭망(朔望) : 정은 정조(正朝)이고 지는 동지(冬至)이며 삭은 초하루이고 망은 보름인데 정조와 동지, 초하루와 보름에는 사당이나 궤연(几筵)에 제수를 올리고 참배한다.

7 사중제(四仲祭) : 각 계절의 중간 달인 2·5·8·11월의 제사를 말한다.

8 9월녜(九月禰) : 아버지를 모시는 사당에 지내는 제사이다. 《춘추공양전(春秋公羊傳)》 주석에 "살아 계실 때는 아버지를 부(父)라 하고 돌아가시면 고(考)라 하고 사당에 모시면 녜(禰)라 한다."라고 하였다. 9월에 제사 지내는 것은 이때 만물이 영글기 시작하므로 정자(程子)가 의리로 헤아려 제도를 만들어 제사 지낸 것에서 시작되었다.

론하였다. 매우 가난한 외가를 위하여 또한 제전(祭田)을 설치하였다. 동생과 누이들에 우애함이 매우 돈독하여 재물이 있고 없음을 함께하였으며 네 것과 내 것을 가리지 않았다. 이런 마음을 미루어 넓혀 동당형제(同堂兄弟 사촌 형제)와 먼 친족에게까지 미쳤으며 타인에게 이르렀으니, 궁핍함과 환란을 주휼함에 오직 미치지 못할까 염려하였다. 이른바 선공고(先公庫)와 휼빈고(恤貧庫)는 팔공산 가운데 부인동(夫仁洞)에 있었는데, 선생께서 실제로 기획하고 운영하였다. 또 여씨향약(呂氏鄕約)[9]을 설치하여 실행함에 백성들이 모두 편안히 살며 생업에 부지런히 하여 한 해가 다하도록 세금을 독촉하는 아전을 볼 수가 없었으며, 예양(禮讓)으로 풍속을 이루니 완연히 삼대(三代)의 유풍이 있었다.

선생께서는 초기에 서당의 선생에게 배웠을 때 가르치는 내용이 모두 공리(功利)를 벗어나지 않는 것을 보고 마음속으로 참으로 의아하게 생각하였다. 그러던 중 《맹자(孟子)》를 읽다가 "인자하면 그 어버이를 버리지 않고 의로우면 그 군주를 뒤로하지 않는다."라는 말[10]에 이르러서는 즉시 기뻐하며 마음에 계합하고 깨

**9** 여씨향약(呂氏鄕約) : 송나라 때 남전(藍田)에 살던 여대충(呂大忠), 여대방(呂大防), 여대균(呂大鈞), 여대림(呂大臨) 등 형제 네 사람이 그 고을 사람들과 서로 지키기로 약속한 자치 규범이다. "덕과 업을 서로 권하고〔德業相勸〕, 허물과 그른 일을 서로 경계하고〔過失相規〕, 예의 바른 풍속으로 서로 사귀고〔禮俗相交〕, 근심스럽고 어려울 때 서로 구휼한다.〔患難相恤〕" 등의 네 조목인데, 후세 향약의 기준이 되었다. 《小學 卷6 善行》

**10** 맹자(孟子)를……말 : 《맹자》 〈양혜왕 상(梁惠王上)〉에 "인자하고서 그 어버이를 버리는 자는 있지 않고, 의롭고서 그 군주를 뒤로하는 자는 있지 않다.〔未有仁而遺其親者也, 未有義而後其君者也.〕"라고 하였다.

달아 실제적인 공부를 하게 되었다. 《소학(小學)》과 《가례(家禮)》로 몸을 닦고 집안을 바로잡는 큰 근본으로 삼았으며, 《대학(大學)》, 《심경(心經)》, 《근사록(近思錄)》, 《주자서(朱子書)》로써 복응(服膺)하여 학문의 최종점에 도달하는 바탕으로 삼았다. 그리고 주염계(周濂溪)의 〈태극도설(太極圖說)〉과 《통서(通書)》는 성리학의 원두(源頭)라고 생각하여 더욱 잠심하여 평상시 강구하며 반드시 일상생활에서 체득하고 징험하였다. 날마다 옛 성현의 잠경어(箴警語)를 외워 스스로 마음을 깨우쳤다.

대산(大山) 이 선생(李先生)[11]과 도의(道義)의 교제를 맺어 이택(麗澤)[12]에 도움이 되게 하였다. 만년에 《주역(周易)》을 좋아하여 사람들과 토론하며 홀로 스스로 터득한 식견이 많았다. 항상 "지사(志士)는 구학(溝壑)에 있는 것을 잊지 않는다."[13]라는 한 구

**11** 대산(大山) 이 선생(李先生) : 이상정(李象靖, 1711~1781)을 말한다. 본관은 한산(韓山), 자는 경문(景文), 호는 대산, 시호는 문경(文敬)이다. 1735년(영조11)에 문과에 급제하여 예조 참의와 형조 참의 등에 임명되었으나 모두 사임하고 강학에 힘써 퇴계 이황의 학통을 잇는 당세의 종사(宗師)가 되었다. 문집으로 《대산집(大山集)》이 있다.

**12** 이택(麗澤) : 붕우(朋友)가 함께 학문을 강습하여 서로 이익을 준다는 뜻이다. 《주역(周易)》 〈태괘(兌卦)〉에 "두 못이 연결되어 있는 형상이 태(兌)이니, 군자가 이를 본받아 붕우 간에 강습한다.〔麗澤兌, 君子以, 朋友講習.〕"라는 말에서 유래하였다.

**13** 지사(志士)는……않는다 : 공자(孔子)의 말로, 《맹자》 〈등문공 하(滕文公下)〉에 보인다. "맹자가 말하기를, 옛날에 제나라 경공이 사냥을 하는데 정(旌)으로 우인(虞人)을 부르니 그가 오지 않았기에 경공이 죽이려고 하였다. '지사는 구학에 있는 것을 잊지 않고 용사는 자기 목숨을 잃는 것을 잊지 않는다.'라고 하였으니 공자께서는 무슨 의미를 취했는가. 자기를 부르는 수단이 아니면 가지 않는다는 뜻을 취했다.〔孟子曰昔, 齊景公田, 招虞人以旌, 不至, 將殺之. 志士不忘在溝壑, 勇士不忘喪其

절을 들어 사람들에게 말하기를 "사람은 모름지기 뜻을 세우기를 이와 같이 해야만 바야흐로 어떤 일을 할 수 있다. 지금 네 거리에 이불도 없이 누워 있으면서 5일 동안 음식을 먹지 않았으며 게다가 바람과 서리 그리고 얼음과 눈이 뒤이어 교대로 들이닥치더라도, 이때에 나의 마음이 변동하지 않을 수 있겠는가. 자신의 마음을 점검하여 이런 극한 지경에 이르러도 변동하지 않을 수 있음을 자신할 수 있은 연후에 비로소 공부에 진척함이 있는 것이다."라고 하였으니, 선생의 이 가르침은 대개 주부자(朱夫子)의 "쇠바퀴가 이마에 굴러도 오히려 꼼짝하지 않는다."라는 말[14]과 함께 동일한 수준의 수양 공부의 역량에서 나온 것이다. 또 일찍이 아이들이 과일을 차지하려고 다투는 것을 보고 탄식하여 말하기를 "이런 악습을 제거하지 않으면 장차 나라를 재앙에 빠뜨리는 데 이르게 된다. 지금 당인(黨人)들이 다투는 것이 하나의 큰 과일을 두고 서로 차지하려고 다투는 데 불과하니, 종래에 극기(克己)의 공부를 해 본 적이 없기 때문에 이런 지경에 이르렀으니 경계하지 않을 수 있겠는가."라고 하였다. 선생이 만나는 상황에

元, 孔子奚取焉? 取非其招不往也.〕"라고 하였다. 지사는 자기 뜻을 굽히지 않고 정의와 인도(仁道)를 위하여 목숨을 바칠 각오가 되어 있어 마음속에는 언제라도 죽어서 구학에 버려질 생각을 하고 있다는 뜻이다.

**14** 주부자(朱夫子)의……말 : 원문 '철륜(鐵輪)'은 쇠로 만든 수레바퀴로, 불교에서 지옥의 악귀(惡鬼)를 제압하는 무서운 형구(形具)이다. 또는 철륜발(鐵輪拔)의 준말로, 수미(首尾)에 칼날이 달려 있고 말 위에서 적을 쳐 죽이는 데 쓰이는 병기이다. 《주자대전(朱子大全)》 권53 〈답유공도(答劉公度)〉에 "철로 만든 수레바퀴가 이마에 굴러도 어떻게 흔들릴 수 있으랴.〔鐵輪頂上轉旋, 如何動得?〕"라는 말이 있다.

따라 은미한 이치를 살펴서 처음의 단서에 나아가 끝의 원리를 본 것이 대부분 이와 같았다.

평상시에 종일토록 바로 앉아 나태한 모습을 보이지 않았다. 초년에는 기상이 엄중하고 굳세었으며 중년과 만년 이후에는 관대하고 평순(平順)함을 이루었으며, 덕을 확충하고 기름이 더욱 지극하여 수면앙배(睟面盎背)[15]하니, 멀리서 바라봄에 장경(莊敬)하고 독후(篤厚)하여 자연스럽게 이루어진 군자임을 알 수 있었다. 일찍이 '경(敬)' 자를 새긴 패(牌)를 벽에다 걸어 두고 자신을 관찰하고 반성하였다. 병이 위독하였을 때 경자패(敬字牌) 위에 걸어 놓은 옷을 보고는 즉시 치우게 하고는 한참 동안 응시하다가 손으로 유건을 바로 쓰고는 편안하게 돌아가시니 증자(曾子)의 이른바 "바름을 얻고 죽는다."라는 것[16]이 이것을 두고 말함일

**15** 수면앙배(睟面盎背) : 윤기가 도는 얼굴과 밝은 기가 넘치는 등의 모습을 말한다. 《맹자》 〈진심 상(盡心上)〉에 "군자의 본성은 인의예지가 마음속에 뿌리하여, 그 얼굴빛에 나타남이 수연히 얼굴에 나타나며, 등에 가득하며 사체에 베풀어져서 사체가 굳이 말하지 않아도 저절로 깨달아 행하여진다.〔君子所性, 仁義禮智根於心, 其生色也睟然, 見於面, 盎於背, 施於四體, 四體不言而喩.〕"라고 하였으니, 수양을 통하여 화평하고 밝은 기운이 겉으로 드러남을 형용하는 말이다.

**16** 증자(曾子)의……것 : 증자(曾子)가 병이 위독할 때에 악정자춘(樂正子春)과 증자의 아들 증원(曾元), 증신(曾申) 및 동자(童子)가 옆에서 모시고 있었다. 동자가 말하기를, "대자리가 너무 화려합니다. 대부의 대자리입니까?" 하니, 증자가 듣고서 말하기를, "그렇구나. 이것은 계손(季孫)이 하사한 대자리이다. 내가 미처 바꾸지 못했구나. 원아, 이 대자리를 바꾸어라." 하였다. 증원이 말하기를, "지금은 병이 너무 위독해서 자리를 바꿀 수가 없습니다. 날이 밝으면 바꾸겠습니다." 하니, 증자가 "너는 나를 사랑하는 것이 저 동자만도 못하구나. 군자는 사람 사랑하기를 덕(德)으로써 하고, 소인〔細人〕은 사람 사랑하기를 고식(姑息)으로써 한다. 내가 무엇을 구하겠는

것이다. 평소에 산수를 좋아하여 농연(聾淵) 가 대암공(臺巖公)의 유지(遺址)에 나아가 정자를 짓고[17] 때때로 신을 신고 지팡이를 짚으며 소요하여 인지(仁智)의 좋아함[18]을 부쳤다. 일찍이 주부자(朱夫子)의 "백 가지를 알지 못하고 백 가지에 능하지 못하다.〔百弗知, 百弗能.〕"라는 말[19]을 취하여 백불암(百弗庵)으로 자호하였다.

부인은 일직 손씨(一直孫氏)로 숙부인(淑夫人)에 증직되었는데, 절도사(節度使)를 지낸 손명대(孫命大)의 따님이다. 정숙(貞淑)하고 유순하여 남편을 섬김에 덕에 어긋남이 없었다. 아들 주진(周鎭)은 학문을 좋아하였으나 일찍 죽었으며 딸은 이경록(李經祿)에게 시집갔다. 주진의 아들은 식(漉)으로, 집안 명성을 잘 이었으니 나의 사위이다. 다섯 딸은 이종우(李宗愚), 박한탁(朴漢

가. 내가 바름을 얻고서 죽으면 그것으로 충분할 뿐이다.〔吾得正而斃焉, 斯已矣.〕"라고 하였다. 그 말에 따라 위독한 증자를 부축해 일으키고서 깔고 있던 대자리를 바꾸었는데, 바꾼 자리에 미처 바로 눕히기도 전에 증자가 세상을 떠났다. 《禮記 檀弓上》

17 농연(聾淵)……짓고 : 백불암의 선조 대암 최동집(崔東集, 1586~1661)이 명(明)나라가 망하자 숭정처사(崇禎處士)로 자처하고 지금의 대구시 동구 용수동 농연에 은거하면서 농연정(聾淵亭)을 지었다. 그 뒤에 백불암이 그것을 중수하고 자주 왕래하였다.

18 인지(仁智)의 좋아함 : 공자(孔子)가 "지혜로운 자는 물을 좋아하고 인자한 자는 산을 좋아한다.〔智者樂水, 仁者樂山.〕"라고 하였다. 《論語 雍也》

19 주부자(朱夫子)의……말 : 《주자대전(朱子大全)》 권46 〈답방경도(答方耕道)〉에 "지금 마땅히 조그마한 공부 과정을 만들어 돈독하게 마음을 지키고 사물의 이치를 널리 궁구하여 공부를 진전시켜야 하겠지만, 항상 백 가지 능하지 못하며 백 가지 알지 못한다는 마음을 간직하여 타인에게 좋은 점을 취하여 선(善)을 삼으면 덕이 진척되는 것을 막을 수 없을 것이다.〔今當小立課程而守之以篤, 博窮物理而進之以漸, 常存百不能百不解之心而取諸人以爲善, 則德之進也不可御矣.〕"라고 하였다.

倬), 김창운(金昌運), 손응로(孫應魯), 김천진(金川進)에게 각각 시집갔다. 이경록은 세 아들을 두었으니 급(鋈), 도(鍍), 섭(鉠)이고, 두 딸은 권유(權燏)와 이귀운(李龜運)에게 각각 시집갔다. 식의 외아들은 효술(孝述)이다.

오호라! 선생은 몸가짐의 행실이 높음과 도(道)의 조예가 깊음 그리고 경륜을 온축함이 풍성한 것은 고인에게 구하더라도 쉽게 많이 볼 수 없다. 대산(大山)이 일찍 칭찬하여 말하기를 "행실과 식견이 함께 진전하였으며 발과 눈이 함께 도달하였습니다."[20]라고 한 이 한마디가 선생을 증빙하기에 충분하다. 이에 명을 지으니, 명은 다음과 같다.

| | |
|---|---|
| 삼대에 학교를 설치함은 | 三代有學 |
| 모두 윤리를 밝히려는 것이니 | 皆以明倫 |
| 그 근본은 무엇인가 | 其本伊何 |
| 오직 몸을 공경히 하는 것이네 | 曰惟敬身 |
| 성인은 편안하게 행하고 | 聖則安行 |
| 현인은 힘써서 이를 수 있네 | 賢由勉臻 |
| 먼 곳에 가려면 가까운 데서 시작하니 | 行遠自邇 |
| 어버이를 돈독히 하는 데서 시작하네 | 始於篤親 |

**20** 대산(大山)이……도달하였습니다 : 《대산집(大山集)》 권9 〈답최여호(答崔汝浩)〉에 "매양 고명께서 먼저 궁행(躬行)하는 것으로부터 시작하여 만년에도 절절히 이 일에 유의하시는 것을 우러러보았으니, 행실과 식견이 함께 진전하고 발과 눈이 함께 도달하였습니다.〔每仰高明先從躬行上做起, 晚景切切留意於此事, 當行解並進, 足目俱到.〕"라고 하였다.

| | |
|---|---|
| 우뚝하도다! 선생이여 | 卓哉先生 |
| 타고난 자질이 매우 순수하여 | 天賦孔粹 |
| 흥기하는 데 문왕을 기다리지 않고[21] | 興不待文 |
| 마음 공부를 일삼았네 | 心君是事 |
| 일상생활의 모든 것이 | 日用云爲 |
| 행동마다 이치에 맞았네 | 動皆合理 |
| 형이하학을 배워 형이상학을 깨달음에 | 下學上達 |
| 넉넉하게 여유가 있었네 | 綽有餘地 |
| 효도는 증자와 민자건[22]을 추종하고 | 孝追曾閔 |
| 우애는 양춘과 양진[23]을 따랐네 | 友邁春津 |
| 이것을 미루어 타인에게 미치고 | 推而及物 |
| 교화가 고을에 흡족했네 | 化洽鄉隣 |
| 만년에 위편이 끊어지도록[24] | 晩絶韋編 |

**21** 흥기하는……않고 : 《맹자》 〈진심 상(盡心上)〉에 "문왕을 기다린 뒤에 흥기하는 이는 보통 사람이고, 호걸의 선비 같은 경우는 비록 문왕이 없더라도 홀로 흥기한다.〔待文王而後興者, 凡民也, 若夫豪傑之士, 雖無文王猶興.〕"라고 하였다.

**22** 효도는 증자와 민자건 : 증자(曾子)는 공자의 제자 증삼(曾參)으로, 효행에 뛰어나 《효경(孝經)》을 지었다. 민자건(閔子騫)은 공자의 제자 민손(閔損)이다. 공자가 그를 칭찬하여 "효성스럽도다, 민자건이여! 사람들이 그 부모 형제의 말에 의심을 두지 않는다.〔孝哉閔子騫, 人不間於其父母昆弟之言.〕"라고 하였다. 《論語 先進》

**23** 우애는 양춘과 양진 : 양춘(楊椿)과 양진(楊津) 형제는 양파(楊播)의 아우로, 북조(北朝) 후위(後魏) 사람이다. 집안이 대대로 순후(純厚)한 기풍을 지녔고 두 형제는 우애가 지극히 돈독하여 항상 종일토록 같이 지냈다. 원문 '春' 자는 '椿' 자로 바꿈이 옳다. 《小學 권6 善行》

**24** 위편(韋編)이 끊어지도록 : 위편삼절(韋編三絶)이란 말이다. 공자(孔子)가 《주

도의 참됨을 깊이 음미하였네 深味道眞

한결같은 정성으로 나태하지 않고 一誠靡懈

아침부터 저녁까지 공경하였네 夙夜惟寅

덕이 확립되고 행실이 높으니 德立行尊

명성이 임금에게 알려졌네 名達天陛

벼슬로 부름이 거듭 이르렀고 旌招沓至

임금의 칭찬이 서로 이었네 袞褒相繼

그러나 선생은 동강을 견고하게 지키며[25] 牢守東岡

고반[26]에 살기를 길이 맹세하였네 考槃永誓

사문이 매우 액운을 당하여 斯文孔厄

소미성이 갑자기 어두워졌네[27] 微宿奄翳

역》을 탐독하여 죽간(竹簡)을 엮어 놓은 가죽 끈이 세 번이나 끊어졌다는 고사에서 유래한 말로, 《주역》의 독서에 힘씀을 말한 것이다.

**25** 동강(東岡)을 견고하게 지키며 : 벼슬하지 않고 은거하려는 뜻이 굳다는 말이다. 동강(東岡)은 동쪽의 산 언덕으로, 세상을 마다하고 은둔하는 곳이라는 뜻이다. 《후한서(後漢書)》 권83 〈주섭열전(周燮列傳)〉에 "선세(先世) 이후로 국가에 대한 공로와 임금의 은총으로 대를 이어 왔는데, 어찌하여 그대 혼자 동강(東岡)의 언덕만을 지키려고 하는가?"라고 하였다.

**26** 고반(考槃) : 은자가 산수의 사이에 한가로이 소요하며 지내는 곳을 말한다. 《시경》 〈고반(考槃)〉에 "고반이 시냇가에 있으니, 석인의 마음이 넉넉하네.〔考槃在澗, 碩人之寬.〕"라 하였는데, 그 주에서 "고(考)는 이룬다는 뜻이고 반(槃)은 서성거린다는 뜻이다."라고 하였다. 따라서 고반은 소요하기 위하여 만든 은거지(隱居地)를 말한다.

**27** 소미성(少微星)이 갑자기 어두워졌네 : 처사가 죽었다는 말이다. 진(晉)나라 사부(謝敷)는 자가 경서(慶緖)로, 성품이 맑고 욕심이 없어 벼슬길에 나아가지 않고 태평산(太平山)에 10여 년 동안 은거하였다. 하루는 달이 소미성을 범하자 점치는 사람이 "처사(處士)가 죽을 것이다." 하였는데, 당시 명망이 높았던 대규(戴逵)가 죽

| | |
|---|---|
| 사방의 사람들이 모두 조문하고 | 四方同吊 |
| 궁궐에서 임금이 탄식하셨네 | 九重興嗟 |
| 증직과 정려[28]가 | 華秩紅門 |
| 차례로 내려졌네 | 次第以加 |
| 살아서는 영광이고 죽어서는 애달파하니[29] | 存沒哀榮 |
| 세상 사람 중에 누가 더 나으랴 | 世孰與多 |
| 영남을 돌아보니 | 顧瞻南嶠 |
| 대원로께서 이미 돌아가셨네 | 大老已遐 |
| 오히려 모범이 남아 있어 | 尙餘典刑 |
| 유문에 갖추어져 있으니 | 備在遺文 |
| 후생들이 전범[30]으로 함은 | 後生柯則 |
| 여기에 있네 | 於此焉存 |
| 지계산 기슭에 | 枝山之麓 |
| 엄연한 묘문이 있네 | 有儼墓門 |
| 천추만세토록 | 千秋萬歲 |
| 생각하여 진실로 잊지 않으리 | 懷允不諼 |

을 것이라는 예상과 달리 사부가 죽었다고 한다. 《晉書 卷94 謝敷列傳》

**28** 증직과 정려 : 원문 '화질(華秩)'은 높은 관직이니 증직을 말하고, '홍문(紅門)'은 홍살문이 있는 정려각(旌閭閣)을 말한다.

**29** 살아서는……애달파하니 : 《논어(論語)》 〈자장(子張)〉에 자공(子貢)이 공자(孔子)를 기려 "살아서도 영광이요, 죽어서도 애도를 받는다.〔其生也榮, 其死也哀.〕"라고 한 말에서 유래한 것으로, 생전이나 사후 모두 영예스럽게 되는 것을 말한다.

**30** 전범 : 원문 '가칙(柯則)'의 뜻이니 《시경》 〈벌가(伐柯)〉에 "도끼 자루를 벰이여 도끼 자루를 벰이여, 그 법칙이 멀지 않네.〔伐柯伐柯, 其則不遠.〕"라고 한 데서 온 말이다. 따라서 가칙은 전범이나 표준을 의미한다.

# 부사 화재 황공 묘갈명 병서

## 府使華齋黃公墓碣銘 並序

군자의 학문이 정치에 베풀어 사리에 통달하고 곤궁함에 처하여 이치를 분변한다면 재주를 온전히 하고 덕망을 갖춘 것임을 알 수 있으니, 백화재(白華齋) 황공(黃公) 같은 경우가 어찌 그런 사람이 아니겠는가.

삼가 살펴보건대, 공의 휘는 익재(翼再)이고 자는 재수(再叟)이다. 신라 시대 때 시중(侍中)을 지낸 휘 경(瓊)이 시조가 되며, 고려 시대 전중감(殿中監)을 지낸 휘 공유(公有)는 이의방(李義方)[31]의 난을 피하여 장수(長水)에 옮겨 살았기에 그곳을 본관으로 하였다. 조선조에 들어와 익성공(翼成公) 휘 희(喜)는 세종(世宗)의 재상이 되어 큰 훈덕(勳德)을 쌓았기에 그 묘정(廟庭)에 배향되었다. 그분의 둘째 아들로 전첨(典籤)을 지낸 휘 보신(保身)이 비로소 상주(尙州)에 거주하였다. 그분의 현손으로 이조 참판을 지낸 휘 효헌(孝獻)은 문장(文章)과 절행(節行)으로 당세에 이름이 났다. 공은 그분의 6세손이다. 증조부는 휘가 집(緝)으로

**31** 이의방(李義方) : ?~1174. 1170년 정중부(鄭仲夫)와 함께 무신란을 일으켜, 의종을 몰아내고 명종을 왕위에 오르게 한 공으로 벽상 공신이 되었다. 1173년 문신 김보당이 의종의 복위를 내세워 난을 일으키자, 이를 토벌하기 위한 방편으로 이의민을 통하여 의종을 살해하였다. 1174년에 서북면에서 조위총이 난을 일으키자 난을 평정하기 위하여 서경(지금의 평양)에 갔다가 패하고 돌아오던 중 선의문 밖에서 정중부의 아들 균이 보낸 자객에게 죽임을 당하였다.

의주 부윤(義州府尹)을 지냈으며 6도(六道)의 절도사(節度使)를 두루 역임하였는데, 생원을 지낸 족제(族弟) 휘 면(緬)의 아들 재윤(載胤)을 양자로 삼았다. 이분이 좌승지(左承旨)에 증직된 휘 진하(鎭夏)를 낳았는데, 진하는 본관이 상산(商山)인 김진과(金震銊)의 따님과 혼인하여 명릉(明陵 숙종의 능호) 임술년(1682, 숙종 8) 정월 모일에 상주의 중모리(中牟里)에서 공을 낳았다.

공은 2세 때 어머니를 잃었고 7세 때 아버지마저 잃었다. 몸이 파리하고 병이 많아서 11세에 비로소 학교에 들어갔지만 수년 만에 문리(文理)가 갑자기 트였다. 임오년(1702, 숙종28)에 명경과(明經科) 과거 시험에 합격하고 괴원(槐院 승문원(承文院))에 선발되어 권지부정자(權知副正字)가 되었으며 저작(著作)과 박사(博士)로 승진하였다. 을유년(1705, 숙종31)에 봉상시 직장(奉常寺直長), 성균관 전적(成均館典籍), 예조 좌랑(禮曹佐郎)이 되었다. 병술년(1706, 숙종32)에 병조 좌랑(兵曹佐郎)의 직책을 띠고 외직으로 나가 평안도 도사(平安道都事)가 되었는데, 어떤 고을의 태수가 유명한 기생을 천거하여 수청을 들게 하자 공이 물리쳤다.

정해년(1707, 숙종33)에 충청도 도사(忠淸道都事)에 임명되어 시험을 주관할 때 친지의 간알하는 편지를 통렬하게 거절하여 공평한 평가 기준을 견지하였다. 무자년(1708, 숙종34)에 다시 예조 좌랑에 복직되었다. 이듬해에 전라도 도사(全羅道都事)가 되어 조운(漕運)을 관리함에 개량(槪量)[32]을 공평하게 하고 훔치는 것

**32** 개량(槪量) : 도량형을 써서 수량을 측정하는 일을 말한다. 여기서는 되나 말로 쌀의 양을 재는 것이다.

을 금지시켜 마구잡이로 징수하는 조인(漕人)의 폐단을 제거하였다. 또 조정과 전라도 감영(監營)에 품의하여 약조(約條)를 만들고 창관(倉官)들에게 게시하여 영원한 법식으로 삼았다.[33]

경인년(1710, 숙종36)에 재차 중앙직으로 들어가 병조 좌랑이 되었다. 신묘년(1711, 숙종37)에 무안 현령(務安縣令)이 되었다. 이때 거듭 흉년이 들었는데 제일 먼저 고을의 현사(賢士)를 방문하여 구황 정책을 강구(講求)하여 마음을 다하여 진휼하고 구제하매, 경내가 완전히 살아나게 되자 암행어사가 칭찬하여 임금에게 아뢰었다. 자신의 녹봉을 덜어 내어 학재(學齋)를 세우고 전급(田給 전지(田地))을 설치하여 이것으로 처사(處士)들이 학업을 익히게 하였다. 공무의 여가에 임강(臨講)[34]하여 실천하는 것으로 그들을 인도하였다. 뒤에 승평(昇平 순천(順天))에 향림숙(香林塾)을 세우고 오성(筽城 영광(靈光))에 양사재(養士齋)를 세워 이르는 곳마다 문교(文敎)가 크게 진작되었다. 나주(羅州)의 조운관을 겸

**33** 전라도 도사(全羅道都事)가……삼았다 : 안정복(安鼎福)의 《순암집(順菴集)》 권26의 〈통정대부 종성 도호부사 백화재 황공 행장(通政大夫鍾城都護府使白華齋黃公行狀)〉에 "조선(漕船)이 경창(京倉)에 들어왔을 경우 고용인들은 그 속에서 훔쳐 내고 창고의 관리들은 두량을 공평하게 하지 않았는데 그러면서도 부족한 수량을 조졸(漕卒)들에게 내도록 하였으므로 조졸들 중에는 이로 인하여 파산한 자들이 많았다. 공은 평소에 이러한 폐단을 알고 있었기에 창관(倉官)들과 약속하고 이 폐단을 엄격히 금지하여 막은 결과 두 가지 폐단이 모두 다 혁파되었으므로, 조졸들이 매우 기뻐하였다. 또 감영(監營)에 돌아와서는 조운(漕運)의 이해(利害)를 조목별로 열거하여 임금에게 아뢰고 그 조항을 포창(浦倉)에 게시(揭示)하게 하되 범하는 자는 형벌로 금지하도록 하였다."라고 하였다.

**34** 임강(臨講) : 책을 펼쳐 놓고 보면서 강독하는 것을 말한다.

직하였는데, 조운선(漕運船)이 부안(扶安)의 바닷가에서 파손되었다. 무릇 시한이 지난 후에 짐을 꾸려 싣고 가다가 배가 파손되는 것은 법으로 해당 관청〔나주 조운관〕에서 죄를 주게 되어 있었다. 부안의 군수가 본래 공과 친한 사이였기에 사실대로 보고하지 않아 죄를 면해 주려고 하였다. 공이 말하기를 "양심을 속이고 죄를 면하려고 하는 것은 내가 부끄럽게 여기는 것이다." 하고는 사실대로 자수하여 스스로 논핵하였는데, 마침 조정에서 사면령이 있어 죄를 받지 않게 되었다.

을미년(1715, 숙종41)에 해임되어 집으로 돌아왔다. 병신년(1716, 숙종42)에 순천 부사(順天府使)에 임명되어 사창법(社倉法)[35]을 실행하니 고을 사람들이 도움을 받았다. 무술년(1718, 숙종44)에 만기가 되어 집으로 돌아왔다. 신축년(1721, 경종1)에 다시 성균관 전적(典籍)에 임명되었고 임인년(1722, 경종2)에 종부시 정(宗簿寺正)에 임명되었으나 모두 병으로 사임하였다. 계묘년(1723, 경종3)에 성균관 사예(司藝)에 임명되었다가 군자감 정(軍資監正)에 전직되었다. 여름에 사헌부 장령(掌令)에 임명되었

**35** 사창법(社倉法) : 주자(朱子)의 사창법이다. 주자가 구황(救荒)의 대책으로 연화전(延和殿)에서 남송(南宋)의 효종(孝宗)에게 올린 주차(奏箚)에 나오는 내용으로, 건녕부(建寧府) 숭안현(崇安縣)에서 직접 실시해 본 진대(賑貸)의 방법을 법령으로 만들어 다른 지역에도 실시하기를 건의한 것이다. 그 내용은 맨 처음 일정한 양을 내어 1섬(石)당 1말(斗)의 이자를 받고 대여해 주고, 조금 흉년이 들면 이자를 절반으로 줄이고, 크게 흉년이 들면 이자를 완전히 감면하는 방식으로 운영하다가 이자가 본미(本米)의 10배가 되면 그때부터는 이자를 받지 않고 모미(耗米) 3되(升)씩만을 거두는 것이다. 《朱子大全 卷13 延和奏箚 四》

으나 고위 관직의 마음을 거슬러 파직되었다가 가을에 영광 군수(靈光郡守)가 되었다.

을사년(1725, 영조1)에 파직되어 집으로 돌아왔다. 공은 호남의 고을에서 세 번 군수가 되었는데, 세 곳에 모두 공을 기리는 구리 비석과 돌 비석이 있다. 무신년(1728, 영조4)에 통정대부(通政大夫)로 승진하여 종성 부사(鍾城府使)가 되었다. 임금에게 숙배(肅拜)하기 위하여 집을 떠난 행차가 충원(忠原)에 도착하였을 때 청주(淸州) 역적[36]의 기예(奇銳) 부대들이 길을 막고 있다는 소식을 듣고 관동(關東)으로 길을 잡아 지평(砥平)에 도착하였다. 이때 영남 안무사(嶺南安撫使) 박사수(朴師洙)[37]를 만났는

**36** 청주(淸州) 역적 : 이인좌(李麟佐, ?~1728)의 반란을 말한다. 1728년(영조4) 3월에 소론의 급진 세력과 일부의 남인 세력이 주동이 되어 영조를 제거하고 집권 노론을 타도한 다음 소론과 남인의 연합 정권을 세우기 위해 일으킨 반란으로, 호남의 박필현(朴弼顯), 호서의 이인좌(李麟佐), 영남의 정희량(鄭希亮)이 주동이 되었다. 최초의 반란은 1728년 3월 15일 이인좌가 청주성(淸州城)을 점령하는 것으로 시작되었다. 이인좌는 먼저 충청 병사 이봉상(李鳳祥)과 영장 남연년(南延年)을 죽이고 소현세자(昭顯世子)의 증손인 밀풍군(密豐君) 이탄(李坦)을 왕으로 추대한 후 서울로 진격하였다. 그 뒤를 이어 박필현과 정희량도 호남과 영남에서 거병하였다. 조정에서는 소론인 오명항(吳命恒)을 도순무사로 임명하여 토벌에 나섰으며, 안성과 죽산의 전투에서 반란군을 궤멸하고 이인좌를 체포하여 서울로 압송하였다. 호남의 박필현은 호응이 없어 곧바로 도주하였고, 영남의 반군은 안음과 거창, 합천에서 기세를 올렸으나 충청도의 반군과 합류하지 못한 채 거창에서 토벌되었다.

**37** 박사수(朴師洙) : 1686~1739. 본관은 반남(潘南), 자는 노경(魯景), 호는 내헌(耐軒)·내재(耐齋)이다. 1723년(경종3) 문과에 장원 급제하고 1728년(영조4)에 대사헌 겸 영남 안무사(嶺南安撫使)가 되어 이인좌의 난 토벌에 나섰다. 1739년 우참찬으로 재직하던 중 죽었으며 좌찬성에 추증되었다. 시호는 문헌(文憲)이다.

데, 박사수는 공의 재기(才器)를 본래부터 알고 있었기에 임금에게 계장을 올려 청하여 함께 안동(安東)에 도착하여 소모사(召募使)에 임명되는 명을 받았다. 공이 여러 고을에 격문을 보내어 충의(忠義)로 격발시켜 깨우치니, 사인(士人)과 서민들이 바람에 쏠리듯 호응하여 일시에 분발하여 일어났다. 곧바로 역적들이 관군에게 소멸되었다는 소식을 듣고 소모군을 파하였다. 그러나 그 상황을 정찰하는 것과 적의 정세를 정탐하는 것을 널리 배치하여 도순무사(都巡撫使)와 안무사(安撫使)가 있는 곳에 은밀하게 보고함으로써 요해지를 지키고 막으며 적의 세력을 군색하게 만들었는데, 공의 힘이 컸다. 그러나 복명(復命)하게 되었을 때 공의 이름이 무초(誣招)[38]에서 나왔다. 임금께서 공에게 다른 마음이 없음을 살펴보고 불문에 부쳤지만, 공은 오히려 거적을 깔고 앉아 처분을 기다렸다. 도순무사(都巡撫使) 오명항(吳命恒)[39]과 영남어사(御史) 이종성(李宗城)[40]이 공은 공로만 있고 죄가 없음을 역

**38** 무초(誣招) : 거짓으로 꾸며서 진술하는 공초(供招)이다.

**39** 오명항(吳命恒) : 1673~1728. 본관은 해주(海州), 자는 사상(士常), 호는 모암(慕菴)·영모당(永慕堂)이다. 1705년(숙종31) 문과에 급제하였고 1728년에 이인좌(李麟佐)의 난이 일어나자 판의금부사로 4도 도순무사를 겸하여, 난을 토평하여 분무공신(奮武功臣) 1등이 되고 해은 부원군(海恩府院君)에 봉해졌다. 효성이 지극하여 효자정문이 세워졌다. 시호는 충효(忠孝)이다.

**40** 이종성(李宗城) : 1692~1759. 본관은 경주(慶州), 자는 자고(子固), 호는 오천(梧川)으로 이항복(李恒福)의 5세손이다. 1727년(영조3) 문과에 급제하여 예문관 설서가 되었다. 1728년 경상도 암행어사가 되어 민폐를 일소했으며, 이인좌(李麟佐)의 출가한 자매가 문경에 갇혀 있음을 보고 부당함을 상소해 석방하게 하였다. 벼슬이 영의정에 올랐고 장조(莊祖)의 묘정에 배향되었다. 저서로는 《오천집(梧川集)》

력히 아뢰었다. 임금이 말하기를 "나는 이미 명백하게 알고 있고 역적들이 또한 무고한 것임을 자복하였으니, 다시 무슨 죄를 깨끗이 벗을 것이 있겠는가. 처분을 기다리지 마라." 하니, 해당 관청으로부터 이전대로 조용(調用)하고 인하여 원종공신(原從功臣) 1등에 녹훈(錄勳)되었으며, 공의 아버지와 어머니도 추증되는 영광을 입게 되었다.

이듬해에 군함(軍銜)을 지닌 사람이 고향에 가 있는 일을 금지하는 명을 내렸다.[41] 경술년(1730, 영조6) 봄에 상주 목사(牧使)가 공의 가동(家僮)을 가두고, 공에게 집을 떠나 서울로 갈 것을 재촉하였다. 이때 서울에서 무고(巫蠱)의 옥사(獄事)가 일어났다.[42] 흉적(凶賊) 박도창(朴道昌)의 종 만익(萬益)이 남의 사주를 받아 입을 막으려고 박도창을 독살하였다. 그의 공초에 말하기를 "모일에 저들이 박도창을 독살할 때 그 이름은 알지 못하지만 광주(廣州)에 거주하는 황 순천(黃順天)이 그 자리에 참석하였다."

이 있다. 시호는 효강(孝剛), 뒤에 문충(文忠)으로 개시(改諡)되었다.

**41** 군함(軍銜)을……내렸다 : 안정복(安鼎福)의 《순암집(順菴集)》 권26의 〈통정대부 종성 도호부사 백화재 황공 행장(通政大夫鍾城都護府使白華齋黃公行狀)〉에 따르면 원종공훈이 된 후 "공은 군함(軍銜)을 지니고 서울에서 몇 달 동안 머물다가 휴가를 받아 고향으로 돌아갔는데, 이때부터 문을 닫은 채 빈객을 사절하고 고향에서 일생을 마치려는 계책을 가졌다."라고 하였다.

**42** 서울에서……일어났다 : 경술년(1730, 영조6)에 일어났던 역모 사건을 가리킨다. 궁인(宮人) 순정(順正)과 세정(世貞) 등이 세자와 옹주가 사망하거나 질병에 걸리도록 저주(咀呪)하는 의미로 흉한 물건을 만들어 궁궐에 묻었는데, 이로 인해 군관 박도창(朴道昌)이 주범으로 붙잡혔고, 종실인 여홍군(驪興君) 이해(李垓), 여릉군(驪陵君) 이기(李圻) 및 정사효(鄭思孝) 등의 남인계 인사들이 연좌되어 화를 당했다.

라고 하였다. 그런데 모일은 곧 공이 고향으로 출발하던 날이었고, 광주는 공이 거주하는 곳이 아니었음에도 불구하고 금부(禁府)에서 마구잡이로 잡아갔다. 대질심문하게 되자 일이 허황한 거짓말로 결론이 났으며, 임금께서 특별히 방면할 것을 명하였다. 그러나 문사랑(問事郞)이 공이 정도를 지키며 자기를 도와주지 않는 것에 유감이 있었던 것을 이에 이르러 시원하게 풀 수가 없었다.

이에 문사랑이 대관(臺官)을 사주하여 연달아 장계를 올려 공을 귀양 보낼 것을 청하게 하였고, 자신이 언관(言官)이 되어서는 국문할 것을 직접 청하였다. 헌납(獻納) 서명형(徐命珩)[43]이 본 사건은 근거가 없다는 이유로 정계(停啓)[44]하였지만 끝내 구성(龜城)으로 귀양을 갔으니 임금의 뜻이 아니었다.[45]

**43** 서명형(徐命珩) : 1687~1750. 본관은 대구(大丘), 자는 행옥(行玉)이다. 1723년(경종3) 문과에 급제하여 1730년(영조6) 사간원 정언(司諫院正言)으로 재직하던 중 과격한 소를 올렸다가 파직, 1734년(영조10) 사간원 헌납(司諫院獻納)에 다시 등용되었다. 벼슬이 도승지에 이르렀다.

**44** 정계(停啓) : 죄인의 죄상을 왕에게 연달아 주계하다가, 사실이 틀렸거나 사건이 뒤집힐 경우 계속 주계하기를 정지하는 것 또는 전계(傳啓) 속에서 죄인의 명단을 삭제하는 것을 말한다.

**45** 문사랑(問事郞)이……아니었다 : 안정복(安鼎福)의 《순암집(順菴集)》 권26의 〈통정대부 종성 도호부사 백화재 황공 행장(通政大夫鍾城都護府使白華齋黃公行狀)〉에 "이때에 문사랑(問事郞) 조명익(趙明翼)이 묵은 원한을 품고 기어이 공을 해치려 하여 죄목을 꾸며 대며 캐물었는데, 공의 변론이 분명하고 증거 대는 말이 틀리지 아니하였기에 그의 계책이 시행되지 못했다. 한 달이 지난 뒤에 그가 대신(臺臣) 박필균(朴弼均), 이수항(李壽沆)을 사주하여 공을 유배시킬 것을 청하도록 한 결과 모두 '갑자기 석방시킬 수 없다.'고 아뢰었으나, 윤허하지 않았다. 조명익이 언관(言

공은 유배지에서 7년간 있었는데, 운명에 맡기며 마음을 편안히 가졌으며, 성리서(性理書)를 가지고서 날마다 잠심하며 연구하였다. 병진년(1736, 영조12)에 동궁(東宮)의 책례(冊禮)[46]로 인하여 사면되어 집으로 돌아왔다. 또 직첩을 주어 서용(敍用)하라는 왕명이 있었으나, 왕명이 막혀서 실행되지 못했다. 공이 고향으로 돌아온 후 10여 년 동안 오직 학문을 익히고 농사를 잘 짓는 것으로 유유자적하였다. 정묘년(1747, 영조23) 12월 모일에 돌아가시니 향년 66세였다. 이듬해 봄에 옥천(沃川)의 환산(環山)에 장례를 지냈다가 뒤에 중모(中牟)의 풍우정(風雩亭) 건좌(乾坐) 언덕에 이장하였다.

공은 자태와 모습이 맑고 순수하며 본성은 강명(剛明)하였고 본래부터 옛 현철한 사람을 사모하여 사법(師法)으로 삼았다. 무릇 일에 임하거나 어려움을 만날 때마다 모두 촛불을 비추듯이 환하고 칼로 자르듯 결단성이 있었으나 한결같이 바른 도에서 나왔다. 사위(事爲)에 드러난 것에서 다만 한두 가지 시행에 그쳤지만 또한 효성스럽고 우애로우며 돈독하고 화목한 것이 모두 지극하였다. 부모님의 얼굴을 알지 못하는 것을 평생 지극히 애통한 일로 생각하여 자신의 생일날에 주안상을 차리지 못하게 하고 종

官)이 되어서는 또 국문(鞫問)할 것을 청했는데, 윤허하지 않았다. 그 후 헌납 서명형(徐命珩)이 사실이 근거가 없다는 이유로 정계(停啓)하여 사건이 해결되었지만, 상이 대간(臺諫)의 말을 어기는 것을 곤란하게 여겨 끝내 공을 구성(龜城)에 유배시켰다. 그러나 그것은 상의 뜻이 아니었다."라고 하였다.

**46** 동궁(東宮)의 책례(冊禮) : 1736년(영조12) 1월에 원자를 세자로 책봉하였으니, 나중에 사도세자(思悼世子)가 된다.

일토록 근심스럽게[47] 지냈다. 막내 숙부를 아버지같이 섬겨 부모 대신에 섬기는 정성을 다하였다. 과부가 된 종매(從妹)를 데리고 와 돌보아 주었는데 그 자녀들을 어루만지기를 자기 자식같이 하여, 시기를 놓치지 않고 장가들이고 시집보냈다. 종족과 지구(知舊)들을 진휼하매 미치지 못할 듯이 하였다. 자기 몸을 가꿈에는 매우 박하게 하여 죽을 때에는 다만 심의(深衣)와 조삼(朝衫)만이 옷상자에 남아 있었다. 가까운 종족 중에 권세가에 빌붙어 자기를 해치려는 자가 있었는데, 공은 그것을 따지지 않고 정의(情誼)의 친분을 나눔에 변함이 없었으며, 그 사람이 죽었을 때 공이 몸소 염하고 빈소를 차려 주었다. 봉선(奉先)과 돈서(敦敍) 두 곳을 설치하여 제전(祭田)을 마련하고 재실을 건립하였다. 해마다 10월 상순에 9대조 이하에게 제사를 드렸다. 여가가 있는 날에 화수회(花樹會)를 만들었다.

대개 공은 어릴 때부터 학문을 좋아하여 집에 있거나 밖으로 나가거나 간에 사무를 접하며 처리할 때가 아니면 책을 송독하는 것을 그만두지 않았다. 더욱이 《주자서(朱子書)》와 《퇴계집(退溪集)》에서 득력하여 무릇 이륜(彝倫)에서 분수를 다하는 것이 이와 같음이 있었다. 평소에 거처함에 일찍 일어나 세수하고 의관을 정제하며 책상을 가지런히 정돈하여 종일토록 스스로 힘써 노력

**47** 근심스럽게 : 원문 '함휼(銜恤)'의 뜻이다. 부모가 세상을 떠나 늘 근심하는 자식의 마음을 일컫는다. 《시경》 〈육아(蓼莪)〉에 "아버지가 없으면 누구를 믿으며 어머니가 없으면 누구를 믿을꼬? 나가면 근심을 품고 들어오면 이를 곳이 없노라.〔無父何怙, 無母何恃. 出則銜恤, 入則靡至.〕"라고 하였다.

하고, 태만하거나 소홀히 하는 마음이 있은 적이 없었다. 집안을 다스림에 법도가 있어서 큰일과 작은 일에 직분을 부지런히 하였으며, 재물을 다스리는 데 법도가 있어서 길사와 흉사에 비용을 풍족하게 하였다.

본래부터 산수를 좋아하여 만년에 수봉(壽峯) 아래에 조그만 재실을 지은 후 '백화재(白華齋)'라 편액하고 천석(泉石)의 사이에서 신을 신고 지팡이를 짚고 다니며 소요하였다. 그리고 술을 권하고 시를 지어 아취를 부쳤는데, 조리가 분명하고 쓰임이 적절한 글을 지어 만든 문집 약간 권이 집에 갈무리되어 있다.[48] 공이 돌아가신 지 42년 뒤인 무신년(1788, 정조12)에 임금의 특명으로 복관되었다.[49] 이듬해에 승평(昇平 순천(順天))의 사림들이 향림사(香林祠)에 공을 제향하였고, 그로부터 5년 뒤 상주의 사림들이 소재서원(穌齋書院)[50]에 공을 배향하였다.

48 시를……있다 : 정종로가 지은 〈화재유집서(華齋遺集序)〉가 본집 권26에 실려 있다.

49 공이……복관되었다 : 《조선왕조실록》 정조 12년 무신(1788) 11월 10일(무진) 조에 〈조덕린·황익재의 죄명을 씻어 주다.〔蕩滌趙德隣黃翼再罪名〕〉라는 기사가 있으니 이때 복관되었다.

50 소재서원(穌齋書院) : 상주시 화서면 금산리에 있는 봉산서원(鳳山書院)을 말한다. 1708년(숙종34)에 지방 유림의 공의로 노수신(盧守愼)·심희수(沈喜壽)·성윤해(成允諧) 등의 학문과 덕행을 추모하기 위해 창건하여 위패를 모셨다. 그 뒤 김홍미(金弘微)·조우인(曺友仁)·정호선(丁好善)·황익재(黃翼再) 등을 추가 배향하였다. 1771년과 1841년에 중수하여 선현 배향과 지방 교육의 일익을 담당하여 오던 중, 대원군의 서원철폐령으로 1868년(고종5)에 훼철되었다가 1983년 4월에 복원되었다. 사우에는 노수신을 주벽(主壁)으로 하여 좌우에 심희수·성윤해·김홍미·

부인은 숙부인(淑夫人) 청송 심씨(青松沈氏)로 동지중추부사(同知中樞府事) 심종(沈棕)의 따님이다. 성품이 온순하여 부덕(婦德)이 있었으며 남편을 섬김에 덕에 어긋남이 없었다. 갑자년(1684, 숙종10)에 태어나 을해년(1755, 영조31)에 죽었는데, 공과 같은 자리에 묘를 썼다. 아들은 종간(宗幹)이고 딸은 홍중희(洪重熙)에게 시집을 갔다. 종간은 현감(縣監)을 지낸 김동준(金東俊)의 따님에게 장가들었으나 자식이 없었고, 양자 욱중(勗重)도 부사(府使)를 지낸 신박(申霶)의 따님에게 장가를 들었으나 또한 자식이 없었다. 이에 재종(再從) 후중(垕重)의 아들 태희(泰熙)를 양자로 삼았는데, 그는 진사(進士)를 지낸 권순(權淳)의 딸에게 장가를 들어 1남 2녀를 두었다. 아들은 석로(錫老)이고 두 딸은 조계연(趙桂然)과 이이관(李以觀)에게 각각 시집갔다. 석로는 나의 딸에게 장가들어 2남 1녀를 두었는데, 모두 어리다. 홍중희의 아들은 수보(壽輔)로 진사를 지냈다. 나머지는 기록하지 않는다.

나는 늦게 태어나 비록 공을 만나 뵙지는 못했지만, 그윽이 선배 부로(父老)들을 따라다니면서 공의 재주와 덕망이 당시에 최고였다는 것을 익숙히 듣고 경모한 지 오래되었다. 근래에 태희씨(泰熙氏)가 임종할 때 나에게 공의 묘갈문을 지어 달라고 부탁하였다. 스스로 생각해 보니 내가 천박하고 졸렬하니 어찌 이 일을 감당하겠는가. 그러나 차마 그 뜻을 저버릴 수가 없어서 드디어 순암(順菴) 안공(安公)[51]이 지은 행장에 의거하여 위와 같이

조우인・정호선・황익재의 위패가 봉안되어 있다.

**51** 순암(順菴) 안공(安公) : 안정복(安鼎福, 1712~1791)이다. 본관은 광주(廣

서술하고 다음과 같이 명으로 잇는다.

하늘이 공에게 재주와 덕을 주었으나 당시에 크게 펼치지 못한 것은 운명이고 天之與公才德而不能大展於時者命也
공의 뜻과 업적을 온축하여 마침내 후세에 드러낼 수 있었던 것은 하늘의 뜻이 정해짐이네 蘊公志業而其能卒顯於後者定也
운명은 잠깐이고 其命也斯須
하늘의 뜻이 정해짐은 천년토록 가네 其定也千秋

州), 자는 백순(百順), 호는 순암·한산병은(漢山病隱)·우이자(虞夷子)·상헌(橡軒) 등이며, 시호는 문숙(文肅)이다. 경기도 광주에 거주하였다. 저서에는 《임관정요(臨官政要)》, 《동사강목(東史綱目)》, 《순암집》 등이 있다.

## 통훈대부 행 지례 현감 옥고 유공 묘갈명 병서

通訓大夫行知禮縣監玉皐柳公墓碣銘 並序

공의 휘는 후광(後光)이고 자는 회부(晦夫)이다. 본관이 풍산(豐山)인 유씨(柳氏)는 고려 시대 때 유명한 사람이 있었고 조선 시대에 들어와 휘 종혜(從惠)는 공조 전서(工曹典書)를 지냈는데, 풍산현(豐山縣)의 상리(上里)에서 비로소 하회촌(河回村)으로 이주하였으니, 공에게 10대 조부가 된다. 5대 조부 휘 중령(仲郢)은 문과에 급제하여 황해도 관찰사(黃海道觀察使)를 지냈고 영의정에 추증되었으며 호가 입암(立巖)이다. 고조부는 휘가 운룡(雲龍)으로 목사를 지냈고 이조 참판에 추증되었으며 호가 겸암(謙庵)이다. 일찍부터 퇴도(退陶)의 문하에서 공부하여 동생 문충공(文忠公) 서애(西厓) 선생과 서로 박문약례(博文約禮)[52]하였다. 운룡은 세 아들을 두었는데, 맏아들의 휘는 주(袾)로 찰방을 지냈고 장령(掌令)에 추증되었으며 학생(學生)인 휘 원식(元直)을 낳았다. 둘째 아들의 휘는 기(裿)로 현감을 지냈으며 현감을 지낸 휘 원리(元履)를 낳았다. 원리는 여섯 아들을 두었는데, 네 번째가 휘 세철(世哲)로 학생공(學生公)의 양자가 되었으니, 곧

52 박문약례(博文約禮) : 글을 널리 공부하고 예(禮)로써 몸을 단속한다는 말로, 박문은 지공부(知工夫)에 해당하고, 약례는 행공부(行工夫)에 해당한다. 《논어》 〈옹야(雍也)〉에 "공자가 말하기를 '군자는 글을 널리 배우고, 예로써 요약하면 또한 도에서 어긋나지 않을 수 있다.'라 하였다.〔子曰 君子博學於文, 約之以禮, 亦可以弗畔矣夫.〕"라고 하였다.

공의 아버지이다. 아버지는 진사에 급제하여 공조 좌랑(工曹佐郞)을 지냈으며 호가 회당(悔堂)이다. 어머니 숙인(淑人)은 당성 홍씨(唐城洪氏)로 정랑(正郞)을 지냈으며 승지(承旨)에 추증된 홍유형(洪有炯)의 따님이며 치재(恥齋) 홍인우(洪仁祐)의 현손녀이니, 장릉(長陵 인조의 능호) 무자년(1648, 인조26) 3월 3일에 공을 낳았다.

공은 어려서부터 총명하기가 남달라 기국과 도량이 크고 원대하였다. 약관에 이미 시무(時務)에 뜻을 두어 무릇 나라를 다스리는 제도의 득실과 생민들의 이병(利病)에서부터 군정(軍政)과 이사(吏事)에 이르기까지 이해하여 알지 않음이 없었다. 무오년(1678, 숙종4)에 생원시에 합격하였다. 기사년(1689, 숙종15)에 추천으로 경양도 찰방(景陽道察訪)에 임명되어 백성들을 사랑하여 폐단을 혁신하는 데 한결같이 성심으로 하니 암행어사가 칭찬하여 임금에게 아뢰었으며, 역참인들이 비석을 세워 칭송하였다.

임신년(1692, 숙종18)에 직장(直長)에 승진되었고 종부시 주부(宗簿寺主簿)로 전직되었으며 또 의금부 도사(義禁府都事)로 전직되었다. 계유년(1693, 숙종19)에 외직으로 나가 지례 현감(知禮縣監)이 되어 청백(淸白)으로 자신을 다스리고, 관대하고 간편한 것으로 백성에게 임하였다. 고을의 선비들에게 공부를 권면하여 매달 초하루와 보름에 문득 고강(考講 경서를 외우는 시험)하여 상벌을 주니 모두가 즐거운 마음으로 달려와 공부하는 분위기가 성대하게 일어났다. 녹봉을 덜어 내어 의국(醫局) 그리고 약초를 캐는 장정의 제도를 새로 만들어 약재를 모아서 백성들의 질병을 구제하게 하니 경내의 사람들이 도움을 받았다.

공은 병자년(1696, 숙종22)에 집으로 돌아와 형편없는 밥을 먹으며 배를 자주 곯아[53] 식량을 빌려 먹었지만 처신하기를 여유롭게 하였다. 거주하는 곳의 산수가 매우 빼어났기에 옥고산인(玉皐散人)으로 자호하고 넉넉하게 노닐고 유유자적하며 다시는 세속에 대한 생각이 없었다. 그러나 조정의 정치가 마땅하지 않고 시의(時議)가 마땅한 도리에 어긋나는 것을 듣게 되면 문득 얼굴에 근심을 드러내었으며 혹 이것 때문에 분노하며 질타하기를 그만두지 않았다. 명릉(明陵 숙종의 능호) 을미년(1715, 숙종41) 6월 모일에 집에서 고종(考終)하였다. 바야흐로 병이 위독할 때 글을 남겨 집안사람들을 경계하였으며 옷을 바꾸어 입고 자리를 바로 한 다음 돌아가시니 향년 68세이다. 풍산 서쪽 검무산(劍舞山) 양광리(陽廣里) 오향(午向) 언덕에 장례를 치렀다.

공은 타고난 자질이 듬직하고 중후하여 날마다 의관을 정제하고 언행을 경박하게 하지 않았다. 자신을 행하고 몸을 세움에 충신(忠信)으로 주를 삼고, 일을 처리하고 논지를 견지함에 의리(義理)로 표준을 삼았다. 더욱이 이륜(彝倫)을 돈독히 하여 아버지를 섬김에 기쁜 얼굴과 유순한 용모로 아버지의 뜻을 어

**53** 형편없는……곯아 : 원문 '단표누공(簞瓢屢空)'의 뜻이다. 《논어》 〈옹야(雍也)〉에 "어질구나, 안회여! 한 소쿠리의 밥과 한 표주박의 물로 누추한 시골에서 지내자면 남들은 그 곤궁한 근심을 감당치 못하거늘, 안회는 도를 즐기는 마음을 바꾸지 않으니, 어질구나, 안회여!〔賢哉, 回也! 一簞食一瓢飮, 在陋巷, 人不堪其憂, 回也, 不改其樂, 賢哉, 回也!〕"라고 한 공자의 말과 〈선진(先進)〉에 "안회는 거의 도의 경지에 가깝도다! 그는 자주 끼니를 걸렀구나.〔回其庶乎! 屢空.〕"라고 한 공자의 말을 합한 것이다.

기는 일이 없었다. 어머니 홍씨께서 일찍 돌아가시자 계모 박씨(朴氏)를 섬김에 사랑함과 공경함이 모두 지극하여 혼정신성(昏定晨省)의 예를 늙을 때까지도 그만두지 않았다. 질병이 있으면 약과 미음을 드리는 것을 반드시 친히 하였고 다른 사람에게 시키지 않았다. 종신토록 육아(蓼莪)의 아픔[54]을 가슴에 품고서 임종하기 수개월 전에 아버지와 어머니께서 남긴 수찰(手札)을 손수 점검하고 눈물을 흘리며 봉하니 눈물이 편지지를 적시는 데 이르렀다.

정결함과 정성으로 제사를 받듦이 하루같이 변함이 없었다. 손순함과 공경함으로 자제들을 가르치고 검약하고 소박한 것으로 집안을 다스렸다. 일찍이 "의약(醫藥)은 자식으로 마땅히 알아야 할 일이다."라 하고, 여력(餘力)으로 의약에 두루 통하여 효도를 극진히 하였다. 한 집안의 근심과 질병에 대하여도 반드시 몸소 스스로 치료하고 돌보았는데, 거기에서 경험을 쌓아 다른 사람에게 그 효능을 증험해 보았으니, 대개 대중들에게 널리 베풀고자 한 의도였다.

**54** 육아(蓼莪)의 아픔 : 자식이 부모가 낳아 길러 준 은혜를 생각하며 느끼는 아픔이다. 《시경(詩經)》 〈육아(蓼莪)〉에 "길고 긴 아름다운 쑥이라 여겼더니, 아름다운 쑥이 아니라 저 나쁜 쑥이로다. 슬프고 슬프다 부모여, 나를 낳으시느라 수고하셨도다.…… 아버지는 나를 낳고, 어머니는 나를 기르셨네. 나를 어루만지고 나를 길러 주시며, 나를 자라게 하고 나를 길러 주셨다. 나를 돌아보고 다시 돌아보고, 출입할 때 나를 가슴에 두셨네. 그 은혜를 갚고자 하니, 하늘처럼 끝이 없도다.〔蓼蓼者莪, 匪莪伊蒿. 哀哀父母, 生我劬勞.……父兮生我, 母兮鞠我. 拊我畜我, 長我育我. 顧我復我, 出入腹我. 欲報之德, 昊天罔極.〕"라고 하였다.

매양 고인(古人)의 구세동거(九世同居)[55]를 부러워하였으나 가난 때문에 할 수 없는 것을 한스럽게 생각하였다. 그러나 궁핍한 사람을 주휼함에 재물이 있고 없음을 계산하지 않고 반드시 참된 정성을 다하여 실행하였다. 타인을 대하고 사물을 접할 때 화기(和氣)가 온 자리에 가득 찼었다. 선을 좋아하고 악을 미워함은 천성에서 나온 것으로, 선한 자는 비록 천한 사람이라 할지라도 반드시 대중들에게 칭찬하여 주었으며, 악한 자는 비록 귀한 사람이라 할지라도 반드시 정색을 하고서 대하였다. 타인에게서 장점을 취하여 스스로 유익되게 하는 것을 즐겨 하였고, 일체의 일에 대하여 마음을 비우고 타인의 의견을 받아들여 따랐다. 그러므로 당시의 명현(名賢)들이 모두 마음으로 기뻐하며 성심껏 복종하였으니, 병곡(屛谷) 권구(權榘)[56]가 "자기를 버릴 줄 아는 도량을 가진 이분은 정녕 군자다운 사람이다."라고 말하였다.

공에게는 큰 정력(定力)[57]이 있었다. 일찍이 종족·빈객들과 함

**55** 고인(古人)의 구세동거(九世同居) : 당(唐)나라 수장(壽張) 사람 장공예(張公藝)는 구세(九世) 수백 명이 한 집에 함께 살았다. 고종(高宗)이 태산에 제사를 드리고 돌아오는 길에 그 집을 방문하여 구세동거에도 불구하고 화목하게 사는 방도를 물으니, 장공예가 '인(忍)' 자를 백여 번 써서 드린 일이 있다. 《小學 善行》

**56** 병곡(屛谷) 권구(權榘) : 1672～1749. 본관은 안동(安東), 자는 방숙(方叔)이다. 일찍부터 과거에 뜻을 두지 않고, 육경(六經)과 사서(四書)를 탐독, 천문(天文)·주수(籌數)·복서(卜筮)·병가(兵家)에 통달하였다. 사창(社倉)을 열어 빈민을 구제하고 향약 실시로 양풍(良風)을 일으켰다. 1728년(영조4) 이인좌(李麟佐)의 난 때, 안무사(按撫使) 박사수(朴師洙)에 의해 적당 가담 우려가 있다고 여겨져 서울에 압송되었으나, 그의 인품에 감동한 영조가 특지로 그를 석방하였다.

**57** 정력(定力) : 성리학에 대한 수양의 정신력이다.

께 앉아 있는데, 조금 뒤 큰 지진이 일어나 집의 대들보가 부러지려 하니 모든 사람들이 어찌할 줄 모르고 당황하며 밖으로 달려 나갔으나, 공은 홀로 편안한 마음으로 요동하지 않고 안색이 평상시와 같았다. 공은 대개 문헌세가(文獻世家)의 후손으로, 선조들의 가르침을 가슴에 새겨 지녀서 만나는 상황에 따라 분수를 극진히 하여 우뚝하게 지킴이 이미 저와 같았다. 벼슬을 한 뒤로부터 공이 거쳐 간 지역의 산천과 이정(里程 거리), 산출로 본 토지의 비옥함과 척박함, 풍요(風謠 민간가요)와 숭상하는 풍속에 대하여 모두 찾아다니며 일일이 기록하였다. 일찍이 한 지방의 형세(形勢)를 통론(統論)하여 대체(大體)를 경획(經劃)한 것이 손바닥을 가리키는 것과 같이 명확하였으니, 그분의 온축한 학문이 또한 이와 같았다. 그러나 때를 만나지 못하여 그 능력의 한두 가지도 펼 수 없었으니, 어찌 운명이 아니겠는가.

부인은 숙인(淑人) 무안 박씨(務安朴氏)이니, 절도사(節度使)를 지냈으며 호조 판서에 증직된 무의공(武毅公) 박의장(朴毅長)의 증손자인 선교랑(宣教郎)을 지낸 박문도(朴文度)의 따님이다. 임오년(1642, 인조20)에 태어나 정해년(1707, 숙종33)에 죽었다. 맑고 유순하며 공경하고 삼가하여 남편〔공〕의 배필이 됨에 있어 덕에 어긋남이 없었다. 풍산 남쪽 성조동(聖造洞) 정좌(丁坐) 언덕에 장례를 지냈다.

2남 3녀를 두었는데, 장남은 몽서(夢瑞)로 생원을 지냈고 차남은 몽휘(夢徽)로 통덕랑(通德郎)을 지냈다. 장녀는 홍상훈(洪相勛)에게, 차녀는 진사(進士) 김여당(金汝鐺)에게, 막내딸은 정찬유(鄭纘儒)에게 각각 시집갔다. 생원 몽서는 3남 1녀를 두었으니,

아들은 풍(灃), 즙(濈), 약(瀹)이고 딸은 금유(琴揄)에게 시집갔다. 통덕랑 몽휘는 2남 3녀를 두었으니, 아들은 옥(⿱雨沃)과 환(⿱雨還)이고, 딸은 이수혁(李遂赫), 생원 허속(許鋉), 허오(許澳)에게 각각 시집갔다. 홍상훈은 2남 2녀를 두었으니, 아들은 생원을 지낸 익귀(益龜) 그리고 필귀(必龜)이고, 딸은 이세황(李世璜)과 이정후(李鼎厚)에게 각각 시집갔다. 김여당은 3남 2녀를 두었으니 아들은 경린(景潾)과 생원으로 현감을 지낸 경철(景澈) 그리고 문과에 급제하여 좌랑을 지낸 경필(景泌)이고, 딸은 이수홍(李守弘)과 김목원(金穆源)에게 각각 시집을 갔다. 정찬유의 아들은 의호(宜瑚)이고 딸은 권사익(權思益) 그리고 참봉을 지낸 이중광(李重光)에게 각각 시집을 갔다. 증손자와 현손자 이하는 기록하지 않는다.

공의 증손자 상사(上舍) 상춘 씨(象春氏)가 공의 유사를 휘집하여 지은 가장을 가지고 나에게 와서 부탁하기를 "증조부의 묘도(墓道)에 아직까지 비석이 없으니, 그대는 우리 집의 외손으로 어찌 한마디 글을 지어 생애를 천양해 주지 않겠습니까."라고 하였다. 내가 의리상 감히 사양할 수가 없어서 삼가 위와 같이 서술하고 명으로 이으니 다음과 같다.

옥이 청묘에 오르지 않아도 보배가 됨은 그대로이고

玉不登淸廟寶自若

기나무가 명당[58]에 쓰이지 않아도 재목감으로 절로 넉넉하네

58 청묘에……명당 : 명당과 청묘는 왕자(王者)의 태묘(太廟)로서 국가의 정교(政

| | |
|---|---|
| | 杞不需明堂材自足 |
| 공에게 무슨 탄식을 하겠는가 | 爲公何嘅 |
| 버린 자들의 책임이네 | 其遺之者之責也 |

教)를 행하는 곳을 말한다. 하(夏)나라는 세실(世室), 은(殷)나라는 중옥(重屋), 주(周)나라는 명당 또는 청묘라고 불렀다. 《周禮 考工記 匠人》 기나무는 명당을 짓는 데 훌륭한 좋은 재목을 가리킨다. 두보(杜甫)의 〈누상(樓上)〉 시에 "대궐을 그리워하며 마음 태우는데 재목을 논하자면 기나무와 녹나무에 부끄럽네.〔戀闕勞肝肺, 論材愧杞楠.〕"라는 구절이 있다.

## 성균 진사 증 승정원 좌승지 부괴재 배공 묘갈명 병서
成均進士贈承政院左承旨負愧齋裵公墓碣銘 並序

공의 휘는 상호(尙虎)이고 자는 계장(季章)이며 호는 괴재(愧齋)이다. 배씨(裵氏)는 본관이 성주(星州)로 거기서 대대로 살았으니, 고려 시대 벽상삼한 삼중대광(壁上三韓三重大匡) 위준(位俊)이 시조가 된다. 그 뒤 휘 덕문(德文)은 문과에 급제하여 사재감 정(司宰監正)을 지냈고, 휘 계(禊)는 무과에 급제하여 수사(水使 수군절도사)를 지냈는데, 모두 호조 참판에 추증되었으니, 공에게 각각 할아버지와 아버지가 된다. 아버지는 옛날 명장(名將)의 풍모가 있어서 임진왜란 때 누차 공을 세웠다. 그러나 얼마 후 잘못된 죄에 연좌되어 죽었는데, 나중에 신원되었다. 어머니는 증(贈) 정부인(貞夫人) 야로 송씨(冶爐宋氏)로 처사 송원(宋源)의 따님이다. 만력(萬曆) 계사년(1593, 선조26) 12월 모일에 공을 낳았다.

공은 어려서 영특하고 타고난 기품이 비범하였다. 글을 배우게 되자 문사(文詞)가 날로 진척하였다. 성장하여 정한강(鄭寒岡)[59] 선생을 사사하여 의리(義理)의 가르침을 듣고서는 더욱 학문에 성취함이 있었다. 갑자년(1624, 인조2)에 진사에 합격하여 성균

59 정한강(鄭寒岡) : 정구(鄭逑, 1543~1620)를 말한다. 본관은 청주(淸州), 자는 도가(道可), 호는 한강이다. 김굉필(金宏弼)의 외증손이며, 조식(曺植)과 이황(李滉)의 제자이다. 벼슬이 대사헌에 이르렀으며 시호는 문목(文穆)이다. 저서로 《한강집》과 《오선생예설분류(五先生禮說分類)》 등이 있다.

관에 유학하였다. 현명한 벗들이 모여들고 당시 고관(高官)과 선배들이 흠모하여 교제하지 않음이 없어서 모두가 원대한 경지에 다다를 것이라고 기약하였으니, 대개 공의 재주와 학문을 아낄 뿐만 아니었다.

공이 어려서 〈육아(蓼莪)〉 편을 읽고 울었다.[60] 상례를 치르기를 어른과 같이 하니 몸이 훼손되고 수척하여 병이 들어 위태로운 지경에 이름에, 백씨(伯氏) 등암공(藤庵公)[61]이 손가락의 피를 주입하고 약을 구하여 먹인 덕택으로 소생하였다. 약관의 나이에 또 어머니 상을 치름에 상제(喪制)를 지킴을 더욱 삼갔다. 백씨를 대하기를 부모와 같이 여겨 유고가 있지 않으면 잠시라도 곁을 떠난 적이 없었다. 매양 멀리 노닐다가 돌아오면 반드시 먼저 백씨의 잠자리를 시중들고 그러한 뒤에 자기 방으로 갔다. 백씨께서 혹 출타하였다가 저물녘에 돌아오면 저녁 내내 문에서 기다렸다가 백씨를 모시지 않고는 밥을 먹지 않았으니, 사람들이 양진(楊津)의 형제[62]에 비유하였다. 불행하게도 단명하여 나이 40세인 숭

**60** 육아(蓼莪)……울었다 : 〈육아(蓼莪)〉는 《시경》의 편명으로, 자식이 부모가 낳아 길러 준 은혜를 생각하며 느끼는 마음을 읊은 것이다. "길고 긴 아름다운 쑥이라 여겼더니, 아름다운 쑥이 아니라 저 나쁜 쑥이로다. 슬프고 슬프다 부모여, 나를 낳으시느라 수고하셨도다.〔蓼蓼者莪, 匪莪伊蒿. 哀哀父母, 生我劬勞.〕"라고 하였다.

**61** 등암공(藤庵公) : 배상룡(裵尙龍, 1574~1655)을 말한다. 본관은 성산(星山), 자는 자장(子章), 호는 등암이다. 정구(鄭逑)의 문인으로 스승이 죽자 3년 동안 심상(心喪)했으며, 서원과 비를 세우고 문집을 발행하는 데 주력하였다. 1637년(인조 15)에 선교랑(宣敎郎)을 제수받았으나 부임하지 않고, 임종 때 벼슬을 쓰지 말고 다만 숭정처사(崇禎處士)라 쓰라고 유언하였다. 도천향사(道川鄕祠)에 제향되었으며 저서로는 《등암집》이 있다.

정(崇禎) 임신년(1632, 인조10) 8월 모일에 죽으니 애석하구나. 바야흐로 병이 위독할 때 백씨에게 말하기를 "형제가 저승에서 노닐면서 또한 인간 세상과 같이 할 수 있겠습니까."라 하니, 그 소리를 들은 자들이 비통해하지 않음이 없었다. 처음에는 선조의 묘소 옆에 묻었다가 뒤에 원흥산(元興山) 묘향(卯向) 언덕에 이장하였다.

부인 밀양 박씨(密陽朴氏)는 현감을 지낸 박신(朴信)의 따님이다. 뒤에 손자 정휘(正徽)가 귀하게 되자 공은 승정원 좌승지(承政院左承旨)에 추증되었고, 박씨(朴氏)는 숙부인(淑夫人)에 추증되었다. 두 아들을 두었으니, 장남 세안(世安)은 자식이 없이 요절하였다. 둘째 아들 세위(世緯)는 처음에는 노곤(盧崐)의 딸에게 장가를 들어 1남 2녀를 낳았으니, 아들은 곧 정휘(正徽)로 승지(承旨)를 지냈다. 딸은 장우기(張友紀)와 이한주(李漢柱)에게 각각 시집을 갔다. 세위는 뒤에 박이민(朴以敏)의 딸에게 장가들어 4남 1녀를 낳았다. 아들로는 세안에게 양자로 나간 성휘(聖徽), 원휘(遠徽), 생원인 익휘(益徽), 생원인 진휘(晉徽)가 있고 딸은 최운남(崔運南)에게 시집을 갔다. 증손과 현손은 많아서 기록하지 못한다. 공의 6대손 만섭(萬燮)이 상서(尙書)를 지낸 고(故) 귀암

**62** 양진(楊津)의 형제 : 양춘(楊椿)과 양진(楊津) 형제로, 북조(北朝) 후위(後魏) 사람이다. 집안이 대대로 순후(純厚)한 기풍을 지녔고 두 형제는 우애가 지극히 돈독하여 항상 종일토록 같이 지냈다. 《소학(小學)》 권6 〈선행(善行)〉에 "양춘이 매양 가까운 곳에 외출하여 혹 해가 기울도록 돌아오지 않으면 양진은 먼저 밥을 먹지 아니하여 양춘이 돌아온 뒤에야 함께 밥을 먹었다. 밥을 먹게 되면 양진은 친히 수저를 바쳤으며, 음식을 먼저 맛보았고 양춘이 먹으라고 명령한 뒤에야 먹었다."라고 하였다.

(歸巖) 이공(李公) 원정(元禎)[63]이 찬술한 행장을 가지고 와서 나에게 보여 주며 묘갈명을 지어 달라고 부탁하였다. 나는 다만 그 중에 중요한 내용을 뽑아 묘갈명을 지었다. 사(辭)는 다음과 같다.

| | |
|---|---|
| 학문은 밖으로 드러나고 | 學著乎外 |
| 행실은 안으로 돈독하였네 | 行敦乎內 |
| 대현의 문도가 되어 | 爲大賢徒 |
| 공은 이에 부끄러운 점이 없네 | 公斯無愧 |

**63** 이공(李公) 원정(元禎) : 이원정(1622~1680). 본관은 광주(廣州), 자는 사징(士徵), 호는 귀암, 시호는 문익(文翼)이다. 1648년(인조26) 진사에 합격한 후 1652년(효종3) 문과에 급제하였다. 1680년(숙종6) 이조 판서 재임 시에 모함을 받아 경신옥사로 평안도 초산에 귀양 갔다가 곧 피화를 당하였다. 후에 신원되어 영의정에 증직되었으며 저서로는 《귀암집》이 있다.

# 야로당 광산 노공 묘갈명 병서

## 野老堂光山盧公墓碣銘 並序

옛날 계해년(1623, 인조1)에 우리 인조(仁祖)께서 난리를 다스려 바른 곳으로 돌리니〔反正〕, 영웅호걸들과 재주가 걸출한 선비들이 모두 용의 비늘을 잡고 봉황의 날개에 붙어[64] 일어나 중흥의 국업을 도왔다. 당시에 참으로 여기에 참여한 사람은 비록 척촌의 공로가 없더라도 또한 청자(靑紫)[65]를 취하여 부귀로 빛나는 영광을 누릴 수가 있었다. 그러나 유독 야로당(野老堂) 광산(光山) 노공(盧公)은 그 일을 갑자기 당면하였음에도 불구하고 빨리 피하여 떠났으니 어찌 바르지 않은가. 대개 반정에 가담한 함릉군(咸陵君) 이해(李澥)[66]는 곧 공의 외종이다. 공이 마침 그의 어머니 상

64 용의……붙어 : 원문 '반룡부봉(攀龍附鳳)'은 제왕 혹은 명사(名士)에게 몸을 의탁해서 이름을 이루는 것을 말한다. 한나라 양웅(揚雄)의 《법언(法言)》 〈연건(淵騫)〉에 "용의 비늘을 끌어 잡고 봉의 날개에 붙는다.〔攀龍鱗 附鳳翼〕"라는 말이 나온다.

65 청자(靑紫) : 존귀한 관직을 뜻한다. 《삼국지》 권25 〈위서(魏書) 고당륭전(高堂隆傳)〉에, 선비가 경술에 밝지 못한 것이 흠이지 만약 경술에 밝기만 하다면 "존귀한 관직을 얻는 것은 마치 땅에 떨어진 지푸라기를 줍는 것처럼 쉬울 것이다.〔其取靑紫如俯拾地芥耳〕"라는 말이 나온다. 한나라 때에는 공후와 구경(九卿)이 각각 자수(紫綬)와 청수(靑綬)를 찼다고 한다.

66 이해(李澥) : ? ~1670. 본관은 함평(咸平), 자는 자연(子淵), 호는 농옹(聾翁)이다. 1623년(인조1) 인조반정에 가담하여 정사공신(靖社功臣) 2등에 책록되고 함릉군(咸陵君)에 봉해졌다. 1652년(효종3)에 판중추부사로 동지사 겸 성절사(聖節

사(祥事)에 곡하기 위하여 그의 집에 갔는데, 함릉군이 저물녘에 상복과 수질(首絰)을 벗고 기년복(朞年服)을 입고 관을 쓰고 밖으로 나오는 것을 보았다. 공이 크게 놀라 “이것은 어찌 된 까닭입니까.”라고 물으니, 함릉군이 둘러대는 말로 대답하였다. 이해가 공에게 함께 가자고 군이 청하였으나 공은 가지 않았다. 대단히 비상한 일이 있을 것이라는 것을 묵묵히 헤아려 알았는데, 5경에 이르러 서울의 불빛이 하늘을 비추었다. 함릉군의 집안에서 모두 기뻐하며 서로 경하하여 말하기를 “일이 과연 잘되었다.”라고 하였다. 임금이 과연 왕위에 오르니,[67] 이해가 공을 끌고 가 “다만 여기에 머물러 있기만 하면 정사공훈(靖社功勳)을 앉아서 얻을 수 있다.”라고 하였다. 공이 “제가 무슨 공로가 있습니까.” 하고는 즉시 말에 채찍질하여 뒤를 돌아보지 않고 미련 없이 돌아왔으니, 가령 털끝만큼의 욕심이 있었다면 결단코 할 수 없었을 것이다. 또 그가 그 뒤에 재야에 숨은 것으로 본다면 또한 어찌

使)가 되어 청나라에 다녀왔다. 이듬해 함릉 부원군(咸陵府院君)에 진봉(進封)되고 공조 판서가 되었다가 1669년(현종10)에 치사하고 봉조하(奉朝賀)가 되었다. 처음에 충정(忠靖)으로 시호를 받았다가 숙종 때 충민(忠敏)으로 개시되었다.

**67** 5경에……오르니 : 1623년 3월 13일 밤에 이귀(李貴)와 최명길(崔鳴吉) 등은 병력 600~700명으로 홍제원(弘濟院)에 모여 김류(金瑬)를 대장으로 삼고, 능양군(綾陽君)은 친병(親兵)을 거느리고 고양 연서역(延曙驛)에 나아가 장단부사 이서(李曙)의 병력 700여 명과 합류하였다. 먼저 창의문(彰義門)을 돌파하고 창덕궁으로 향하였다. 궁중에서의 연회(宴會)가 한창이던 광해군은 반군이 대궐에 들어간 뒤에야 피신하였다. 그러나 반군의 횃불이 창덕궁의 제전(諸殿)에 인화되어 모두 불탔다. 능양군이 보새(寶璽)를 거두어 경운궁에 유폐 중인 대비 김씨에게 바치니, 대비가 광해군을 폐하고 능양군을 즉위시켰다. 능양군이 곧 인조이며 이 정변이 인조반정이다.

그 뜻이 김계암(金溪巖)[68] 선생과 같은 사람이 아니겠는가.

삼가 살펴보건대, 공의 휘는 도립(道立)이고 자는 경수(景修)이다. 조선조 초기 검교 우의정(檢校右議政)을 지냈으며 시호가 경평(敬平)인 휘 숭(嵩)[69]의 10세손이고, 선조 때 영의정(領議政)을 지냈으며 시호가 문간(文簡)인 휘 수신(守愼)의 종손자이다. 고조부는 휘가 익(翊)으로 풍저창 수(豐儲倉守)를 지냈으며 좌찬성(左贊成)에 추증되었다. 증조부는 휘가 홍(鴻)으로 별제(別提)를 지냈으며 영의정에 추증되었다. 조부는 휘가 극신(克愼)으로 돈녕부 첨정(敦寧府僉正)을 지냈으며 좌승지에 추증되었는데 호는 후재(厚齋)이다. 아버지는 휘가 대하(大河)로 부사(府使)를 지냈으며 호조 판서에 추증되었다. 어머니는 함평 이씨(咸平李氏)로 절도사를 지낸 이각(李珏)의 따님이니, 만력(萬曆) 갑신년(1584, 선조17) 5월 9일에 공을 낳았다.

공은 어려서부터 아버지의 검약한 생활 모습을 익히 보고 그 뜻을 잘 이어받아, 옷을 입고 음식을 먹음에 절대로 화려하고 사

**68** 김계암(金溪巖) : 김령(金坽, 1577~1641)을 말한다. 본관은 광산(光山), 자는 자준(子峻), 호는 계암이다. 경북 예안 출신으로, 아버지는 김부륜(金富倫)이다. 1616년(광해군8) 주서(注書)가 되었으나 광해군의 폭정을 비관, 퇴직하였다. 1618년(광해군10) 인목대비(仁穆大妃)가 폐위된 뒤로는 두문불출하고 학문에 몰두하였다. 반정 후 인조가 장령, 보덕, 헌납, 사간 등으로 여러 차례 불렀으나 나아가지 않았다. 저서로는 《계암집》이 있다. 시호는 문정(文貞)이다.

**69** 노숭(盧嵩) : 1337~1414. 본관은 광주(光州), 초명은 노숭(盧崇), 자는 중보(中甫), 호는 상촌(桑村)이다. 1365년 문과에 급제하여 벼슬이 참찬의정부사(參贊議政府事)와 검교 우의정(檢校右議政)에 이르렀다. 상주의 옥연사(玉淵祠)에 제향되었으며, 시호는 경평(敬平)이다.

치하지 않았다. 의로운 훈계를 가슴에 새겨 날마다 존심양성(存心養性)을 일로 삼았다. 그리고 성현의 책에 침잠하였기에 다시는 세속의 어떤 일이 즐길 만한 것인지를 알지 못하고 편안하고 고요한 마음으로 스스로를 지켰다. 오직 일상생활의 윤리를 돈독하게 실행하였다. 어머니 상을 당하였을 때 공의 나이가 겨우 14세였으나, 상례를 실행함에 몸이 훼손되어 거의 상을 견디어 낼 수 없을 지경이었다. 고부(古阜) 임소에서 아버지의 상을 당하자 또 그와 같이 하였고, 아버지의 유의(遺意)를 체득하여 군(郡)의 부의를 사양하고 돌려주었다. 염할 때 문채 나는 수놓은 것을 사용하지 않았다. 이미 장례를 지내고 여묘살이로 삼년을 마쳤다. 두 동생에게 우애롭게 대함이 매우 정성스러웠고, 함열공(咸悅公)에게는 항상 충근(忠謹)과 공평(公平)으로 면려하고 경계하였다. 자식을 가르침에 또한 독서와 수신의 범위에서 벗어나지 않았다. 규문은 정돈되고 엄숙하여 가법(家法)의 원대함으로 세상에서 칭찬거리가 되었다.

일찍이 선산의 아래에 집을 짓고 마을 이름을 이생(利生)에서 이소(履素)로 바꾸었으니 본분대로 행한다[70]는 뜻이다. 그 당(堂)에 '야로(野老)'로 편액하였고 당 아래에는 못을 파고 연꽃을 심었으며, 못 가운데 섬을 만들어 회(檜)나무를 심었다. 거기서 생활하고 시를 읊조리며 훌쩍 세속을 벗어나려는 뜻이 있었다. 이때

**70** 본분대로 행한다 : 원문 '소리왕(素履往)'은 본분대로 행함을 말한다. 《주역》 〈이괘(履卦) 초구(初九)〉에 "본분대로 해 나가면 허물이 없다.〔素履往, 無咎.〕"라고 하였다.

조정에서 공의 현명함을 듣고 장차 천거하여 등용하려 하였다. 공의 고모부 일송(一松) 심상국(沈相國)[71]이 이조의 전형을 맡은 자에게 말하기를 "나는 그 사람을 잘 아니, 그 사람은 불러도 반드시 오지 않을 것이며 마음을 흔들어도 움직이지 않을 것이니, 어찌 그 본성 그대로 두어 그의 고상한 생활을 이루어 주지 않겠는가." 라 하였다. 이 때문에 공의 동생과 서제(庶弟)들이 모두 음직을 받았으나, 공은 끝내 포의로 일생을 마쳤으니 곧 갑진년(1664, 현종5) 2월 2일로 향년 81세였다. 이소(履素) 선산의 곁 자좌(子坐) 언덕에 장례를 지냈으니 마을[72]과 고을의 서당 사람들이 지은 뇌문(誄文)에 모두가 "선인(善人) 고사(高士)가 죽었다."라고 하였다.

첫째 부인 완산 이씨(完山李氏)는 정랑(正郎)을 지낸 이진선(李振先)의 따님이다. 두 아들을 두었으니 생원인 익명(翼命) 그리고 윤명(允命)이다. 둘째 부인 충주 박씨(忠州朴氏)는 현감을 지낸 박사친(朴事親)의 따님이다. 1남 1녀를 두었으니 아들은 순명(順命)이고 딸은 생원 정태승(鄭泰升)에게 시집갔다. 익명의 양자는 사증(思曾)이고 딸은 홍적일(洪覿一)과 좌랑을 지낸 여영징(呂榮徵)에게 각각 시집갔다. 측실에게서 난 아들은 사검(思儉)이

**71** 일송(一松) 심상국(沈相國) : 심희수(沈喜壽, 1548~1622)를 말한다. 본관은 청송(靑松), 자는 백구(伯懼), 호는 일송 혹은 수뢰루인(水雷累人)으로 노수신(盧守愼)의 문인이다. 1572년(선조5) 문과에 급제하여 벼슬이 좌의정에 올랐다. 문장에 능하고 글씨를 잘 썼으며, 저서로 《일송집》이 있다. 상주의 봉암사(鳳巖祠)에 제향되었다. 시호는 문정(文貞)이다.

**72** 마을 : 원문 '이사(里社)'는 동리에 설치된 지신(地神)을 봉사(奉祀)하는 곳으로, 결국 마을이라는 뜻이다.

다. 윤명의 맏아들 사증은 공의 제사를 잇는 익명에게 양자로 나갔고, 둘째는 사유(思裕)이며 딸은 진사를 지낸 성호재(成虎在) 그리고 신한귀(辛漢龜)에게 각각 시집갔다. 측실에게서 난 아들은 사흠(思欽)이다. 순명의 아들은 사맹(思孟), 사필(思弼), 사의(思義)이고 딸은 황종명(黃鍾鳴)에게 시집갔다. 정태승의 아들은 후장(厚章)이다. 사증의 아들은 하징(夏徵)이다. 공의 6대손 광서(光瑞)가 공의 유사(遺事)를 가지고 나에게 와 공의 묘갈명을 지어 달라고 부탁하였다. 명은 다음과 같다.

| | |
|---|---|
| 조맹의 부유함[73]을 뜬구름처럼 보고 | 趙孟貴浮雲視 |
| 허망한 복은 자기를 더럽힐 것같이 여겼네 | 無妄福若浼已 |
| 돌처럼 견고하고[74] 발을 꾸미니[75] | 介于石賁其趾 |
| 깨끗하게 더러움 없이 의리를 잡았네 | 皭無滓秉有義 |
| 내가 행적을 뽑아 기록해 민멸하지 않게 하니 | 我最蹟垂不泯 |
| 후대 사람이 징험하고자 하면 이 비석을 보라 | 後欲徵視此珉 |

**73** 조맹(趙孟)의 부유함 : 춘추 시대 진(晉)의 조문자(趙文子)인데, 경(卿)으로 가장 부유하였기에 부(富)의 상징으로 쓰인다. 《맹자》 〈고자 상(告子上)〉에 "조맹이 귀하게 만들어 준 것을 조맹이 천하게 만들 수 있다.〔趙孟之所貴, 趙孟能賤之.〕"라고 하였다.

**74** 돌처럼 견고하고 : 《주역》 〈예괘(豫卦) 육이(六二)〉에 "돌처럼 견고해서 하루가 다하기를 기다리지 않으니, 정하고 길하다.〔介于石, 不終日, 貞吉.〕"라는 말이 나온다.

**75** 발을 꾸미니 : 군자다운 덕을 가지고 있으면서 높은 자리에 나아가지 않고 초야에 묻혀 자신의 행실을 닦았다는 의미이다. 《주역》 〈비괘(賁卦) 초구(初九)〉에 "발을 꾸밈이니, 수레를 버리고 걸어간다.〔賁其趾, 舍車而徒.〕"라고 하였는데, 그 상(象)에 "수레를 버리고 걸어가는 것은 의리상 수레를 탈 수 없어서이다.〔舍車而徒, 義弗乘也.〕"라고 하였다.

# 포의로 순절한 향의장 예안 이공[76] 묘갈명

## 布衣殉節鄕義將禮安李公墓碣銘

| | |
|---|---|
| 옛날 임진년에 나라가 전쟁으로 짓밟히니 | 昔歲龍蛇國刳兵 |
| 분발하여 충성에 죽은 자들이 별처럼 많았네 | 諸奮忠死爛如星 |
| 포의로서 능력이 더욱 기이하고 웅장하였으나 | 用布衣能尤奇壯 |
| 유독 공로가 묻혀 상이 주어지지 않았네 | 有獨沈湮功不賞 |
| 이공 홍인은 자가 경회인데 | 李公洪仁字景會 |
| 묘소에도 비석이 없기에 빛이 더욱 가려졌네 | 墓亦無刻光愈晦 |
| 맹렬했던 기운 지금까지도 죽지 않고 있으니 | 烈氣至今猶不死 |
| 묘갈명을 지으려니 붓에 슬픈 바람이 일어나네 | 欲銘筆下悲風起 |
| 이씨의 본관 예안은 전의에 뿌리를 두니 | 氏系禮安本全義 |
| 고려 시대 태사 도가 시조가 되네 | 麗太師棹爲其始 |
| 시호가 문장인 혼은 명재상으로 일컬어졌고[77] | 謚文莊混稱名相 |

**76** 이공 : 이홍인(李洪仁, 1525~1594)이다. 본관은 예안, 자는 경회(景會), 호는 풍은(豊隱)으로 풍산에 거주하였다. 임진왜란에 나라가 위태롭게 되자 가산을 내어 장정을 모집하고 구담에 주둔시켰다. 왜군들이 예천, 다인, 용궁을 수비하던 의병들을 제압하고 구담을 공격해 오자 계속 방어하였다. 그러나 우두원을 지키던 권전(權詮)이 참패하매 대신 의병장을 맡아 분전하였으나 결국 전사하였다. 1811년에 정충각이 내려지고, 임진왜란 영남충의단에 제향되었다.

**77** 시호가……일컬어졌고 : 이혼(李混, 1252~1312)이다. 본관은 전의(全義), 자는 거화(去華)·일우(一宇)·태초(太初), 호는 몽암(蒙菴)이다. 뒤에 예안백(禮安伯)에 봉해져 예안 이씨의 시조가 되었다. 1268년(원종9) 과거에 급제해 첨의정승(僉議政丞)으로 치사(致仕)하였다. 시호는 문장(文莊)이다.

제학 익에 이르러 비로소 예안을 본관으로 했네[78]　逮提學翊移貫昉
승은 좨주가 되고 송은 형조 판서가 되었으며　昇爲祭酒竦秋卿
온이 이조 판서에 추증됨은 증손자[79]의 덕분이네　轀贈吏判孫推榮
휘 신은 주부로 찬성(贊成)에 추증되었고　諱愼主簿贈貳相
필간은 사직을 지냈고 전은 참봉을 지냈네　弼幹司直荃寢郎
이들이 공의 증조부, 조부, 아버지이고　是公曾祖祖考考
어머니는 남양 홍씨로 모 관직의 따님이네　妣南陽洪某官女
가정 을유년(1525, 중종20) 모월 모일에　嘉靖乙酉某月日
공이 태어남에 근력이 견줄 이가 없었네　公生膂力無儔匹
굳센 활을 당김에 백발백중이었으니　挽强百發能百中
위엄으로 날랜 도적들 복종시켜 고을이 평온했네　威伏票賊閭不聳
공을 훌륭하게 여긴 임권[80]이 있었으니　有器公者曰任權
자기의 보필로 공을 데리고 명나라에 사신 갔네[81]　挾以自輔朝於天
하찮은 음식[82]을 먹으며 언제나 임금만을 받들며　藿食尋常君獨戴

**78** 제학……했네 : 이혼의 손자 이익(李翊)이 보문각 제학(寶文閣提學)이 되어 예안백으로 봉군되어 이때부터 예안으로 분적되었다.

**79** 증손자 : 이명(李蓂, 1496~1572)을 말한다. 자는 요서(堯瑞), 호는 동고(東皐)로 벼슬이 좌의정에 이르렀다. 시호는 정간(貞簡)이다.

**80** 임권(任權) : 1486~1557. 본관은 풍천(豊川), 자는 사경(士經), 호는 정곡(靜谷)이다. 아버지는 공조 판서 임유겸(任由謙)이다. 1513년(중종8) 문과에 급제해 1539년(중종34) 동지사로 주청사인 권벌(權橃)과 함께 명나라에 가서 종계(宗系)의 정정을 주청하였다. 이후 우참찬으로 동지경연사(同知經筵事) 및 오위도총관을 겸하였다. 시호는 정헌(貞憲)이다.

**81** 자기의……갔네 : 1539년(중종34) 임권(任權)이 이홍인의 재질을 아껴 동지사로 명나라에 가면서 데리고 갔다. 임권은 이홍인의 증조부인 이신(李愼)의 외손자이다.

| | |
|---|---|
| 나라를 위하여 한 번 죽는 것을 마음에 맹세했네 | 爲國一死盟心內 |
| 왜군이 강토를 유린하며 승승장구함을 보고 | 見賊躪彊長驅入 |
| 눈물을 닦고 재산을 털어 장정을 모았네 | 雪涕散財私丁集 |
| 구담[83]에서 예병을 모아 방어하기로 맹세하니 | 蓄銳九潭誓把截 |
| 안동 관문의 방어로 이곳이 중요하기 때문이었네 | 花府關防此爲切 |
| 이때 관군과 의병은 각각 장수가 있었으니 | 時官義軍各有帥 |
| 두 권씨[84]와 한 신씨[85]가 여러 진지를 지켰네 | 二權及申列陣守 |
| 호명리와 우두원 그리고 다인에서[86] | 虎里牛峴及多仁 |

**82** 하찮은 음식 : 원문 '곽식(藿食)'은 빈천한 자의 음식을 지칭하는 말이다. 《설원(說苑)》 〈선설(善說)〉에 "동곽조조(東郭祖朝)가 진 헌공(晉獻公)에게 글월을 올려 국가의 계획을 묻자, 헌공이 사자(使者)를 보내어 이르기를 '육식(肉食)하는 자가 이미 염려하고 있는데, 곽식하는 자가 더 무엇을 참여하려느냐?' 했다." 한 데서 온 말로, 육식하는 자란 곧 호화롭게 사는 벼슬아치를 가리킨다.

**83** 구담(九潭) : 안동 풍천면에 있는 지명이다.

**84** 두 권씨 : 권몽삼(權夢參, 1528~1618)과 권전(權詮, 1549~1598)이다. 권몽삼은 본관이 안동, 자는 천서(天瑞)로 참봉을 지냈다. 권전은 본관이 안동(安東)으로 무과에 급제하였으며 임진왜란 때에 왜군과 싸우다 전사하였는데, 좌승지(左承旨)에 증직되었다.

**85** 한 신씨 : 신지제(申之悌, 1562~1624)를 말한다. 본관은 아주(鵝州), 자는 순보(順甫), 호는 오봉(梧峯)·오정(梧亭)이다. 김성일(金誠一)의 문인으로, 1589년(선조22) 문과에 급제하였다. 임진왜란 때 예안 현감(禮安縣監)으로 군대를 모집하여 항쟁하였다. 장대서원(藏待書院)을 설립하여 후진 양성에 힘썼으며, 후에 장대서원에 제향되었다.

**86** 호명리와……다인에서 : 신지제는 예안 현감으로 있으면서 예안의 의병을 모아 예천군 호명면(虎鳴面)에서 진을 치고 있었다. 권몽삼은 예천 지역의 의병을 이끌고 의성(義城) 다인(多仁)을 지키다가 왜군들이 낙동강을 건너 구담으로 진격해 오자 의병들을 독려하여 방어에 나섰다. 권전은 예천 용궁(龍宮)의 의병을 이끌고 우두원(牛頭院)에 진을 치고 있었다.

| | |
|---|---|
| 성원하며 서로 의지하여 멀리서 이웃하였네 | 聲援相倚遙爲隣 |
| 조금 뒤 다 패배하고 권전은 졸오로 강등되니 | 俄皆敗績詮降伍 |
| 공이 대신 의병을 거느리고 요로를 지켰네 | 公代領衆當要路 |
| 용기를 격동시켜 적으로 향하는 기세 성대하니 | 鼓勇向敵氣勃勃 |
| 그날은 갑오년(1594) 3월 7일이었네 | 其日甲午三月七 |
| 눈초리 다 찢어지고 치아가 모두 부서지면서도 | 眥爲盡裂齒盡碎 |
| 번쩍이는 칼날 무릅쓰며 전혀 두려워하지 않았네 | 前冒白刃了不怕 |
| 이때 천지의 기색이 참담하였으니 | 是時天地色慘憺 |
| 장군은 돌아가셨지만 분노의 충정은 여전했네 | 將軍喪元猶怒膽 |
| 살았을 때 임금이 공을 알지 못하였는데 | 生來人主不識面 |
| 세상에 무엇을 구하려고 이처럼 혈전을 벌였는가 | 何求於世斯血戰 |
| 임금에게 옷과 밥을 먹는 관리들이 얼마나 많은가 | 衣君食君幾多輩 |
| 두려워하며 구차히 산 이가 듣고 반드시 부끄러우리 | 惕惕偸生聞必愧 |
| 안동부 서쪽 30리 즈음에 진곡이 그윽하니 | 府西一舍眞谷幽 |
| 그곳에 충신을 임시 매장한 언덕이 있었네 | 中有忠臣藁葬丘 |
| 왜적이 평정되자 가장 좋은 길지에 묘지를 잡으니 | 賊平卜阡吉莫如 |
| 하늘도 굳센 넋을 위하여 도와준 것이리라 | 天爲毅魄其相歟 |
| 술좌 언덕에 봉분 만들고 나무를 심으니 | 仍封仍樹原負戌 |
| 지나던 사람들이 가리키며 모두 탄식하네 | 過者指點皆嗟咄 |
| 국가는 나라를 위해 죽은 이를 기리고 권면하니 | 國於死事褒奬勤 |
| 조그만 공적을 남긴 이도 모두 성은을 받았네 | 絲勞寸績咸被恩 |
| 그럼에도 공만 유독 누락됨이 이와 같으니 | 公獨見遺乃如斯 |
| 아마도 그 드러남에는 끝내 때가 있겠지 | 豈其顯旌終有時 |
| 공의 아버지부터 문달을 구하지 않아 | 抑自公考不求聞 |

길이 서울을 떠나 시골에 거주하였네[87] 永謝京國居鄕園
공도 재주를 자부했으나 과거 시험 부끄럽게 여겨 公亦負藝恥應擧
사람이 혹 권하면 웃어 버리고 말하지 않았네 人或勸之笑不語
어버이를 섬김과 선조를 받듦에 분수를 다하여 事親奉先惟盡分
묵묵히 수양하며 조용히 지냄을 달게 여겼네 默默自修甘自泯
나라가 위태로울 때 적개심으로 비록 순절했으나 臨危敵愾縱殉節
공로가 없어지는 것에 조금도 유감이 없었네 少無憾意因磨滅
후손들도 이것을 일상다반사로 보아 雲仍亦視爲常茶
지금까지 임금에게 아뢰어 포상을 구하지 않았네 迄不上聞求褒嘉
그러나 안동이 온전함에 공의 공력이 많았으니 顧福州全多公力
고산이 곧은 붓으로 쓴 가승이 정확하네[88] 孤山信筆家乘的
도정 유규가 또 행장을 지어[89] 柳都正逵又爲狀

87 공의……거주하였네 : 공의 아버지는 서울 소용동(所用洞)에 살았으나 기묘사화 때 훌륭한 사람들이 많이 죽는 것을 보고 서울에 살기를 즐거워하지 않았다. 이에 형 이영(李英), 동생 이훈(李薰)과 함께 낙남(落南)하여 안동 풍산에 살았다.

88 고산(孤山)이……정확하네 : 고산은 이유장(李惟樟, 1624~1701)의 호이다. 본관은 전의(全義, 또는 禮安), 자는 하경(夏卿)이다. 여러 벼슬에 임명되었으나 모두 사직하고 향리에 묻혀 학문에 힘썼다. 주희(朱熹)와 이황(李滉)의 예론(禮論)을 절충하여 독자적 이론 체계를 구축하였으며, 단군 이후의 사적을 간추린 《동사절요(東史節要)》를 편찬하였다. 이조 판서에 추증되었으며 저서로 《고산집》이 있다. 고산은 공의 족증손자(族曾孫子)로, 보첩(譜牒)에다가 특서하여 "이 선조 덕분에 왜적이 감히 안동 땅을 침범하지 못하였다."라고 하였다.

89 도정……지어 : 유규(柳逵, 1730~1808)는 본관은 풍산(豐山), 자는 수부(秀夫), 호는 임여재(臨汝齋)로 안동 하회에 거주하였다. 1791년(정조15)에 채제공(蔡濟恭)의 천거로 의금부 도사(義禁府都事)에 임명되었다. 1800년(정조24)에 70세 때 돈녕부 도정(敦寧府都正)이 되었다. 저서로 《임여재집》이 있다. 이홍인에 대하여는

사적이 이미 실상이 있기에 명성이 펴졌네　事旣有實名故暢
사헌부 지평 경유는 공의 후손으로　持憲敬裕以後孫
나에게 묘갈명을 지어 달라고 부탁하였네　屬我一語賁幽墳
오호라! 공은 나이 70세에 그쳤지만　嗚呼公壽止七十
불후한 업적은 거의 천만년토록 드리우리　庶幾不朽垂千億
공의 부인 신씨는 호암에 묻혔고　公配申氏葬虎巖
외아들 이름은 평이고, 평의 세 아들은　一子曰玶玶三男
정길과 정열 그리고 정석이며　廷吉廷說及廷碩
2녀는 정씨·이씨에게 시집갔고[90] 나머지는 생략하네　二女鄭李餘不錄

문집 권8에 〈의장 풍은 이공 행장(義將豐隱李公行狀)〉이란 제목의 글이 실려 있다.

**90** 공의……시집갔고 : 유규의 행장에 따르면, 공의 부인은 영해 신씨(寧海申氏)로 1남 1녀를 두었으니, 아들은 평이고 딸은 김광하(金光夏)에게 시집갔다. 평은 3남 2녀를 두었으니 2녀는 정기홍(鄭基弘)과 이개한(李開漢)에게 각각 시집을 갔다.

# 효자 초당 이공 묘갈명 병서
孝子草堂李公墓碣銘 並序

효자 이공(李公)의 휘는 장원(長源)이고 자는 호원(浩遠)이며 본관은 연안(延安)이다. 시조 휘 무(茂)는 당(唐)나라 현경(顯慶) 4년(659)에 중랑장(中郎將)으로 소정방(蘇定方)을 따라 백제(百濟)를 정벌하러 왔는데, 인하여 우리나라에 머물고 고국으로 돌아가지 않았다. 신라에서 벼슬하여 연안백(延安伯)에 봉해지매, 자손들이 드디어 연안으로 본관을 삼았다. 고려 시대 말기에 이르러 휘 지(漬)는 문과에 급제하여 통례문 부사(通禮門副事)가 되었다. 조선조에 들어와 휘 보정(補丁)은 집현전 학사(集賢殿學士)로 병조 참판을 역임하였다. 그의 아들 휘 숭원(崇元)은 관직이 의정부 참찬(議政府參贊)에 이르렀는데, 좌리공신(佐理功臣)으로 연원군(延原君)에 봉해졌다. 덕업(德業)과 문장(文章)이 세상 사람들의 법도가 되었으니, 이분이 공의 5대 조부이다. 고조부는 휘가 구령(九齡)으로 현감을 지냈고, 증조부는 휘가 계(繼)로 통덕랑(通德郎)을 지냈다. 조부는 휘가 순인(舜仁)으로 어모장군(禦侮將軍)을 지냈다. 아버지는 휘가 발(茇)로 또한 어모장군(禦侮將軍)을 지냈는데, 사람됨이 엄중(嚴重)하고 과묵(寡默)하며 효우에 독실하였다. 어머니는 공인(恭人) 성산 이씨(星山李氏)로, 진사(進士) 이태원(李泰元)의 따님이며 대사헌(大司憲) 이흥문(李興門)의 현손녀인데, 정숙(貞淑)한 덕망이 있었다. 가정(嘉靖) 경신년(1560, 명종15) 7월 모일에 지례현(知禮縣) 상원리(上院里)에서 공을 낳았다.

공은 어려서부터 성품이 지극하고 행실이 돈독하였다. 12세에 공인(恭人) 어머니 상을 당하여 상례를 치름에 어른과 같이 하였으며, 삼년상이 끝나자 비로소 고기를 먹었다. 아버지 어모공(禦侮公)을 섬김에 사랑과 공경이 극진하여, 심지와 몸을 봉양하는 모든 것에 극진히 하지 않음이 없었다. 유순한 얼굴과 기쁜 낯빛을 가지고 한결같은 뜻으로 부모님의 뜻을 받들어 순종하였다. 어모공이 술을 좋아하였으나, 육류를 먹을 수가 없고 오직 꿩고기와 어물만을 먹었다. 공은 집이 매우 가난하였으나, 날마다 이 세 가지 음식을 갖추어 올렸으며 끊어지게 한 적이 없었다.

임진왜란 때 아버지를 받들고 산골짜기에 숨었는데, 인하여 갑오년(1594, 선조27)의 대흉년[91]을 만났기에 곳곳마다 병란과 흉년의 재앙이 온통 눈에 가득하였다. 공이 틈을 내어 양식을 구하고 사냥하여 맛있는 음식을 계속 공급하여 끊어지지 않게 하기를 평소와 같이 하였다. 일찍이 쌀을 진 남자 종을 데리고 돌아오다가 갑자기 토적(土賊)을 만났다. 토적이 공을 칼로 베려고 하니 종이 자기 몸으로 공을 막으며 말하기를 "원하건대 나를 죽이고 주인을 죽이지 마라. 주인이 죽으면 누가 우리 연로한 주인 아버지를 봉양하겠는가."라고 하였다. 토적이 의롭게 여기고 놓아주었으니, 종의 충정도 공의 효도에 말미암은 것이다.

평소에 색동옷을 입고 부모를 곁에서 모시면서 노래하고 춤추며 어버이를 즐겁게 해 드렸다. 어모공이 80세가 넘었지만, 얼굴

**91** 대흉년 : 원문은 '대무(大無)'로, 대무맥화(大無麥禾)의 준말이다. 큰 흉년이 들어 보리나 벼 등의 곡물이 전멸 상태가 된 것을 말한다. 《春秋左氏傳 莊公 28年》

색이 오히려 환하게 빛났다. 오봉(五峯) 상공(相公) 이호민(李好閔)[92]이 보고 감탄하기를 "호원(浩遠)이 지극한 효심으로 봉양하지 않았다면 어찌 연세가 그토록 많은 늙은이를 이렇게 만들 수 있겠는가."라고 하였다. 어모공이 병이 위독하자 공이 손가락을 찔러 피를 내어 입에 넣었다. 이미 초상을 당하여는 묘소 곁에 여막살이를 하였는데, 마음으로 슬퍼함과 몸을 훼척함이 상제(喪制)의 수준을 넘었다. 죽을 먹는 것을 담제(禫祭)까지 하였으며 혹독한 추위와 심한 더위에도 수질과 요대를 벗지 않았다. 아침 일찍부터 저녁 늦게까지 묘소 옆의 소나무를 붙잡고 울부짖었는데 소나무가 공이 흘린 눈물 때문에 말라 죽었으니, 사람들이 왕부(王裒)의 측백나무[93]에 비유하였다. 삼년상을 마친 뒤에는 매월 초하루와 보름에 묘소에 제사를 지냈는데, 재계하고 마음을 청결하게 하여 제사를 받듦에 한결같이 정성을 다하고 게을리하지 않았다. 또 종신토록 어린아이가 어버이를 사모하듯이 하여 부모님에 대하여 말하기만 하면 반드시 눈물을 흘렸다. 서모(庶母)를 섬기기

**92** 이호민(李好閔) : 1553~1634. 본관은 연안(延安), 자는 효언(孝彦), 호는 오봉(五峯)·남곽(南郭)·수와(睡窩)이다. 1584년(선조17)에 문과에 급제하였고 1604년(선조37)에 호성공신(扈聖功臣) 2등으로 연릉군(延陵君)에 봉해졌다. 그 뒤에 대광보국 숭록대부(大匡輔國崇祿大夫)가 되었으며 연릉 부원군(延陵府院君)에 진봉됐다. 저서로 《오봉집》이 있다. 죽은 뒤에 청백리에 올랐으며 지례(知禮)의 도동향사(道東鄕祠)에 제향되었다. 시호는 문희(文僖)이다.

**93** 왕부(王裒)의 측백나무 : 왕부는 진(晉)나라 무제(武帝) 때의 사람으로, 자는 위원(偉元)이다. 나라에서 벼슬을 주려고 불렀으나 아버지 왕의(王儀)가 무제에게 억울하게 죽은 것을 슬퍼하여 나가지 않았고, 여막에서 지내며 아침저녁으로 묘소 곁의 측백나무를 잡고 우니 흐르는 눈물이 이에 젖어 나무가 말라 죽었다. 《小學 善行》

를 친어머니를 섬기듯이 하여 집안의 일을 한결같이 그분이 하는 대로 들어주었다. 또 서제(庶弟)를 어루만지고 사랑하기를 자기의 수족〔친형제〕과 같이 여겼다. 공의 효성과 인자함이 이와 같았으니 나머지 행실은 미루어 알 수 있다.

공은 어려서 책 읽기를 좋아하여 말을 하면 사람을 놀라게 하였다. 본래 영화와 이익을 좋아하지 않았고 전원에 자취를 숨기고 살면서 초당(草堂)이라 자호하고 시와 술에 회포를 붙였다. 그러나 평생토록 자기를 단속함이 엄숙하고 장엄하였으며 마음을 다잡아 지킴이 청렴하고 절개가 있었으니, 그 타고난 품성의 순수함을 고을 사람들이 칭찬하였다. 나이 90세인 숭정(崇禎) 후 기축년(1649, 인조27) 정월 8일에 집에서 돌아가셨다. 삼 개월 뒤 지례현 북쪽 장천역(莊川驛) 감좌(坎坐) 언덕에 장례를 지냈다.

부인 하빈 이씨(河濱李氏)는 생원 이광제(李光霽)의 따님인데 자식이 없었다. 둘째 부인 거창 유씨(居昌劉氏)는 사인(士人) 유명개(劉名蓋)의 따님이며 도사(都事) 유우삼(劉友參)의 손녀인데, 시아버지를 섬김에 효일(孝一)하였고 공을 섬김에는 덕에 어긋남이 없었다. 두 아들을 두었으니 장남은 성간(成榦)이고 차남은 성실(成實)이다. 성간은 4남 2녀를 두었으니, 아들은 진영(震英), 구영(耇英), 준영(俊英), 광영(光英)이고 딸은 장정옥(張挺玉)과 여성화(呂聖和)에게 각각 시집갔다. 성실은 1남 2녀를 두었으니 아들은 석영(碩英)이고 딸은 여효원(呂孝元)과 김여황(金汝璜)에게 각각 시집갔다. 증손과 현손 이하는 기록하지 않는다.

공의 6세손 수인(遂人)이 공의 아들 성실이 찬술한 가장을 나에게 가져와 보이고 묘갈명을 지어 달라고 부탁하면서 "우리 선조의 효행은 당시 현감인 윤찬원(尹贊元)과 김연경(金延慶)이 서로 이어 경상 감영에 보고하였고 용주(龍洲) 조경(趙絅)[94] 선생이 지례 현감에 음보(蔭補)로 재직할 때 또한 기려서 감영에 보고하였으나, 임금에게 상주하는 것이 쉽지 않아 지금까지 정려를 내려 표창하는 은전을 받지 못했습니다. 원하건대 글을 지어 공의 업적을 천양하여 그 묘소를 빛나게 한다면 거의 잠겨 드러나지 않은 덕의 빛이 민몰되는 데 이르지 않을 것입니다."라고 말하였다. 내가 사양하였으나 되지 않아 드디어 위와 같이 글을 엮고 다음과 같이 명으로 잇는다.

| | |
|---|---|
| 아, 효자여! | 嗟哉孝子 |
| 옛사람에게서 누가 짝이 될까 | 於古誰雙 |
| 맛있는 음식을 마련함은 동소남과 같고[95] | 具甘邁董 |

94 조경(趙絅) : 1586~1669. 본관은 한양(漢陽), 자는 일장(日章), 호는 용주(龍洲)이다. 1626년(인조4) 문과에 장원 급제하여 벼슬이 이조 판서에 이르렀다. 그 뒤 노인직(老人職)으로 행 부호군에 등용, 1658년(효종9) 기로소(耆老所)에 들어갔다. 숙종 때 청백리에 녹선되었다. 포천의 용연서원(龍淵書院), 홍해의 곡강서원(曲江書院), 춘천의 문암서원(文巖書院)에 각각 제향되었다. 저서로 《용주집》과 《동사록(東槎錄)》이 있다. 시호는 문간(文簡)이다.

95 맛있는……같고 : 동소남(董召南)은 당(唐)나라 사람으로, 부모 봉양을 위하여 부엌에서 맛있는 음식을 장만하였다. 한유(韓愈)가 지은 〈동생행(董生行)〉에 "아! 동생이여. 아침이면 나가 밭 갈고, 밤이면 돌아와 옛사람의 책을 읽도다. 종일토록 쉬지 못하였으니, 혹은 산에서 나무하며, 혹은 물에서 고기 잡네. 부엌에 들어가 맛있는 음식을 장만하고 당(堂)에 올라 안부를 물었네.〔嗟哉董生, 朝出耕, 夜歸讀古人書. 盡日不得息, 或山而樵, 或水而漁. 入廚具甘旨, 上堂問起居.〕"라고 하였다. 《小學 善行》

| | |
|---|---|
| 난리에 대처함은 강혁과 같았네[96] | 在難如江 |
| 교화는 종의 충성심에 드러났고 | 化著奴忠 |
| 감화는 소나무를 말라 죽게 하였네 | 感致松枯 |
| 빛나고 빛나는 아름다운 업적은 | 炳炳徽蹟 |
| 온 세상에 비출 만하네 | 可暎寰區 |
| 사람에게는 떳떳한 윤리가 있으니 | 人有秉彝 |
| 누군들 흠모하지 않겠는가 | 疇不欽慕 |
| 내가 비석에 명을 지어 | 我詩于珉 |
| 종고토록 드리우네 | 以垂終古 |

**96** 난리에……같았네 : 강혁(江革)은 후한(後漢) 임치(臨淄) 사람으로, 자는 차옹(次翁)이다. 소년 시절에 아버지를 잃고 어머니와 살다 난리를 만나자 어머니를 업고 피난하며 항시 먹을 수 있는 초목을 채취하여 봉양했다. 여러 차례 도적을 만났는데, 도적들이 강혁을 위협하여 데려가려고 하였다. 강혁은 그때마다 눈물을 흘리며 불쌍히 여겨 주기를 바라면서 노모가 계시다고 말하였다. 이에 도적이 그의 효성에 감동하여 죽이지 않고 오히려 병난을 피할 곳을 일러 주어서 어머니를 무사히 모실 수 있어 모자가 온전하게 되었다. 《小學 善行》

## 성균 진사 증 호조 참판 완산 이공 묘갈명 병서
### 成均進士贈戶曹參判完山李公墓碣銘 並序

효령대군(孝寧大君) 정효공(靖孝公)의 11대손 휘 세정(世貞)은 자가 이간(爾幹)이다. 어려서 아버지를 잃고 학문을 하지 못하다가 장성한 후 발분하여 여러 경서와 제자백가를 읽었다. 35세에 국자시(國子試 성균관 진사시)에 합격하였으나 명경과(明經科)를 보아 한 번 낙방하자 드디어 영강(潁江) 가에 은거하여 세이옹(洗耳翁)이라 자호하였다.

대개 공은 평생토록 집안의 생업을 일삼지 않았다. 책에 있어서는 《주역》을 더욱 좋아하여 잠심하여 완미하고 즐거워하며 늙어 가는 것을 잊어버렸다. 천성이 평탄하며 지조를 지킴이 있었고, 사람을 대함에 경계를 두지 않았다. 논의는 신중히 하여 타인의 견해를 무조건 따르지는 않았으며 후배들을 가르쳐 이끄는 것을 즐거운 일로 삼았다. 목재(木齋) 홍 선생(洪先生)[97]과 우헌(愚軒) 채공(蔡公)[98]이 모두 칭찬하여 인정하였는데, 64세에 죽었다.

**97** 목재(木齋) 홍 선생(洪先生) : 홍여하(洪汝河, 1620~1674)를 말한다. 본관은 부림(缶林), 자는 백원(百源), 호는 목재·산택재(山澤齋)이다. 1654년(효종5) 문과에 급제하여 검열과 감찰 등을 역임하였다. 1658년(효종9)에 올린 상소문이 송시열(宋時烈)을 비방하였다는 모함을 받아 유배 갔다가 해배 뒤 고향으로 돌아와 저술과 강학에 매진하였다. 저서로는 《목재집》이 있고, 편서로는 《휘찬여사(彙纂麗史)》와 《동사제강(東史提綱)》 등이 있다.

**98** 우헌(愚軒) 채공(蔡公) : 채헌징(蔡獻徵, 1648~1726)을 말한다. 본관은 인천

공은 뒤에 아들 처겸(處謙)이 장수하여 동지중추부사가 된 덕택으로 추은(推恩)되어 호조 참판에 추증되었다. 영강(瀯江) 가 해좌(亥坐) 언덕은 곧 공의 묘소이다. 공의 현손 만옥(晩玉) 등이 장차 비석을 세우기 위하여 나의 벗 남한조(南漢朝)[99] 씨가 편찬한 행장을 가지고 와서 나에게 묘갈명을 지어 달라고 부탁하였다.

공의 세계(世系)와 자손을 기록하면 다음과 같다. 효령대군은 휘가 보(補)이니 조선조 공정왕(恭靖王)의 둘째 아들로 우중(虞仲)의 절개가 있었다.[100] 장효조(莊孝朝 영조(英祖))에 이르러 그 사당을 기려 '청권사(淸權祠)'[101]라 하였는데, 그 후에 대대로 명덕

(仁川), 자는 문수(文叟), 호는 우헌·여물헌(與物軒)으로 예천 용궁(龍宮) 출신이다. 홍여하(洪汝河)와 이현일(李玄逸)의 문인이다. 1678년(숙종4) 문과에 급제하여 사헌부 지평과 영해 부사 등을 역임하고 1719년(숙종45) 통정대부(通政大夫)에 올라 첨지중추부사가 되었다. 저서로 《우헌집》이 있다.

**99** 남한조(南漢朝) : 1744~1810. 본관은 의령(宜寧), 자는 종백(宗伯), 호는 손재(損齋)이다. 상주(尙州) 두릉(杜陵)에 거주하였다. 대산(大山) 이상정(李象靖)의 문하생이 되어 역학(易學)과 성리서(性理書)를 익혔으며, 이것을 정재(定齋) 유치명(柳致明)에게 전수하였다. 저서로 《손재집》이 있다.

**100** 효령대군은……있었다 : 효령대군은 태종의 둘째 아들이므로 정종(定宗)인 공정왕의 아들이라고 한 것은 사실에 맞지 않다. 우중(虞仲: 仲雍)은 주(周)나라 태왕(太王)의 둘째 아들로 형인 태백(泰伯)과 함께 아우인 계력(季歷: 王季)에게 왕위를 양보하고 형만(荊蠻)으로 달아났다. 태종은 세 아들을 두었으니, 첫 번째가 양녕대군(讓寧大君), 두 번째가 효령대군, 세 번째가 충녕대군(忠寧大君)이다. 맏아들인 양녕대군이 태종의 뒤를 이어 왕위에 올라야 하지만 태종은 충녕대군에게 왕위를 물려주고 싶었다. 이것을 눈치챈 양녕대군과 효령대군은 동생에게 왕위를 양보하여 세종이 왕이 되게 하였으니, 이것이 마치 주나라 태백과 우중이 계력에게 왕위를 양보한 것과 마찬가지라는 것이다.

**101** 청권사(淸權祠) : 서울특별시 서초구 방배동에 있는 조선 태종의 둘째 아들이

(名德)을 가진 사람이 배출되었다. 공의 증조부 휘 응길(應吉)은 부사과(副司果)를 지냈는데 이때에 이르러 비로소 서울로부터 영남에 내려왔다. 조부 각민(覺民)은 생원을 지냈다. 아버지 부(敷)는 진용교위(進勇校尉)를 지냈고 좌승지에 추증되었다. 어머니 풍양 조씨(豐壤趙氏)는 숙부인(淑夫人)에 증직되었는데, 직장(直長) 굉(竑)의 따님이다. 공의 부인은 진사(進士) 신황(申熀)의 따님인 평산 신씨(平山申氏)와, 호군(護軍) 김수묵(金守默)의 따님인 경주 김씨(慶州金氏)로, 모두 숙부인(淑夫人)에 추증되었다. 5남 3녀를 두었는데 장남은 곧 처겸이고 장녀는 홍봉석(洪鳳錫)에게 시집을 갔으니, 신씨 부인 출생이다. 나머지 아들 넷은 의겸(宜謙), 광겸(光謙), 정겸(鼎謙), 태겸(泰謙)이고 나머지 딸은 이현령(李玄齡), 채기명(蔡基命), 신광주(申光周)에게 각각 시집갔으니 김씨 부인 출생이다. 처겸의 두 아들은 윤수(允秀)와 생원을 지낸 윤권(允權)이다. 윤수의 두 아들은 제담(齊聃)과 제원(齊愿)이다. 윤권의 네 아들은 제욱(齊郁), 문과에 급제하여 병조 좌랑을 지냈으며 양자를 나간 한룡(漢龍), 제목(齊穆), 제필(齊泌)이다. 제담의 맏아들은 정옥(挺玉)이다. 공은 숭정(崇禎) 을해년(1635, 인조13) 10월 모일에 태어나 무인년(1698, 숙종24) 9월 모일에 죽었다. 그의 행실을 상고해 보니 명(銘)으로 남길 만한

자 세종의 형인 효령대군(孝寧大君) 보(補)의 사당과 묘소로, 정식 명칭은 청권사부묘소(淸權祠附墓所)이다. 훗날 공자(孔子)가 태백은 지덕, 우중은 청권이라고 칭송하였기에 효령대군을 모시는 사당을 청권사(淸權祠), 양녕대군을 모시는 사당을 지덕사(至德祠)라 하였다.

것이 있으니 명은 다음과 같다.

| | |
|---|---|
| 우뚝한 효령대군은 | 卓卓孝寧 |
| 우중과 절개가 같았네 | 虞仲與同 |
| 맑은 기풍은 다 없어지지 않아 | 淸風不盡 |
| 공과 같은 후손이 있게 되었네 | 有孫如公 |
| 세속에서 맑은 물에 귀를 씻고 | 洗耳塵寰 |
| 《주역》을 마음으로 완미하였네 | 翫心羲經 |
| 성균관[102]에 한 번 유학하였으나 | 璧水一遊 |
| 그 영화로움을 뜬구름처럼 여겼네 | 浮雲其榮 |
| 의로운 일을 행하며 은거하고 | 行義以隱 |
| 본성을 보존하며[103] 인생을 마쳤네 | 葆眞而終 |
| 아득하구나! 높은 행적이여 | 邈矣高躅 |
| 묘소가 영강 가의 기봉에 있네 | 瀨水箕峯 |
| 공의 마음을 근원해 보니 | 原公之心 |
| 공적이 인몰되어도 사양하지 않으리 | 湮沒不辭 |
| 묘갈명을 새겨 길이 드리우니 | 刻文垂永 |
| 후손들은 그것을 생각하소서 | 雲仍之思 |

**102** 성균관 : 원문의 '벽수(璧水)'는 학궁(學宮)이니 성균관을 가리킨다. 주(周)나라 때 황제국의 학궁은 둥그렇게 물로 에워싼 모습이 벽(璧)과 같았으므로 벽옹(辟雍)이라고 한 데서 온 것이다. 반면 제후국은 반달 모양으로 만들어 반수(泮水)라고 하였다.

**103** 본성을 보존하며 : 원문 '보진(葆眞)'은 순수한 본성(本性)을 보존함을 뜻한다. 《장자》 〈전자방(田子方)〉에 "자연의 원리에 따르며 본성을 보존하고, 마음을 깨끗이 하여 사물을 포용한다.〔緣而葆眞, 淸而容物.〕"라고 하였다.

## 성균 생원 경현재 강공 묘갈명 병서

### 成均生員警弦齋姜公墓碣銘 並序

옛날 한문공(韓文公)이 지은 공 좌승(孔左丞) 비명(碑銘)에 "공이 위로 선조를 닮아 이분과 비교할 사람이 없네.〔其尙類也, 莫之與倫.〕"라고 한 것이 있는데,[104] 대개 비단 성인(聖人 공자(孔子))의 후손이 그러할 뿐만 아니다. 무릇 고위 관직과 문헌(文獻)[105]의 집안에서 배출되는 사람은 그 기맥(氣脈)이 본래부터 절로 매우 특이하니, 가령 궁핍하여 죽더라도 애초에 빛나게 홀로 비추지 않음이 없어서 무리들이 바라보고 따라가지 못한다. 나는 경현재(警弦齋) 강공(姜公)에게서 그런 것을 보았다.

삼가 살펴보건대, 공의 휘는 세진(世晉)이고 자는 사원(嗣源)이며 경현재는 그의 자호이다. 숙종 정유년(1717, 숙종43) 모월 모일에 태어나 영조 계유년(1753, 영조29) 사마시에 합격하고 정조 병오년(1786, 정조10) 7월 모일에 돌아가시니 향년 70세이다. 진산 강씨(晉山姜氏)는 대대로 우리나라의 대성(大姓)이 되었다. 공목공(恭穆公) 휘 시(蓍)와 태학사(太學士) 휘 회중(淮仲) 같은

104 한문공(韓文公)이……있는데 : 당(唐)나라 한유(韓愈)의 문집인 《한창려집(韓昌黎集)》 권33 〈정의대부 상서좌승 공공 묘지명(正議大夫尙書左丞孔公墓誌銘)〉에 나오는 말이다. 공 좌승은 공규(孔戣)로 공자의 38대손인데, 한유는 그가 위로 시대를 거슬러 올라가 공자를 닮아 훌륭하였기에 그 사람에게 비교할 만한 상대가 없다고 칭찬하였다.

105 문헌(文獻) : 전적(典籍)과 현인(賢人)을 말한다.

이는 고려가 망하자 부자가 함께 교외에 은거하여 망복(罔僕)[106]의 절개를 세웠다. 대사간(大司諫) 휘 형(詗)은 연산군 때 직언하다가 화를 입었고, 그의 아들 별제(別提)를 지낸 영숙(永叔)은 중종(中宗)과 함께 정권을 바꾸었는데[107] 부자가 나란히 포증(褒贈)을 받았다. 그 뒤에 의정부 사인(議政府舍人) 휘 온(溫), 영의정(領議政)·부제학(副提學)에 추증되고 호가 소암(笑庵)인 휘 사필(士弼)이 있다. 또 좌승지(左承旨) 휘 연(綖)과 관찰사 휘 홍중(弘重)은 부자간으로 모두 이조 판서에 추증되었다. 판관(判官)을 지낸 휘 급(圾), 부사를 지냈으며 좌승지(左承旨)에 추증된 휘 석로(碩老), 병조 정랑을 지냈으며 도승지(都承旨)에 추증된 휘 영(楧)을 지나서, 시강원 필선(侍講院弼善)을 지냈으며 호가 모헌(慕軒)인 휘 필신(必愼)에 이르니 이분이 곧 공의 아버지이다. 공의 집안 문벌이 이미 이와 같다. 사인공(舍人公) 부자는 모두 문장으로 세상에 중망을 받았고, 모헌공(慕軒公)은 더욱 명성을 떨쳤다.

공은 선조의 빛남을 타고나서 모습이 고수(古瘦)하고 정신은 정명(精明)하였다. 어릴 때부터 독서를 좋아하고 시문을 지었다. 이때 또 혜포 학사(蕙圃學士) 강박(姜樸)[108]과 기헌 처사(寄軒處

106 망복(罔僕) : 망국의 신하로서 의리를 지켜 새 왕조의 신복이 되지 않으려는 절조를 말한다. 은(殷)나라가 장차 망하려 할 무렵 기자(箕子)가 "은나라가 망하더라도 나는 남의 신복이 되지 않으리라.〔商其淪喪, 我罔爲臣僕.〕"라고 한 말에서 유래하였다. 《書經 微子》

107 정권을 바꾸었는데 : 원문 '개옥(改玉)'은 《예기(禮記)》 〈옥조(玉藻)〉에 "대부(大夫)는 창옥(蒼玉)을 차고, 제후(諸侯)는 현옥(玄玉)을 찬다."라고 하였는데, 대부가 왕이 되면 옥을 바꾸어 차게 되므로 정권 교체를 개옥이라 한다.

士) 강해(姜楷)[109] 같은 몇 분이 있었는데 또한 모두 명성과 행실을 닦아서 경술(經術)과 문장으로 일세에 이름이 났으니, 이들은 공에게 각각 족조부(族祖父)와 종조부가 된다. 서로 함께 공을 장려하고 가르쳤는데, 공이 이에 이미 공손히 자제의 직분을 다하였다. 또 여가를 보아 옛날 문장가의 글에 더욱 힘을 쏟아 여러 해 동안 침잠하고 공부한 재능을 발휘하여 글을 지으니, 모든 문장이 노련(老練)하여 읽을 만하였다.

이에 앞서 모헌공을 따라 서울에서 상주의 소릉(少陵)으로 이주하니, 그곳은 성시(城市)와 마주하는 거리가 수리(數里)도 되지 않았지만, 문을 닫고 스스로의 마음을 지키니 죽을 때까지 잡된 손님이 찾아옴이 없었다. 내가 일찍이 그의 헌함에 나아가 보니, 벽에 가득 찬 것이 모두 서사(書史 책)였다. 곁에 매화 화분을 두었는데, 겨울에 핀 꽃이 가지에 가득 찼다. 정원에 괴이한 돌을 쌓아 산 모양을 만들고 그 위에 국화 몇 떨기를 심었다. 석가산(石假山) 아래에는 조그만 못을 만들어 물고기 몇 마리를 길렀다. 또 매우 길을 잘 들인 참새 한 마리가 매화나무를 맴돌며 오르내리고 다른 데로 날아가지 않았다. 공이 두건을 쓰고 그 가운데 조

**108** 강박(姜樸) : 1690~1742. 본관은 진주(晉州), 자는 자순(子純), 호는 국포(菊圃) 또는 혜포로 상주(尙州) 봉대(鳳臺)에 살았다. 1714년(숙종40) 문과에 급제하여 함종 부사(咸從府使)와 장예원 판결사(掌隷院判決事)를 역임하였다. 저서로 《국포집》과 《국포쇄록》이 있다.

**109** 강해(姜楷) : 1680~1750. 본관은 진주(晉州), 자는 계범(季範), 호는 기헌(寄軒)이다. 칠곡(漆谷) 석전(石田)에 살면서 그 이름을 췌토(贅土)라고 하였다. 1705년(숙종31) 생원시에 합격하여 제릉 참봉(齊陵參奉)을 제수받았으나 부임하지 않았다.

용히 앉아서 흥이 일어나면 문득 시를 읊조리며 스스로 즐겼다. 어떤 사람이 기문과 서문을 지어 달라고 청하면 문득 흔연히 지어 주었다. 성품이 진솔하고 겸후(謙厚)하여 시골의 보통 사람과 거처해도 항상 유유(悠悠)하게 지내고 무시하여 상대하지 않는 일이 없었다. 무릇 향음(鄕飮)과 문회(文會)에 만약 갈 만한 경우이면 또한 구차하게 사양하지 않았다.

모헌공을 섬김에 심지를 이어받고 순종하여 뜻을 어김이 없었다. 어려서 어머니를 잃었기에 항상 지극히 애통한 마음을 간직하고 있었는데, 계비(繼妣) 이 부인(李夫人)에게 효도를 실행하여 좌우로 나아가 봉양함과 돌아가셨을 때에 장례를 치르는 것이 시종 유감이 없게 하였다. 청결과 정성으로 제사를 받들고 돈독함과 화목함으로 종족을 대하였다. 비록 천한 하인[110]이라 할지라도 신의(信義)로 심복하지 않음이 없었다. 돌아가심에 친소(親疎)와 고하를 막론하고 모두 통곡하여 눈물을 흘렸다. 오호라, 공과 같은 경우는 누구보다 못했으랴. 그럼에도 불구하고 한 번 사마시에 합격하는 것으로 초라한 초가집에서 종신토록 지냈음은 어떻게 된 것인가. 지금 유문(遺文) 예닐곱 권이 집에 소장되어 있으니, 공의 평생 업적을 더욱 오래토록 전하여 불후하게 할 것이다. 하늘이 공에게 복을 내림은 여기에 있을 것이다.

공의 어머니는 사천 목씨(泗川睦氏)로 대사헌(大司憲) 목임일(睦林一)의 따님이다. 공의 부인은 성산 이씨(星山李氏)로 승지

**110** 하인 : 원문 '여대(輿臺)'는 열 가지 등급의 신분 가운데에서 아주 천한 계급의 사람을 가리키는 말로, 노복이나 천역에 종사하는 사람을 가리킨다.

(承旨)를 지낸 이언영(李彦英)의 현손인 이주항(李柱恒)의 따님이다. 외동딸을 낳았으니, 정익로(鄭翼魯)에게 시집갔다. 계배(繼配)는 청주 한씨(淸州韓氏) 한복초(韓復初)의 따님으로 1남 3녀를 낳았다. 아들은 봉흠(鳳欽)이고 딸은 정재로(鄭宰魯), 이동윤(李東潤), 이정(李珽)에게 각각 시집갔는데, 정익로는 나의 종형이고 정재로는 나의 막냇동생이다. 이런 관계 때문에 공에게 절하고 뵈온 것이 이미 이른 시기부터였다. 공이 또한 나를 매우 사랑하여 만나면 문득 함께 시문을 토론하며 기뻐하였다.

하루는 봉흠이 혜포공(蕙圃公)의 손자 세백(世白)이 지은 행장을 가지고 와서 나에게 보여 주면서 "선친의 묘소가 상주 서쪽 북장산(北長山) 해좌(亥坐) 언덕에 있는데, 조만간에 비석을 세워서 업적을 드러내려고 합니다. 선친에 대하여 잘 아는 분이 집사만한 이가 없으니, 어찌 한마디 글을 지어 묘소를 빛내 주시지 않겠습니까."라고 말하였다. 나는 실제로 문사에 능숙한 사람은 아니지만 의리를 돌아보니 사양할 수가 없어서 삼가 위와 같이 서술하고 다음과 같이 명으로 잇는다.

조래산의 우뚝한 소나무여[111] 徂徠之孤松歟

111 조래산의 우뚝한 소나무여 : 조래산(徂徠山)은 중국 산동성(山東省) 태안현(泰安縣) 동남쪽에 있는 산 이름인데, 거기에 자라는 소나무는 동량(棟梁)이 될 재목이다. 《시경》 〈비궁(閟宮)〉에 "조래산의 소나무와 신보산의 측백나무를, 이에 자르고 이에 쪼개고 이에 재고 이에 맞추어서, 소나무로 만든 서까래가 크기도 하니 궁궐이 매우 크도다.〔徂徠之松, 新甫之栢. 是斷是度, 是尋是尺. 松桷有舃, 路寢孔碩.〕"라는 말이 나온다.

역양의 우뚝한 오동나무여[112] 嶧陽之孤桐歟
당시에 버려져서 時而遺之
명당의 재목과 청묘의 비파[113]가 되지는 못했지만 雖不爲明堂材淸廟瑟
누가 알랴 높이 솟아 푸른 하늘에 닿아 孰知夫聳然而干蒼穹
시원스레 맑은 바람을 읊은 것이 冷然而吟淸風者
또한 절로 척도에 맞고 오음에 합치되어 亦自中矩繩而含羽宮
우뚝하여 뭇 나무들과 동일할 수 없음을 超乎其非衆木之可同
나의 말을 믿지 못하겠거든 謂余不信
청컨대 공의 시문에서 질정해 보라 請于公詩書質

**112** 역양의 우뚝한 오동나무여 : 《서경(書經)》 〈우공(禹貢)〉에 '역양고동(嶧陽孤桐)'이라는 말이 나오는데, 역양(嶧陽)은 역산(嶧山)의 남쪽이고 고동(孤桐)은 우뚝 자란 오동나무이다.

**113** 명당의……비파 : 명당과 청묘는 왕자(王者)의 태묘(太廟)로서 국가의 정교(政敎)를 행하는 곳을 말한다. 하(夏)나라는 세실(世室), 은(殷)나라는 중옥(重屋), 주(周)나라는 명당 또는 청묘라고 불렀다. 《周禮 考工記 匠人》 소나무는 명당을 짓는 데 재목으로 쓰인다. 오동나무는 청묘에 제사를 드릴 때 악기로 음악을 연주하는데, 그때 사용하는 비파를 오동나무로 만들었다는 말이다.

## 태학생 선성 이공 묘갈명 병서
太學生宣城李公墓碣銘 並序

공의 휘는 인형(寅炯)이고 자는 동백(東伯)이며 성은 이씨(李氏)이다. 고려 시대 태사(太師) 도(棹)의 후손으로, 본관은 전의(全義)이다. 제학(提學) 익(翊)에 이르러 비로소 예안(禮安)으로 본관을 바꾸었다. 참봉(參奉) 전(荃)은 서울로부터 안동의 풍산현(豐山縣)으로 이주하였으니, 공에게 7대 조부가 된다. 아버지의 휘는 상일(象日)이며 어머니는 문소 김씨(聞韶金氏)로, 참의(參議)를 지냈으며 호가 운천(雲川)인 김용(金涌)의 후손이다. 영조 갑진년(1724, 영조 즉위년) 10월 모일에 공을 낳았다.

공은 어려서부터 자품이 중후하고 장난치는 일이 없어 엄연하기가 어른과 같았다. 효성과 정성은 하늘에서 타고나 맛있는 음식을 보면 자기 입에 넣지 않고 반드시 어버이에게 올렸다. 어버이가 거처하는 방에는 반드시 몸소 나무를 때어 따뜻하게 해 드렸다. 어머니께서 학질에 걸려 거의 죽게 되자, 공이 손가락을 깨물어 나오는 피를 어머니 입에 주입하여 기운이 조금 통하는 것을 보고 또 손가락을 갈라 나온 피를 주입하기를 네 번이나 하매 마침내 회생할 수 있었으니, 원근의 사람들이 모두 놀라고 감탄하였다. 평상시 거처함에 부모님의 안색을 살펴 기뻐하는 마음을 다하는 데 극진하지 않음이 없었다. 아버지 상을 당하자 사흘 동안 한 모금의 물도 마시지 않았다. 성복(成服) 후에 비로소 죽을 먹었으며 삼년상을 마칠 때까지 수질과 요대를 벗지 않았다. 얼마 있지 않아 또 어머니 상을 당하여 몸을 훼손하며 상제를 지키기를 아버지 상과 같이 하였다. 이미 탈상을 하고는 기묘년(1759, 영조35)에 사마시에 합격하였으나 부모께서 모두 돌아가신 것 때문에 유가(遊街)[114]하지 않았다.

어버이 묘소가 멀리 선성(宣城 예안(禮安))에 있었는데, 어떤 사람이 장차 부모님 묘소 매우 가까이에 묘를 쓰려고 한다는 소식을 듣고 급히 가 보니 이미 장례를 치른 뒤였다. 곧바로 관아에 가서 이것을 소송하니, 관리가 일을 처리하지 않고 내버려 두었다. 인하여 공이 추위를 무릅쓰고 관청 문밖에 거적을 깔고 앉아 버티기를 겨울을 지나 봄까지 하니, 마침내 그 묘를 파내게 할 수 있었고 피고인도 공의 정성에 감동하여 유감됨이 없었다고 한다. 공의 연세가 80세가 넘었으나 오히려 건강하였는데, 을축년(1805, 순조5) 12월 모일에 갑자기 병도 없이 죽으니, 풍산현 북쪽 호암(虎巖) 간좌(艮坐) 언덕에 장례를 지냈다.

공은 용모가 풍성하고 우뚝하며 성품은 질박하고 정성스러웠다. 평생토록 해와 달을 향해 용변을 보지 않았으며, 걸어갈 때 땅강아지와 개미도 밟지 않았다. 겨울에는 난로를 피우지 않고 여름에는 부채질을 하지 않았다. 사람을 대함에 친소를 막론하고 형식적인 겉치레를 하지 않았으며, 사람들의 선은 드러내고 악은 덮어 두는 것을 좋아하였다. 종족들과 대화할 때는 문득 선조의 유훈을 암송하여 권면하였다. 또 가난이라는 것은 선비에게 항상 있

**114** 유가(遊街) : 과거에 급제한 자가 광대를 데리고 풍악을 울리면서 거리를 돌며 좌주(座主)와 선배·친척들을 찾아보던 일로, 보통 사흘 동안 행해졌다.

는 일이라고 생각하여 절대로 살림을 경영할 뜻이 없었다. 거처하는 남쪽에 선세부터 전해 오는 정자가 있었는데, 세월이 오래되어 퇴락하자 공이 중수하였다. 자제들에게 공부를 권장함에 매양 '충신독경(忠信篤敬)'[115]과 '체행신심(體行身心)' 등의 말로써 여러 번 반복하여 깊이 뜻을 다하였다. 오호라, 공과 같은 이는 선인(善人)이라 말할 만한 자가 아니겠는가.

부인 전주 유씨(全州柳氏)는 부윤(府尹) 유지(柳楮)의 후손인 유후완(柳後完)의 따님이다. 2남을 두었으니, 정덕(楨德)과 정현(楨顯)이다. 둘째 부인 안동 권씨(安東權氏)는 권세극(權世極)의 따님으로 아들 정기(楨畿)를 두었다. 하루는 정덕이 나에게 공의 묘갈명을 지어 달라고 부탁하였고 또 그의 아들 광유(光裕)를 보내 거듭 부탁하거늘 드디어 위와 같이 서술한다. 명은 다음과 같다.

| | |
|---|---|
| 아름답고 아름다운 용모이며 | 休休其容 |
| 성실하고 한결같은 심지이네 | 斷斷其志 |
| 어찌하여 백세를 살아 | 胡不期頤 |
| 길이 많은 복을 누리지 못했는가 | 永享多祉 |
| 공의 유사 중 중요한 것을 뽑으니 | 最公遺事 |

**115** 충신독경(忠信篤敬) : 말이 충신하고 행실이 독경한 것이다. 공자(孔子)의 제자 자장(子張)이 행함을 물은 것에 대해 공자가 "말이 충신하며 행실이 독경하면 비록 오랑캐 나라라도 행하려니와, 말이 충신하지 못하며 행실이 독경하지 못하면 비록 중국 고을이라도 행하랴?〔言忠信, 行篤敬, 雖蠻貊之邦, 行矣, 言不忠信, 行不篤敬, 雖州里, 行乎哉?〕"라고 한 말이 있다. 《論語 衛靈公》

| | |
|---|---|
| 윤리를 돈독히 하고 의리를 행함이네 | 篤倫行義 |
| 아, 너희 후손들은 | 咨爾後昆 |
| 공의 아름다움을 힘써 이어라 | 勖紹厥美 |

# 대사간 성공 묘갈명 병서

大司諫成公墓碣銘 並序

공의 휘는 정진(鼎鎭)이고 자는 중주(重周)이며 성은 성씨(成氏)이고 본관은 창녕(昌寧)이다. 고려 시대 문하시중(門下侍中)을 지낸 송국(松國)이 아버지의 시신을 등에 업고 통곡하며 천리 길 고향으로 오는데 호랑이가 눈 위에 표시한 발자국 감화가 있었으니,[116] 이 일이 《삼강행실도(三綱行實圖)》에 실려 있다. 이분이 실로 공의 비조(鼻祖)이다. 뒤에 집현전 대제학(集賢殿大提學)을 지냈으며 시호가 문효(文孝)인 사달(士達)에 이르러서는 그의 시문이 《동문선(東文選)》[117]에 많이 실려 있다. 그분의 아들 부(溥)

**116** 문하시중(門下侍中)을……있었으니 : 성송국(成松國)은 고려 시대 말기 사람으로, 창녕읍 말흘리에 살았으며 그의 부친은 성인보(成仁輔)이다. 부친이 개성에서 벼슬살이하면서 객사하자 시신을 등에 업고 고향 창녕으로 향하였다. 비록 무거웠지만 빨리 가기 위하여 하루에 한 번만 쉬며 십여 일 만에 현풍(玄風)에 이르렀는데, 날이 저물어 그곳에서 밤을 지내게 되었다. 현풍에서 창녕까지는 삼십 리 거리이므로 일찍 닿을 수 있었으나 눈이 쏟아져 길을 찾지 못하였고 천신만고 끝에 청산원에 이르러 시신을 내려놓고 슬픔에 잠겼다. 밤새 눈이 계속 내렸는데 날이 새고 보니 밤사이에 호랑이가 왔다가 눈 위에 발자국을 남기고 사라졌다. 이상하게 여긴 그가 호랑이의 발자국을 따라가 보니, 발자국이 사라진 장소에는 쌓였던 눈이 다 녹아 버리고 파란 잔디가 자라고 있었다. 그는 그곳이 호랑이가 가르쳐 준 아버지의 장지라 여기고 거기에 아버지의 묘소를 썼다. 이것은 그의 지극한 효성에 호랑이가 감응하여 지시한 것인데, 그 뒤 그는 문하시중에 이르렀고 그의 자손들 중에는 충신, 효자, 문장, 도덕, 절의 등에 뛰어난 인물들이 많이 나왔다고 한다.

**117** 동문선(東文選) : 1478년(성종9) 왕명으로 서거정(徐居正) 등이 중심이 되어

는 조선 태종과 과거에 같이 급제하였는데, 역성혁명이 일어나자 두문동(杜門洞)에 들어갔다. 태조가 대사간 벼슬로 불렀고 태종이 초빙의 예를 갖춰 더욱 정성을 들였지만 끝내 나아가지 않았다. 4세 뒤에 휘 희옹(希雍)은 정국공신(靖國功臣)에 책봉되고 창성군(昌城君)에 봉해졌다. 또 5세 뒤에 휘 익(釴)은 무과에 급제하여 평안도 절도사(平安道節度使)를 지냈다. 익의 막내아들 대경(大經)은 젊은 유생으로 항소(抗疏)하여 참의(參議) 윤선도(尹善道)[118]를 구제하였는데, 뒤에 부사(府使)를 지냈으니 곧 공의 고조부이다. 증조부는 휘가 간(侃)이며 조부는 휘가 윤장(胤章)이다. 아버지는 휘가 규(珪)인데 과거에 급제하였으나 일찍 죽었다. 어머니는 나주 정씨(羅州丁氏)로 장령(掌令)을 지낸 정희신(丁喜愼)의 따님이니, 영조 무오년(1738, 영조14) 6월 모일에 공을 낳았다.

공은 사람됨이 헌걸차고 빼어났으며 성품이 질박하고 곧았다. 기억력이 남보다 뛰어났으며 경전을 공부하는 것을 생업으로 삼았다. 갑오년(1774, 영조50)에 과거에 급제하였고 을미년(1775, 영조51)에 한원(翰苑 예문관)에 들어갔다. 이때 영조(英祖)가 정치

편찬한 우리나라 역대 시문선집이다. 총 133권의 방대한 분량으로 신라 시대부터 서거정 시대까지 문인의 글을 총 망라한 책이다.

**118** 윤선도(尹善道) : 1587~1671. 본관은 해남(海南), 자는 약이(約而), 호는 고산(孤山)·해옹(海翁), 시호는 충헌(忠憲)이다. 1616년(광해군8) 성균관 유생으로 권신(權臣) 이이첨(李爾瞻) 등의 횡포를 상소했다가 함경도 경원(慶源)과 경상도 기장(機張)에 유배되었다. 1628년(인조6) 문과에 장원 급제하였다. 1659년(효종10) 효종의 장지 문제와 자의대비(慈懿大妃)의 복상(服喪) 문제를 가지고 서인의 송시열을 꺾으려다가 실패하여 1660년 삼수(三水)에 유배당하였다. 사후 1675년(숙종1) 신원되어 이조 판서에 추증되었다. 저서에 《고산유고(孤山遺稿)》가 있다.

에 염증을 느껴 세손(世孫 훗날의 정조(正祖))으로 하여금 정사를 대리하게 하고자 하였는데, 적신(賊臣) 홍인한(洪麟漢)[119]이 저지하면서 세 가지 사안에 대해 굳이 알 것이 없다는 흉악한 말[120]을 하였다. 세손은 이것으로 인하여 상소문을 진술하여 대리청정을 힘써 사양하였다. 임금께서 《승정원일기(承政院日記)》를 들이라고 하시자 미처 수정(修正)하지 못했다고 대답했다.[121] 그 뒤 소조(小朝)[122]께서 그날의 일기를 가져다 보니, 당일 임금과 신하가 주고받은 말들이 모두 기록되어 있지 않으매, 대개 역당(逆黨)들

**119** 홍인한(洪麟漢) : 1722~1776. 본관은 풍산(豊山), 자는 정여(定汝)이다. 1753년(영조29) 문과에 급제하여 1775년(영조51) 좌의정이 되었다. 세손(훗날의 정조)의 외종조부가 되는 것을 미끼로 위세를 부렸으며, 동궁의 보호를 내세워 군신의 예에서 벗어난 일을 자주 하여 동궁의 미움을 받았다. 드디어 세손과의 사이가 나빠지자 다른 풍산 홍씨들이 시파에 가담하여 세손을 보호하였으나 그는 벽파에 가담하여 세손의 즉위를 반대하였다. 1776년 정조가 즉위하자 여산(礪山)에 유배되었으며 이어 고금도에 위리안치되었다가, 곧 사사(賜死)되었다.

**120** 세……말 : 1775년(영조51) 겨울에 영조가 세손에게 정사를 대리하도록 하라는 명을 내렸을 때, 홍인한(洪麟漢)이 정후겸(鄭厚謙)을 끼고서 세 가지 사안을 알 필요가 없다는 말〔三不必知之說〕로 그 일을 막고 나섰다. 즉 당시 세손이었던 정조가 당파에 대해, 조정의 일에 대해, 이조 판서와 병조 판서의 임명에 대해 알 필요가 없다고 하였다.

**121** 이때……대답했다 : 이때 82세의 노인이었던 영조는 홍인한이 삼불필지(三不必知)를 말하는 것을 직접 들었으나, 기억하지 못하고 있었다. 서명선(徐命善)이 이 일을 상소하여 홍인한을 탄핵하자, 사실을 확인하기 위해 《승정원일기》를 가져오게 했는데, 가주서(假注書) 임석철(林錫喆)이 미처 수정하지 못했다고 아뢰었다. 《조선왕조실록 영조 51년 12월 3일 丙午條》

**122** 소조(小朝) : 동궁이 청정(聽政)하게 되면 당저(當宁)는 대조라 하고 동궁은 소조라 하니, 대조는 영조이고 소조는 세손 정조이다.

이 기세등등한 홍인한의 사주를 받았기 때문이다. 유독 공만이 한원(翰苑)의 당직으로 있으면서 당시의 일을 기록하여 털끝만큼도 빠뜨림이 없었다.[123] 소조(小朝)께서 물어보시자 낱낱이 우러러 진술하니, 말뜻이 강개하였다. 이에 소조께서 상소한 말이 비로소 증거가 있게 되었다. 역당들이 비록 이 때문에 공을 미워하였으나, 공이 선왕(先王)의 지우(知遇)를 받게 된 것은 실로 여기에서 시작되었다.

병신년(1776, 영조52)에 종부시 주부(宗簿寺主簿)에 임명되었다가 병조 좌랑으로 전근되었으며 얼마 후 정언(正言)에 임명되었다. 정유년(1777, 정조1)에 병조 좌랑으로 지평(持平)에 임명되었다. 무술년(1778, 정조2)에 외직으로 나가 무안 현감(務安縣監)이 되었다. 현에는 조운선(漕運船)이 있어 장차 짐을 꾸려 출발하려 하였다. 홍국영(洪國榮)[124]의 가인(家人)이 대동미(大同米)의 운반비가 비싼 까닭에 홍국영이 보낸 편지를 내보이며 배에 싣기를 청하였다. 공이 이미 물품 배정(排定)이 끝났다며 거절하

**123** 유독……없었다 : 성정진은 그날 기사관(記事官)으로 그 자리에 입시하였다. 《조선왕조실록 영조 51년 11월 20일 癸巳條》

**124** 홍국영(洪國榮) : 1748～1781. 본관은 풍산(豊山), 자는 덕로(德老)로, 정조의 외조부인 우의정 홍봉한(洪鳳漢)과 이조 판서 홍인한(洪麟漢)은 가까운 집안 사람이다. 1771년(영조48) 문과에 급제하였다. 영조 말년 벽파의 횡포 속에서 세손을 보호한 공로로 세손의 두터운 총애와 신임을 얻어 '세도(勢道)'라는 말이 생기게 되었다. 1778년(정조2) 누이동생을 후궁으로 바쳐 원빈(元嬪)으로 삼아 자신의 입지를 굳혔다. 그러나 원빈이 20세도 못 된 나이로 1년 만에 병들어 죽었는데, 왕비 효의왕후(孝懿王后)가 원빈을 살해한 것으로 믿고 1780년 음식에 독약을 섞어 왕비를 독살하려다가 발각되어, 집권 4년 만에 축출당하였고 얼마 후 병을 얻어 죽었다.

고 허락하지 않으니, 그 사람이 세력을 믿고 불손한 말을 하기에 뜰에서 끌어내어 쫓아 버렸다. 홍국영이 크게 성을 내어 근거 없는 일로 공을 은밀히 중상모략하여 고성(固城)으로 귀양을 보냈다. 기해년(1779, 정조3) 겨울에 임금의 특교(特教)로 사면되어 돌아왔다. 계묘년(1783, 정조7)에 지평(持平)에 서배(敍拜)되었다. 갑진년(1784, 정조8) 장령(掌令)으로 승진하고 얼마 후 황산찰방(黃山察訪)에 임명되었다.

병오년(1786, 정조10)에 장령에 환직되어 7조목을 상소하니, '노성한 이를 등용할 것〔進老成〕, 사치한 것을 억제할 것〔抑奢侈〕, 좋아하고 싫어함을 분명히 할 것〔明好惡〕, 간쟁의 말을 받아들일 것〔納諫諍〕, 공역을 정지시킬 것〔停工役〕, 황정을 보완할 것〔補荒政〕, 역참의 폐단을 바로잡을 것〔釐驛弊〕'이 그것이다. 임금께서 가상하게 여겨 받아들였고 '노성한 이를 등용할 것'의 한 조항의 말이 매우 핍절(逼切)하였으나, 성내는 사람들이 너무 많아서 공이 다시 벼슬의 의망에 거론되지 못한 것이 7년이었다. 정미년(1787, 정조11)에 특별히 좌통례(左通禮)에 임명되었고, 기유년(1789, 정조13)에 특별히 장령에 임명되었다. 임자년(1792, 정조16)에 덕천 군수(德川郡守)에 임명되어 숙배(肅拜)하기도 전에 임금이 공이 수립(樹立)한 우뚝한 공로를 포상하여 특별히 홍문관 응교(弘文館應教)에 임명하였다.

계축년(1793, 정조17)에 특별히 영조 진전(眞殿)에 정월 초하루에 올리는 작헌례(酌獻禮)의 대축(大祝)에 차임되었다. 이에 자급(資級)이 올라 동부승지(同副承旨)에 제수되고 곧바로 병조 참의(兵曹參議)에 임명되었으며, 얼마 후 병조 참지(兵曹參知)로 자리를 옮겼다. 갑인년(1794, 정조18)에 광주(光州) 목사에 부의(副擬)[125]로 특별히 낙점을 받았다. 이미 관직에 부임하여 고을이 크게 다스려졌으나, 얼마 후 어머니께서 독로(篤老 70세 이상의 노인)하시어 수레에 태워 집으로 돌아왔다. 정사년(1797, 정조21)에 승지에 환직되었다. 조금 후 대사간(大司諫)에 임명되어 5조항의 상소문을 진술하니 모두 시무(時務)에 절실한 것이었기에 임금으로부터 넉넉한 비답이 있었다. 얼마 후 승지에 환직되었다. 그때 바야흐로 숙직하고 있었는데, 갑자기 놀라는 마음이 있어서 사직서를 올리고 집으로 돌아오니, 과연 어머니께서 병환이 들었다. 이미 상을 당하여 몹시 슬퍼하여 몸이 여위어[126] 거의 죽을 뻔하였다.

삼년상을 마치자 곧바로 승지에 임명되었다. 임금이 불러 보고 은혜로운 유지를 내렸는데, 얼마 있지 않아 종성 부사(鍾城府使)에 임명하였다. 어떤 재상이 "성 모(成某)가 이룬 공로는 어두운 거리를 환하게 비추는 해와 별과 같다고 말할 수 있습니다. 하물며 동벽(東壁)[127]과 대사간을 지냈으니 변방 먼 고을의 수령 임명

125 부의(副擬) : 관직의 후보에 두 번째로 천거되는 것으로, 부망(副望) 또는 중망(中望)이라고도 한다. 전조(銓曹)에서 관원의 후보로 삼망(三望)을 갖추어 올려서 임금의 낙점을 받는데, 첫 번째를 수망(首望), 두 번째를 부망, 세 번째를 말망(末望)이라고 한다.

126 몹시……여위어 : 원문 '시훼(柴毁)'는 상을 당하여 너무 슬퍼하여 몸이 몹시 여위는 것을 말한다. 《주역》 〈설괘(說卦)〉의 괘상(卦象)에 보면 '시(柴)' 자에 '척(瘠)'의 뜻이 있다.

127 동벽(東壁) : 조정에서 벼슬아치들이 앉는 자리로, 동쪽 벽을 말한다. 관리에 따라 동벽, 서벽(西壁), 북벽(北壁)에 앉는데, 일반적으로 동벽이라고 할 때는 승정원과 홍문관의 동벽 관원을 말한다. 여기서는 성정진이 승정원과 홍문관의 여러 벼

은 마땅하지 않습니다."라고 하니 임금이 윤허하여 또다시 병조 참의에 임명하였다. 국조 고사에 따라 서전(西銓 병조(兵曹))의 인사는 오직 수당(首堂)[128]이 하게 되어 있으나 이때에 이르러 왕의 특명으로 참의가 대행하게 하였으니, 또한 격식 밖의 성은이었다. 이때에 임금께서 돌보아 주심이 날로 융성하여 장차 크게 등용될 것 같았으나, 얼마 있지 않아 임금께서 돌아가셨다. 9월에 대사간에 환직되었다. 이듬해 돈녕부 도정(敦寧府都正)에 임명되었다. 임술년(1802, 순조2)에 양주 목사(楊州牧使)에 임명되었고 갑자년(1804, 순조4)에 창원 부사(昌原府使)에 임명되었다. 정묘년(1807, 순조7)에 또다시 대사간에 환직되었다. 을해년(1815, 순조15) 7월 모일에 돌아가시니 향년 78세였다. 남양(南陽) 문산(文山) 감좌(坎坐) 언덕에 장례를 지내니, 선영을 따른 것이다.

부인 숙부인(淑夫人) 한씨(韓氏)는 본관이 서원(西原 청주(淸州))인 유명한 성씨로 한응일(韓應一)의 따님이다. 장중하고 고요하며 소탈하고 후중하여 여사(女士)의 풍도가 있었다. 일찍이 아들 영우(永愚)의 청양 군수(靑陽郡守) 임소에 따라가 회근례(回巹禮)[129]를 행하였다. 이때 막내아들 영묵(永默)이 소과(小科 생원과 진사)에 합격하여 신은(新恩)[130]으로 헌수(獻壽)하니, 사람들이 복록을

슬을 역임하였음을 말한다.

**128** 수당(首堂) : 한 관아(官衙)의 정3품 이상의 당상관(堂上官) 가운데 가장 우두머리를 가리키니 여기서는 병조 판서를 말한다. 성정진이 병조 판서와 병조 참판을 대신하여 무신의 인사를 시행한 것이다.

**129** 회근례(回巹禮) : 혼인(婚姻)한 지 60주년(週年)이 되는 것을 말하는데, 회혼례(回婚禮)라고도 한다.

받은 집안이라 칭송하였다. 그러나 항상 성대하고 가득 차는 것으로 걱정하여 영우에게 말하기를 "삼생(三牲)의 봉양[131]이 벼슬을 그만두고 일찍 집으로 돌아옴만 못하다."라고 하였고, 또 말하기를 "음식을 먹을 때 소리 내는 것은 추한 것이고, 남의 집에 가서 볼일을 본 뒤 즉시 일어나지 않는 것은 용기가 없는 것이며, 많이 격앙되어 자기의 견해를 고집하기를 좋아하는 것은 재앙을 취하는 도이다."라고 하였다. 성품이 지극히 인자하여 하잘것없는 미물[132]도 차마 해치지 못하였다. 매질하는 소리를 들으면 문득 이마를 찌푸리며 말하기를 "사람의 살갗이 어찌 서로 다르겠는가."라고 하였다. 평생 허탄한 말을 하지 않았으며 혹 하루 종일 입을 다물며 침묵하기도 하였고 노복들을 꾸짖지 않았다. 집안이 항상 온화하고 화목하였으니 부인의 법도가 이와 같음이 있었다. 공보다 1년 먼저 태어났고 공보다 5개월 뒤에 죽었는데, 공과 합장되었다.

**130** 신은(新恩) : 새로 과거에 합격한 사람을 말한다.

**131** 삼생(三牲)의 봉양 : 원문 '삼생지양(三牲之養)'을 말하는 것으로, 소・양・돼지 등 세 가지 희생(犧牲)으로 성대한 음식을 마련하여 부모를 봉양함을 말한다. 《효경(孝經)》 전(傳) 7장(章)에, 어버이를 섬기는 자는 남의 윗자리에 있으면서 교만하지 않고, 아랫사람이 되어서 어지럽지 않으며, 동료들과는 다투지 않아야 한다는 내용 뒤에 "만약 이 세 가지를 없애지 않는다면, 비록 날마다 세 종류의 짐승을 잡아서 봉양한다 하더라도 오히려 불효가 된다.〔三者不除, 數日用三牲之養, 猶爲不孝也.〕"라고 하였다.

**132** 하잘것없는 미물 : 원문 '초교(肖翹)'는 공중에 날아다니는 작고 가벼운 것들을 가리킨다. 《장자》 〈거협(胠篋)〉에 보이는데, 《장자》 주석을 낸 임희일(林希逸)은 "초(肖)는 작다는 뜻이고 교(翹)는 가볍다는 뜻이니, 날아다니는 사물로 벌이나 나비 같은 종류이다."라고 하였다. 여기서는 보잘것없는 미물을 뜻하는 말로 쓰였다.

3남을 두었으니 장남은 곧 영우(永愚)로 전 현감이고, 차남은 영로(永魯)로 양자로 나갔고, 막내는 곧 영묵(永默)이다. 두 딸은 신광면(申匡勉)과 강복흠(姜復欽)에게 각각 시집갔다. 영우는 3남을 두었으니 근수(近修), 진수(進修), 건수(建修)이며 딸은 심동운(沈東雲)에게 시집갔다. 영로의 아들은 달수(達修)이고 딸은 정지의(鄭志宜)에게 시집갔다. 영묵은 4남을 두었으니 극수(克修), 철수(喆修), 혁수(赫修), 반수(班修)이고 딸은 채홍구(蔡弘逑)에게 시집갔다.

공은 선조를 받듦에 지극히 정성스러워 기제사 날이 돌아오면 목욕재계하고 앉아서 새벽이 오기를 기다렸다. 어버이를 섬김에 지극히 효성스러워 백발의 나이에도 기뻐하는 마음으로 모셨고 공적인 일이 아니면 하루도 곁을 떠난 적이 없었다. 자제들을 가르치고 노복을 다스림에 모두 법도가 있었다. 성품이 부지런하고 검소하여 평생 명주옷을 가까이 하지 않았다. 관직에 있을 때 마음이 맑고 깨끗함을 좋아하여 흔들림이 없었다. 광주(光州) 목사를 그만두고 집으로 돌아가려고 하자 백성들이 사흘 동안 밤낮으로 관문(官門)을 막으며 지켰다. 길에 오르자 고을 아낙네들이 다투어 수레를 받들어 살촉처럼 촘촘히 옹위하여 돌아갔다.

베풀기를 좋아하고 생업을 경영하지 않았다. 매양 벼슬을 그만두고 집으로 돌아올 때 혹 이틀에 한 번 밥을 먹었다. 사람들과 교제함에 경계를 두지 않고 화기(和氣)가 훈훈하였다. 세속의 영욕과 득실 그리고 일체의 시비에 대하여 대개 마음이 담담하였으니, 세상에서는 모두 후덕한 군자로 칭찬하였다. 공의 평생 큰 절개는 곧 을미년에 사필(史筆)을 잡았을 때의 일로, 공은 곧 임금을 섬김에 숨김이 없는 것으로 주로하여 신하의 직분을 다할 따름이라고 생각하였으니, 일찍이 화복이 어떠한 것인지를 염두에 두지 않았다. 그러므로 설령 공로를 '수립(樹立)'했다는 두 글자를 들었더라도 문득 머뭇거리며 감히 해당하지 않는다고 했을 것이며, 비록 집안의 부자간이라 할지라도 그것에 대하여 절대로 입에 올리지 않았으니, 이것은 더욱 공의 고상한 점일 것이다. 영우가 바야흐로 공의 상을 치르던 중 초췌한 모습으로 나에게 와 묘갈명을 지어 달라고 청하니, 드디어 그의 유사(遺事)를 살펴보고 위와 같이 서술하고 다음과 같이 시로 잇는다.

성격은 고요하고 담박하며 행실은 평탄하고 곧으니 質恬泊行坦直
동호의 직필을 잡고[133] 마음은 나라를 생각하였네 筆秉董心惟國
성군을 만나 드디어 벼슬길이 열렸으나 巷以遇塗遂闢
평지에도 비탈길이 있어 간혹 장애가 많았네 平則陂間多格
궁통을 자연에 맡기되 무적하고 무막하여[134] 任窮通無適莫

**133** 동호의 직필을 잡고 : 동호(董狐)는 춘추 시대 진(晉)나라의 곧은 사관(史官)이다. 진 영공(晉靈公)이 조둔(趙盾)을 죽이려 하자 조둔이 도망갔다가, 조천(趙穿)이 영공을 죽인 뒤에 돌아왔는데, 동호가 "조둔이 그 임금을 죽였다.〔趙盾弑其君〕"라고 기록하여 조정에 보였다. 조둔이 자기가 죽이지 않았다고 강변하자, 동호가 "그대는 일국의 정경으로 도망가서 국경을 넘지도 않았고, 돌아와서는 역적을 토벌하지도 않았으니, 그대가 죽인 게 아니고 누구인가.〔子爲正卿, 亡不越境, 反不討賊, 非子而誰?〕"라고 하였다. 이 일과 관련하여 공자가 "동호는 옛날의 훌륭한 사관이었다. 그의 서법은 숨기는 일이 없었다.〔董狐, 古之良史也, 書法不隱.〕"라고 찬양한 고사가 전한다.《春秋左氏傳 宣公2年》

**134** 무적(無適)하고 무막(無莫)하여 : 군자가 세상에 처할 때는 옳고 그름을 한 편

겉모습은 순하지만 속마음은 차고 확고하였네 襮若順裏實確
죽어서 명성이 끝났으나 누가 그의 영화에 대적할까 令聞終榮孰敵
이에 공의 훌륭한 점을 뽑아 무궁토록 알리네 爰撮媺詔無極

으로만 고집할 것이 아니라, 의(義)에 비추어 보아 시비를 판별해야 한다는 말이다. 《논어》 〈이인(里仁)〉에 공자가 말하기를 "군자는 천하의 일에 있어서 자기 견해만을 오로지 주장함도 없으며 그렇게 하지 않음도 없어서 의리를 따를 뿐이다.〔君子之於天下也, 無適也, 無莫也, 義之與比.〕"라고 하였다.

# 동지중추부사 조공 묘갈명 병서
## 同知中樞趙公墓碣銘 並序

공의 휘는 상변(相抃)이고 자는 열경(悅卿)이며 성은 조씨(趙氏)이고 본관은 함안(咸安)이다. 11대조는 이조 판서에 추증되었고 시호가 정절(貞節)이며 호가 어계(漁溪)인 휘 여(旅)로 이경은(李耕隱),[135] 김매월당(金梅月堂)[136] 등 현자들과 세상에서 노릉(魯陵 단종의 능호) 생육신으로 일컬어지고 있으며 이들과 나란히 서산서원(西山書院)[137]에 배향되어 있다. 조려가 동호(銅虎)를 낳

**135** 이경은(李耕隱) : 이맹전(李孟專, 1392~1480)이다. 본관은 벽진(碧珍), 자는 백순(伯純), 호는 경은으로 선산 출신이다. 1427년(세종9) 문과에 급제하였으며, 김숙자(金叔滋)·김종직(金宗直) 부자와 평생을 가까이 지냈다. 수양대군이 정권을 탈취하자 벼슬을 버리고 고향인 선산으로 돌아가서 귀머거리·소경이라 핑계하고는 은둔하여 친한 친구마저 사절하고 30여 년이나 문밖에 나가지 않았다. 90세 가까이 살았다. 1781년(정조5) 이조 판서에 추증되었다. 함안의 서산서원(西山書院)과 선산의 월암서원(月巖書院)에 제향되었다. 시호는 정간(靖簡)이다.

**136** 김매월당(金梅月堂) : 김시습(金時習, 1435~1493)이다. 본관은 강릉(江陵), 자는 열경(悅卿), 호는 매월당(梅月堂)·청한자(淸寒子)·동봉(東峰)·벽산청은(碧山淸隱)·췌세옹(贅世翁), 법호는 설잠(雪岑)으로 서울 출생이다. 1455년(세조1) 수양대군(首陽大君: 세조)의 왕위 찬탈 소식을 듣고, 3일간 통곡하고 보던 책들을 모두 모아 불사른 뒤 스스로 머리를 깎고 승려가 되어 산사를 떠나 전국 각지를 유랑하였다. 1707년(숙종33)에 사헌부 집의(執議)에 추증되었고, 1782년(정조6)에는 이조 판서에 추증되었으며 1784년(정조8)에는 청간(淸簡)이란 시호가 내려졌다.

**137** 서산서원(西山書院) : 경남 함안군 군북면 원북리에 있다. 단종(端宗) 선위(禪位)에 즈음하여 절의를 지킨 어계(漁溪) 조려(趙旅)가 은둔하던 이곳 백이산(伯

았으니 군수를 지냈으며 이조 참의에 추증되었다. 또 동호의 아들로 집의(執義)를 지낸 삼(參)과 별제(別提)를 지낸 손자 정백(庭栢)과 부사직(副司直)을 지낸 증손자 개(介)를 지나 의영고 주부(義盈庫主簿)를 지냈으며 호가 방호(方壺)인 현손 준도(遵道)에 이르렀으니, 조준도가 공의 5대 조부이다. 이분이 함일(咸一)을 낳고 함일이 중린(重藺)을 낳으니 두 분 모두 사복시 정(司僕寺正)에 추증되었다. 휘 암(嵒)은 좌승지(左承旨)에 추증되었고 휘 경인(景仁)은 호조 참판(戶曹參判)에 추증되었으니 곧 공의 조부와 아버지이다. 첫째 어머니는 아주 신씨(鵝州申氏)로 신현석(申玄錫)의 따님이며, 둘째 어머니는 월성 이씨(月城李氏)로 이진표(李震彪)의 따님인데, 모두 정부인(貞夫人)에 추증되었다. 둘째 어머니 이씨가 숙종 갑오년(1714, 숙종40)에 공을 낳았다.

공은 어려서 영오하고 뛰어났다. 8세에 어머니 상을 당하여 통곡하고 울며 절하고 꿇어앉기를 한결같이 백형이 하는 대로 따라 하였다. 학문을 배우자 번거롭게 해석하여 가르치지 않아도 스스로 깨칠 수 있었다. 그러나 성격이 얽매이지 않아 길들이기가 어려웠다. 조금 성장하여 마음을 고쳐먹고 책을 부지런히 읽어 일 년 만에 《소미통감(少微通鑑) 통감절요(通鑑節要)》 전체를 다 외웠

夷山) 아래에 영남의 유림들이 조려와 이맹전(李孟專), 원호(元昊), 김시습(金時習), 성담수(成聃壽), 남효온(南孝溫) 등 생육신(生六臣)의 충절을 천양하고 덕의(德義)를 존모하기 위하여 1703년에 세웠으며 1713년에 서산서원으로 사액되었다. 서원 이름을 서산(西山)으로 함은 서원 동쪽에 백이산(伯夷山)이 있는데, 생육신의 절의가 수양산(首陽山: 西山)에 숨은 백이(伯夷)·숙제(叔齊)에 비견(比肩)되었기 때문이다.

다. 숙부들이 기삼백(朞三百)[138]을 펴 놓고 계산함에 옆에서 그 착오를 바로잡아 주었다. 약관에 향시(鄕試)에 합격하고 영조 갑자년(1744, 영조22)에 사마시에 합격하였다.

임신년(1752, 영조28)에 아버지 상을 당하였는데, 삼년상을 마치고는 과거 시험 공부를 그만두었다. 거주하는 곳은 배산임수의 지형으로, 날마다 거기서 물고기를 잡고 나물을 캐서 먹으니, 맛있는 나물을 먹을 수 있고 신선한 물고기를 먹을 수 있다〔美可茹鮮可食〕는 뜻을 취하여 당호를 '이가당(二可堂)'이라 하였다. 생도들을 모아 가르치매, 부지런함과 태만함을 고과하여 상과 벌을 주어 감히 태만하게 놀지 못하게 하였다. 더욱이 학교(學校)와 향당의 서숙(書塾)에 힘을 다 쏟아 다방면으로 조치하고 마련하여 선비들을 양육하는 데 도움이 되게 하였다. 여가가 있으면 당시의 유명한 인사들과 아름다운 산수를 마음껏 노닐며 즐겼다.

갑인년(1794, 정조18)에 우로전(優老典)[139]으로 절충장군(折衝將軍)에 승진되었고 계해년(1803, 순조3)에 가선대부에 승진되었다. 이듬해 갑자년(1804, 순조4)은 사마시에 합격한 지 만 60년이 되는 해로, 특별히 가의대부(嘉義大夫)에 승진되었다. 과거 시험 합격자를 발표하고 패를 주는 것[140]을 60년 전 처음 사마시에

**138** 기삼백(朞三百) : 《서경(書經)》 〈요전(堯典)〉에 있는 월력(月曆)을 만드는 기본이 되는 기록이다. 하늘 둘레가 365와 4분의 1도이므로 그에 맞추어 월력을 만들되 1년을 355, 56일로 정하고, 그 나머지 수를 모아 3년에 한 번 또는 5년에 두 번의 윤월(閏月)을 두었던 것이다. 원래 《서경》에는 "기(朞)는 366일이다."라 하였는데, 여기에서 기삼백(朞三百)이라고 말한 것은 끝수를 약한 것이다.

**139** 우로전(優老典) : 나이가 80세가 된 사람에게 특별히 내리는 벼슬을 말한다.

합격할 때와 같이 하였는데, 초여름에 축하연을 베풀었다. 공은 금관자와 붉은 허리띠를 하고서 난복(襴幞)을 갖추어 입고 가마를 타고 밖으로 나가니, 관현악단이 앞에서 인도하고 자제들과 많은 손님들이 좌우에서 따르며 호위하였는데, 구경하는 사람들이 찬탄해 마지 않으며 진짜 신선이라고 하였다. 공이 드디어 오언율시 한 편을 읊어 손수 써서 성은을 칭송하매, 그 자리에 있던 선비들이 모두 그 시에 차운하였다. 을축년(1805, 순조5) 윤6월 모일에 정침에서 고종명하니 향년 92세였다. 청송 주왕산(周王山) 대곡(大谷) 임좌(壬坐) 언덕에 장례를 지냈다.

부인 증(贈) 정부인(貞夫人)은 고성 이씨(固城李氏) 시우(時雨)의 따님으로 부덕(婦德)이 있었다. 아들은 우섭(友燮)이고 두 딸은 김도운(金道運)과 권재대(權載大)에게 각각 시집갔다. 우섭의 아들은 기영(基永)이고 딸은 박승규(朴承圭)에게 시집갔다. 김도운의 아들은 일수(一壽), 남수(南壽), 응수(應壽)이고 두 딸은 이시옥(李時玉)과 고몽두(高夢斗)에게 각각 시집갔다. 권재대의 양자는 병문(炳文)이다. 기영의 아들은 박(鏄)이고 딸은 어리다.

공은 일찍이 〈원조십훈(元朝十訓)〉을 지어 자손에게 보여 주었으니, 첫 번째는 효도와 공경으로 스스로 면려하는 것이고, 두 번째는 학문하여 잠심(潛心)하는 것이며, 세 번째는 몸가짐을 경(敬)으로 하는 것이고, 네 번째는 정성으로 사람을 대하는 것이

**140** 과거 시험……것 : 원문 '창방급패(唱榜給牌)'는 과거에 급제한 사람들의 명단을 부르고 그들에게 합격증(合格證)을 주는 일을 말한다. 대과(大科) 합격자에게는 홍패(紅牌)를 주고, 소과(小科) 합격자에게는 백패(白牌)를 주었다.

며, 다섯 번째는 근본에 힘써 게으르지 않는 것이고, 여섯 번째는 상례와 제례를 힘이 닿는 대로 하는 것이며, 일곱 번째는 국가에 바치는 세금을 기일 내에 납부하는 것이고, 여덟 번째는 관정(官政)에 대하여 논의하지 않는 것이며, 아홉 번째는 종들을 어루만져 긍휼히 여기는 것이고, 열 번째는 가축을 거두어 기르는 것이다. 이것은 모두 공이 이미 능한 것이었다.

공은 타고난 자품이 자애롭고 선량하며 질박하고 곧았으며, 평소에 항상 몸을 낮추어 자신의 덕을 길렀다. 일에 임하여 시비를 판단하는 데 이르러서는 명민하고 과감하였다. 또 변화에 통달하는 지혜가 넉넉하였고 엄정한 도리로 집안을 다스렸다. 복서(卜筮), 감여(堪輿), 무격(巫覡)의 무리들을 일체 물리쳐 멀리하였다. 타인의 옳지 않은 점이 있음을 보면 반드시 면전에서 배척하고서야 그만두었다. 그러나 대체로 화후(和厚)한 기상이 얼굴과 거동에 가득차 넘쳐났다. 문사(文辭)와 가곡(歌曲) 등을 지음에 또한 넉넉히 창달하고 발양하여 회포를 잘 표현하였다. 어려서부터 만년까지 매일 반드시 일찍 일어나 의관을 정제하고 저녁까지 단정하게 앉아 정신이 혼란하지 않기를 죽을 때까지도 오히려 그러하였으니, 매우 장수하며 높은 품계에 올랐던 것은 참으로 또한 까닭이 있었다.

하루는 공의 손자 기영이 귀호(龜湖) 김굉(金宖)[141] 영공(令

**141** 김굉(金宖) : 1739~1816. 본관은 의성(義城), 자는 자야(子野), 호는 귀와(龜窩)로 이상정(李象靖)의 문인이다. 1773년(영조49) 사마시에 합격하였으며, 1777년(정조1) 문과에 급제하였다. 벼슬이 예조 참판에 이르렀다. 문학과 서체에 뛰

公)[142]이 지은 행장을 가지고 와서 나에게 보여 주면서 묘갈명을 지어 달라고 부탁하기에 드디어 서술하기를 위와 같이 하였다. 명으로 이으니 다음과 같다.

| | |
|---|---|
| 기자의 홍범구주의 오복[143]을 | 箕疇五福 |
| 잘 누리는 사람이 드무네 | 人鮮克享 |
| 공은 이에 완비하여 가졌으니 | 公乃備有 |
| 특별한 성은이 거듭 내려왔네 | 異恩荐降 |
| 자금어대[144]는 만년을 비추었고 | 紫袋暎暮 |
| 난복의 도포는 옛날 그대로이네 | 幱袍依曩 |
| 넉넉한 큰 덕망을 | 優優碩德 |
| 세상 사람들이 우러르네 | 寔爲世仰 |
| 묘갈명으로 후세에 알리니 | 銘以詔後 |
| 나의 말이 거짓이 아니네 | 余言非爽 |

어났으며, 스승의 유문을 정리하였다.

**142** 영공(令公) : 영감(令監)이란 말과 같은데, 관직이 정3품과 종2품의 사람에게 존칭으로 쓰는 말이다.

**143** 기자의 홍범구주의 오복 : 기자(箕子)가 무왕(武王)에게 올린 〈홍범(洪範)〉 구주(九疇) 중 오복으로 수(壽)・부(富)・강녕(康寧)・유호덕(攸好德)・고종명(考終命)을 말한다.

**144** 자금어대(紫金魚袋) : 물고기 모양의 장식이 붙어 있는 주머니를 말하니, 공복(公服)의 띠에 매달아 관직의 귀천(貴賤)을 구분하였다.

## 창성 방어사 허군 묘갈명 병서
昌城防禦使許君墓碣銘 並序

옛날 조선조 영릉(英陵 세종의 능호) 때 충정공(忠貞公) 허 상국(許相國)[145]이 천하에 키가 큰 사람으로 일컬어졌는데, 대개 신장이 10척 2촌이었다고 한다. 조선조 영조 때에 또 허일(許馹) 군이 배출되어 그 몸집의 크기가 또한 천만인보다 위로 빼어났다고 들었다. 나는 나도 모르게 벌떡 일어나 감탄하면서 "양천 허씨의 세상이 장차 부흥할 것이다. 어찌하여 키가 큰 사람을 태어나게 함이 이와 같은가."라고 말하였다. 내 마음에 한번 보기를 매우 바란 것이 지금 20여 년이 되었는데, 군이 이미 죽음에 그의 족질(族姪) 선(僐)이 나에게 묘갈명을 부탁하였다. 아, 애석하다. 내가 의도했던 것은 어긋나고 말았구나.

군은 기옹(頎翁)이라 자호하였다. 5대 조부 휘 의(懿)는 호가 죽천(竹泉)이니 곧 미수(眉叟) 문정공(文正公)[146]의 동생으로, 송

**145** 충정공(忠貞公) 허 상국(許相國) : 허종(許琮, 1434~1494)을 말한다. 본관은 양천(陽川), 자는 종경(宗卿)·종지(宗之), 호는 상우당(尙友堂)이다. 1457년(세조 3) 문과에 급제하여 벼슬이 우의정에 이르렀다. 문집으로는 《상우당집》이 있고, 편서에는 《의방유취(醫方類聚)》를 요약한 《의문정요(醫門精要)》가 있다. 성종조에 청백리로 녹선되었고, 시호는 충정(忠貞)이다.

**146** 미수(眉叟) 문정공(文正公) : 허목(許穆, 1595~1682)을 말한다. 본관은 양천(陽川), 자는 문보(文父) 또는 화보(和甫), 호는 미수(眉叟)이다. 경사(經史)와 예학(禮學)에 밝았고 전서(篆書)와 문장(文章)에도 뛰어났다. 시호는 문정(文正)이다. 저서로 《미수기언(眉叟記言)》이 있다.

화 현감(松禾縣監)을 지냈으며 청백리에 녹선되었다. 처음에는 경기도에 살았는데, 문정공을 따라 남쪽으로 내려와 노닐면서 의춘(宜春 의령(宜寧)) 도굴산(闍屈山) 아래 소리촌(素履村)에 이르러 집을 짓고 살았다. 고조부는 휘가 충(翀)이고 증조부는 휘가 경(憬)으로 호군(護軍)을 지냈다. 조부는 휘가 속(涑)이고 아버지는 휘가 규(樛)이다. 어머니는 밀양 박씨(密陽朴氏) 경일(經一)의 따님이다. 군의 생부는 휘가 당(椅)이고 생모는 창녕 성씨(昌寧成氏) 창석(昌錫)의 따님이다. 원릉(元陵 영조의 능호) 기축년(1769, 영조45) 모월 모일에 군을 낳았다.

어머니께서 바야흐로 군을 임신하였을 때 아버지께서 어떤 노인이 꿈에 나타나 준마를 주면서 "잘 길러라. 윤4월이 든 해에 말발굽에 철갑을 두를 것이다."라고 말하는 꿈을 꾸었다. 군은 이미 태어날 때부터 체구가 장대(壯大)하였다. 대여섯 살에 이미 나이가 열 살이 넘는 아이처럼 보여 행동거지가 중인들과 달랐다. 군이 장난하고 놀 때 돌에다가 '공자(孔子)' 두 글자를 써 놓고 아이들을 데리고 와 바라보며 절하매, 공경하지 않는 자가 있으면 문득 볼기를 쳤다. 일찍이 아버지를 따라 산사에서 책을 읽는데, 승려들이 석가모니가 공자보다 더 훌륭한 성인이라고 말하는 것을 보고 노하여 불상을 깨뜨리려고 하였다. 대중들이 모두 애걸복걸하였지만 들어주지 않다가 아버지께서 타이르는 것으로 인하여 그만두었다. 성장하여서는 모습이 거대하고 용력(勇力)이 보통 사람보다 뛰어났지만 항상 실력을 감추고 스스로 드러내지 않았다.

과거 시험에 종사하여 유자로 이름을 드러내려고 나이 22세 때 시험을 보기 위하여 춘당대(春塘臺)[147]에 들어갔는데, 대중들 사이에 있으면서 홀로 우뚝 솟았기에 꿇어앉아 있어도 모습이 마치 서 있는 것 같았다. 드디어 임금의 눈에 띄어 임금이 우림랑(羽林郎)으로 하여금 불러서 앞으로 오게 하고서는 성명과 문벌을 묻고 인하여 신장을 재어 보라고 명령하니 신장이 10척 2촌이었다. 임금이 말하기를 "이와 같이 신체가 장대하니 어찌 무인으로 나를 섬기지 않으리오."라 하니, 군이 선조가 무과에 과업(課業)한 적이 없는 것으로 머뭇거리며 굳이 사양하였다. 그러나 임금이 시위병졸에게 명하여 군을 문밖으로 데리고 나가 머리에 투구를 씌우고 몸에 갑옷을 입히게 하였다. 그리고 사자(使者)로 하여금 군이 임금에게 나아가 "훈련도감(訓練都監) 권무군관(勸武軍官)[148] 허일(許馹) 알현이오."라고 호창(呼唱)하도록 하였다. 며칠 뒤 또 군을 불러 용력(勇力)을 시험하고 각 군문(軍門)으로 하여금 군문을 옮겨 다닐 때 한 끼에 쌀 6되씩을 제공하여 활쏘기를 익히도록 하였다. 군이 천연두를 앓자 임금이 명하여 의관과 약물을 보내어 치료하게 하였다. 이미 완치되자 승(乘)이라는 이름과 석여(錫余)라는 자를 하사하였으니, 이해는 곧 경술년(1790, 정조14)이며 윤4월이 있는 해였다.[149]

**147** 춘당대(春塘臺) : 창경궁(昌慶宮) 안에 있는 대(臺)로, 왕실의 경사가 있을 때 임금이 친림(親臨)하여 이곳에서 문무과(文武科)의 시험을 보였다. 이를 대시(臺試)라 한다.

**148** 권무군관(勸武軍官) : 훈련도감(訓鍊都監)·금위영(禁衛營)·어영청(御營廳)에 소속된 군관이다. 이들에게는 특명으로 권무시(勸武試)를 치르게 하여 합격자는 전시(殿試)에 바로 나갈 수 있는 특전을 주었다.

**149** 이해는……해였다 : 부친의 몽조(夢兆)로 인해 윤4월이라고 하였으나, 실제

이로부터 임금님의 돌보심이 더욱 융성하여 양식을 더 보태 주고 "배고프지는 않겠지."라고 말씀하셨고, 표리(表裏)[150]를 주면서 "춥지는 않겠지."라고 말씀하셨다. 임자년(1792, 정조16)에 군이 활쏘기 시험에 응시하여 합격하니, 특명으로 풍류를 내리고[151] 내승(內乘)에 임명하였다. 또 높이 한 장(丈)이나 되는 말을 주어 집으로 돌아가 준마를 꿈꾸었던 주인〔군의 아버지〕을 기쁘게 해 드리게 하였으니, 대개 임금이 또한 그 꿈 이야기를 들었기 때문이다.

계축년(1793, 정조17)에 생모의 상을 당하였다. 무오년(1798, 정조22)에 비로소 과거 시험 합격자 명단에 호명되어 선전관(宣傳官)에 임명되었다. 조금 있다가 내직으로 들어와 내승에 환직되었으며 훈련도감 주부(訓鍊都監主簿)에 승진되었다. 얼마 후 오위도총부 도사(都事)로 자리를 옮겼고 이듬해에 경력(經歷)에 승진되었다. 또 아버지 상을 당하였다. 경신년(1800, 정조24)에 정조께서 돌아가셨다. 군이 삼년상을 마치니 조정에서 즉시 무겸 선전관(武兼宣傳官)에 임명하였다. 계해년(1803, 순조3)에 칠원 현감(漆原縣監)이 되었으나, 부임하지 않은 상태에서 어머니 상 때문에 귀가하였다. 전후로 모두 부모상을 잘 치른 것으로 소문이 났다. 정묘년(1807, 순조7)에 거제 부사(巨濟府使)에 임명되어 홀

이해는 윤달이 없었다.

**150** 표리(表裏) : 옷을 한 벌 지을 수 있는 안감과 겉감을 말한다. 대개 백면주(白綿紬)를 사용하였다.

**151** 풍류를 내리고 : 원문 '사악(賜樂)'은 임금이 정재(呈才)·여기(女妓)·악공(樂工) 등을 하사하는 것을 말하는데, 그 가운데 악사(樂師) 1인, 여기 20인, 악공 10인을 내리는 것을 일등악(一等樂)이라고 한다.

륭한 치적으로 공주 영장(公州營將)에 승진되었다.

신미년(1811, 순조11) 봄에 특별히 선발되어 일본 통신사를 따라 행차가 대마도(對馬島)에 이르니 왜인들이 크게 경외하였다. 겨울에 관서(關西)에서 황지(潢池)의 병사가 일어나자[152] 순무사(巡撫使) 이요헌(李堯憲)[153]이 군을 보좌관으로 삼았다. 얼마 있지 않아 창성 방어사(昌城防禦使)에 임명되었다. 이때 적들이 바야흐로 극심하여 백성들이 모두 겁을 먹고 있었다. 군이 단기(單騎)로 부임하여 방어와 수비를 엄중히 하고 백성들을 어루만지기를 극진히 하였다. 옷을 벗고 잠자리에 들지 않음과 밥과 반찬을 완전히 갖추어 먹지 않은 지 여러 달이 되었다. 난이 이미 평정됨에 향음주례를 실행하였고 향약법(鄕約法)을 만들었으니, 대개 장차 문교(文敎)로 백성들을 편안하게 하려는 것이었다. 9월 모일에 갑자기 질병도 없이 죽으니 나이가 겨우 45세였다. 이듬해 정

**152** 황지(潢池)의 병사가 일어나자 : 황지는 작은 못으로, 어린아이들이 물장구치고 노는 곳을 이른다. 전한(前漢) 선제(宣帝) 때 발해(渤海) 지방에 민란이 일어나자, 공수(龔遂)를 발해 태수로 임명하여 도둑을 토벌하게 하였다. 이에 공수는 "바닷가의 먼 지방 백성들이 추위와 굶주림에 시달리는데도 관리들이 구휼하지 않았기 때문에 폐하의 백성들이 황지(潢池)에서 병기를 희롱할 뿐이니, 엄하게 다스려서는 안 됩니다."라고 하였다. 《漢書 卷89 龔遂列傳》 여기서는 1811년 12월부터 이듬해 4월까지 일어난 대규모 농민반란인 홍경래(洪景來)의 난을 말한다.

**153** 이요헌(李堯憲) : 1766~1815. 본관은 전주(全州), 자는 계술(季述), 호는 소소옹(笑笑翁)이다. 1785년(정조9) 무과에 급제해 오위도총부 도사에 임명되었으며 정조의 총애를 받았다. 1811년(순조11) 평안 병사가 되었을 때, 형이 황주 목사로 부임하자 불편함을 이유로 사직하였다. 이해 겨울에 홍경래(洪景來)가 청북(淸北)에서 난을 일으키자 양서 순무사(兩西巡撫使)에 임명되어 난을 진압하였다. 1814년(순조14) 형조 판서에 제수되었다가 이듬해 죽었다. 시호는 숙렬(肅烈)이다.

월에 삼가현(三嘉縣) 남쪽 고을 계좌(癸坐) 언덕에 반장(返葬)하니 선영을 따른 것이다.

대저 군은 크고 훤칠한 기량으로 말세에 태어나 성군의 지우를 받아서 차례를 뛰어넘는 관직에 등용되었으니, 가령 일찍 죽지 않고 장수하여 장군과 재상의 지위에 출입하였다면 어찌 충정공의 공명(功名)을 뒤이어 밟지 않았겠는가. 그러나 지금은 끝나 버렸다. 비록 지금은 태평의 시대이기는 하나, 전쟁에 대비하여 국위를 장엄하게 만들 방법에 있어서는 실로 공이 저승에서 다시 살아나 돌아올 수 없는 한스러움이 있으니, 어찌 거듭 상심되지 않겠는가. 군은 옛 성현의 학문을 돈독히 사모하여 평소의 행의(行誼)가 보통 사람보다 크게 뛰어남이 있었다. 또 고전서(古篆書)를 잘 쓰고 그림을 잘 그렸으니 또한 군이 재능이 많음을 충분히 볼 수 있겠으나 모든 작품이 산일하여 남아 있는 것이 없다. 다만 시문 약간 편과 《해유기(海遊記)》 몇 권이 집에 갈무리되어 있다. 부인은 삼가 임씨(三嘉林氏) 모(某)의 따님이다. 두 아들은 전(㒨)과 굉(㤳)이고 두 딸은 미혼이다. 명은 다음과 같다.

| | |
|---|---|
| 아! 기옹에게 | 猗嗟頎翁 |
| 신이 준마를 주었네 | 神與駿駒 |
| 왕이 특별히 군을 등용하니[154] | 王用翦拂 |

154 등용하니 : 원문 '전불(翦拂)'은 말의 털을 다듬고 먼지를 씻어 준다는 의미로, 인재를 칭찬하고 등용함을 뜻한다. 전국 시대 초(楚)나라 한명(汗明)이 춘신군(春申君)에게 "천리마(千里馬)에 대해서 들어보았습니까? 늙은 천리마가 소금 수레를 끌

전도양양함이 만리였네 萬里前途
내직과 외직을 두루 역임하여 歷聘中外
준마의 걸음[155]을 장차 펼치려 했네 霜蹄將展
어찌하여 장수하지 못하고 云胡不壽
지위는 크게 현달하지 못했는가 位未大顯
내가 군의 행적을 보니 我觀遺蹟
기록할 만한 것이 많네 寔多可紀
어릴 때부터 존중하여 믿음은 自少尊信
오직 우리 공자(孔子)였네 惟我夫子
애써서 무과로 나아간 것은 黽勉就武
어찌 본래의 뜻이었겠는가 豈其素志
위험을 무릅쓰고 관서로 달려감은 冒危西赴
갑옷과 투구 때문이 아니었네 非介胄以

고 태항산(太行山)을 오르는데, 발굽은 갈라지고 무릎은 꺾이고, 꼬리는 해지고 가죽은 문드러져서 온몸에 땀을 쏟으며 산길에서 온 힘을 다하지만 올라가지 못하고 있었습니다. 이에 말을 잘 감정하는 백락(伯樂)이 이 꼴을 보고 수레에서 내려 천리마를 어루만지며 통곡하고 옷을 벗어 걸쳐 주었습니다. 천리마가 이에 머리를 들고 슬프게 부르짖으니, 울음소리가 하늘을 찌르는데 마치 쇳소리와 같은 것은 어째서이겠습니까? 이는 백락이 자기를 알아주었기 때문입니다. 지금 제가 비천하게 산 지가 오래인데 주군께서 유독 저를 전불(湔拂)해 주시지 않는 것은 어째서입니까?"라고 하였다. 주(註)에 "전(湔)은 전(翦)과 음의(音義)가 같다."라 하였다. 《戰國策 楚策》

**155** 준마의 걸음 : 원문 '상제(霜蹄)'는 준마(駿馬)의 발굽을 이르는 것으로, 두보(杜甫)의 〈취가행(醉歌行)〉에 "예전에 버들잎 맞힌 걸 진정 스스로 알거니, 잠시 헛디딘 준마 발굽은 과실이 아니란다.〔舊穿楊葉眞自知, 暫蹶霜蹄未爲失.〕"라고 한 데서 온 말이다.

섬 오랑캐들도 오히려 두려워하였는데　島蠻猶慴
산료〔홍경래〕를 어찌 두려워하랴　山獠奚懼
위엄을 기르고 인자함을 베푸니　養威敷仁
백성들이 우리 군수님이라 노래하네　氓歌我守
뛰어난 말이 중간에 꺾어지니　逸駕中摧
저 푸른 하늘에 이유를 따지기 어렵네　彼蒼難詰
비석에다가 시를 새기니　刻詩于石
꾸미지 않고 질박하게 썼네　不華而質

# 처사 광릉 이공 묘갈명 병서

處士廣陵李公墓碣銘 並序

낙동강 남쪽에는 산수가 웅장하며 특별히 빼어난 곳이 많다. 그 기운이 사람에게 모여 왕왕 특출한 장부가 출현하니, 칠곡(柒谷)의 가산(架山) 아래에 살았던 처사(處士) 광릉(廣陵) 이공(李公)이 그중 한 사람이다. 공은 명성이 혁혁한 집안의 자손으로 품부받은 자질이 걸출하고 낯빛이 희고 깨끗하였으며, 눈썹과 이마의 사이가 넓고 얼굴이 풍윤하였다. 체구는 키가 컸으며 기품이 호걸스러웠다. 어려서 어른들에게 드나들 때 모두가 장군과 재상의 그릇으로 기대하였다. 처음 〈항우본기(項羽本紀)〉를 배운 것은 겨우 6세 때였는데, 한눈에 네댓 줄씩 읽을 수 있었다. 이윽고 학교에 들어가서는 날마다 천여 글자를 암송하여 몇 년 되지 않아 경서와 사서(史書)를 두루 읽었다.

기절(氣節)을 숭상하여 무예(武藝)를 좋아하고 활쏘기를 잘하였는데, 곤수(閫帥 병마절도사)의 부월(斧鉞)은 즉시 취할 수 있다고 스스로 생각하였다. 이윽고 집안이 대대로 문학(文學 문인의 학문)을 한 가풍을 생각하고 즉시 전날의 생각을 버리고, 간간이 과거 시험을 공부하여 동료들을 압도하였으나 뜻을 얻지는 못하였다. 이에 탄식하여 말하기를 "내가 머리를 굽히고 아이들을 따라다니며 득실을 경쟁하면서 나의 인생을 마치기보다는 차라리 술을 벗 삼아 산수 간에 스스로 마음껏 노닐며 나의 뜻을 쾌족하게 하는 것이 낫겠다." 하였다. 드디어 세속의 일에서 초탈하여 강호에서 물고기 잡고 사냥하여 붕우들과 아침저녁으로 서로 술을 권하며 즐겁게 놀았다. 빈객을 좋아하여 문밖에는 항상 신이 가득하였고, 빈객에게 정성껏 대접하여 게으른 기색이 없었다. 이 때문에 집안 살림이 더욱 피폐해졌지만 염두에 두지 않았다.

평생 사람들의 어려움을 도와주는 의리를 중시하였다. 일찍이 크게 흉년이 든 해에 가난한 친구가 토지를 팔아서 목숨을 구하려고 하였으나 토지를 살 사람이 없는 것을 보고 처분하려는 토지를 매입하였다. 뒤에 사들인 토지가 그 사람의 규전(圭田)[156]이라는 것을 듣고는 즉시 매입 문권을 불태우고 토지를 돌려주면서 "내가 어찌 차마 사람이 제사를 지내는 것을 폐하도록 만들겠는가."라고 말하였다. 또 몇 번 얼굴만 보고 지내던 벗이 객지에서 어버이 상을 당하였는데, 집이 가난하여 반장(返葬)할 수가 없었다. 공에게는 마침 관찰사와 친밀하게 지내는 벗이 있었는데, 수백 리 거리에 있는 벗에게 편지를 보내어 운구할 장정을 관찰사에게 도모하여 얻도록 하였다. 또 이 일을 위하여 특별히 정한 사람을 수백 리 길을 보내 초상이 난 것을 각지에 있는 사람들에게 알림으로써 장례를 잘 치를 수 있도록 해 주었다. 또 적포(積逋 빌려 먹은 곡식이 누적된 것) 때문에 장차 형벌을 받게 된 사람이 있었는데, 공에게 마침 급하게 쓰려고 토지를 팔아서 마련한 돈이 있어 그 돈을 그에게 주어 화를 면하게 하였다. 사람 중에 의지할

156 규전(圭田) : 제전(祭田)이다. 임금이 경대부(卿大夫)에게 주는 밭으로, 그 수확을 제사에 쓰게 하였다. 《맹자》 〈등문공 상(滕文公上)〉에 "경대부 이하는 반드시 규전을 두는데, 규전은 50묘이다.〔卿以下, 必有圭田, 圭田, 五十畝.〕"라는 구절이 있다.

데가 없는 자를 보면 반드시 공의 집에 머물게 하여 옷과 밥을 주었다. 의학의 이치에 두루 통하여 매번 기이한 효과를 보았기 때문에 병에 대해 묻고자 하는 사람들이 줄을 이었는데, 그때마다 공은 메아리치듯 응대하여 알려주었고, 위독한 자에게는 즉시 만들어 놓은 약을 주어서 완전히 나은 사람이 매우 많았다.

성격이 준절(峻截)하여 타인의 옳지 않은 점을 보면 면전에서 지적하여 조금도 용서하지 않았다. 이미 잘못을 지적한 뒤에는 다시는 개의(介意)치 않고 평탄한 마음으로 대하여 그 전과 같은 상태로 돌아갔다. 이 때문에 사람들이 감격하고 복종하며 두려워하고 기뻐하지 않는 이가 없었다. 풍류스럽고 거리낌이 없었으며 우뚝한 운치와 호탕한 기상을 가졌다. 공이 행한 일들을 살펴보면 진실로 한결같이 뜻과 기개가 크기만 한 듯하지만 세밀한 공부에도 잠심(潛心)할 수 있어서, 일찍이 경전과 소주(小註) 그리고 제자백가와 시인들의 글 등 모두 70여 권을 손수 필사하였는데, 또한 모두 자획이 바르고 분명하여 비록 본래부터 이 방면에 전공했다 일컬어지는 사람이라 할지라도 미칠 수가 없었다. 공의 총명하고 민첩함이 또한 이와 같았다.

아, 예로부터 뜻이 크고 기개가 있는 선비가 평소 거처할 때 어찌 악착스럽게 법도로 스스로를 구속한 적이 있었으랴. 오직 공이 마음을 쓰고 자기 몸을 행한 것과 일에 드러난 업적이 이와 같은 점이 있었으니, 그러므로 출사하여 세상에 등용되어서 하루아침에 일의 변고를 만나 지기(志氣)를 분발하게 되었다면 우뚝한 절개와 높은 의리가 천지간에 드높고 사책(史冊)에 빛날 수 있는 자는 대개 틀림없이 이런 사람이었을 것이니, 오히려 자질구

례한 덕(德)을 잡고 자기를 보잘것없게 만드는 일을 하였겠는가. 혹자가 공을 누군경(樓君卿)[157]과 두계량(杜季良)[158]의 무리에 비교하니 이것은 공을 얄팍하게 아는 것이다. 공이 부귀를 천박하게 여기고 절개를 굽혀 벼슬을 구하는 뜻이 없었던 것과 서사(書史책)에 탐닉하고 침밀(沈密)한 공부를 한 것이 비단 기황술(岐黃術)[159]에만 그러하였던 것이 아님을 본다면 공은 타고난 자질이 대개 또한 도에 가까웠고 저들과는 달랐던 것이다. 가령 엄한 스승을 만나 머리를 숙이고 배움에 나아가 준엄한 가르침[160]을 받았다면 반드시 장차 크게 성취하는 바가 있었을 것이다. 그렇게 되었다면 공이 능력을 발휘하여 세상을 울리고 빛을 내어 우리 유교의 적치(赤幟)[161]를 세우는 것이 어떠하였겠는가. 그러나 그렇

**157** 누군경(樓君卿) : 누호(樓護)를 말한다. 한(漢)나라 성제(成帝) 때의 인물로 자가 군경(君卿)이다. 젊어서부터 아버지를 따라 의술을 배웠으며 오후가(五侯家)와 교류하면서 그들 모두에게 환심을 샀다. 나중에는 경학(經學: 儒學)으로 경조령(京兆令)이 되었다. 《漢書 卷92 游俠列傳 樓護》

**158** 두계량(杜季良) : 후한(後漢)의 두보(杜保)를 말하니, 자가 계량(季良)이다. 호협(豪俠)하고 의리를 좋아하는 것으로 이름이 높았으나 침착하며 주도면밀하지 못하였다. 마원(馬援)이 자기 조카들에게 "두계량을 배우려 하다가 제대로 본받지 못하면 천하의 경박한 사내가 되고 말 것이니, 이른바 범을 그리다가 이루지 못하면 도리어 개처럼 되고 마는 것이다.〔効季良不得, 陷爲天下輕薄子, 所謂畫虎不成反類狗者也.〕"라고 경계하였다. 《後漢書 卷24 馬援列傳》

**159** 기황술(岐黃術) : 의술(醫術)을 말하니, 의가(醫家)의 시조(始祖)로 일컬어진 기백(岐伯)과 황제(黃帝)를 합칭한 말이다.

**160** 준엄한 가르침 : 원문 '겸추(鉗鎚)'의 뜻이다. 겸(鉗)은 쇠집게이고, 추(鎚)는 쇠망치이니 모두 쇠를 단련하는 도구인데, 선가(禪家)에서 법이 엄함을 말한다.

**161** 적치(赤幟) : 스스로 어떤 분야에 일가를 이룬 것을 말한다. 한(漢)나라의 장

게 하지 못하였으니, 이 점이 더욱 내가 한스러워하는 것이다.

공의 휘는 동호(東浩)이고 자는 언길(彦吉)이며 성은 이씨(李氏)이고 본관은 광주(廣州)이다. 고려 시대 판전교시사(判典校寺事)를 지냈으며 호가 둔촌(遁村)인 이집(李集)이 그의 시조이다. 직제학(直提學)을 지낸 지직(之直)과 관찰사를 지낸 예손(禮孫)을 지나서 장사랑(將仕郎)을 지낸 지(摯)에 이르러 비로소 성주(星州)에 거주하였다. 3세 뒤에 휘 윤우(潤雨)는 예조 정랑을 지냈으며 호가 석담(石潭)이고, 그의 아들 휘 도장(道長)은 주부(主簿)를 지낸 종숙부 휘 영우(榮雨)에게 양자로 나가서 응교(應教)를 지냈으며 좌찬성(左贊成)에 추증되었다. 이분이 대사헌(大司憲)을 지낸 휘 원록(元祿)을 낳으니, 공에게 고조부가 된다. 좌랑(佐郎)을 지낸 휘 주명(周命), 휘 세우(世瑀), 휘 원중(愿中)은 곧 공의 증조부, 조부, 아버지이다. 어머니는 대성(大姓)인 풍산 홍씨(豐山洪氏)로 진사(進士)를 지낸 홍우한(洪宇漢)의 따님이다. 공은 원릉(元陵 영조의 능호) 을묘년(1735, 영조11) 정월 모일에 태어나서 건릉(健陵 정조의 능호) 정미년(1787, 정조11) 10월 모일에 죽으니 향년 53세였다. 장지는 노호(蘆湖)의 물가 해좌(亥坐) 언덕에 있다. 부인은 진성 이씨(眞城李氏)로 퇴계(退溪) 선생의 후손인 동지중추부사를 지낸 이수정(李守貞)의 따님이다. 제사를

수 한신(韓信)이 조(趙)나라를 치면서 조나라의 군사를 유인하여 성벽을 비우고 나와 싸우게 한 뒤에 재빠른 기병(騎兵)을 가려 성벽으로 달려 들어가 조나라의 깃발을 뽑고 한나라의 붉은 깃발을 세워 전쟁을 승리로 이끌었던 데서 유래하였다. 《史記 卷92 淮陰侯列傳》

받들고 남편을 섬김에 매우 부인의 법도가 있었는데, 공의 묘소 아래에 부장(祔葬)되었다.

3남 5녀를 두었으니, 3남은 심운(心運), 기운(箕運), 익운(翼運)이고 5녀는 이진홍(李鎭弘), 이발상(李發祥), 생원 김완찬(金宛燦), 정상진(鄭象晉), 배이록(裵以祿)에게 각각 시집갔다. 손이함(孫以諴), 이재복(李在復), 강수흠(姜守欽), 정교(鄭墧)에게 시집간 사람들은 심운이 낳은 딸이고, 이병(以秉), 이재(以載)는 기운이 낳은 아들이다. 이겸(以謙)은 익운이 낳은 아들이다. 이여기(李汝驥)와 유술문(柳述文)에게 시집간 사람은 이진홍이 낳은 딸이다. 이재원(李在元), 이재형(李在亨), 이재정(李在貞)은 이발상이 낳은 아들이고, 이건기(李建基)에게 시집간 사람도 이발상이 낳은 딸이다. 정민수(鄭民秀), 정민충(鄭民衷), 정민병(鄭民秉), 정민계(鄭民季)는 정상진이 낳은 아들이다. 그 외 어린아이들은 모두 기록하지 않는다.

내가 공의 집안과 혼사를 맺어 사돈이 된[162] 지 겨우 4년밖에 되지 않았는데, 공께서 갑자기 돌아가셨다. 그러나 마음으로 공의 풍모와 격조를 훌륭하게 여긴 것은 대개 10년 동안을 늘 그러하였다. 지금 심운 군이 공의 가장(家狀)을 지어 가지고 나에게 와 보여 주면서 묘갈명을 지어 달라고 부탁하였다. 내가 비록 글을 잘 짓지는 못하지만 차마 사양할 수 있겠는가. 드디어 다음과 같이 명한다.

**162** 내가……된 : 정종로의 첫째 아들 정상진(鄭象晉)이 이동호의 딸에게 장가를 들었기에 정종로와 이동호는 사돈 간이 된다.

| | |
|---|---|
| 하늘이 대장부를 낳는 것을 | 天生大男 |
| 많은 사람들이 또한 보네 | 千人亦見 |
| 내가 나라 안을 다녀 보았지만 | 吾行國中 |
| 공과 같은 이는 대개 드물었네 | 如公蓋鮮 |
| 문과 무를 모두 잘하였으나 | 文武俱宜 |
| 어찌 끝마무리를 잘하려 하지 않았는가 | 曷不肯竟 |
| 세상의 박절하고 좁은 것을 탄식하였으니 | 嗟世迫隘 |
| 그렇게 사는 것이 본성이 아니었기 때문이네 | 俯仰非性 |
| 이에 산수를 좋아하며 | 樂此湖山 |
| 통쾌한 뜻으로 유유자적하였네 | 快意自適 |
| 대장부의 기상과 의리는 | 丈夫氣義 |
| 무리 중에 대적할 이가 없었네 | 衆無與敵 |
| 신령한 천리마가 재갈을 벗으니 | 神驥脫銜 |
| 만 리가 눈 아래에 있네 | 萬里在睨 |
| 애석함은 때를 만나지 못하고 | 惜不遇時 |
| 이런 상태로 세상을 마침이네 | 以而終世 |
| 훌륭한 인재를 얻기가 어려운 요즘 | 才難此日 |
| 나의 회포가 더욱 비통해지네 | 余懷尤悲 |
| 공을 사모하는 자가 있다면 | 有慕公者 |
| 나의 묘갈명에서 징험할 수 있으리 | 其徵吾詩 |

입재집

제40권

# 묘갈명
# 墓碣銘

# 묘갈명 墓碣銘

## 소산 이공 묘갈명 병서
小山李公墓碣銘 並序

대산(大山) 이 선생(李先生)[1]이 영남 지역에서 우뚝이 일어나 위로 도산(陶山)의 통서(統緖)를 접하였다. 그 동생은 소산(小山) 선생이니 그 도(道)가 또한 대산과 동일하여 세상에서 하남(河南)의 백숙자(伯叔子)[2]에 비유하더라. 하루는 선생의 손자 병탁(秉鐸)이 상복을 입은 채로 그의 선친 침랑군(寢郎君)[3]이 지은 가

1 대산(大山) 이 선생(李先生) : 이상정(李象靖, 1711～1781)을 말한다. 본관은 한산(韓山), 자는 경문(景文), 호는 대산, 시호는 문경(文敬)이다. 1735년(영조11)에 문과에 급제하여 예조 참의와 형조 참의 등에 임명되었으나 모두 사임하고 강학에 힘써 퇴계 이황의 학통을 잇는 당세의 종사(宗師)가 되었다. 문집으로 《대산집(大山集)》이 있다.

2 하남(河南)의 백숙자(伯叔子) : 하남 낙양(洛陽) 출신의 정호(程顥, 1032～1085)와 정이(程頤, 1033～1107) 형제를 말한다. 정호는 자가 백순(伯淳), 호가 명도(明道), 시호가 순공(純公)으로 저서에 《식인편(識仁篇)》과 《정성론(定性論)》이 있다. 정이는 자가 정숙(正叔), 호가 이천(伊川), 시호가 정공(正公)으로 저서에 《역전(易傳)》, 《경설(經說)》, 《어록(語錄)》 등이 있다. 이들은 모두 주돈이(周敦頤)의 제자인데, 그들의 저술을 합한 《이정전서(二程全書)》가 세상에 유포되고 있다.

장(家狀)을 받들고 와서 울면서 나에게 선생의 묘갈명을 지어 달라고 부탁하며 "선친께서 일찍이 어르신을 만나 뵙고 부탁하려 하였으나 성사시키지 못하고 돌아가셨습니다. 혹시 삼년상을 치르는 동안에 소원을 이룰 수 있다면 유명(幽明)의 감격이 어찌 끝이 있겠습니까."라고 하였다. 나는 생각건대 선생은 일찍이 대산 선생의 행장을 지어 또한 이천(伊川)이 명도(明道)에게 한 것과 같이 하였으니,[4] 대산의 행장에서 선생의 면모를 알 수 있다. 다시 어찌 군더더기 말을 하겠는가. 다만 이것은 특별히 묘갈명으로 지은 것일 따름이고 또 망인(亡人) 이우(李㙔)의 뜻을 차마 저버릴 수가 없어서 드디어 서술하기를 아래와 같이 한다.

삼가 살펴보면 다음과 같다. 선생의 휘는 광정(光靖)이고 자는 휴문(休文)이며 본관은 한산(韓山)이다. 고려 말에 시호가 문성(文成)이고 호가 가정(稼亭)인 이곡(李穀)과, 시호가 문정(文靖)이고 호가 목은(牧隱)인 이색(李穡) 부자가 모두 중국 원(元)나라에서 제과(制科)에 합격하여 문장(文章)과 덕업(德業)이 천하에 소문났다. 그로부터 이후로 고관들이 끊어지지 않았는데, 대사간(大司諫)을 지낸 윤번(允蕃)이 청렴하고 곧은 것으로 드러났다. 또 3대 뒤에 호가 수은(睡隱)인 휘 홍조(弘祚)는 광해군의 정치

**3** 침랑군(寢郞君) : 이우(李㙔, 1739~1810)이다. 본관은 한산(韓山), 자는 치춘(穉春), 호는 면암(俛菴)으로 소산(小山) 이광정(李光靖)의 아들이다. 저서로 《면암집》이 있다.

**4** 선생은……하였으니 : 소산이 지은 대산의 행장은 《소산집》 권12에 실려 있는 〈삼형 대산 선생 행장(三兄大山先生行狀)〉이고, 이천이 지은 명도의 행장은 《이정전서(二程全書)》 권29에 실려 있는 〈명도 선생 행장(明道先生行狀)〉이다.

가 혼란한 것을 보고 피하여 남쪽으로 내려와 외숙부 수암(修巖) 유진(柳袗)[5]을 따라 안동(安東)에 거주하게 되었다. 그러다가 병조호란 때 안동의 의병장이 되었는데, 추천에 힘입어 현감이 되었으니, 이분이 공의 고조부이다. 증조부는 휘가 효제(孝濟)로 통덕랑(通德郎)을 지냈고 조부는 휘가 석망(碩望)이다. 아버지는 휘가 지화(志和)이고 어머니는 광산 김씨(光山金氏)로 교리(校理)를 지낸 김총(金璁)의 손자인 통덕랑을 지낸 김사덕(金師德)의 따님이다. 생부의 휘는 태화(泰和)이고 생모는 재령 이씨(載寧李氏)로 밀암(密庵) 선생 이재(李栽)[6]의 따님이다. 명릉(明陵 숙종의 능호) 갑오년(1714, 숙종40) 3월 9일에 소호리(蘇湖里) 집에서 선생을 낳았다.

선생은 어려서 단정하고 고결하였으며 재주와 성정이 남보다 뛰어났다. 7세에 비로소 학교에 들어가 번거롭게 가르치고 감독하지 않아도 문리(文理)가 날로 성취하였다. 10세에 갈라산(葛蘿山)[7]에 올라 시를 지었는데, 원대한 것에 도달하려는 의상(意像)

5 유진(柳袗) : 1582~1635. 본관은 풍산(豊山), 자는 계화(季華), 호는 수암으로 유성룡(柳成龍)의 셋째 아들이다. 1610년(광해군2) 사마시에 합격하였고, 1623년(인조1) 학행으로 천거되어 봉화 현감(奉化縣監)을 제수받았다. 사후에 이조 참판에 증직되었고, 병산서원(屛山書院)에 제향되었다. 저서로 《수암집》이 있다.

6 이재(李栽) : 1657~1730. 본관은 재령(載寧), 자는 유재(幼材), 호는 밀암으로 갈암(葛庵) 이현일(李玄逸)의 아들이다. 일찍이 주부의 벼슬이 내려졌으나 사퇴하고 평생을 부친의 유배지를 따라다니며 모셨고, 오로지 학문에만 몰두하여 성리학의 대가가 되었다. 이상정(李象靖)과 이광정(李光靖)은 모두 그의 제자이다.

7 갈라산(葛蘿山) : 안동시 남선면과 의성군 단촌면의 경계를 이루고 있는 산이다. 신라의 명필 김생(金生)이 갈라산의 최고봉인 문필봉(文筆峯)에서 글씨 공부를 한 것

이 있었다. 무신년(1728, 영조4) 봄에 호서(湖西)에서 역적이 반란을 일으키자[8] 안동 고을 사람들이 의병을 창도하였다. 공은 이때 나이가 15세였지만, 분개하며 의병에 응모하기를 자청하여 말하기를 "고인 중에 16세에 의병 모집에 응하는 자가 있었는데, 내가 어찌 유독 하지 못하겠는가." 하였다.[9] 이해에 밀암에게 배움을 받았는데 밀암이 매우 원대한 것으로 기대하였다.

무진년(1748, 영조24)에 생부의 상을 당하였다. 계유년(1753, 영조29)에 암행어사가 경술(經術)로 조정에 천거하였다. 갑술년(1754, 영조30)에 공의 나이 41세였는데, 이에 말하기를 "거백옥(蘧伯玉)이 잘못을 알았으니, 내가 하필 50세를 기다릴 것이 있겠는가."[10] 하고는 즉시 과거 시험을 그만두고 두문불출하며 도를

으로 전해진다. 산 정상 기우단에는 무쇠로 만든 말[馬]을 묻어 두었다고 전해진다.

**8** 호서(湖西)에서……일으키자 : 충청도 청주의 이인좌(李麟佐, ?~1728)가 주동이 되고 영남 안의의 정희량(鄭希亮)이 공모하여 일으킨 무신란을 말한다. 영조(英祖)의 즉위로 소론(少論)이 실각하자 이인좌는 정희량과 공모하여 밀풍군(密豐君) 탄(坦)을 추대, 무력에 의한 정권 쟁탈을 꾀했다. 1728년 3월 상여에 무기를 싣고 청주에 잠입하여 충청도 병마절도사 이봉상(李鳳祥)을 죽이고 대원수라고 자칭하였으나 도순무사(都巡撫使) 오명항(吳命恒)의 관군에게 죽산에서 대패하여 절에 숨었다가 잡혀서 서울로 압송, 참형을 당했다. 정희량은 안음(安陰)·거창(居昌)·합천(陜川)·삼가(三嘉) 등의 고을에서 반란을 일으켰으나 잡혀 참수(斬首)되었다.

**9** 공은……하였다 : 공의 아들 면암(勉庵)이 지은 가장에 "할아버지가 의병을 모집하자 아버지가 의병 모집소에 자발적으로 가서 '내가 들으니 15세가 되면 장정이 되니 우리 법률상 의병 모집 대상에 해당한다.' 하고 명단에다가 이름을 쓰기를 청하였다. 좌객(坐客) 중에 나이가 어리다고 꾸짖는 자가 있었는데, 아버지가 '당나라 태종(太宗)도 16세에 모병에 응하였으니 내가 어찌 유독 하지 못하겠는가.' 하였다."라고 하였다.

실현할 뜻을 구하였다.[11] 무자년(1768, 영조44)에 어머니 상을 당하였다. 계묘년(1783, 정조7)에 선대왕(先大王) 정조가 하교하여 말하기를 "들어보니 고(故) 참의(參議) 이상정(李象靖)의 동생 광정(光靖)은 또한 곤궁한 가운데 뜻을 견고하게 하고 독서하며 바른 행실을 닦고 계칙하여 그 형의 풍도가 있으니 내가 매우 가상히 여긴다." 하시고는 명하여 온릉 참봉(溫陵參奉)에 임명하였다. 갑진년(1784, 정조8)에 동몽교관(童蒙敎官)에 임명되었고 을사년 1785, 정조9)에 사포서 별제(司圃署別提)에 임명되었으나 모두 부임하지 않았다. 기유년(1789, 정조13) 7월 25일에 대산서당(大山書堂) 만완재(晩翫齋)에서 고종명하시니 향년 76세였다. 선영을 따라 군위현(軍威縣) 북쪽 모로동(毛老洞) 갑좌(甲坐) 언덕에 장례를 치르니 장례식에 모인 선비[12]들이 수백 명이었다.

선생은 자품이 옥과 같이 고결하고 타고난 자질이 매우 높았다. 어릴 때 자못 옛 성현[13]에 뜻을 두고서 제자백가를 두루 섭렵

**10** 거백옥(蘧伯玉)이……있겠는가 : 거백옥은 춘추 시대 위(衛)나라 대부인 거원(蘧瑗)으로 자가 백옥이다. 항상 자신의 허물을 반성하기에 힘썼다. 《회남자(淮南子)》 〈원도훈(原道訓)〉에 "거백옥이 나이 쉰에 지난 마흔아홉 살까지의 잘못을 알았다."라고 말하였다.

**11** 두문불출하며……구하였다 : 은거하여 자신이 행할 도를 구한다는 뜻이다. 《논어》 〈계씨(季氏)〉에 "은거하여 그 뜻을 구하고, 의를 행하며 그 도를 행하는 것을 나는 그러한 말만 들었고 그러한 사람은 보지 못하였노라.〔隱居以求其志, 行義以達其道, 吾聞其語矣, 未見其人也.〕"라고 하였다.

**12** 선비 : 원문 '봉액(縫掖)'을 옮긴 말이다. 봉액은 소매 밑에서부터 봉합(縫合)한 옷으로, 공자(孔子)가 입었다 하여 유복(儒服)을 그렇게 말한다.

**13** 성현 : 원문 '작자(作者)'는 창시(創始)하는 사람으로, 《예기》 〈악기(樂記)〉에

하여 성취가 비상(非常)하였다. 선달(先達)[14]인 강좌(江左) 권공(權公)[15]이 연소자인 공과 교유하였다.[16] 외조부인 밀암 문하에서 유학함에 학문하는 큰 방향을 들을 수 있어서 개연히 구도(求道)의 뜻이 있었다. 일찍이 말하기를 "성인(聖人)도 나와 같은 유이니 훌륭한 일을 함이 있는 자는 이와 같이 된다."라고 하면서 날마다 대산 선생과 절차탁마하여 학문에 매진하기를 그만두지 않았다. 수사낙민(洙泗洛閩)[17]의 글을 걸어가며 생각하고 앉아서 암송하여 잠시도 놓아 버린 적이 없었다. 비록 빽빽이 많은 사람들이 모여 분분하고 시끄러운 곳에 처하더라도 조용히 물러나 침묵하며 고요한 모습으로 듣지 않은 듯하였다.

매양 한밤중에 만물이 고요할 때 이불을 안고 외롭게 오뚝하게 앉아 있기가 마치 진흙 소상인 같았다. 혹 《대학장구》와 《중용장구》를 나직이 읊조렸으니 대개 마음에 오묘하게 계합하여 스스로

"작자를 성(聖)이라 하고, 술자(述者)를 명(明)이라 한다."라고 하였다.

**14** 선달(先達) : 벼슬이나 학문이 자기보다 앞선 선배를 말한다.

**15** 강좌(江左) 권공(權公) : 권만(權萬, 1688~1749)을 말한다. 본관은 안동(安東), 자는 일보(一甫), 호는 강좌이다. 봉화 닭실 출신으로 이현일(李玄逸)의 문인이다. 1721년(경종1) 생원에 합격하고 1725년(영조1) 문과에 급제하여 벼슬이 병조좌랑에 이르렀다. 양산(梁山)의 충현사(忠賢祠)에 제향되었으며 저서로는 《강좌집》이 있다.

**16** 연소자인 공과 교유하였다 : 원문 '절배(折輩)'는 자기보다 연배가 낮은 사람과 사귀는 것을 말한다. 송(宋)나라 방덕순(方德順)이 일찍부터 문장과 행의(行誼)로 이름이 높아 당대의 장자(長者)들이 절배하여 사귀었다 한다.

**17** 수사낙민(洙泗洛閩) : 수수(洙水)와 사수(泗水) 사이에 있었던 공자(孔子), 낙양(洛陽)의 정자(程子) 그리고 민중(閩中)의 주자(朱子)를 말한다.

터득함이 많았다. 그러나 또한 그것을 사람에게 말한 적이 없고 오직 자신이 체험하고 실천하는 것을 주로 삼았다. 일찍이 다음과 같이 생각하였다. "널리 배우고 자세히 물으며 신중히 생각하고 밝게 분변하여 전적으로 독실히 행하는 바탕으로 삼아야 한다. 그렇지 않으면 비록 만 가지 이치를 궁구하여 극진히 한다 하더라도 무슨 유익함이 있겠는가. 성현의 책을 읽음에 반드시 모름지기 먼저 그 대의(大意)를 터득해야 하니, 대의를 이미 터득하면 작은 뜻은 마땅히 계속 줄지어 저절로 보이게 된다. 대장(大匠)이 사람에게 곱자와 직각자를 줄 수 있으나 사람에게 교묘한 기술을 줄 수는 없다. 그러나 교묘한 기술이 다만 곱자와 직각자 가운데 있으니 사람이 스스로 터득하는 데 달려 있을 따름이다. 또 사사로운 것은 모든 병통의 근원이며 모든 악의 창고이다. 만약 이것을 깨뜨리지 못하면 도(道)에 들어갈 데가 없다. 자신을 반성하고 자기의 사욕을 제거하기를 오직 미치지 못할까 염려해야 한다. 한 가지 일이라도 명성을 가까이 할 때는 반드시 자기를 단속하고 공적을 숨길 것을 생각하며, 한마디 말을 장차 하려 할 때는 반드시 자신을 되돌아보며 삼가야 한다." 마음을 밝고 밝게 하여 마음에 둔 것은 오직 뜻을 정밀하게 하여 신묘한 경지에 들어가는 것[18]일 따름이었다. 이 때문에 박학해도 잡된 것에 흐르지 않고 간약해도 비루한 데 들어가지 않았다. 이로 말미암아 위로 천덕

**18** 뜻을……것 : 《주역》 〈계사전 하(繫辭傳下)〉에 나오는 내용으로, "뜻을 정밀히 하여 신묘한 경지에 들어감은 씀을 지극히 하기 위함이다.〔精義入神, 以致用也.〕"라고 하였다.

(天德)에 도달하여 대산(大山)과 발걸음을 나란히 하는 데 이르렀으니, 아 위대하구나.

날마다 볼 수 있는 훌륭한 행실 같은 경우를 말해 보면, 공은 매일 날이 밝기 전에 반드시 세수하고 빗질한 뒤 가묘에 배알하였다. 어머니에게 안부를 살피고 생부모에게 문안인사 드리는 것을 비바람이 불고 추위와 더위에도 혹 쉬지 않았다. 선조를 받듦에 정성과 청결을 극도로 다하였다. 백형을 섬기기를 아버지 섬기듯이 하였으며 자손들을 가르침에 반드시 올바른 길로 인도하였다.[19] 규문(閨門) 안에서는 더욱 예교(禮敎)를 삼가여 항상 "집안이 망하려면 예가 먼저 망하니, 두려워하지 않을 수 있겠는가."라고 말하였다. 종들을 다스림에 위엄 대신에 은혜를 썼고, 사람과 교제함에 담박하면서도 소원하지 않았다. 공은 도의(道義)로 서로 사귈 때에 시종 정성스러운 예로 대하여 더욱 지극하였다. 대산이 돌아가신 뒤로 덕업(德業)을 묻는 선비들이 모두 공에게 귀의하니, 공 또한 사문(斯文)을 흥기시키는 것으로 자임하여 선비들을 권면하고 유도하여 학문을 성취하게 만든 자가 많았다.

일찍이 말하기를 "임금과 신하의 큰 의리는 바로 사람이 태어날 때 같이 타고나서 천지간에 도망갈 곳이 없으니, 선비가 출처를 또한 자중하지 않을 수 없다."라 하였다. 조카 완(垸)이 교리(校

**19** 자손들을……인도하였다 : 《춘추좌씨전》 은공(隱公) 3년 조에, 위(衛)나라 장공(莊公)의 아들 주우(州吁)가 오만 방자하게 굴자, 현대부(賢大夫) 석작(石碏)이 장공에게 "아들을 사랑하신다면 그에게 바른 길로 가도록 가르쳐서 잘못된 곳으로 빠져들지 않게 해야 합니다.〔愛子, 教之以義方, 弗納於邪.〕"라고 충간(忠諫)한 말이 나온다.

理) 벼슬로 왕명의 부름에 부임하자 공이 이미 면전에서 경계하고 또 계옥(啓沃)[20]에 마음을 다하여 실제 효과가 나게 하는 것을 면려하였다. 세상의 학자들이 입과 혀로 이치를 마구 지껄이는 것을 문제점으로 생각하였기에 논저(論著)로 내는 것이 적었다. 그러나 옛 성인 중에 대순(大舜)만은 인륜의 변고에 처하였으나 그 상도를 잃지 않았다고 생각하고 경전에서 그 내용을 주워 모아 편집하여 한 권의 책으로 만든 후 《대순전서(大舜全書)》라 이름하였다. 그 외 공이 손 가는 대로 차록(箚錄)하여 스스로 성찰하고 보는 것으로 만든 것이 10여 책이 된다. 일찍이 그윽이 하윤(何胤)[21]의 고사를 취하여 서재를 '소산(小山)'으로 이름하였다. 유문(遺文) 약간 권이 간행되어 세상에 유포되어 있다.

부인은 공인(恭人) 의성 김씨(義城金氏)로 죽소공(竹所公) 김양현(金良鉉)의 따님이며 학봉(鶴峯) 선생 문충공(文忠公) 휘 김성일(金誠一)의 6대손이다. 그리고 나의 선조 문장공(文莊公) 우복(愚伏) 선생 휘 경세(經世)의 외 5세손이다. 예쁘고 정다우며 정숙하고 엄숙하였으며 효우(孝友)에 돈독하고 대체(大體)를 알

**20** 계옥(啓沃) : 신하가 자기의 마음속에 있는 것을 열어 임금의 마음을 윤택하게 인도하는 것이다. 은(殷)나라 고종(高宗)이 그 재상 부열(傅說)에게 "그대의 마음을 열어 나의 마음을 적셔라.〔啓乃心, 沃朕心.〕"라고 한 데서 유래한다. 《書經 說命上》

**21** 하윤(何胤) : 양(梁)나라 사람으로 자는 자계(子季)이며 벼슬은 형부 주사(刑部主事)를 지냈다. 저서에 《백법론(百法論)》, 《십이문론(十二門論)》, 《모시통집(毛詩統集)》, 《모시은의(毛詩隱義)》 등이 있다. 그는 만년에 진망산(秦望山)에 서당(書堂)을 지어 여러 제자를 가르치면서, 그 옆에 따로 작은 각실〔小閣室〕을 바위 속에 만들고 거기서 거처하면서 자신이 손수 열었다 잠갔다 하며, 하인도 가까이 오지 못하게 하였다 한다. 《梁書 卷51 何胤列傳》

았다. 자녀를 가르침에 법도가 있었다. 오야(五也) 선영 곁 경좌(庚坐) 언덕에 장례를 지냈다. 두 아들을 두었으니, 장남 우(堣)는 곧 침랑군(寢郎君)으로 가학을 잘 이었으며 임자년(1792, 정조16)에 올린 상소문에 소수(疏首)를 맡은 덕택으로 일명(一命)의 벼슬을 받았다.[22] 둘째 아들은 도(壔)이다. 딸은 장수훈(張壽勛)에게 시집갔다. 또 서자로 급(圾)이 있다. 우(堣)의 2남 중 장남은 곧 병탁(秉鐸)이고 차남은 영만(永萬)이며, 3녀는 정목(鄭睦), 김태수(金兌壽), 강서흠(姜書欽)에게 각각 시집갔다. 도는 아들이 없어서 영만을 양자로 삼았으며, 딸은 전 지평(持平)을 지냈던 최벽(崔璧)에게 시집갔다. 장수훈의 3남은 호(濠), 형(泂), 호(浩)이다. 병탁의 아들은 수현(秀賢)이고 두 딸은 생원을 지낸 김중남(金重南) 그리고 강인영(姜仁永)에게 각각 시집갔다. 영만의 두 아들은 수담(秀聃)과 수삼(秀三)이다. 침랑군이 일찍이 나와 잘 지냈는데, 내가 선생을 매우 사모한다는 것을 알았다. 지금 묘갈명의 부탁을 받은 것은 이 때문일 것이다. 명은 다음과 같다.

아, 우리 도산 선생은 粤我陶山
우리나라의 고정[23]이네 海東考亭

22 임자년(1792, 정조16)에……받았다 : 1792년 사도세자(思悼世子)의 신원을 청하는 영남유림만인소에 소수(疏首)로 추대되어 대궐로 나아가 의릉 참봉(懿陵參奉)을 제수받았다. 그러나 순조가 즉위하자 시세가 크게 달라져 1805년(순조5) 소수를 먼 섬에 귀양 보내야 한다는 대신과 대간의 논계에 따라 이듬해 고금도로 유배되었다.

23 고정(考亭) : 주희(朱熹)를 말한다. 주희가 만년에 여기에 거주하며 창주정사(滄洲精舍)를 세웠는데, 송나라 이종(理宗)이 주자를 숭사(崇祀)하기 위하여 고정

| | |
|---|---|
| 정맥이 끊어지지 않아 | 正脈不絶 |
| 대산이 능히 이었네 | 大山克承 |
| 선생도 함께 일어나 | 先生并起 |
| 따라감을 잘하였네 | 追踵寔能 |
| 맑고 밝아 한 점의 티가 없어서 | 瑩澈無瑕 |
| 얼음 항아리 속의 가을 달이네[24] | 秋月壺冰 |
| 형의 풍도가 있다고 말씀하시면서 | 曰有兄風 |
| 구중궁궐의 임금께서 살피셨네 | 九重攸監 |
| 특명으로 벼슬을 내려서 | 特命授官 |
| 남다른 성은이 거듭 이르렀네 | 異恩荐覃 |
| 그러나 동강을 견고하게 지키며[25] | 牢守東岡 |
| 늙어서 감당할 수 없다고 하였네 | 謂老不堪 |
| 후학들이 유교의 도에 길을 잃었거늘 | 後學迷道 |

서원(考亭書院)이라 사명(賜名)하였다.

**24** 얼음……달이네 : 지극히 청명(淸明)한 마음의 비유이다. 빙호(氷壺)는 원래 얼음을 담는 옥 항아리인데 그 속을 가을달이 비추어 그 바탕이 청명한 것을 일컫는 말로, 주희(朱熹)의 스승 연평(延平) 이통(李侗)의 높은 인격을 칭찬한 말이다. 《송사(宋史)》 권428에 "등적(鄧迪)이 일찍이 주송(朱松: 주희(朱熹)의 부친)에게 말하기를 '원중(愿中: 이통의 자)은 마치 빙호추월(冰壺秋月)과 같아 한 점 티가 없이 맑게 비치니 우리들이 따라갈 수가 없다.' 하였다."라고 하였다.

**25** 동강(東岡)을 견고하게 지키며 : 벼슬하지 않고 은거하려는 뜻이 굳다는 말이다. 동강(東岡)은 동쪽의 산 언덕으로, 세상을 마다하고 은둔하는 곳이라는 뜻이다. 《후한서(後漢書)》 권83 〈주섭열전(周燮列傳)〉에 "선세(先世) 이후로 국가에 대한 공로와 임금의 은총으로 대를 이어 왔는데, 어찌하여 그대 혼자 동강(東岡)의 언덕만을 지키려고 하는가?"라고 하였다.

| | |
|---|---|
| 공이 또 지남거처럼 바로잡아 주었네 | 公又指南 |
| 하늘은 현명한 사람을 남겨 두지 않으니 | 天不憖遺 |
| 사문을 누구에게 의탁할까 | 斯文誰托 |
| 빛나는 현명한 아들은 | 有斐賢胤 |
| 대의를 진술하여 아뢰었네 | 大義陳白 |
| 한 조각의 비석에 | 一片貞珉 |
| 공렬을 실음이 우뚝하네 | 載烈惟卓 |
| 나는 생각해 보니 정자(程子) 집안의 | 我思程門 |
| 백정자에 대한 숙정자와 같네 | 如叔於伯 |

## 지수 정공 묘갈명 병서

篪叟鄭公墓碣銘 並序

나는 어릴 때부터 영양(永陽 영천(永川))에서 정훈수(鄭塤叟)와 지수(篪叟) 선생 형제가 우뚝이 일어나 성인(聖人)의 도를 배우며 당세에 중망을 받고 후인들에게 모범이 되었다는 것을 들었으니, 내가 우러러 사모한 지 오래되었다. 지금 지수의 증손자 태섭(台攝)이 그의 종질(從姪) 유수(裕壽)를 보내 선생의 유집(遺集)과 행록(行錄)을 받들고 와서 나에게 보여 주며 묘도의 묘갈명을 지어 달라고 청하였는데, 내가 사양했으나 되지 않았다. 이에 삼가 살펴보고 다음과 같이 서술한다.

공의 휘는 규양(葵陽)이고 자는 숙향(叔向)이며 성은 정씨(鄭氏)이고 본관은 오천(烏川)이다. 고려 시대 추밀원 지주사(樞密院知奏事)를 지낸 습명(襲明)이 시조이다. 조선조에 이르러 휘 광후(光厚)는 공조 판서를 지냈다. 3세 뒤에 참봉을 지낸 윤량(允良)은 도산(陶山)의 문하에서 유학하였다. 이분이 강호수(江湖叟) 세아(世雅)를 낳았는데, 세아는 임진왜란 때 창의한 공로로 병조 판서에 추증되고 시호는 강의(剛義)이다. 그로부터 2세 뒤 문과에 급제하였으며 목사(牧使)를 지낸 휘 호인(好仁)이 공의 증조부이다. 조부는 휘가 시행(時行)으로 무공랑(務功郎)을 지냈다. 아버지는 휘가 석주(碩冑)로 생원을 지냈으며, 어머니는 의성 김씨(義城金氏)로 진사(進士) 김방열(金邦烈)의 따님이며 숭정처사(崇禎處士) 김시온(金是榲)의 손녀이다. 현종 정미년(1667, 현종8) 4

월 모일에 영천 대전리(大田里) 집에서 선생을 낳았다.

선생은 외모가 청수(淸秀)하여 마치 물속에서 나온 부용(芙蓉) 같았다. 타고난 자질이 영민(英敏)하여 배운 지 몇 년이 되지 않아 글을 지을 줄 알았는데, 사람들을 놀라게 하는 말을 구사하였다. 11세에 서울에서 벼슬하는 족조(族祖) 주부공(主簿公)에게 편지를 보내서 말하기를 "지금 국가에 우환이 많으니 원하건대 할아버지께서는 남쪽으로 왜국을 정벌하고 북쪽으로 오랑캐를 정벌하여 만고의 충신이 되십시오."라고 하였으니,[26] 듣는 자들이 매우 기특하게 여겼다. 겨우 15세에 여러 경서와 사서(史書)를 두루 다 읽어 식견과 지업(志業)이 날로 크고 넓어졌다. 과거 시험 글을 잘 지어서 붓을 잡으면 즉시 이루었다. 병인년(1686, 숙종12)에 별시(別試)를 보았는데, 이기(理氣) 대책문(對策文)의 수많은 문제 조항에 마치 손바닥을 가리키듯이 명확하게 답안을 쓰니 숙유(宿儒)들이 모두 혀를 내둘렀고 고관(考官)도 영재(英才)라 칭찬하였으나, 끝내 문과에는 급제하지 못하였다.

경오년(1690, 숙종16)에 아버지 상을 당하였다. 선생이 숙환이 있어서 왕왕 몸이 곤하였으나 상제를 지키기를 오히려 엄중히 하였다. 삼년상을 이미 마침에 몸을 섭생하고 보양할 계획으로 소은동(小隱洞)에 들어가 거주하였다. 날마다 《심경(心經)》을 보면서

26 족조(族祖)……하였으니 : 《훈지집(壎篪集)》 권16 〈무재 숙조 시찬에게 올림〔上無齋叔祖時贊〕〉에 "지금 국가에 근심이 많으니, 원컨대 숙조께서는 남으로 왜구를 정벌하고 북쪽으로 흉노를 공격하여 만고의 충신이 되십시오.〔今國家多憂, 願叔祖南伐倭寇, 北擊匈奴, 作萬古忠臣也.〕"라는 내용이 있다.

홀연히 깨달아 흘린 눈물이 옷을 적시었고, 드디어 그것을 시로 지어 스스로 경계하였다.[27] 27세에 과거 시험을 그만두고 성리학을 강구(講究)함을 전일하고 정밀하게 하였다. 먼저 《소학(小學)》과 《가례(家禮)》를 공부 과정으로 삼고 또 편지로 당대의 선각자인 이갈암(李葛庵),[28] 윤명재(尹明齋),[29] 정우담(丁愚潭)[30] 등에게 질문하여 그 식취(識趣)를 넓혔다.

기묘년(1699, 숙종25)에 천연두가 유행하는 가운데 어머니 상을 당하였는데, 선생도 막 그 병에 걸려 완쾌하지 못하였으나 집

**27** 날마다……경계하였다 : 《훈지집》 권1에 〈임신년 겨울에 심경을 읽다가 갑자기 깨달아 땀이 나서 옷을 적셨기에 시를 지어 지난 잘못을 뉘우치다.〔壬申冬閱心經, 忽覺汗出沾衣, 詩以悔之.〕〉라는 시가 있다.

**28** 이갈암(李葛庵) : 이현일(李玄逸, 1627~1704)을 말한다. 본관은 재령(載寧), 자는 익승(翼昇), 호는 갈암이다. 1646년(인조24)과 1648년에 초시에 모두 합격하였으나 벼슬에 나아갈 뜻이 없어 복시를 단념하였다. 벼슬이 이조 판서에 이르렀다. 영남학파의 거두로 이황(李滉)의 학통을 계승하여 이기호발설(理氣互發說)을 지지하고 이이(李珥)의 학설을 반대하였다. 저서로는 《갈암집》이, 편서로는 《홍범연의》가 있다.

**29** 윤명재(尹明齋) : 윤증(尹拯, 1629~1714)을 말한다. 본관은 파평(坡平), 자는 자인(子仁), 호는 명재이다. 유계(兪棨)와 김집(金集)의 문인이며 나중에 송시열의 문인이 되었으나 절교하였다. 좌의정과 판돈녕부사에 임명되었지만 모두 사양하고 부임하지 않았다. 소론의 영수로 노론과 치열한 당쟁을 벌였고, 충청도 노성(魯城)의 이산(尼山)에 은거하면서 후진을 양성하였으며 예론(禮論)에 정통하였다. 저서로 《명재의례문답(明齋儀禮問答)》과 《명재유고》가 있다. 시호는 문성(文成)이다.

**30** 정우담(丁愚潭) : 정시한(丁時翰, 1625~1707)을 말한다. 본관은 나주(羅州), 자는 군익(君翊), 호는 우담이다. 유일(遺逸)로 천거되어 진선(進善)까지 올랐으나 인현왕후 폐위의 잘못을 상소하였다가 파직되었다. 이후로는 성리학을 연구하면서 후진 양성과 농업에만 종사하였다. 저서로 《우담집》이 있다.

상(執喪)을 아버지 상과 같이 정성을 다하였다. 삼년상을 마치고 횡계(橫溪) 가에 이주하였다. 그 지명이 횡거(橫渠)와 서로 근사하기에 장자(張子)의 '육유(六有)'[31] 두 글자를 취하여 재실에 편액을 달았다. 백형과 공부에 매진하면서 서로 즐겼는데, 훈지(塤篪) 두 글자를 나누어서 호로 삼은 것은 이 때문이다. 또 창화하고 응수(應酬)한 여러 글을 모아 합쳐서 한 질로 만들고 《훈지록(塤篪錄)》이라 이름하였다. 고산사(高山社)를 창건하여 사방의 학자들을 거처하게 하고 또 진수재(進修齋)를 지어 주자(朱子)의 백록동규(白鹿洞規)와 여러 잠훈(箴訓)을 걸어 놓고 실행하게 하였다. 매달 초하루에 반드시 강학하였으며 향음주례(鄕飮酒禮)와 투호례(投壺禮)를 행함에 질서정연하였다.

갑오년(1714, 숙종40)에 암행어사가 명경행수(明經行修)를 기려 임금에게 아뢰니, 임금이 현릉 참봉(顯陵參奉)에 임명하였으나 부임하지 않았다. 무신년(1728, 영조4)에 반역의 변고가 안의(安義)와 합천(陜川) 지역에서 일어나자[32] 선생이 비분강개하며 백형

**31** 장자(張子)의 육유(六有) : 장자는 장재(張載, 1020~1077)로, 송(宋)나라 미현(郿縣) 횡거진(橫渠鎭) 사람이다. 자(字)는 자후(子厚)이며 호는 횡거이다. 1058년에 진사시(進士試)에 급제하여 숭정원 교서(崇政院校書)에 이르렀다. 관중(關中)에서 강학하였으므로, 그의 학문을 '관학(關學)'이라 한다. 저서로 《정몽(正蒙)》, 《경학이굴(經學理窟)》, 《횡거역설(橫渠易說)》 등이 있다. 그는 육유설(六有說)을 말하였으니, "말하는 데에는 법도가 있고, 행동하는 데에는 가르침이 있고, 낮에는 하는 일이 있고, 밤에는 얻음이 있고, 숨 쉴 때에는 기름이 있고, 눈을 깜빡일 때에는 보존함이 있어야 한다.〔言有法, 動有教, 晝有爲, 宵有得, 息有養, 瞬有存.〕"라는 것이 그것이다.

**32** 무신년(1728, 영조4)에……일어나자 : 충청도 청주의 이인좌(李麟佐, ?~1728)

과 격문을 초안하여 의병을 창도하였으나 곧바로 역적이 평정되었다는 소식을 듣고 그만두었다. 경자년(1720, 숙종46)에 관찰사가 조정의 명령으로 장차 호포법(戶布法),[33] 유포법(遊布法),[34] 결포법(結布法),[35] 구전법(口錢法)[36] 등을 시행하려고 편지로 편의의 여부를 물으매, 선생이 조목별로 대답하여 그것의 불편한 점을 말하였으니, 대개 모두 먼 훗날을 내다보고 염려하였기 때문이다.

경술년(1730, 영조6)에 훈수의 죽음에 통곡하였다. 일찍이 옥간정(玉澗亭)을 중수하여 훈수와 함께 거처하였는데, 이로부터 다시는 그곳에 들어가지 않고 "내가 어찌 차마 홀로 거기에 거처하

가 주동이 되고 영남 안의의 정희량(鄭希亮)이 공모하여 일으킨 무신란을 말한다. 영조(英祖)의 즉위로 소론(少論)이 실각하자 이인좌는 정희량과 공모하여 밀풍군(密豐君) 탄(坦)을 추대, 무력에 의한 정권 쟁탈을 꾀했다. 1728년 3월 상여에 무기를 싣고 청주에 잠입하여 충청도 병마절도사 이봉상(李鳳祥)을 죽이고 대원수라고 자칭, 각처에 격문을 돌리고 병마를 소집하는 한편 진천을 거쳐 죽산·안성 등으로 진격하였는데, 도순무사(都巡撫使) 오명항(吳命恒)의 관군에게 죽산에서 대패하여 절에 숨었다가 잡혀서 서울로 압송, 참형을 당했다. 정희량은 안음(安陰)·거창(居昌)·합천(陜川)·삼가(三嘉) 등의 고을을 제압했으나 거창(居昌)에서 선산 부사(善山府使) 박필건(朴弼建), 곤양 군수(昆陽郡守) 우하형(禹夏亨) 등에게 잡혀 참수(斬首)되었다.

**33** 호포법(戶布法) : 봄과 가을 두 철에 집집마다 포를 바치도록 한 세제의 일종이다. 한 사람에 1필이 원칙이었으나 대개 좋지 않은 면포(綿布)를 바쳤으므로 여러 가지 문제가 생겼다.

**34** 유포법(遊布法) : 문인도 아니고 무인도 아니면서 놀고 먹는 사람에게서 포를 징수하는 법이다.

**35** 결포법(結布法) : 전결(田結)의 다소에 따라 납부할 베의 수량을 정하는 법이다.

**36** 구전법(口錢法) : 인구(人口)에 따라 돈[錢]을 징수하는 법이다.

겠는가."라고 말하였다. 풍원군(豐原君) 조현명(趙顯命)[37]이 경상도 관찰사가 되어 선생을 방문하여 《심경(心經)》과 《근사록(近思錄)》의 심오한 뜻을 질문하기를 매우 부지런히 하였다. 인하여 특별히 조정에 추천하여 말하기를 "정 모(鄭某) 같은 사람은 마땅히 예를 갖추어 간곡히 초빙하여 치도(治道)를 묻기를 명종(明宗)과 선조(宣祖)의 고사처럼 한다면 거의 인재를 널리 부르는[38] 실제의 효과가 있을 것입니다."라고 하였다. 다른 공경과 재상들도 교대로 추천하니, 임금이 어벽(御壁)에다가 선생의 성명을 써 놓고 등용하려고 하였으나, 선생이 얼마 있지 않아 돌아가셨으니, 곧 영조 임자년(1732, 영조8) 6월 모일이었다. 병환이 막 위독하자 입으로 자경잠(自警箴)을 말하며 벽에 쓰게 하고 또 자리를 바르게 고치게 하고는 돌아가시니, 향년 66세였다. 겨울 10월에 신령(新寧) 동쪽 신촌(新村) 묘좌(卯坐) 언덕에 장례를 지내니, 만장을 지어 가지고 조문하는 원근의 학사(學士)들이 줄을 이었다.

선생은 뛰어난 자질로 풍부한 학업을 온축하여 훈수 선생과 함께 대유(大儒)가 되었는데, 만년에 이르러서는 기상이 더욱 좋아

**37** 풍원군(豐原君) 조현명(趙顯命) : 1690~1752. 본관은 풍양(豐壤), 자는 치회(稚晦), 호는 귀록(歸鹿) 또는 녹옹(鹿翁)이다. 1719년(숙종45) 문과에 급제하였고 이인좌(李麟佐)의 난을 평정하여 분무공신(奮武功臣) 3등에 녹훈되고 풍원군(豐原君)에 봉해졌다. 1730년(영조6)에 경상도 관찰사가 되고 1750년(영조26)에 영의정에 올랐으며 시호는 충효(忠孝)이다.

**38** 인재를 널리 부르는 : 원문 '방초(旁招)'의 뜻이다. 《서경(書經)》 〈열명 하(說命下)〉에 부열(傅說)이 고종(高宗)에게 "널리 뛰어난 인재들을 불러들여 여러 직위에 배치해야 할 것입니다.〔旁招俊乂, 列于庶位.〕"라고 말하였다고 한다.

청명(淸明)하고 확 틔었으며 장중(莊重)하고도 응정(凝定)하였으니, 멀리서 바라봄에 도덕군자임을 알 수가 있었다. 선생의 학문하는 규모를 논해 보면 한결같이 옛 성현의 법도를 따라 하였다. 경(敬)을 주로 하여 그 근본을 세우는 데 있어서는 동정(動靜)을 꿰고 시종(始終)을 관철하여 오직 한 가지 생각도 혹 소홀히 할까 염려하였고, 이치를 궁구하여 그 앎을 극진히 하는 데 있어서는 표리(表裏)를 핵실하고 진망(眞妄)을 분변하여 오직 한 가지 물건도 혹 빠뜨릴까 염려하였으며, 힘써 행하여 그 실제를 밟는 데 있어서는 충신(忠信)을 주로 하고 이륜(彝倫)을 돈독히 하여 오직 한 가지 일도 혹 미진할까 염려하였다. 대저 이와 같다면 학문에 깊이 나아간 공부가 어찌 저와 같이 고명하고 광대한 데 이르지 않을 수 있겠는가.

날마다 볼만한 훌륭한 행실에 대하여 말해 보면, 부모를 섬기고 형제들을 대함에 지극한 정성을 다하여 유감됨이 없었으며, 종족을 화목하게 하고 빈우(賓友)들을 대함에 또한 처지에 따라 분수를 다하지 않음이 없었다. 사람을 가르치는 법은 반드시 하학(下學)하여 실제로 터득하는 것을 구하는 데 종사하게 하였으니, 사장학(詞章學)과 과거학(科擧學) 같은 것은 또한 금하지는 않고 말하기를 "다만 자신의 뜻을 빼앗기지 않게 하는 것이 좋겠다."라고 하였다. 흉금과 도량이 광활하였고 학문 수양의 공력이 보통보다 특출하였으니, 진실로 현명한 분이었다. 친소에 따라 공경의 차이가 없었으며 타인의 말로써 마음에 흔들리는 것이 없었다.

일찍이 밤에 강도 백여 명이 칼을 들고 뜰에 돌입하였는데, 선생이 등불 아래에서 옷깃을 바로 하고 정좌한 채 꼿꼿하게 꼼짝하지 않고 있다가 천천히 "부녀자들이 밖으로 나가 대피하고 난 뒤에 들어와서 약탈해도 좋다."라고 말하니, 도적들이 서로 돌아보며 놀라 눈이 휘둥그레져서 흩어졌다. 동강(東岡)을 지키려는 뜻[39]이 확고하여 도신(道臣 관찰사)과 공경・재상들이 이구동성으로 천거하였지만, 공은 무덤덤하게 벼슬을 마치 뜬구름 보듯이 하였으니, 마음속에 지극한 즐거움이 있지 않았다면 이와 같을 수 있었겠는가. 일찍이 횡계(橫溪)의 산수를 좋아하여 정자를 지어서 마음껏 즐기고 때때로 흥이 이르면 조그만 배를 띄워 홍류(紅流)의 못을 거슬러 올라갔다. 그러고는 관자(冠者)와 동자들로 하여금 〈어부사(漁父詞)〉와 〈적벽부(赤壁賦)〉를 외우게 하여 들었으니, 그 유연자득(悠然自得)한 생각을 다른 사람들은 알 수가 없었다.

저술로는 《훈지록(塤篪錄)》 외에 또 《대학차록(大學箚錄)》, 《개장비요(改葬備要)》, 《의례통해(疑禮通解)》, 《심경질의(心經質疑)》, 《계몽해의(啓蒙解疑)》 등이 있다. 선생이 일찍이 훈수의 가장을 지었는데, 그 대략을 말해 보면 "평소 새벽에 일어나 세수하고 양치질하며 의관을 정제한다. 벽면에다가 '상제가 너에게 임하고 있으니, 너의 마음을 두 갈래로 하지 마라. 마음을 명경지수와 광풍제월처럼 하라.〔上帝臨汝, 毋貳爾心, 明鏡止水, 光風霽月.〕'는 16글자를 써 놓고 그 가운데 단정하게 앉아 어깨와 등을 똑바로 세우고 앉아 종일토록 게으른 용모가 없었다. 한 번 보면 마음에 보존한 상태가 심오한 것을 알 수 있다."라고 하였다. 또 훈수

**39** 동강(東岡)을 지키려는 뜻 : 벼슬하지 않고 은거하려 한다는 뜻으로, 앞의 주 25 참조.

의 논학(論學)과 논지업(論志業) 등 여러 격언들을 역력히 열거하고 인하여 "내가 형과 비슷한 점을 알려고 하면 이것을 보면 족할 것이다."라고 스스로 말하였다. 아, 선생 형제 같은 사람은 어찌 이른바 뜻이 동일하고 도가 합치되어 서산(西山)의 두 채씨(蔡氏)[40]와 함께 천고토록 아름다움을 나란히 할 자가 아니겠는가.

부인은 인천 이씨(仁川李氏)로 교관(敎官)을 지낸 이석하(李碩馥)의 따님이다. 자식이 없어서 족제(族弟)인 중록(重祿)의 아들 일규(一珪)를 양자로 삼았다. 딸은 조인경(趙麟經)에게 시집갔다. 일규의 두 아들은 동범(東範)과 양자로 나간 하렴(夏濂)이고, 두 딸은 김학전(金學傳)과 장수연(張壽淵)에게 각각 시집갔다. 조인경의 두 아들은 문과에 급제하여 승지(承旨)를 지낸 석룡(錫龍) 그리고 석응(錫鷹)이며, 두 딸은 생원을 지낸 황계희(黃啓熙) 그리고 이정갑(李挺甲)에게 각각 시집갔다. 동범의 두 아들은 태환(台煥)과 태섭(台攝)이며 두 딸은 홍교(洪瀇)와 이종표(李宗標)에게 각각 시집갔다. 하렴의 두 아들은 계휴(啓休)와 재휴(再休)이고 딸은 서유경(徐惟磬)에게 시집갔다. 태환의 두 아들은 귀령

40 서산(西山)의 두 채씨(蔡氏) : 서산은 송나라의 도학자 채원정(蔡元定, 1135~1198)의 호이다. 채원정은 자가 계통(季通)으로, 주희(朱熹)의 외우(畏友)이다. 여기서 말하는 두 채씨는 곧 채원정의 두 아들 채연(蔡淵, 1156~1236)과 채침(蔡沈, 1167~1230) 형제를 말하는데, 둘 다 주자의 제자로 도학이 높았다. 채연은 자가 백정(伯靜)이고 호는 절재(節齋)로 《주역》을 깊이 연구하였다. 채침은 자가 중묵(仲默)이고 호가 구봉(九峯)이며, 시호가 문정(文正)으로 《서경집전(書經集傳)》을 지었다. 곧 훈수 정만양과 지수 정규양이 형제이며 함께 학문이 뛰어났기에 이렇게 말한 것이다.

(龜齡)과 학령(鶴齡)이고 두 딸은 이정구(李鼎久)와 김승교(金升敎)에게 각각 시집갔다. 태섭의 두 아들은 필건(必虔)과 양자로 나간 유건(裕虔)이다. 계휴의 아들은 유수(裕壽)이고 딸은 권치은(權致殷)에게 시집갔다. 재휴의 외동딸은 이총발(李聰發)에게 시집갔다. 명은 다음과 같다.

조선의 문운이 國朝文運
중기에 크게 열렸네 大啓中葉
선각자 회재와 퇴계가 있어 有覺晦退
위로 정자와 주자를 접하였으니 洛閩上接
문하에 이른 제자들이 及門諸子
별과 산악처럼 나열해 섰네 星羅岳立
정맥이 끊어지지 않아 正脈不絶
유풍을 서로 이었네 遺風相襲
아, 선생께서 猗歟先生
또 영남 지역에 태어났네 又起南邑
재주는 빼어나고 출중하였으며 才挺英邁
뜻이 구속되고 좁지 않았네 志不局狹
처음에 과거 공부를 일삼아 初事公車
책을 두루 보고 널리 섭렵하였네 汎觀博涉
하루아침에 잘못을 깨달아 一朝省悟
두려워하며 땀이 몸을 적셨네 惕然汗浹
세속의 과거 시험을 내던져 버리고 撥棄俗臼
학업에 전념하며 정진하였네 專精學業

이에 백형과 함께 爰暨伯氏
공부에 매진하며 학업을 익혔네 征邁服習
금과 옥처럼 서로 비추고[41] 金玉交暎
질나팔과 젓대처럼 함께 화합하였네[42] 塤篪偕協
광대한 규모와 有廣規模
치밀한 심법으로 有密心法
깊이 학문에 나아가 자득하여 深造自得
옛 법도에 다다를 수 있었네 往軌克躡
영화가 밖으로 드러나고 英華外發
경륜이 마음에 모였네 經綸中翕
재능에 따라 제자들을 가르치니 隨才施敎
선비들이 앞다투어 모여들었네 襟佩爭集
덕망을 보며 풍도를 듣고서 覿德聞風
공경과 재상들이 교대로 추천하였네 卿宰交汲
그러나 견고하게 동강을 지키며 牢守東岡
궁벽한 골짜기에서 늙기를 달게 여겼네 甘老窮峽
살아서는 순리에 따르고 죽어서는 편안하여[43] 生順歿寧

**41** 금과……비추고 : 훈수 정만양과 지수 정규양의 자질이 금과 옥처럼 매우 뛰어났다는 말이다.

**42** 질나팔과……화합하였네 : 훈지(塤篪)는 형제의 우애가 좋음을 말한다. 《시경(詩經)》 〈하인사(何人斯)〉에 "백씨(伯氏)가 질나팔을 불거든 중씨(仲氏)는 젓대를 부네.〔伯氏吹壎, 仲氏吹篪.〕"라고 하였다.

**43** 살아서는……편안하여 : 장재(張載) 〈서명(西銘)〉에 "살아 있을 때는 천리(天理)에 순응하여 일을 행하고 죽을 때는 마음이 편안하여 부끄러움이 없다.〔存吾順

| | |
|---|---|
| 심오한 경지에 넉넉히 들어갔네 | 奧域優入 |
| 훌륭한 저술을 남겨 | 炳然筆出 |
| 책 상자에 가득 남아 있네 | 滿貯遺篋 |
| 공의 정신은 없어지지 않고 | 公神不亡 |
| 남아서 영원히 비추리 | 留照浩劫 |
| 나무꾼과 목동에게 말하노니 | 寄語樵牧 |
| 묘소[44]에 가까이 다가가지 마라 | 楸梧莫逼 |
| 옷과 신이 갈무리된 묘소에 | 衣履所藏 |
| 목소리와 광채를 모두 취할 수 있으리 | 聲光共挹 |

事, 沒吾寧也.〕"라고 하였다.

**44** 묘소 : 원문 '추오(楸梧)'는 옛날 묘전(墓前)에 심었던 개오동나무와 오동나무를 말한다. 당(唐)나라 시인(詩人) 허혼(許渾)의 〈금릉회고(金陵懷古)〉 시에 "원근의 개오동과 오동나무는 천관의 무덤이요, 높고 낮은 벼와 기장은 육대의 궁전이로다.〔楸梧遠近千官冢, 禾黍高低六代宮.〕"라고 하였다.

# 천사 김공 묘갈명 병서
川沙金公墓碣銘 並序

자사자(子思子)가 "만일 지극한 덕이 아니면 지극한 도가 모이지 않는다.〔苟不至德, 至道不凝焉.〕"[45]라고 말하였다. 대저 지극한 덕은 진실로 숭상할 만하니, 학자가 만일 진실된 마음으로 각고의 공부를 하여 한갓 입으로만 말하는 데 그치지 않고 반드시 몸에 체득하려고 하여 함양(涵養)과 실천의 공부로 하여금 적덕(積德)의 기초가 되게 할 수 있다면 지극한 도가 모이는 데 또한 거의 가깝게 될 것이다. 근래 작고한 천사(川沙) 선생 김공(金公) 같은 이가 어찌 그런 사람이 아니겠는가.

삼가 살펴보건대, 공의 휘는 종덕(宗德)이고 자는 도언(道彦)이다. 김씨(金氏)는 본래 신라 경순왕(敬順王)에서 나왔으나, 고려 시대 휘 방경(方慶)에 이르러 중흥의 공로로 상락군(上洛君)에 봉해졌는데, 인하여 본관으로 삼았다. 조선조에 들어와 북평사(北評事)를 지낸 휘 극해(克楷)는 청백리로 이름이 났다. 송은 처사(松隱處士) 휘 광수(光粹)는 서원에 제향되었다.[46] 만취당(晩翠堂) 휘 사원(士元)은 퇴도(退陶) 문하에 유학하였는데, 이분이 휘

45 만일……않는다 : 《중용장구》 제27장에 나온다.

46 송은 처사(松隱處士)……제향되었다 : 김광수(金光粹, 1468~1568)는 유성룡(柳成龍)의 외조부로, 1501년(연산군7) 진사시에 합격하였으나 출사를 단념하고 향리에서 시가를 읊으며 여생을 보냈는데, 사후 장대서원(藏待書院)에 제향되었다.

준(濬)을 낳으니 예빈시 직장(禮賓寺直長)을 지냈다. 이분이 휘 상린(尙璘)을 낳았는데, 사복시 정(司僕寺正)에 추증되었으니 공에게 고조부가 된다. 증조부는 휘가 현좌(賢佐)이고 조부는 휘가 이모(履謨)이다. 아버지는 휘가 남응(南應)이며, 돈독한 효성으로 일컬어졌다. 어머니는 순천 김씨(順天金氏)로 여사(女士)의 행실이 있었는데, 응교(應敎)를 지낸 김광엽(金光燁)의 5대손인 처사 김주억(金胄嶷)의 따님이다.

공은 경종 갑진년(1724, 경종4) 7월 모일에 태어났다. 영조 계유년(1753, 영조29)에 생원시에 합격하고 기묘년(1759, 영조35)에 대산(大山) 이 선생(李先生)의 문하에 유학하였다. 정조 기유년(1789, 정조13)에 학행(學行)으로 천거되어 의금부 도사(義禁府都事)에 임명되었으나 바야흐로 부모상을 당하여 상제를 지키고 있었기에 실제로 직첩이 내려오지는 않았다. 갑인년(1794, 정조18)에 우로은(優老恩)으로 첨지중추부사에 임명되었다. 정사년(1797, 정조21) 8월 모일에 돌아가시니 향년 74세였다. 그해 11월에 후현(後峴) 오좌(午坐) 언덕에 장례를 지내니, 장지에 모인 선비가 수백 명이었다.

공은 어려서 총명함이 남달랐고 자품이 도(道)에 가까웠다. 이미 소호리(蘇湖里)의 대산에게 책 상자를 지고 가서 제자가 되어서는 전일한 마음으로 복종하며 섬겼다. 진덕수업(進德修業)하는 단계적 공부를 한결같이 스승의 가르침을 따랐다. 학문을 강구(講究)하고 체험(體驗)하여 공부가 중간에 끊어지는 때가 없었다. 대개 공은 입지(立志)가 원대하고 공부가 엄밀(嚴密)하여, 박문(博文)하였으나 범범한 데 힘쓰지 않았고 약례(約禮)하였으나 비루한 데 잃을까 염려하였다. 실오라기와 털끝같이 분석한 것이 자신에게 절실한 이치가 아님이 없었다. 자신에게 돌이켜 살피고 스스로 경계하는 것이 모두 성의(誠意)와 정심(正心)의 공부였고, 시종 경(敬)을 주로 하여 날로 새롭게 하고 또 새롭게 하였다. 그러므로 이 선생께서 공의 독실한 공부는 숭상할 만하다고 자주 칭찬하였다.

학문이 더욱 밝아지고 덕이 더욱 높아져서는 얼굴에 윤기가 돌고 등에는 밝은 기운이 넘쳤으며,[47] 말은 엄정하고 논지는 정확하였다. 그리하여 몸가짐과 행동거지에 있어서 법도가 삼엄하였으며, 일에 대응하고 사물을 접할 즈음에 덕성(德性)이 성대하게 나타나 보는 자들이 유도군자(有道君子)로 생각하지 않음이 없었다. 효우(孝友)의 행실은 천성에서 나왔다. 6, 7세 때 어떤 사람이 까마귀가 울면 악한 기운이 들어온다는 말을 하니 공이 그 소리를 듣고 부모님의 마음을 방해할까 염려하여 매양 아연실색하며 두려워하였다. 성장하여서는 부모님의 심지와 몸을 봉양하는 것을 모두 극진히 하였다. 문에 창호지를 바르고 구들을 따뜻하게 해드리는 것을 늙을 때까지 몸소 친히 하였다.

공이 어머니 상을 당하였을 때는 연세가 60이 넘었으나 집상

**47** 얼굴에……넘쳤으며 : 수면앙배(睟面盎背)의 뜻이다. 《맹자》 〈진심 상(盡心上)〉에 "군자의 본성은 인의예지가 마음속에 뿌리하여, 그 얼굴빛에 나타남이 수연히 얼굴에 드러나며, 등에 가득하며 사체에 베풀어져서 사체가 굳이 말하지 않아도 저절로 깨달아 행하여진다.〔君子所性, 仁義禮智根於心, 其生色也睟然, 見於面, 盎於背, 施於四體, 四體不言而喩.〕"라고 하였으니, 수양을 통하여 화평하고 밝은 기운이 겉으로 드러남을 형용하는 말이다.

(執喪)의 예에 변함이 없었으며 자신의 몸이 쇠해진 것으로 혹 게을리하지 않았다. 동생들을 사랑하기를 매우 독실히 하여 모두 인솔하여 소호리에 함께 가서 공부하였다. 평소에 책상을 연이어 함께 거처하고 공부에 매진함을 서로 좋아하였다. 일찍이 형제들이 동시에 전염병에 걸렸는데 공이 먼저 일어나 동생들 구제에 나섰다. 수십 일 밤 동안 추위를 무릅쓰고 죽을 끓여 먹여서 동생들을 소생할 수 있게 만들었으나, 공은 도리어 기력이 손상되어 거의 죽을 뻔하다가 오랜 뒤에야 나을 수 있었다. 집안의 살림을 일체 동생들에게 맡기고 재물의 출납에 대하여 묻지 않았다. 종족과 친구들에게는 주휼하고 베푸는 것을 오직 빨리 시행하지 못할까 염려하였다. 산림에서 도(道)를 지켰고 명리(名利)에 대한 생각을 끊었다. 항상 과거 시험의 학문이 사람들의 심지를 무너뜨린다고 탄식하였다. 두 동생이 나란히 향시(鄕試)에 급제한 명단이 갑자기 도착하였을 때 공은 바야흐로 편지를 쓰고 있으면서 듣지 못한 듯이 하고 쓴 편지를 봉하는 것을 마친 뒤에야 비로소 합격자 통지서를 보았다.

자기 몸을 다스리기를 엄숙하고 장엄하게 하여 비록 심한 질병이 들어도 옷과 침구를 반드시 정리정돈하였고 남이 보도록 열어젖히는 때가 없었다. 막냇동생[48]이 임종할 때 지극히 정제(整齊)하며 정신이 혼란하거나 마음이 비통하여 암울함이 없었는데, 공

**48** 막냇동생 : 김종섭(金宗燮, 1743~1791)이다. 본관은 안동, 자는 홍보(弘輔), 호는 제암(濟庵)이다. 1768년(영조44) 생원시에 합격하였으나, 출사를 단념하고 학문에 매진하였다. 저서로 《대산서절요(大山書節要)》와 《제암집(濟庵集)》이 있다.

이 울면서 영결하고 밖으로 나왔다가 옷깃을 여미고 다시 들어가 "네가 하는 행위는 고인에게 찾아보아도 드문 일이다. 그런데 나는 말하는 것이 가슴을 억누르듯 울적해하면서 앉았다 섰다 경거망동하니 네가 반드시 마음에 만족하지 않았을 것이다. 이에 공경하고 삼가는 용모로 다시 너를 대하고자 한다."라고 말하였으니, 공이 잠깐 사이라 할지라도 반드시 인(仁)에 뜻을 두었음을 여기서 더욱 볼 수 있다. 이 선생께서 공에게 공경히 예로 대함이 매우 지극하여 그의 손자 병운(秉運)을 공에게 보내 집지하여 배우게 하는 데 이르렀다. 이 선생이 병이 위독할 때 숨이 끊어질 것 같아 일어나 앉아 빈객을 맞이할 수 없었지만, 공이 들어가면 반드시 부축을 받아 일어나 앉았으며, 학자들을 불러서 이야기할 때 또한 공이 오기를 기다려서 하였으니, 공과 같은 이는 어찌 이 선생의 진결(眞訣)을 얻은 자가 아니겠는가. 원근의 학자들이 또한 종유하는 자가 많아 경서를 가지고 묻고 따지는 것이 서로 줄을 이었지만, 공은 가르침에 게으른 기색이 없었다. 저술한 것으로는 《성학정로(聖學正路)》, 《성학입문(聖學入門)》, 《공문일통(孔門一統)》, 《석학정장(釋學正臟)》, 《정본예서(政本禮書)》와 약간 권의 유고가 있다.

부인은 한산 이씨(韓山李氏)로 사인(士人) 이시화(李時和)의 따님이다. 단아하고 고졸하며 맑고 조용하여 종신토록 시집오는 날과 같이 하였다. 1남 1녀를 두었는데, 아들 경진(慶進)은 공보다 먼저 죽어서 양관(養觀)을 양자로 삼았으며 딸은 유동춘(柳同春)에게 시집갔다. 공의 동생으로 장령(掌令)을 지낸 종발 씨(宗發氏)가 그의 조카 원진(原進)으로 하여금 공의 유사를 받들고 나에게 가서 글을 보여 주고 묘갈명을 지어 달라고 청하게 하였다. 스스로 생각건대 보잘것없는 내가 어찌 이 일을 감당할 수 있겠는가. 그러나 평소에 공을 우러러 사모한 지 오래되었다. 근래에 공의 집에서 공에게 두 번 문안인사를 드린 적이 있었는데, 덕망을 보고 마음으로 취하였다. 그러므로 드디어 사양하지 않고 삼가 위와 같이 서술한다. 명은 다음과 같다.

| | |
|---|---|
| 공자 문하생 삼천 명 중에 | 孔門三千 |
| 학문을 좋아하는 이가 몇 명 없었네 | 好學無幾 |
| 옛날에도 오히려 그러했는데 | 在古猶然 |
| 하물며 지금에 어찌 쉽겠는가 | 矧今豈易 |
| 우뚝하도다, 천사 어른이여 | 卓哉川翁 |
| 독실하게 위기지학을 하였네 | 篤實爲己 |
| 호상의 대산에게 진결을 받아 | 受訣湖上 |
| 죽을 때까지 복응하였네 | 服膺沒齒 |
| 사비[49]를 반드시 제거하였고 | 四非必克 |
| 삼성[50]을 일삼았네 | 三省是事 |

49 사비(四非) : 공자(孔子)의 제자인 안연(顔淵)이 인(仁)의 조목을 물었을 때 공자가 "예가 아니면 보지 말며, 예가 아니면 듣지 말며, 예가 아니면 말하지 말며, 예가 아니면 움직이지 말라.〔非禮勿視, 非禮勿聽, 非禮勿言, 非禮勿動.〕"라고 답한 네 가지 조항을 말한다. 《論語 顔淵》

50 삼성(三省) : 공자(孔子)의 제자 증자(曾子)가 날마다 세 가지를 가지고 자신의 몸을 반성한 것이니, "남을 위하여 일을 도모해 줌에 충성스럽지 않았는가. 벗과 더불어 사귐에 성실하지 못하였는가. 선생에게 전수받은 것을 복습하지 않았는가.

| | |
|---|---|
| 힘써 부지런히 노력하여 | 俛焉孜孜 |
| 진전함은 있고 그침은 없었네 | 有進無止 |
| 덕이 이루어지고 행실이 높아짐에 | 德成行尊 |
| 빛나는 군자가 되었네 | 君子有斐 |
| 우뚝 멈추어 선 산악 같고 | 如嶽之停 |
| 순수한 옥과 같네 | 如玉之粹 |
| 임천에서 고상하게 노닐며 | 高蹈林泉 |
| 고위관직을 뜬구름처럼 보았네 | 軒冕雲視 |
| 공에게 와서 배우는 자에게 | 有來摳衣 |
| 현묘한 이치를 열어 보여 주었네 | 玄鍵開示 |
| 사도가 망하지 않았다면 | 斯道不亡 |
| 큰 명성이 펼쳐졌으리라 | 大名其施 |
| 내가 묘갈명을 지어 | 我銘于墓 |
| 후세에 밝게 보여 없어지지 않게 하네 | 昭揭無墜 |

〔曾子曰, 吾日三省吾身, 爲人謀而不忠乎? 與朋友交而不信乎? 傳不習乎?〕"이다. 《論語 學而》

## 훈재 윤공 묘갈명 병서
### 塤齋尹公墓碣銘 並序

공의 휘는 홍선(弘宣)이고 자는 백임(伯任)이며 훈재(塤齋)는 그의 자호이다. 성은 윤씨(尹氏)이고 본관은 평산(平山)으로 고려시대 봉상대부(奉常大夫)를 지냈으며 자금어대(紫金魚袋)를 하사받은 거신(巨臣)이 시조가 된다. 조선조에 들어와 형조 판서를 지낸 상저(尙著)가 7대 조부이다. 고조부는 휘가 권(權)으로 참봉을 지냈는데, 서울로부터 영가(永嘉 안동)로 이주하였다가 다시 일선(一善 선산)으로 이주하였다. 증조부는 휘가 희빙(希聘)으로 여절교위(勵節校尉)를 지냈으며 호가 묵헌(默軒)이다. 조부는 휘가 신기(莘起)로 습독관(習讀官)을 지냈다. 아버지는 휘가 원(瑗)이고 어머니는 영천 이씨(永川李氏)로 생원을 지낸 이광언(李光彦)의 따님이다.

공은 만력(萬曆) 계유년(1573, 선조6) 11월에 봉계리(鳳溪里)에서 태어났다. 어려서 영특하여 8세에 《소학(小學)》에 통달하였다. 조금 성장하여서는 동생 지정(篪亭) 홍제(弘濟)와 뜻을 가다듬어 학문에 힘써 이른 나이에 한강(寒岡)과 여헌(旅軒) 두 선생의 문하에서 유학하였다. 《심성도(心性圖)》와 《주자서석의(朱子書釋疑)》를 저술하여 이것을 가지고 질정하여 두 선생에게 칭찬받았다. 또 같은 고을의 여러 현자들 즉 인재(訒齋) 최현(崔晛),[51] 경암(敬庵)

**51** 인재(訒齋) 최현(崔晛) : 1563~1640. 본관은 전주(全州), 자는 계승(季昇), 호

노경임(盧景任)[52] 같은 이와 함께 도의(道義)를 강마하였으니 문강공(文康公)이 노(魯)나라에 군자가 많다고 생각하였다.[53]

성품이 효성이 돈독하였다. 임진왜란 중에 아버지의 상을 당하였는데, 염하고 장례를 치름에 정성을 다하여 유감이 없게 하였다. 어머니를 받들어 모심에 어머님의 뜻을 잘 따르며 어긋남이 없었다. 날마다 새벽에 일어나 사당을 배알하고 자식들을 가르치고 훈도하여 앞으로 향하는 길에 미혹됨이 없게 하였다. 임자년(1612, 광해군4)에 사마시에 합격하였고, 인하여 벼슬에 나아가는 것에 뜻을 끊고 한가하게 거처하며 조용히 수양하는 것으로 즐거움을 삼았다. 기사년(1629, 인조7) 11월에 질병으로 죽으니 향년 57세로 미동(彌洞) 경좌(庚坐) 언덕에 장례 지냈다.

부인 홍주 홍씨(洪州洪氏)는 처사 홍국량(洪國良)의 따님이다. 두 아들을 두었으니 심전(心傳)과 의전(義傳)이고 다섯 딸은 최

는 인재, 시호는 정간(定簡)이다. 1606년(선조39) 문과에 급제하여 예조 판서를 역임하고 완성군(完成君)에 봉해졌다. 송산서원(松山書院)에 제향되었으며, 저서로는 《동국통감(東國通鑑)》, 《일선지(一善志)》, 《인재집》 등이 있다.

**52** 경암(敬菴) 노경임(盧景任) : 1569~1620. 본관은 안강(安康), 자는 홍중(弘仲), 호는 경암이다. 1591년(선조24) 문과에 급제하여 성주 목사(星州牧使)를 역임하였으며 승정원 도승지(承政院都承旨)에 증직되었다.

**53** 문강공(文康公)이……생각하였다 : 문강은 여헌(旅軒) 장현광(張顯光, 1554~1637)의 시호이다. 노나라에 군자가 많다는 것은 선산에 군자가 많아 그들의 영향으로 훌륭한 사람이 되었다는 말이다. 《논어》 〈공야장(公冶長)〉에 "공자가 자천을 두고 평가하기를 군자답구나, 이와 같은 사람이여! 노나라에 군자가 많지 않다면 이 사람이 어디에서 이런 군자의 덕을 취했겠는가.〔子謂子賤, 君子哉, 若人! 魯無君子者, 斯焉取斯?〕"라고 하였다.

윤후(崔允厚), 송시정(宋時鼎), 이지규(李志規), 송세걸(宋世杰), 이지유(李之維)에게 각각 시집갔다. 심전의 세 아들은 상필(商弼), 상익(商翊), 상구(商耉)이고 의전의 아들은 상로(商老)이다. 증손자와 현손자 이하는 기록하지 않는다. 공의 7대손 상사(上舍) 영섭(永燮)이 장차 공의 묘에 비석을 세우려고 고(故) 좌윤(左尹) 김몽화(金夢華)[54]가 지은 행장을 가지고 나에게 와서 보여 주며 묘갈명을 지어 달라고 부탁하였다. 명은 다음과 같다.

| | |
|---|---|
| 대현을 스승으로 섬기고 현자들을 벗으로 하니 | 師大賢友諸益 |
| 노나라 자천이 어찌 혼자 힘으로 군자가 되었겠는가 | 魯子賤而豈獨 |
| 오직 봉계리의 산수가 인재를 빼어나게 길렀네 | 維鳳水秀其毓 |

54 김몽화(金夢華) : 1723~1792. 본관은 선산(善山), 자는 성신(聖臣), 호는 칠암(七巖)이다. 1754년(영조30)에 생원시에 합격하고 같은 해에 문과에 급제하여 벼슬이 한성 좌윤(漢城左尹)에 이르렀다.

# 성균 진사 삼락당 박공 묘갈명 병서
成均進士三樂堂朴公墓碣銘 並序

소고(嘯皐) 박 선생(朴先生)[55]에게 현명한 손자가 있었으니, 휘는 종무(樅茂)이고 자는 계진(季眞)이며 호는 삼락당(三樂堂)이다. 지난번 정조 병오년(1786, 정조10)에 영천(榮川 영주)의 선비들이 군(郡)의 산천서원(山泉書院)[56]에 공을 향사했다. 지금 공의 6세손으로 직장(直長)을 지낸 시원(時源)이 장차 묘소에 비석을 세우기 위하여 그 집안 부로(父老)의 명으로 금강(錦江) 장신(張璶)[57] 공이 지은 바 행장을 가지고 와서 나에게 보여 주며 묘갈명을 지어 달라고 부탁하면서 "저의 선조 소고의 묘소에 그대의 선

55 소고(嘯皐) 박 선생(朴先生) : 박승임(朴承任, 1517~1586)이다. 본관은 나주(羅州), 자는 중보(重甫), 호는 소고로 영주(榮州)에 거주하였으며 이황(李滉)의 문인이다. 1540년(중종35) 문과에 급제하여 1544년(중종39)에 사가독서하였다. 벼슬이 대사간과 도승지에 이르렀으며 구산정사(龜山精舍)에 제향되었다. 저서로 《소고집》이 있다.

56 산천서원(山泉書院) : 경북 영주시 가흥동에 있었던 서원이다. 1779년(정조3) 지방 유림의 공의로 송석충(宋碩忠)의 학문과 덕행을 추모하기 위해 창건하여 위패를 모셨다. 1786년 장수희(張壽禧)·오운(吳澐)·박회무(朴檜茂)·박종무(朴樅茂)를 추가 배향하여 선현 배향과 지방 교육의 일익을 담당하여 왔다. 그 뒤 대원군의 서원철폐령으로 1868년(고종5)에 훼철되어 복원하지 못하였으며, 현재 8칸의 산천서당(山川書堂)으로 개조하여 사용하고 있다.

57 장신(張璶) : 1629~1711. 본관은 인동(仁同), 자는 중온(仲溫), 호는 금강 또는 직방재(直方齋)이다. 운곡서원(雲谷書院)에 제향되었다.

조 우복(愚伏) 선생이 묘갈명을 지었는데,[58] 이것은 대대로 정의(情誼)을 닦은 것이니, 집사께서 사양할 수 있겠습니까."라고 말하면서 대개 간청함이 매우 정성스러웠기에 드디어 그만둘 수 없어서 행장에 근거하여 삼가 다음과 같이 서술한다.

공은 만력(萬曆) 임오년(1582, 선조15)에 태어났다. 28세에 국자생이 되어 나의 선조 우복(愚伏)과 여헌(旅軒),[59] 창석(蒼石)[60] 등 여러 선생의 문하에서 유학하였고 특히 한강(寒岡) 선생[61]에게 질문하며 가르침을 청한 것이 더욱 많았다. 효도하고 화목하며 충성스럽고 정의로운 점에 있어서 모든 것이 보통 사람들보다 월등히 뛰어났다. 어버이를 섬기고 제사를 받듦에 정성과 공경을 지극히 하였다. 남동생과 아래 누이에게 우애롭게 대함이 매우 돈독하

**58** 소고의……지었는데 : 정경세(鄭經世)의 《우복집(愚伏集)》 권18에 실려 있는 〈통정대부 사간원 대사간 겸 지제교 박공 묘갈명(通政大夫司諫院大司諫兼知製教朴公墓碣銘)〉이 그것이다.

**59** 여헌(旅軒) : 장현광(張顯光, 1554~1637)의 호이다. 본관은 인동(仁同), 자는 덕회(德晦), 시호는 문강(文康)이다. 정구의 조카 사위인 동시에 제자이다. 보은 현감을 끝으로 은퇴하여 학문에 전념하였다. 사후에 영의정에 추증되었으며, 동락서원(東洛書院)에 제향되었다. 저서로 《여헌집》이 있다.

**60** 창석(蒼石) : 이준(李埈, 1560~1635)의 호이다. 본관은 흥양(興陽), 자는 숙평(叔平)으로 유성룡의 문인이다. 1591년(선조24) 문과에 급제하여 벼슬이 대사간에 이르렀다. 옥성서원(玉城書院)과 우곡서원(愚谷書院)에 제향되었다. 저서로 《창석집》이 있고 《형제급난지도(兄弟急難之圖)》를 편찬하였다.

**61** 한강(寒岡) 선생 : 정구(鄭逑, 1543~1620)를 말한다. 본관은 청주(淸州), 자는 도가(道可), 호는 한강이다. 김굉필(金宏弼)의 외증손이며, 조식(曺植)과 이황(李滉)의 제자이다. 벼슬이 대사헌에 이르렀으며 시호는 문목(文穆)이다. 저서로 《한강집》과 《오선생예설분류(五先生禮說分類)》 등이 있다.

였다. 가난한 종족과 궁핍한 사람의 상(喪)을 구휼해 줌에 미치지 못할 것같이 하였다.

갑자년(1624, 인조2) 이괄(李适)의 난[62]에 임금이 남쪽으로 몽진하였는데, 공이 의병대에 있으면서 식량을 관리하였다. 힘을 다하고도 공로를 말하지 않고 "나라를 위하여 죽는 것은 직분이다."라고 말하였다. 모든 왕실의 제삿날에는 세대의 멀고 가까움을 막론하고 반드시 소식(素食)하였다. 정축년(1637, 인조15)에 인조가 남한산성에서 청나라에 항복하자[63] 온 나라 사람들이 청나라 정삭(正朔)[64]을 따르며 명나라 달력을 바꾸자 공은 비분강개하기를 그만두지 않고 홀로 숭정(崇禎) 연호를 사용하다가 연화산(蓮

**62** 이괄(李适)의 난 : 1624년(인조2) 정월에 이괄이 주동이 되어 일으킨 반란이다. 이괄이 인조반정 때 공이 컸음에도 불구하고 2등공신으로 책봉되고 더구나 평안 병사 겸 부원수로 임명되어 외지에 부임하게 된 데 앙심을 품고 반란을 일으켰다. 1월 22일 이괄은 항왜병(降倭兵) 100여 명을 선봉으로 삼고, 휘하의 전 병력 1만여 명을 이끌고 영변을 출발하였다. 2월 8일에 이괄의 군대가 예성강을 건너 남하하고 있다는 소식이 들려오자 인조는 명나라에 파병을 요청하고 한양을 떠나 공주로 피난하였다. 2월 11일에 한양에 입성한 이괄은 선조의 아들인 흥안군(興安君) 이제(李瑅)를 왕으로 추대했다. 그러나 2월 14일에 한명련과 함께 부하 장수인 이수백(李守白)·기익헌(奇益獻)에게 살해당하였다.

**63** 정축년(1637, 인조15)에……항복하자 : 청나라가 침략한 호란이 병자년(1636)에 일어났으나 인조가 남한산성에서 삼전도에 나가 항복한 것은 1637년 1월이다.

**64** 정삭(正朔) : 본래 정월(正月)과 삭일(朔日)을 의미하는 말이었으나 그것으로 책력을 뜻하게 되었다. 나아가 고대 중국에서는 제왕이 창업하면 어느 달을 정월로 하느냐를 결정하는 세수(歲首)의 개정이 있었고, 그것에 따라 신력(新曆)을 반포하여 백성은 그것을 지켜 제반사를 집행했다. 따라서 정삭을 따르는 것은 곧 신복(臣服)함을 의미하게 되었다.

華山)에 들어가서 세상을 마쳤다.

공은 성격이 단직(端直)하고 강개(剛介)하였다. 일찍이 향교의 장의(掌議)가 되었는데, 성묘(聖廟 공자 사당)를 지키던 종이 관리에게 형벌을 받아 죽는 것을 보고 생도들과 단합하여 학교에 들어가지 않은 것이 한 달 남짓 되었다. 감사(監司)가 그 이유를 따지니, 공이 말하기를 "후주(後周)의 세종(世宗)이 공림(孔林)을 지나다가 벌목하고 방목하는 것을 금하지 않은 것에 대해 성내면서 그 근처 네댓 가구의 사람을 주벌하고 수호를 맡은 관리를 질책했습니다. 지금 공자 사당을 지키고 있던 종이 비록 천하지만 초목과 비교하면 차이가 있으니,[65] 허물도 없는데 풀을 베듯이 죽이는 것이 어찌 성묘(聖廟)를 높이는 뜻이겠습니까."라고 하였다. 감사가 그 관리를 치죄하니, 공이 그런 뒤에야 학교에 들어갔다.

공은 본래 악을 미워하여 타인의 허물을 용납하지 않았다. 주서(州序)[66]에 있을 때 선악의 구별이 더욱 엄절(嚴切)하니 고을의 기강이 숙연해졌다. 또한 한결같이 공적으로 하고 사적인 마음이 없었으며 자기에게 잘못을 범하는 자에게도 따지지 않았다. 명경행수(明經行修)로 여러 차례 천거되어 임금이 불러서 경연을 모시는 직책에 임명하려는 데 이르렀으나 실행되지 못하였다. 83

**65** 후주(後周)의……있으니 : 후주의 세종은 공림의 초목조차도 베지 못하게 하였는데, 초목보다 중한 사람을 죽인 것을 따진 것이다.

**66** 주서(州序) : 고을의 학교를 말하나 여기서는 고을을 의미하는 듯하다. 《예기(禮記)》 〈학기(學記)〉에 "옛날에 가르침은 25가(家)에 숙(塾)이 있었으며, 당(黨)에는 상(庠)이 있었으며, 주(州)에는 서(序)가 있었으며, 국중(國中)에는 태학이 있었다."라고 하였다.

세인 숭정(崇禎) 갑진년(1664, 현종5)에 죽었다. 공의 평생 자취를 살펴보면 고을 사람들에게 제향을 받는 것이 어찌 마땅하지 않겠는가.

공의 성은 박씨(朴氏)로 본관이 반남(潘南)이다. 공의 8대 조부 상충(尙衷)은 학행(學行)으로 명성이 있었으며 시호가 문정(文正)이다. 그분의 아들 은(訔)은 조선조 태종의 재상이 되었으며 시호가 평도(平度)이다. 3대를 지나 이조 판서에 증직된 형(珩)이 비로소 안동(安東)에서 영천(榮川 영주)으로 이주하였는데, 그분의 아들은 휘가 승임(承任)이니 곧 소고(嘯皐) 선생이다. 문장(文章)과 학행(學行)으로 명종과 선조 때 벼슬하여 관직이 대사간(大司諫)에 이르렀다. 그분의 아들은 녹(漉)으로 부호군(副護軍)을 지냈으니, 곧 공의 아버지이다. 어머니는 김해 허씨(金海許氏)로 생원을 지낸 허사렴(許士廉)의 따님이다. 부인은 무안 박씨(務安朴氏)로 호조 판서에 증직되었으며 경상 우도 병마사(慶尙右道兵馬使)를 지낸 박의장(朴毅長)의 따님으로 공의 묘소에 부장(祔葬)되었으니, 군의 남쪽 대의곡(大義谷) 경향(庚向) 언덕에 있다. 외동딸만 두고 아들이 없어서 재종형 정무(楨茂)의 아들 합(炝)을 양자로 삼았는데 사복시 정(司僕寺正)에 증직되었다. 딸은 사인(士人) 신상청(申尙淸)에게 시집갔다. 사복시 정을 지낸 합은 2남 3녀를 두었으니, 아들은 좌승지에 증직된 사기(嗣基) 그리고 이기(履基)이고 딸은 송세준(宋世俊), 박진직(朴震稷), 황하진(黃夏振)에게 각각 시집갔다. 사기는 3남 2녀를 두었으니, 아들은 진사를 지낸 문엽(文曄), 참판에 증직된 문욱(文昱), 문섬(文暹)이고 딸은 생원(生員) 장직방(張直方), 사인(士人) 금명원

(琴命元)에게 각각 시집갔다. 이기의 두 아들은 문상(文尙)과 문태(文台)이다. 증손자와 현손자 이하는 다 기록하지 않는다. 명은 다음과 같다.

독서하기를 즐거워하여 그 지식을 통달하였고　樂讀書以達其識
선을 행하기를 즐거워하여 그 덕을 두텁게 했네　樂爲善以厚其德
항상 곧음 흉중에 두려 하니 가난해도 즐거웠네　常要直在胸中貧亦樂
다만 공의 자호를 보면　第觀公自號
또한 참으로 유명한 조상의 손자이면서 스승에게 배운 것을 저버리지 않은 것을 볼 수 있네　亦可見允爲名祖之孫而不負師門之所學
뒤에 공을 알려고 하는 사람은 어찌 이 비석을 보지 않으랴　後欲知公者盍視此顯刻

## 취은 처사 송공 묘갈명 병서
醉隱處士宋公墓碣銘 並序

공의 휘는 덕부(德溥)이고 자는 유함(儒咸)이며 취은(醉隱)은 그의 자호이다. 성은 송씨(宋氏)이고 본관이 여량(礪良 여산(礪山))으로 고려 시대 정렬공(貞烈公) 송례(松禮)와 정가공(正嘉公) 서(瑞)가 비로소 크게 드러났다. 조선조에 들어와 고관들이 서로 줄을 잇다가 주부(主簿)를 지낸 휘 양(亮)에 이르러 효행으로 정려를 받았으며 제향을 받았으니 이분이 공의 조부이다. 아버지는 휘가 이진(以鎭)이고 어머니는 진주 강씨(晉州姜氏)로 참의(參議)에 증직된 강여성(姜汝醒)의 따님이다. 공은 만력(萬曆) 계묘년(1603, 선조36) 8월 모일에 태어나 갑인년(1674, 현종15) 4월 모일에 죽으니 향년 72세로, 상주(商州 상주(尙州)) 장동(莊洞) 오향(午向) 언덕에 장례를 지냈다.

공은 어려서 영오하였고 겨우 15세에 학문이 이미 성취되어서 선생과 장자(長者)로부터 매우 칭찬과 인정을 받았다. 병자년(1636, 인조14)에 전시(殿試) 대책문(對策問)에 선발되었으나 숫자 외에 들어 낙방하였다. 남한산성에서 인조가 청나라에 항복한 뒤로는 그것으로 인하여 과거 시험을 그만두고 다시는 응시하지 않았다. 모습이 훤칠하고 우뚝하며 곧은 도를 좋아하여 행하였다. 일찍이 고을의 풍속이 투박해지는 것을 개탄하며 구제하여 바로잡으려고 하다가 권력자에게 모함을 받아 함경도로 귀양을 갔다. 목재(木齋) 홍공(洪公)[67]이 시를 지어 전송하였으니 "혼탁한 세상에 바른 말을 하니, 천리는 죽지 않았네.〔濁世危言, 天理不死.〕" 라는 시구이다. 동명(東溟) 김세렴(金世濂)[68]이 이때 함경도 관찰사를 지내면서 공의 원통함을 진술하고, 유생(儒生) 박필화(朴必華) 등 수백 명이 또 궁궐문에 가서 호소하니, 그해를 넘기지 않고 사면되어 돌아왔다. 그러나 공은 이것으로 기뻐하거나 슬퍼하지 않았다.

성품이 효성스럽고 우애로웠다. 어머니께서 병이 위독하자 손가락의 피를 입에 주입하는 데 이르렀고, 장례와 제사를 지냄에 한결같이 예제(禮制)를 따랐으며, 묘소에서 여막살이를 하면서 삼년상을 마쳤다. 아버지 상을 당하여서도 그렇게 하였다. 가난한 누이가 있었는데, 세금을 체납한 것이 많았다. 공이 자기 재산을 덜어 내어 다 갚아 주었으며 아버지를 잃은 생질을 자기 자식처럼 어루만졌다. 붕우와 사귐에 반드시 믿음으로 대하였다. 평생토록 살림을 경영하지 않았으며, 집에 거주하면서 오직 학생들을 가

**67** 목재(木齋) 홍공(洪公) : 홍여하(洪汝河, 1621~1678)를 말한다. 본관은 부림(缶林), 자는 백원(伯源), 호는 목재 또는 산택재(山澤齋)이다. 1654년(효종5) 문과에 급제하여 검열과 감찰 등을 역임하였다. 1658년(효종9)에 올린 상소문이 송시열(宋時烈)을 비방하였다는 모함을 받아 유배갔다가 해배 뒤 고향으로 돌아와 저술과 강학에 매진하였다. 저서로는 《목재집》이 있고, 편서로는 《휘찬여사(彙纂麗史)》와 《동사제강(東史提綱)》 등이 있다.

**68** 동명(東溟) 김세렴(金世濂) : 1593~1646. 본관은 선산(善山), 자는 도원(道源), 호는 동명이다. 1616년(광해군8) 문과에서 장원 급제해 예조 좌랑이 되었으며, 안변 부사와 함경도 관찰사를 역임하였고, 그 뒤에 도승지 겸 호조 판서에 이르렀다. 정경세(鄭經世)는 '당대 제일의 인물'이라고 칭송하였다. 시호는 문강(文康)이다. 저서로는 《동명집》과 《해사록(海槎錄)》 등이 있다.

르치는 것으로 즐거움을 삼으면서 단정하게 앉아 세속에 초연하였다. 손님이 오면 오직 시와 술로 수작할 따름이었다. 성품이 술을 마시는 것을 좋아하였다. 그러나 취하면 문득 안석에 기대어 소리 없이 묵묵히 있으며 실수하는 행동이 없었다. 평상시에 항상 말하는 것을 삼가 입에서는 절대로 타인의 과실을 이야기하지 않았다. 병이 들자 자제들에게 명하여 폭건(幅巾)과 심의(深衣)를 만들게 하고 미리 세월지제(歲月之制)[69]를 만들게 하였다. 임종 때 의관을 정제하고 앉았으며 부녀자들을 물리치고 침석으로 돌아와 편안하게 돌아가셨으니, 공과 같은 이는 이른바 "군자의 죽음을 종(終)이라 한다."[70]는 것이 아니겠는가.

부인은 철성 이씨(鐵城李氏)로 문경공(文敬公) 행촌(杏村) 이암(李嵒)의 후손이며 생원 이시간(李時幹)의 따님이다. 시부모를 섬김에 효성스러웠고 자녀들을 가르침에 의로웠으며 노비들을 부림에 은혜로웠다. 공보다 4년 앞서 죽어서 효곡(孝谷) 사향(巳向) 언덕에 장례를 지냈다. 2남 2녀를 두었는데, 장남 경(熲)은 생원을 지냈고 차남은 영(領)이며 딸은 안응경(安應庚)과 이지번(李之蕃)에게 각각 시집갔다. 경은 3남 2녀를 두었으니, 아들은 지형(之馨), 지빈(之馪), 지필(之馝)이고 딸은 이장지(李長至)에게 시집갔다. 영은 2남 2녀를 두었으니, 아들은 광복(光馥)과 광하(光

**69** 세월지제(歲月之制) : 세월(歲月)의 복제(服制)이다. 노인을 위하여 미리 장례 준비를 하는데, 60에는 해마다, 70에는 철마다, 80에는 달마다, 90에는 날마다 준비한다 하였다. 《禮記 王制》

**70** 군자의……한다 : 정호(程顥)는 《정씨경설(程氏經說)》 권6에서 "군자에게는 종(終)이라 하고, 소인에게는 사(死)라고 한다.〔君子曰終, 小人曰死.〕"라고 하였다.

馥)이고 딸들은 모모에게 각각 시집갔다. 증손과 현손 이하는 기록하지 않는다. 공의 후손 계주(啓周)가 신와(新窩) 이재관(李在寬)[71]이 지은 행장을 나에게 가져와 보여 주고 공의 묘갈명을 지어 달라고 부탁하매, 사양했으나 되지 않아 위와 같이 서술하고 다음과 같은 시로 잇는다.

확고하게 병의(秉懿)가 있고 빛나게 행실이 있으니 確有秉灼有行
집에서의 의로움과 효도를 아! 칭찬할 만하구나 家義孝吁其稱

**71** 이재관(李在寬) : 1620~1689. 본관은 홍양(興陽), 자는 휘언(徽彦), 호는 신와(新窩)로 상주에 거주하였다. 유진(柳袗)의 사위이다. 유고 5권이 전한다.

## 남고 처사 고령 박공 묘갈문
南皐處士高靈朴公墓碣文

본관이 고령(高靈)인 박경가(朴慶家)가 6대 조부 남고공(南皐公)의 가장을 받들고 나를 찾아와 묘갈문을 지어 달라고 부탁하며 "우리 선조께서는 그대의 선조 무첨재(無忝齋)[72]와 도의(道義)의 교제를 맺었으니, 바라건대 한마디 말을 기록하여 생애를 드러내 어주십시오."라고 말하였다. 내가 사양하였으나 되지 않아 이에 그의 세덕(世德)을 가지고 상고해 보니 다음과 같았다.

대개 본관이 고령인 박씨는 고려 시대에 삼중대광 동북면 도순문사(三重大匡東北面都巡問使)를 지낸 동신(東臣)이 시조가 된다. 그 후에 대대로 후손이 이어졌다. 조선조에 들어와 또 울산 군수(蔚山郡守)를 지냈으며 증직이 병조 판서인 승로(承老)와 정헌대부(正憲大夫) 지훈련원사(知訓鍊院事)를 지낸 형(炯)은 공의 6대 조부와 5대 조부이다. 양산 군수(梁山郡守)를 지낸 계조(繼祖), 종성 판관(鍾城判官)을 지낸 일(溢), 예빈시 주부(禮賓寺主簿)를 지냈으며 승정원 좌승지(承政院左承旨)에 증직된 정번(廷璠)은 각각 공의 고조부와 증조부와 조부이다. 좌승지 정번의 생부는 낙

**72** 무첨재(無忝齋) : 정종로의 고조부 정도응(鄭道應, 1618~1667)이다. 본관은 진주(晉州), 자는 봉휘(鳳輝), 호는 무첨재·휴암(休庵)이다. 상주 청리면 율리에서 태어나 8세에 아버지를 여의고 조부 우복(愚伏) 정경세(鄭經世)의 슬하에서 자랐다. 관직이 공조 좌랑과 창녕(昌寧) 현감에 이르렀다.

락당(樂樂堂) 택(澤)으로, 세상에 드높은 행실이 있어서 남명(南冥) 조 문정공(曺文貞公)[73]에게 크게 칭찬을 받았다. 좌승지 정번도 능히 대를 잘 이어 김송암(金松庵),[74] 곽망우당(郭忘憂堂)[75]과 함께 창의하여 왜적을 토벌하는 데 공로가 있었다. 또 한강(寒岡)과 여헌(旅軒) 두 선생을 따라 종유하였으니 세상에서 학암(鶴巖) 선생이라 일컫는다. 박택과 박정번 부자는 모두 고향 서원[76]

**73** 남명(南冥) 조 문정공(曺文貞公) : 조식(曺植, 1501~1572)을 말한다. 본관은 창녕(昌寧), 자는 건중(健中), 호는 남명, 시호는 문정(文貞)으로 합천 삼가에서 태어나 주로 진주를 중심으로 활동한 영남 우도의 우두머리이다. 평생 벼슬하지 않고 학문하며 제자 양성에 힘썼다. 사후 영의정에 추증되었으며, 진주의 덕천서원(德川書院), 김해의 신산서원(新山書院), 삼가의 용암서원(龍巖書院) 등에 제향되었다.

**74** 김송암(金松庵) : 김면(金沔, 1541~1593)을 말한다. 본관은 고령(高靈), 자는 지해(志海), 호는 송암이다. 임진왜란 때 거창과 고령 등지에서 의병을 규합하여 왜군을 격퇴하였고 무계에서도 승전하여 그 공으로 합천 군수(陜川郡守)를 제수받았다. 1593년(선조26) 경상 우도 병마절도사(慶尙右道兵馬節度使)로 김천에 주둔하다가 죽었다. 사후에 이조 판서에 증직되었다.

**75** 곽망우당(郭忘憂堂) : 곽재우(郭再祐, 1552~1617)이다. 본관은 현풍(玄風), 자는 계유(季綏), 호는 망우당, 시호는 충익(忠翼)이다. 1585년(선조18) 문과에 급제했으나 무효가 되었다. 임진왜란 때 의병장을 맡아 왜군을 물리치는 데 많은 공을 세웠다. 사후에 예연서원(禮淵書院)에 제향되었고, 병조 판서 겸 지의금부사(知義禁府事)에 증직되었다. 저서로 《망우당집》이 있다.

**76** 고향 서원 : 경북 고령군 우곡면 월오리에 있던 문연서원(文淵書院)을 말한다. 1636년(인조14) 지방 유림의 공의로 박윤(朴潤), 박택(朴澤), 윤규(尹奎), 박정번(朴廷璠), 최여설(崔汝契)의 학문과 덕행을 추모하기 위해 창건하여 위패를 모셨다. 선현 배향과 지방 교육의 일익을 담당해 오던 중 대원군의 서원철폐령으로 1868년(고종5)에 훼철된 뒤 복원하지 못하였으며, 문연재(文淵齋)를 건립하여 유림의 회합을 계속해 왔다. 1928년 서원 유지에 유허비를 건립하였다.

에 제향되었다. 정번은 성균 생원이고 호가 매헌(梅軒)이며 휘 창선(昌先)을 낳았으니 창선이 곧 공의 아버지로, 재주가 뛰어났으나 불행하게도 일찍 죽었다. 어머니는 경주 이씨(慶州李氏)로 재사당(再思堂) 이원(李黿)의 후손이며 홍문관 교리(弘文館校理)를 지냈으며 호가 양서(瀼西)인 이광윤(李光胤)의 따님이다.

이미 또 공의 행적(行蹟)을 가지고 상고해 보니 다음과 같았다. 공의 기품과 모습은 단아하고 정결하였으며 타고난 성품이 효성스럽고 우애로웠다. 아버지의 상을 당했을 때 나이가 겨우 15세였는데, 상장(喪杖)을 짚으며 가슴을 치고 발을 굴리면서 상위(喪位)에 나아가 집상의 예에 누락됨이 없었다. 어머니를 받듦에 충정과 공경을 극도로 하여 몸소 물고기를 잡고 나물을 캐서 맛있는 음식을 계속 공급하였다. 항상 유순한 얼굴로 어머니 곁에서 모시면서 잠시도 떠나지 않았다. 상을 당하여서는 유랑하며 곤궁한 처지에 있었으나 시신에 넣는 물건과 관곽에 넣는 모든 물건에 정성을 다하여 유감이 없게 하였다.[77] 공이 본래 천연두를 꺼렸으나 막냇동생이 처음으로 그 병에 걸리자 곧바로 동생이 있는 방에 들어가 병의 상태를 진찰하고는 천연두를 잘 치료하는 사람을 구하매, 울면서 간절하게 구걸하여 그의 허락을 받아 내었다. 의사가 사람의 치아 가루가 가장 좋은 약이라고 말하니, 공이 즉시 자기의 치아를 뽑아 조제하였다. 그러나 낫지 않고 죽게 되자

**77** 시신에……하였다 : 《예기》 〈단궁 상(檀弓上)〉에 "시신에 넣는 물건과 관곽에 넣는 물건은 정성스럽고 신실하게 하여 후회를 남기는 일이 없어야 한다.〔附身附棺, 誠信勿悔.〕"라고 하였다.

공은 죽을 때까지 애통한 마음을 가졌고 그 자녀들〔조카들〕을 어루만지기를 자기 자식과 같이 하여 모두 교육시키고 길러서 성인으로 자립할 수 있게 하였다. 여기까지는 집안에서의 공의 돈독한 행실이다.

병자년(1636, 인조14)에 남한산성의 소식을 듣고 서쪽으로 바라보며 통곡하면서 “유자의 관을 어찌 숭상하리오.”라고 말하였다. 갑신년(1644, 인조22)에 명(明)나라가 망하자 예천(醴泉) 용문산(龍門山) 아래에 은거하였는데, 입산함에 오직 깊이 들어가지 못할까 염려하였다. 천하에 큰 변고가 있을 때에 능히 몸을 고결하게 하고 자취를 숨기며 스스로 의리에 편안하기를 공과 같이 하는 자가 과연 몇 사람이나 될까. 여기까지는 공의 지절(志節)의 우뚝함이다.

또 공이 이른 나이에 부모상을 만나 부형과 사우들의 교도(教導)가 없었지만, 능히 고인의 학문이 있다는 것을 스스로 알고 평소에 공부함이 얕지 않았다. 호옹(湖翁) 조정융(曺挺融),[78] 나의 선조 무첨재와 함께 즐겨 서로 벗으로 잘 지냈는데, 매양 한가하게 지냄에 흥이 일어나면 거룻배와 짚신으로 서로 산수에 왕래하며 막역한 친구로 지냈다. 공이 당시의 여러 현자들에게 인정받음이 또한 이와 같았다.

**78** 호옹(湖翁) 조정융(曺挺融) : 1598~?. 본관은 창녕(昌寧), 자는 유섬(維贍), 호는 호옹으로 예천에 거주하였다. 1631년(인조9)에 문과에 급제하여 김산 군수(金山郡守)와 사예(司藝)를 역임하였다. 나중에 상주 매호로 이거하였으며 상주의 지강서원(芝岡書院)에 제향되었다.

공의 휘는 응형(應衡)이고 자는 첨백(詹伯)이며 남고(南皐)는 그의 호이다. 만력(萬曆) 을사년(1605, 선조38) 모월 모일에 예천현 도진리(桃津里)에서 태어났는데, 중간에 이사하였다가 만년에 다시 돌아왔다. 무술년(1658, 효종9) 모월 모일에 죽으니 향년 54세였다. 팔계(八溪) 북쪽 덕곡(德谷) 감좌(坎坐) 언덕에 장례를 지냈다.

부인 동래 정씨(東萊鄭氏)는 참봉을 지낸 정영후(鄭榮後)의 따님이며 응교(應敎)를 지낸 정환(鄭渙)의 5대손이다. 두 딸을 두었으니 참봉 이재헌(李在憲)과 조하현(曺夏賢)에게 각각 시집갔다. 양자인 망지(望之)는 현감을 지냈는데, 3남 3녀를 두었다. 3남은 세원(世元), 세형(世亨), 세정(世貞)이고 3녀는 경력(經歷)을 지낸 윤충언(尹忠彦), 김달행(金達行), 선전관(宣傳官)을 지낸 이항후(李恒厚)에게 각각 시집갔다. 이재헌의 두 딸은 노하징(盧夏徵)과 조영(趙泳)에게 각각 시집갔다. 조하현의 아들은 징(澂)이고 딸은 참봉을 지낸 이이근(李頤根)과 진사를 지낸 이증엽(李增燁)에게 각각 시집갔다. 나머지는 기록하지 않는다.

## 후계 처사 재령 이공 묘갈명 병서
后溪處士載寧李公墓碣銘 並序

공의 휘는 영(栐)이고 자는 사직(士直)이며 성은 이씨(李氏)이고 후계(后溪)는 그의 자호이다. 처음에 신라 개국원신(開國元臣) 알평(謁平)이 하늘에서 월성(月城)의 표암(瓢巖)에 내려왔기 때문에 월성을 본관으로 하는 이씨는 모두 알평을 시조로 한다. 고려가 건국되자 휘 우칭(禹偁)이 보조공신(補祚功臣) 문하시중(門下侍中)으로, 재령군(載寧郡)을 채읍으로 받았기에 재령을 본관으로 하는 자는 모두 우칭을 시조로 한다.

조선조에 들어와 홍문관 부제학(弘文館副提學)을 지낸 맹현(孟賢)이 일곱 명의 아들을 두었는데, 여섯 번째가 원(瑗)으로 비로소 영해(寧海)에 터전을 잡아 살았으며 현감을 지냈으니, 이분이 공의 5대 조부이다. 고조부는 휘가 은(殷)으로 부사직(副司直)을 지냈고 좌승지(左承旨)에 증직되었다. 증조부는 휘가 함(涵)으로 현감을 지냈으며 이조 참판에 증직되었다. 조부는 휘가 시명(時明)이니 문장과 행실로 당시에 중망을 받았다. 병자년(1636, 인조 14)에 남한산성에서 왕이 항복한 뒤로 즉시 과거 시험을 그만두었다. 능서랑(陵署郎)에 조용(調用)되었으나 나아가지 않았는데 이조 판서에 증직되었다. 이처럼 3대가 증직의 은혜를 입은 것은 공의 숙부인 현일(玄逸)이 귀하게 되었기 때문이다. 아버지는 휘가 융일(隆逸)로 기개가 곧고 세상을 경륜하는 재주가 있었기에 당시 명현석학들이 호걸스런 사람이라 일컬었다. 어머니는 광주 김씨(光州金氏)로 근시재(近始齋) 김해(金垓)의 증손인 김초(金礎)의 따님이다. 공은 숭릉(崇陵 현종의 능호) 경술년(1670, 현종11) 모월 모일에 태어나 원릉(元陵 영조의 능호) 을묘년(1735, 영조11) 모월 모일에 죽으니 향년 66세이다. 영해부 동쪽 세천(細川) 생달동(生達洞) 미좌(未坐) 언덕에 장례를 지냈다.

공의 자태와 모습이 맑기가 얼음과 옥 같았다. 구두(句讀)를 배운 뒤로부터 영민함이 보통 아이와 달랐다. 7, 8세에 식견과 시문이 이미 월등하게 뛰어날 수 있었다. 이미 장가를 들어서는 장인인 오음(梧陰) 성문하(成文夏)[79]에게 종유(從遊)하였다. 또 역동서원(易東書院)[80]과 도산서원(陶山書院) 등에 들어가서 폭넓게 독서하고 문학(文學)하는 선비들과 서로 강마하기를 그만두지 않았다. 이때 항재(恒齋)[81] 형제들이 모두 건강하였고 공의 종형인

79 성문하(成文夏) : 1638~1726. 본관은 창녕(昌寧), 자는 국화(國華), 호는 오음이다. 봉화(奉化)에 거주하였으며 이현일(李玄逸)의 문인이다. 1673년(현종14) 생원시에 합격하여 영릉 참봉(英陵參奉)을 지냈다. 수직(壽職)으로 가선대부(嘉善大夫) 이조 참판을 제수받았다. 저서로 《오음집》이 있다.

80 역동서원(易東書院) : 1570년(선조3)에 지방 유림의 공의로 우탁(禹倬)의 학문과 덕행을 추모하기 위해 예안(禮安)에 창건하여 위패를 모셨다. 1684년(숙종10)에 '역동(易東)'이라 사액되어 선현 배향과 지방 교육의 일익을 담당하여 오던 중, 1868년(고종5) 대원군의 서원철폐령으로 훼철되었다가 1969년 복원하여 안동시 송천동 안동대학교 내로 이건되었다.

81 항재(恒齋) : 이숭일(李嵩逸, 1631~1698)의 호이다. 본관은 재령(載寧), 자는 응중(應中)으로 이현일의 동생이다. 벼슬이 장악원 주부와 의령 현감(宜寧縣監)에 이르렀다. 1694년(숙종20) 정변으로 이현일이 종성으로 유배되자 낙향하여 후진 양성과 저술에 힘썼다. 그 형제로 이휘일(李徽逸), 이현일(李玄逸) 등이 있었다.

밀암(密庵)[82]과 숙부인 고재(顧齋)[83] 두 분도 모두 현명한 부형으로 인도하여 도와주었기에 공은 밖으로나 안으로나 덕망과 기량이 절로 이루어져 행의(行誼)가 매우 완비되었다. 아버지를 섬김에 모든 것이 아버지의 뜻에 맞게 하였다. 아버지께서 편찮으시자 약물과 맛있는 음식[84]을 반드시 몸소 올리고 타인에게 맡기지 않았는데, 수년을 하루같이 그렇게 하였다. 이미 상을 당하여는 상제를 지키기를 매우 엄중하게 하여 장례와 제례를 한결같이 주문공(朱文公)의 《가례(家禮)》를 따랐다. 혹 의심나는 것과 변례(變禮)가 있으면 반드시 집안 어른들에게 품의하고 질문하여 실행하였다. 후상(後喪 어머니 상)을 당하여서도 지극히 슬퍼하여 몸이 훼손됨[85]이 한결같이 전상(前喪)과 같았다. 한 달에 두세 번 성묘

**82** 밀암(密庵) : 이재(李栽, 1657~1730)의 호이다. 본관은 재령(載寧), 자는 유재(幼材)로 갈암(葛庵) 이현일(李玄逸)의 아들이다. 일찍이 주부의 직이 내려졌으나 사퇴하고 평생을 부친의 유배지를 따라다니며 모셨고, 오로지 학문에만 몰두하여 퇴계학의 적통을 이었다.

**83** 고재(顧齋) : 이만(李槾, 1669~1734)의 호로, 공의 형이다. 본관은 재령(載寧), 자는 군직(君直)으로 이현일의 문인이다. 만년에 낙동강 기슭 진곡정에 은거하며 학업에 잠심하였다. 조현명(趙顯命)과 박문수(朴文秀) 등의 추천으로 영희전 참봉(永禧殿參奉)을 제수받았으나 나아가지 않았다. 저서로 《고재집》이 있다.

**84** 맛있는 음식 : 원문은 '수수(滫瀡)'이다. "쌀뜨물로 부드럽게 하고 기름기로 기름지게 하여 시부모님이 맛보신 뒤에 물러난다.〔滫瀡以滑之, 脂膏以膏之, 父母舅姑, 必嘗之而後退.〕"라는 말에서 유래하였다. 《禮記 內則》 즉 수수는 고대 요리법의 일종으로, 녹말을 음식물에 섞어 부드럽고 걸쭉하게 만든 음식이다.

**85** 지극히……훼손됨 : 원문 '치훼(致毁)'의 뜻이다. 《예기》 〈곡례 상(曲禮上)〉에 거상(居喪)의 예법에 대해 말하면서 "50세에는 극도로 슬퍼하여 몸을 크게 훼손해서는 안 되고, 60세에는 슬퍼하는 마음을 조금 더 완화하여 몸을 훼손하지 않게 한다.

하는 것을 지극히 춥고 매우 덥더라도 혹 그만두지 않았다. 삼년상을 마치고는 날마다 사당을 배알하여 몸소 사당의 뜰을 청소하였다. 혹자가 "새벽에 사당을 배알하는 것은 적자(嫡子)가 할 일이지 지차가 할 마땅한 일이 아니다."라고 하니, 공이 두려워하며 며칠간 그만두었다. 이윽고 탄식하며 말하기를 "예가 비록 그러하지만 마음을 막을 수 없는 것을 어찌하겠는가. 가령 부모께서 생존해 계신다면 내가 안부를 살피는 일을 하지 않을 수 있겠는가. 돌아가신 부모를 섬기는 것도 마땅히 이와 다르지 않다."라고 하고는 드디어 다시 실행하였다.

고재공(顧齋公)이 만년에 낙동강 물가에 거처하였기에 서로 간의 거리가 다소 멀었지만, 공은 달마다 반드시 문안인사를 드렸고 혹 두세 번에 이르는 경우도 있었다. 거기에 머물면서 강학하고 토론하여 훈지(塤篪)의 즐거움[86]을 다하였다. 자식과 조카들을 신칙하고 면려하여 시서(詩書)를 익혀 감히 혹시라도 게으르지 못하게 하여 성취하는 것이 있게 하였다. 인애(仁愛)의 마음은 천성에 근본하였기에 질병으로 고통스럽거나 궁핍하여 굶주리는 자를 보면 반드시 구제해 줄 것을 생각하였다. 일찍이 대기근이 들었는데, 어떤 보잘것없는 백성이 공이 구제해 준 덕택으로 구학에 떨어져 죽는 것을 면하였기에 그 사람이 결초보은(結草報恩)[87]하겠

〔五十不致毁, 六十不毁.〕"라고 하였다.

**86** 훈지(塤篪)의 즐거움 : 형제간의 즐거움을 말한다. 《시경(詩經)》 〈하인사(何人斯)〉에 "백씨(伯氏)가 질나팔을 불거든 중씨(仲氏)는 젓대를 부네.〔伯氏吹壎, 仲氏吹篪.〕"라고 하였다.

다는 소원을 가지는 데 이르렀다.

공이 어릴 때 과거에 응시하여 과거 시험장에서 이름을 날린 적이 있었는데, 이윽고 곧바로 끊어 버리고 한결같이 구도(求道)로 뜻을 삼았다. 문을 닫고 휘장을 내린 채 고개 숙여 책을 읽고 고개 들어 사색하매, 복희(伏羲)와 문왕(文王)의 《주역》을 더욱 많이 공부하여 묵묵히 마음에 계합하는 것이 많아 상(象)을 보고 점을 쳤다. 궁핍하고 빈약한 것을 개의치 않아 단사표음(簞食瓢飮)하며 자주 배가 곯아도 마음 편안하게 여겼다. 평소에 실력을 감추고 조용히 지내며 스스로 밖으로 드러내지 않았다. 제산(霽山) 김공(金公)[88]이 일찍이 계선성성(繼善成性)[89]의 뜻을 논하여

**87** 결초보은(結草報恩) : 죽어서도 은혜를 갚는다는 말이다. 춘추(春秋) 시대에 진(晉)나라 위무자(魏武子)가 병이 들어서 아들 위과(魏顆)에게 말하기를, "내가 죽거든 내 첩(妾)을 다른 데로 개가시켜 주어라." 하더니, 병이 위독하여 죽으려고 할 때 다시 유언하기를, "내가 죽거든 첩을 나와 함께 산 채로 묻어라." 하였다. 아버지가 죽은 뒤에 위과가 말하기를, "첩을 개가시키라는 것은 아버지가 정신이 있을 때의 명령이요, 첩을 순장하라는 것은 아버지가 정신이 없을 때의 명령이니, 나는 먼저의 명령을 따르겠다." 하고 첩을 개가시켰다. 그 뒤에 위과가 진(秦)나라 장수 두회(杜回)와 싸울 때에, 한 노인이 풀밭의 풀을 묶었기에〔結草〕 두회가 그 묶은 풀 때문에 넘어져 위과에게 사로잡혔다. 그날 밤 위과의 꿈에 노인이 나타나 말하기를, "나는 네가 개가시킨 첩의 아버지이다. 네가 나의 딸을 순장하지 않고 개가시킨 은혜를 갚기 위하여 풀을 묶어 진(秦)나라 장수를 사로잡게 한 것이다."라고 하였다.

**88** 제산(霽山) 김공(金公) : 김성탁(金聖鐸, 1684~1747)을 말한다. 본관은 의성(義城), 자는 진백(振伯), 호는 제산이다. 이현일(李玄逸)의 문인이다. 1735년(영조 11) 문과에 급제하여 홍문관 교리 등을 역임하였다. 이현일을 신원하는 소를 올렸다가 제주에 유배된 뒤 광양으로 이배되어 배소에서 죽었다. 저서로 《제산집》과 《수견잡록(隨見雜錄)》 등이 있다.

장문의 편지를 공에게 보내어 서로 간에 절충의 결론을 도출하고자 하였다. 그러나 공은 대략 너그러운 말로 답하여 자기의 뜻을 은미하게 보이기만 하고 그쳤다. 저술한다고 이름이 나는 것을 더욱 좋아하지 않아 원고를 쓰면 즉시 없애 버렸는데, 다행히 남아 있는 것이 다만 약간 편으로, 맛이 깊으며 바르고 우아하여 암송할 만한 글이 많다.

부인 창녕 성씨(昌寧成氏)는 곧 오음(梧陰)의 따님으로 공보다 먼저 죽었으나 묘소는 공과 합장되어 있다. 2남 1녀를 두었으니 장남은 봉환(鳳煥)이고 차남은 주환(胄煥)으로 양자를 나갔다. 딸은 이정만(李庭萬)에게 시집갔으나 자식이 없다. 봉환의 두 아들은 기원(紀遠)과 양자를 나간 흥원(興遠)이고 딸은 이술정(李述靖)에게 시집갔다. 주환의 두 아들은 회원(恢遠)과 양자를 나간 부원(溥遠)이고 딸은 권제홍(權濟弘)에게 시집갔다. 기원은 3남 1녀를 두었고 흥원도 3남 1녀를 두었으며 회원은 2남 2녀를 두었고 부원은 1남 1녀를 두었다. 이술정은 2남 2녀를 두었다. 공의 증손자 우겸(宇謙)이 공의 유사를 가지고 와서 나에게 보여 주면서 묘갈명을 지어 달라고 부탁하기에 사양하였으나 되지 않았다. 드디어 그 내용을 살펴보고 위와 같이 서술하고 다음과 같이 명으로 잇는다.

**89** 계선성성(繼善成性) : 《주역》 〈계사전 상(繫辭傳上)〉에 보이는 말로, 한 번 음이 되고 한 번 양이 되는 것이 도(道)인데, 이러한 반복 운동을 끊임없이 계속하는 것은 완전무결한 자연의 조화〔善〕이고 그 결과 어떤 본체를 갖춘 사물이 만들어지면 그 본체가 곧 성(性)이라는 것이다.

몸가짐의 행실이 어찌도 그리 돈독한지 制行之何其篤
자기를 지킴이 어찌도 그리 확고한지 守己之何其確
옥을 품고서도 갈옷 입기를 즐겨하며 懷玉而甘衣褐
구슬을 뱉으면서도 조약돌처럼 버렸네[90] 唾珠而棄如礫
이것에서 마음에 보존한 덕을 상상할 수 있으니 於焉而所存可想得
누가 고가의 명덕에 참으로 부합한다 말하지 않으랴
疇不曰允稱乎古家名德

**90** 옥을……버렸네 : 옥은 훌륭한 덕망을 비유하니 이러한 덕망을 지니고서도 천한 자가 입는 갈옷 입기를 좋아하여 벼슬에 나아가지 않았다는 말이고, 구슬은 훌륭한 문장을 비유하니 그럼에도 불구하고 자기의 글을 조약돌처럼 버리고 보관하지 않았다는 말이다.

## 중애 처사 풍양 조공 묘갈명 병서

中厓處士豐壤趙公墓碣銘 並序

중애 처사(中厓處士) 조공(趙公)은 휘가 시경(時經)이고 자는 희보(羲甫)이며 본관은 풍양(豐壤)이다. 고려 시대 평장사(平章事)를 지낸 맹(孟)이 시조가 된다. 조선조에 상의원사(商議院事)를 지낸 숭(崇)이 11대 조부이며, 증(贈) 이조 참판 검간(黔澗) 선생 휘 정(靖)은 5대 조부이다. 고조부는 장사랑(將仕郎)을 지낸 휘 영원(榮遠)이고 증조부는 성균 생원을 지낸 휘 릉(稜)이며 조부는 통덕랑(通德郎)을 지낸 휘 대윤(大胤)이고 아버지는 통덕랑을 지낸 휘 해(瀣)이니 대대로 행의(行誼)와 문학(文學)으로 고을에서 중망을 받았다. 어머니는 의성 김씨(義城金氏)로 관찰사를 지낸 김성구(金聲久)의 따님이니, 매우 부덕(婦德)이 있었다. 공은 숙종 병인년(1686, 숙종12) 11월 모일에 태어나 영조 을해년(1755, 영조31) 4월 모일에 죽으니, 향년 70세였다. 그해 9월 경자(庚子)일에 일선(一善 선산(善山)) 북쪽 수태(壽泰) 간좌(艮坐) 언덕에 장례를 지냈으니, 첫째 부인인 나 유인(羅孺人) 묘소 아래이다.

공은 뛰어난 풍채가 수려하고 기품이 장중(莊重)하였다. 어려서 곧바로 어른의 예의와 법도가 있어서 엄연하게 단좌(端坐)하고 있으면 노복들이 감히 곁에서 시끄럽게 떠들지 못했다. 책을 읽다가 충신과 열사가 절개에 몸을 바치고 의리에 죽는 구절에 이르면 문득 책을 덮고 무릎을 치기를 그만두지 않았다. 천성이 지극히 효성스러워 기쁜 얼굴로 부모님의 뜻을 잘 받들고 따라 사랑과 공경을 극진히 다하였다. 비록 미세한 일이라도 반드시 품명(稟命)하여 행하고 감히 자기 마음대로 함이 없었다. 어머니께서 전염병으로 죽자 안채에서 장례를 돕는 이가 아무도 없었으나 상을 치름에 한결같이 예법대로 하였다. 아버지께서 고질병을 앓은 지 여러 해가 되었는데, 공이 허리띠를 풀어 잠을 자지 않고 시중들며 간호하기를 하루같이 하였다. 무릇 아버지의 입과 몸에 맞는 것은 정성을 다하여 구하지 않음이 없었다. 상을 당했을 때에 공은 이미 몸이 쇠약해지고 있었지만 죽을 먹으며 수질을 쓰고서 밤낮으로 널 옆에 엎드려 있었으며 추위와 더위를 상관하지 않았다. 이미 장례를 치르고는 날마다 성묘하는 것을 그만두지 않았고 삼년상을 마칠 때까지 중문(中門)에 들어가지 않았다. 공이 부모님의 제삿날에도 정결하고 정성스러운 마음으로 제사를 드리매, 애달프게 울부짖는 소리를 차마 들을 수가 없었다. 매일 아침에 반드시 일찍 일어나 사당을 배알하였고, 선조를 위하는 일에 관해서는 곳에 따라 심력을 다하였다. 집안의 여러 젊은 사람들에 솔선해 앞장섰고 늙었다고 혹 게으르지 않았다. 맏누님이 돌아가셨는데 그 남편 집이 매우 가난하였기에 빈소를 차려서 귀장(歸葬)하고 예를 갖추어 제사 지냈다. 또 그 자녀들을 길러 시집보내고 장가보냈다.

항상 삼가고 침묵함으로 후생들을 경계하여 고을 벼슬아치들의 정치에 대하여 비판하지 못하게 하였으며, 세금은 반드시 남보다 먼저 내었다. 성품이 청렴하고 결백하며 질박하고 검소하여 의리에 맞지 않으면 한 터럭도 구차하게 취하지 않았다. 며느리들이 화려한 옷을 올리면 갈무리하도록 명하여 궁핍한 종족 일가의 상에 수의로 사용하도록 하였다. 평소 술을 좋아하였고 또 오직 조금만 마셔도 발그레 취하였으나 술에 곤드레하게 되지는 않았다. 집의 남쪽에 있는 언덕이 대(臺)를 만들었는데, 공이 거기에 푸른 측백나무 대여섯 그루를 심었다. 때때로 독서하고 남는 여가에 홍에 겨워 홀로 그곳에 가서 소요하며 홍취를 부쳤는데, 중애(中厓)로 자호한 것은 이 때문이다.

공이 약관의 나이에 이미 우리 유자들이 공부해야 할 내용을 알았다. 비록 어버이의 명령으로 과거 시험에 응시하였으나 자신이 좋아하는 것은 아니었다. 때문에 어버이가 돌아가시자 즉시 내버리고 유학에 전심하여 공부하였다. 동정어묵(動靜語默)에 한결같이 법도를 따랐으며 타인을 응접하는 여가에 반드시 종일토록 바른 자세로 앉았다. 경서와 사서(史書)와 제자백가를 모두 익숙하게 읽고 외웠는데, 《주역(周易)》, 《중용》, 《주자서절요(朱子書節要)》 등의 책들에 더욱 깊이 탐닉하여 고기를 먹듯이 좋아하였다. 평소에 홀로 거처해도 많은 사람이 있는 것같이 하여 은밀하여 남이 알지 못하는 곳이라 할지라도 소홀히 하는 바가 없었다. 의리상 마땅히 해야 할 것은 용감하게 실행하여 이해관계를 돌아보지 않았다. 이런 것들은 공의 학문의 공력이 도달하여 밝게 빛난 것이니, 다른 여러 행실들도 어찌 저와 같지 않았겠는가. 병이 위독하자 동생들과 자손들을 불러서 근근충신(勤謹忠信) 등의 말로 거듭거듭 면려하며 경계하였다. 인하여 "세상 사람들이 임종할 때 재산을 나누는 것을 처리해야 할 제일 큰일로 생각하나 나는 평생 성격이 오활하여 털끝만큼도 기획하여 운영한 재물이 없으니, 다만 이것으로 준다." 하고는, 드디어 부녀자들을 물리치고 자리를 바로 한 채 돌아가시니, 아! 훌륭하구나.

공의 첫째 부인 나씨(羅氏)는 본관이 안정(安定)으로 참의(參議) 나만엽(羅萬葉)의 손자인 침랑(寢郞) 나성필(羅星弼)의 따님이다. 숙덕(淑德)이 있었으며 부도(婦道)를 잘 닦았는데, 공보다 42년 앞서서 죽었다. 계배(繼配)는 성산 여씨(星山呂氏)로 병조랑(兵曹郞) 여영징(呂榮徵)의 손녀이며 통덕랑(通德郞) 여이현(呂以賢)의 따님이다. 시부모님을 섬김에 효성스러웠고 제사를 받들고 빈객을 대접함에 모두 합당한 도리에 맞아서 규문에서는 질서정연하게 법도가 있었다. 공보다 2년 뒤에 죽었는데, 묘소는 만경산(萬景山) 곤향(坤向) 언덕에 있다.

공은 2남 3녀를 두었으니 2녀는 나씨 부인이 낳았고 나머지는 모두 여씨 부인이 낳았다. 장남 석우(錫愚)는 문과에 급제하여 지평(持平)을 지냈으며, 차남은 석로(錫魯)이다. 딸은 사인(士人) 이문룡(李文龍), 노경문(盧絅文), 유광수(柳光洙)에게 각각 시집갔다. 석우에게는 4남이 있으니, 호연(虎然), 표연(豹然), 사연(獅然), 규연(虯然)이다. 석로는 2남 2녀를 두었다고 하더라. 지금 호연 씨가 가장을 가지고 와서 나에게 보여 주면서 공의 묘갈명을 지어 달라고 부탁하였는데, 사양했으나 되지 않아 드디어 위와 같이 서술하고 또 다음과 같이 명으로 잇는다.

졸수재 권공[91]이　　　拙修齋權公

91　졸수재 권공(拙修齋權公) : 권상일(權相一, 1679~1759)을 말한다. 본관은 안동(安東), 자는 태중(台仲), 호는 청대(淸臺) 또는 졸수재로 상주의 근암리(近嵒里)

항상 공을 두고 은덕고행의 선비라고 칭찬하였는데

常稱公爲隱德高行之士

지언임을 믿겠다 信知言矣

나의 관점에서 보면 以余觀之

공은 대개 근본이 있음이 이와 같으니 公盖有本而如是

어찌 독실하게 공부한 군자라 말하지 않을 수 있으랴

豈不可謂篤學君子哉

에서 출생했다. 1710년(숙종36) 문과에 급제해 대사간, 지중추부사, 대사헌 등을 역임하고 기로소에 들어갔다. 저서로는 《청대집》, 《초학지남(初學指南)》 등이 있다. 시호는 희정(僖靖)이며, 죽림정사(竹林精舍)와 근암서원(近嵒書院)에 제향되었다.

## 조봉대부 사헌부 지평 한양 조공 묘갈명 병서
朝奉大夫司憲府持平漢陽趙公墓碣銘 並序

공의 휘는 덕순(德純)이고 자는 현보(顯甫)이며 본관은 한양(漢陽)이다. 고려 시대 휘 지수(之壽)는 북쪽 변방 지역으로부터 몸을 일으켜 공훈을 드러내어 쌍성총관(雙城摠管)이 되었고 자손들도 작위를 세습하였다. 휘 인벽(仁璧)에 이르러 조선조 태조(太祖)의 누님의 남편이 되었는데, 태조의 왕업(王業)이 날로 융성함을 보고 두 왕조를 섬기지 않겠다 하여 양양(襄陽)으로 물러나 여생을 보냈다. 양양 사람들이 그를 위하여 충현사(忠賢祠)를 세웠으며, 죽자 양렬(襄烈)의 시호가 내려졌다. 양렬공의 아들은 휘가 연(涓)으로 태조를 추종하니, 양렬공이 아들에게 "너에게 있어서는 의리에 처하는 도리가 나와는 다르니 너는 내가 왕씨 왕조를 섬긴 도리로 이씨 왕조를 섬겨라."라고 말하였다. 연은 뒤에 과연 좌명공신(佐命功臣)이 되어 우의정에 올랐고 한평군(漢平君)에 봉해졌으며 시호는 양경(良敬)이다. 현감을 지낸 휘 종(琮)에 이르러 정암(靜庵) 문정공(文正公)이 화를 당하였을 때[92] 소백산맥 남쪽 영남에 은둔하여 자손들이 세거하게 되었다. 장예원 판결사(掌隷院判決事)를 지낸 휘 광의(光義)와 직장(直長)을 지낸 휘 전(佺)은 공의 고조부와 증조부이다. 조부는 휘가 정형(廷珩)

**92** 정암(靜庵)……때 : 정암 조광조(趙光祖, 1482~1519)가 기묘사화에 죽임을 당한 것을 말한다.

으로 진사가 되어 일찍이 성균관에 들어가 많은 선비들을 창도하여 이이첨(李爾瞻)[93]을 참형할 것을 청하였다. 병자년(1636, 인조14) 이후로 과거 시험을 그만두고 은거하며 시주(詩酒)로 일생을 마쳤다. 징사(徵士) 이시명(李時明)[94]이 "굴자(屈子)가 맑은 정신으로 물에 빠져 죽은 것과 분노를 가슴에 간직함이 동일하다."[95]라고 말하였다. 아버지는 휘가 군(頵)으로 장사랑(將仕郞)을 지냈는데, 재주가 뛰어나고 슬기가 명석하여 의리를 베풀기를 좋아하였다. 어머니는 풍산 유씨(豐山柳氏)로 선교랑(宣敎郞) 유세장(柳世長)의 따님이며 겸암(謙庵) 선생 유운룡(柳雲龍)의 현손녀이다. 삼가고 조심하여 여사(女士)의 풍도가 있었다. 네 아들을 두었으니 공은 그의 장남이다.

공은 영릉(寧陵 효종의 능호) 임진년(1652, 효종3) 6월 모일에

93 이이첨(李爾瞻) : 1560~1623. 본관은 광주(廣州), 자는 득여(得輿), 호는 관송(觀松) 또는 쌍리(雙里)이다. 1594년(선조28) 문과에 급제하고, 1608년(선조41) 문과 중시에 장원하였다. 정인홍(鄭仁弘)과 함께 대북파의 영수가 되어 영창대군을 죽이고 인목대비(仁穆大妃)를 유폐하는 등 생살치폐(生殺置廢)를 마음대로 자행하였다. 1623년 인조반정으로 광해군이 폐위되자 처형되었다.

94 이시명(李時明) : 1590~1674. 본관은 재령(載寧), 자는 회숙(晦叔), 호는 석계(石溪)로 이현일(李玄逸)의 아버지이며 장흥효(張興孝)의 문인이다. 1612년(광해군4) 사마시에 합격하여 성균관에 들어갔으나, 광해군의 난정을 보고 과거를 단념하였다. 1636년(인조14) 병자호란 이후 국치를 부끄럽게 여겨 세상과 인연을 끊고 은거하였다.

95 굴자(屈子)가……동일하다 : 초(楚)나라 굴원(屈原)이 회왕(懷王)과 양왕(襄王) 때 간신들의 모함을 받아 귀양 가서는 임금과 나라를 걱정하며 분노를 참지 못하고 멱라수에 빠져 죽었는데, 그것과 동일하다는 말이다.

태어났다. 어려서 준걸한 기상을 자부하고 자질구레한 것에 연연하지 않고 법도를 따랐다. 이미 학교에 들어감에 장사랑공(將仕郎公)이 단속하기를 매우 엄중히 하여 공의 형제를 한방에 별도로 두고 신과 버선을 가져가 버려 쓸데없는 출입을 하지 못하게 하였고, 조금이라도 게을리 놀면 문득 회초리로 때렸다. 이 때문에 공은 문예(文藝)가 일찍 성취되어 붓을 들어 글을 쓰면 도도히 흐르는 물과 같아 문채가 찬란하였다. 자신의 몸가짐과 일의 처리에 흉금이 확 트이고 대절(大節)이 우뚝하여 동료들이 바라보며 따라갈 수가 없었다.

기사년(1689, 숙종15)에 숙종이 성균관의 제생(諸生)들을 불러 친히 대책문 시험을 보았는데, 대문(對問)하게 되자 공을 장원으로 뽑았다. 이듬해 전시(殿試) 문과에 또 장원으로 급제하니 빛나는 명성이 매우 자자하였다. 전적(典籍)으로 출발하여 감찰(監察)을 거쳐 예조 좌랑과 예조 정랑 그리고 병조랑(兵曹郎)이 된 것이 각각 한 번씩이었다. 인하여 대간(臺諫)의 후보에 올랐으나 얼마 있지 않아 외직으로 호서(湖西) 군막(軍幕)의 보좌관이 되었다. 관찰사 이인징(李麟徵)[96]이 공이 재주와 슬기가 뛰어남을 알고 의지하며 소중히 여겨 모든 일을 처리함에 반드시 자문하여 결정하였다. 또 누차 번복되었던 큰 소송 사건을 위임받음에 공이

**96** 이인징(李麟徵) : 1643~1729. 본관은 연안(延安), 자는 옥서(玉瑞), 호는 운강(雲崗)이다. 1679년(숙종5) 문과에 장원 급제하였다. 1690년(숙종16) 충청도 관찰사가 되어 구황(救荒) 등 민생 구제에 노력하였다. 벼슬이 공조 판서와 한성 판윤에 이르렀다.

즉시 소송안을 가지고 그 실정을 고찰하여 한마디로 결단을 내리니 이공이 크게 기뻐하며 훌륭하다고 일컬었다. 이윽고 소송에 패한 자가 권세가를 끼고 유언비어를 날조하여 공을 중상모략하니, 공이 결국에는 파직되었다. 그러나 식자들은 모두가 공이 판결한 것이 옳았다고 생각하였다.

임신년(1692, 숙종18)에 결성 현감(結城縣監)에 임명되었으나 어버이께서 연로하다는 이유로 부임하지 않았다. 여름에 예조 낭관(禮曹郎官)에 복직되었다가 병조(兵曹)로 옮겼다. 겨울에 사헌부 지평(司憲府持平)에 임명되었는데, 척거(刺擧)하는 일[97]에 피하는 것이 없었으며 꿋꿋하여 아첨하지 않아 쟁집(爭執)할 만한 일이 있으면 반드시 윤허를 받은 뒤에야 그만두는 것을 기필하여 늠연하게 대간의 풍도가 있었다. 얼마 후 병을 아뢰어 체직되어 사직(司直)에 제수되었다. 이듬해 계유년(1693, 숙종19) 정월 모일에 서울의 집에서 죽으니 향년 42세였다. 부음이 알려지자 임금께서 관(棺)의 목재를 하사하셨고 진신사대부들은 앞다투어 부의와 뇌문(誄文)을 보내 애도하였다. 고향으로 돌아가는 영구를 호송하여 한강(漢江)에 이르니 전송하는 자가 수백 명이었다. 그해 모월 모일에 수비(首比)[98] 모향(某向) 언덕에 장례를 지냈다가 그 뒤 병오년(1726, 영조2)에 안동(安東) 재산현(才山縣) 용동

**97** 척거(刺擧)하는 일 : 간악한 자를 탄핵하여 배척하고 공이 있는 이를 거양(擧揚)하는 대간의 일을 말한다.

**98** 수비(首比) : 원문에는 수비(水比)로 되어 있으나, 조술도(趙述道)가 지은 행장에 의거하여 고쳤다.

(龍洞) 오좌(午坐) 언덕에 이장하였다. 부인인 세 분의 숙인(淑人)도 부장하였다.

첫째 부인은 영양 남씨(英陽南氏)로 통덕랑(通德郞) 남천두(南天斗)의 따님이니, 아들 희명(喜命)을 낳았다. 둘째 부인은 일선 김씨(一善金氏)로 학생(學生) 김필명(金必鳴)의 따님이니, 두 아들 희성(喜聖)과 희정(喜定)을 낳았다. 셋째 부인은 초계 정씨(草溪鄭氏)로 진사(進士) 정채(鄭寀)의 따님이니, 자식이 없다. 희명의 두 아들은 사도(師道)와 치도(致道)이다. 희성은 아들 태도(泰道) 그리고 생원 권국관(權國觀)에게 시집간 딸을 낳았다. 희정은 아들 이도(履道)를 낳았다. 사도는 아들 거관(居寬) 그리고 이현경(李賢鏡)에게 시집간 딸을 낳았다. 치도는 자식이 없어서 족자(族子) 거간(居簡)을 양자로 들였으며 딸은 권사정(權思定)에게 시집갔다. 태도는 자식이 없어 이도의 아들 거안(居安)을 양자로 들였다. 이도의 두 아들은 거길(居吉) 그리고 양자로 나간 거안(居安)이며 딸은 김술원(金述源)에게 시집갔다. 거간은 네 아들을 두었으니 나의 매부 명복(明復)과 양복(陽復), 시복(時復), 응복(應復)이고 두 딸은 김찬운(金纘運)과 이주섭(李周燮)에게 각각 시집갔다. 나머지는 기록하지 않는다.

공은 풍의(風儀)가 훤칠하고 행동거지가 남달랐다. 독서함에 장구(章句)에 자질구레하게 얽매이지 않고 오직 대의(大義)를 통하고 요지를 터득하는 데 힘썼다. 몸가짐을 구속하는 것에 구구하게 얽매이지 않고 오직 큰 예법을 엄중히 하고 이륜(彝倫)을 돈독히 할 것을 생각하였다. 사람됨이 시원스럽게 트였고 성격이 까다롭지 않았으며 뜻이 크고도 정대(正大)하였다. 또 일찍이 외가의 문헌대가(文獻大家)에서 유학하여 훈도(薰陶)를 받아 갈고 닦은 것을 본래부터 가지고 있었다. 그러므로 비록 과거 시험에 종사하여 벼슬길에 발을 들여놓았지만, 그의 마음 가운데는 항상 높고 우뚝하게 스스로 서서 지키는 절조를 변화시키지 않았다. 바야흐로 처음에 과거에 급제하였을 때 방단자(榜單子)가 공이 거처하는 성균관에 도착하였는데, 당시는 한밤중으로 장원이라고 부르는 소리가 매우 다급하였다. 공이 바야흐로 잠자리에 있으면서 조금도 요동하지 않다가 천천히 말하기를 "내가 이미 알았으니 시끄럽게 떠들지 말라."라고 하였다. 이것을 보면 공이 혹시나 올 영리(榮利)에 어찌 털끝만큼이라도 부러워하며 사모하는 마음이 있었겠는가. 뒷날 대간(臺諫)의 자리에 올라 풍도를 견지하여 굽히거나 흔들리는 기상이 없었던 것은 이미 여기에서 조짐을 볼 수 있다. 가령 하늘이 목숨을 더 연장하여 그 지업(志業)을 더욱 성취시켜 세상에 펼칠 수 있게 하였다면 그 수립한 우뚝한 업적이 어찌 보잘것없었겠는가. 그러나 중도에 갑자기 요절하였으니, 아! 애석하구나.

유고 약간 권이 집에 갈무리되어 있다. 공의 증손자 거안 씨(居安氏)가 집안의 족숙(族叔) 만곡옹(晩谷翁)[99]이 찬술한 행장을 나에게 보여 주며 공의 묘갈명을 지어 달라고 부탁하였다. 내가 의리상 글을 잘 짓지 못한다는 것으로 사양할 수가 없어서 드디

99 만곡옹(晩谷翁) : 조술도(趙述道, 1729~1803)를 말한다. 본관은 한양(漢陽), 자는 성소(聖紹), 호는 만곡이다. 영양(英陽) 주실에 거주하였으며, 대산 이상정의 문하에서 수학하였다. 저서에 《만곡집》이 있다.

어 행장에 의거하여 위와 같이 서술하고 명으로 잇는다. 명은 다음과 같다.

| | |
|---|---|
| 태백산 동쪽이 | 太白之東 |
| 우뚝 솟아 일월산이 되었네 | 峙爲日月 |
| 신령스러운 기운이 교감하는 바에 | 神氣攸感 |
| 석학이 배출됨이 마땅하네 | 碩人宜出 |
| 그 태어남은 우연이 아니었는데 | 其來不偶 |
| 그 죽음은 어찌 그리도 갑작스러운가 | 其去何忽 |
| 저 해상을 보니 | 瞻彼海上 |
| 산 모습이 오히려 우뚝하네 | 山容猶屹 |
| 내가 공의 상을 생각하니 | 我思公像 |
| 백세토록 그것과 비슷하리 | 百世髣髴 |

## 사헌부 지평 존성재 조공 묘갈명 병서
司憲府持平存省齋趙公墓碣銘 並序

영조 경진년(1760, 영조36) 10월에 주상이 전(前) 병조랑 조공(趙公) 석우(錫愚)를 사헌부 지평에 특별히 임명하셨는데, 이때 공이 돌아가신 지 이미 며칠 되었다. 직첩이 내려오자 아들들이 감히 받지 못하였다. 이듬해 신사년(1761, 영조37)에 공의 사촌동생 석목(錫穆)이 우사(右史)[100]로 임금을 모셨는데, 임금께서 비로소 공이 죽었다는 소식을 듣고 매우 놀라며 애도하셨다. 곧바로 직첩을 돌려받도록 명하고 제주(題主)하게 하여 "이 사람의 대간 직책이 지금 또한 늦었구나."라고 하시고는 인하여 관찰사에게 신칙하여 부의를 하게 하였다.

대개 공은 공보(公輔)[101]의 그릇이다. 일찍이 승정원 주서(承政院注書)로 있을 때 약방랑(藥房郎)으로 임금의 병을 간호한 것이 모두 8일이었는데, 임금에게 칭찬을 받은 것이 한두 번이 아니었다. 처음에는 "공의 모습을 보니 그 마음이 바르겠구나."라고 말씀하셨고, 이윽고 또 "순수하고 성실한 선인(善人)이다."라고 말씀하

**100** 우사(右史) : 춘추관의 관원 중에 임금의 언행을 맡아 기록하는 사관(史官)이다. 여기서는 승정원 주서(承政院注書)를 말한다.

**101** 공보(公輔) : 천자(天子)를 보좌하는 삼공(三公)과 사보(四輔)를 일컫는데, 전하여 재상의 벼슬을 이른다. 삼공은 태사(太師)·태부(太傅)·태보(太保)이고, 사보는 천자의 4측근〔隣〕을 말하는데, 앞에는 의(疑), 뒤에는 승(丞), 왼쪽에는 보(輔), 오른쪽에는 필(弼)이 있었다.

셨다. 공이 병조 좌랑으로 임금을 호종하며 모실 때 또 교시를 내려 "다시 자네를 보니 사람됨이 참으로 훌륭하구나."라고 말씀하셨다. 대개 공이 임금의 병환에 약을 지어 간호할 때 초환(椒丸)을 맛보고서 기침이 나서 임금이 한 번 웃게 되었다. 이때 임금이 또 제교(提教)하시어 "나와 자네가 모두 이 일을 잊을 수 없다."라고 말씀하셨다. 종래에 임금께서 공을 돌보아 사랑하심이 이와 같은 점이 있었다. 그러므로 공이 돌아가심에 살아서는 영광이요 죽어서는 애도를 받는 지극함[102]이 또 이와 같았던 것이다. 그럼에도 불구하고 공이 여기에 그치고 죽게 된 것은 어떻게 된 것인가.

공의 자는 경안(景顔)이고 본관은 풍양(豐壤)이다. 고려 시대 평장사(平章事)를 지낸 맹(孟)이 시조가 된다. 중세(中世)에 조선조에 들어와 중추원사(中樞院事)를 지낸 휘 숭(崇)이 있었는데, 그 뒤에 상주(尙州)에 거주하는 풍양 조씨는 모두 이분을 조상으로 한다. 그로부터 7대 뒤에 검간(黔澗) 선생 휘 정(靖)은 증직이 이조 참판인데, 덕행과 학문으로 서원에 제향되었다.[103] 또 그로부터 3세 뒤에 휘 대윤(大胤)은 효도로 소문이 났다. 그의 아들은 휘가 해(瀣)이고 호가 소헌(疎軒)으로 후덕(厚德)과 중망

**102** 살아서는……지극함 : 원문 '애영지비지(哀榮之備至)'의 뜻이다. 《논어(論語)》 〈자장(子張)〉에 자공(子貢)이 공자(孔子)를 기려 "살아서도 영광이요, 죽어서도 애도를 받는다.〔其生也榮, 其死也哀.〕"라는 말에서 유래한 것으로, 생전이나 사후 모두 영예스럽게 되는 것을 말한다.

**103** 검간(黔澗) 선생……제향되었다 : 검간은 조정(趙靖, 1555~1636)의 호이다. 본관은 풍양(豐壤), 자는 안중(安中)이다. 1605년(선조38) 문과에 급제하였고 사후 이조 판서에 추증되었다. 속수서원(涑水書院)에 제향되었으며 저서로 《검간집》이 있다.

(重望)이 있었다. 그의 아들 휘 시경(時經)은 호가 중애(中厓)로 학문과 행의(行誼)가 있었다. 이상 세 분이 공의 증조부, 조부, 아버지이다. 어머니는 성산 여씨(星山呂氏)로 통덕랑(通德郞)을 지낸 여이현(呂以賢)의 따님이니 경종 신축년(1721, 경종1) 정월 모일에 공을 낳았다.

공은 어려서 총명하고 영오하였다. 5세에 《효경(孝經)》에 통달하여 행동거지가 장중(莊重)함이 노성(老成)한 사람과 같았다. 다른 아이들이 자기에게 잘못을 범하여도 웃으면서 따지지 않았다. 역사를 배우다가 무왕(武王)이 주(紂)를 정벌하는 구절에 이르러서는 "주가 비록 폭군이기는 하지만 무왕이 어찌 신하로서 정벌하였는가."라고 말하였다. 8세에 무신란(戊申亂)[104]이 일어나자 개연히 분발하며 "우리 임금을 위하여 의병을 일으킬 사람으로 누가 있는가."라고 말하였다. 하루는 공이 홀로 당(堂)에 있을 때 공과 성씨(姓氏)가 같은 금오랑(金吾郞 금부도사) 벼슬을 하는 자가 공의 집을 방문하기 위하여 말을 달려 마을로 들어왔다. 이때 역도

**104** 무신란(戊申亂) : 청주에서 이인좌(李麟佐, ?~1728)가 주동이 되어 일으킨 난을 말한다. 영조(英祖)의 즉위로 소론(少論)이 실각하자 이인좌는 영남의 정희량(鄭希亮)과 공모하여 밀풍군(密豐君) 탄(坦)을 추대, 무력에 의한 정권 쟁탈을 꾀했다. 1728년 3월 상여에 무기를 싣고 청주에 잠입하여 충청도 병마절도사 이봉상(李鳳祥)을 죽이고 대원수라고 자칭, 각처에 격문을 돌리고 병마를 소집하는 한편 진천을 거쳐 죽산과 안성 등으로 진격하다가 도순무사(都巡撫使) 오명항(吳命恒)의 관군에게 죽산에서 대패하여 절에 숨었다가 잡혀서 서울로 압송, 참형을 당했다. 정희량은 안음(安陰)에서 난을 일으켜 거창(居昌)·합천(陜川)·삼가(三嘉) 등의 고을을 제압했으나 거창(居昌)에서 선산 부사(善山府使) 박필건(朴弼建)과 곤양 군수(昆陽郡守) 우하형(禹夏亨) 등에게 잡혀 참수(斬首)되었다.

들을 국문하는 범위가 한창 확대되고 있었는데, 금오랑 때문에 마을 전체 사람들이 놀라며 공포에 떨었다. 공은 침착한 모습을 하고 맞이하며 말하기를 "금오랑은 어찌 뜻밖에 갑자기 와서 사람들을 놀라고 공포에 떨게 하십니까."라 하고 조용히 어른들에게 들어가 보고하니, 금오랑이 크게 칭찬하며 사죄하였다.

15세가 되어서는 애를 써서 경전 공부 과정(課程)을 돈독히 세웠으며 제자백가까지도 모두 섭렵하여 게을리하지 않았다. 약관의 나이 이후부터 지상(志尙 뜻)과 식견이 더욱 높아져 속학(俗學) 밖에 우리 유학(儒學)이 있다는 것을 알았다. 공이 거처하는 곳에 편액을 달아 '존성재(存省齋)'라 하였고, 좌우(座右)에 태극도(太極圖)와 천명도(天命圖) 등을 걸어 놓고 항상 주목하였다. 매양 이기(理氣)의 구분이 분명하지 않아 기(氣)를 가지고 이(理)로 인식하는 폐단이 있어 마음을 병들게 하고 학문을 병들게 하여서 세상을 병들게 하는 데 이른다고 탄식한 것은 이 때문이다. 그래서 분석하여 정미(精微)한 경지에 이르렀다. 음양(陰陽), 성력(星曆), 율려(律呂), 복서(卜筮), 주수(籌數), 병전(兵田) 등과 같은 것들도 모두 그 대의를 두루 통하여 벼슬에 현달하여 도를 펴는 도구로 삼았다. 그러나 잡다한 기예는 사람의 마음을 쉽게 무너뜨린다고 생각하여 다른 사람에게 말한 적이 없었다. 비록 시문(時文 과문)을 공부하였지만, 한결같이 전아(典雅)하고 이치가 넉넉한 글을 위주로 삼았다.

영조 갑술년(1754, 영조30) 증광시(增廣試)에 급제하여 승문원(承文院)에 뽑혀 보임되었고 조금 있다가 사실에 의거하여 추천하는 승정원 주서(承政院注書)에 들어갔다. 그런데 어느 날 갑자기 마음이 요동함이 있었기에 즉시 벼슬을 버리고 집으로 돌아왔는데, 아버지께서 바야흐로 병상에 누워 있었으니, 사람들이 기이하게 생각하였다. 을해년(1755, 영조31)에 아버지 상을 당하고 병자년(1756, 영조32)에 또 어머니 상을 당하자 시신에 넣는 모든 물건과 관곽에 넣는 모든 물건을 반드시 정성스럽고 신실하게 하여 후회하는 일이 없게 하였다.[105] 상례에 의심스러운 것과 변례(變禮)에 관련되는 것은 반드시 널리 고증하고 명확한 근거를 찾아서 처리하였다. 힘써 정리(情理)와 예법(禮法)이 서로 부합되게 하여 예제(禮制)를 지킴이 엄중하고 각고(刻苦)하였으며 수질을 입고 삼년상을 마쳤다.

무인년(1758, 영조34)에 복직하여 승정원 주서가 되었으니, 공이 약방랑(藥房郎)으로 임금의 환우를 간호하던 것이 이때이다. 기묘년(1759, 영조35)에 공로를 인정받아 전적(典籍)으로 승진되었다가 얼마 있지 않아 특별히 교지가 내려와 병조 좌랑에 임명되었으며 조금 뒤 병조 정랑으로 승진되었다. 여름에 평안도 도사(平安道都事)에 임명되었으나 부임하지 않고 이날 필마로 남쪽 집으로 돌아왔다. 형편없는 밥과 나물국을 먹으며 기쁜 마음으로 유유자적하며 다시는 벼슬길에 나아갈 뜻이 없었고, 막냇동생과 책상을 나란히 하여 강학하고 토론하며 즐거움을 삼았다. 경진년(1760, 영조36) 10월 모일에 질병으로 죽었다. 영남의 사대부들

**105** 시신에……하였다 : 《예기》 〈단궁 상(檀弓上)〉에 "시신에 넣는 물건과 관곽에 넣는 물건은 정성스럽고 신실하게 하여 후회를 남기는 일이 없어야 한다.〔附身附棺, 誠信勿悔.〕"라고 하였다.

이 애통해하고 아까워하지 않음이 없으면서 "우리들이 복이 없구나."라고 말하였다.

공은 기국과 도량이 넓고 깊었으며 뜻과 학업이 원대하였다. 평소에 거처할 때 몸을 계칙하여 애초에 조금도 해이한 적이 없었다. 공부하는 데 있어서는 오직 본성을 기르고 이치를 살피는 것을 제일의 요결로 삼았다. 매일 한밤중에 일어나 앉아 천지의 혼돈의 기운이 너무도 신묘함을 체험하여 좋은 기상(氣像)을 볼 수 있었다. 독서할 때는 반드시 그 대의(大意)를 구하였다. 《근사록(近思錄)》 책을 더욱 열심히 공부하여 아침에 일어나 반드시 옷깃을 여미고 서너 번 읽은 연후에 바야흐로 일을 처리하였는데, 비록 궁궐에서 일직과 숙직을 할 때라도 폐한 적이 없었다.

인륜(人倫)을 돈독히 하여 어버이를 섬김에 기쁜 낯빛과 온순한 용모로 어버이의 뜻에 순종하는 정성을 지극히 하였다. 아버지가 돌아가시자 종신토록 아버지께서 앉던 자리에 차마 거처하지 못했으며, 아버지가 사용하시던 관(冠), 신, 지팡이, 안석을 공경히 갈무리하여 감히 손상되지 않게 하였다. 제삿날에는 비통하게 울부짖음을 초상[106] 때와 같이 하였다. 매일 일찍 일어나 사당을 배알하는 것을 비바람이 몰아쳐도 그만두지 않았다. 막냇동생을 사랑함이 매우 지극하였는데, 이미 살림을 분가하였지만, 오히려 아침저녁으로 잠자고 밥 먹는 것을 같이하여 차마 잠시도 떨어지지 않았다. 종족들을 대함에 은혜와 화목을 극진히 하여 촌수가

**106** 초상 : 원문 '단괄(袒括)'은 웃옷의 왼쪽 소매를 벗고 머리를 풀어 내려뜨리는 것으로, 초상 때를 말한다.

멀고 신분이 천하다는 이유로 차이를 두지 않고 "선조의 골육이라는 입장에서 보면 동일하기 때문이다."라고 말하였다. 사물을 대함에 화평하고 두터웠으며 논지를 견지함에 관대하고 공평하였다. 어지럽고 혼란하며 어긋나 다툼이 있는 일을 만나면 한결같이 마음을 진정시켜 편안하게 가지는 데 힘썼다. 입으로 타인의 장단점과 은미한 것을 말하지 않았다. 의리(義理)에 관계되는 것에 대하여는 하나의 칼로 두 동강 내듯이 하여 털끝만큼도 구차한 뜻이 없었다.

평생토록 마음을 세움에 오직 '광명정대(光明正大)' 네 글자에 두었다. 바야흐로 여러 차례 과거 시험을 보았으나 낙방하자 쉬운 길을 주선하려는 자가 있었는데, 공이 웃으면서 물리치고 "그대는 나를 모르는가."라고 말하였다. 맏아들이 향시(鄕試)에 합격하였으나, 병 때문에 복시(覆試)를 보러 가지 못하였다. 혹자가 다음 복시 치르기를 권하니, 곧 공이 "내가 어찌 아이들로 하여금 임금을 속이는 일을 하게 만들겠는가."라고 말하고는 향시 합격을 포기하도록 명하였다. 본래 벼슬에 나아가는 것을 즐겨하지 않았는데, 병조랑의 부름에 부임할 때 막냇동생에게 "내가 오래되지 않아 마땅히 돌아올 것이니, 나의 책상을 거두지 말고 나의 경작 전답을 폐기하지 말고 기다려라."라고 말하더니, 이듬해에 정말로 돌아왔으니 대개 넉넉히 공부하여 학업을 마치고자 하였던 것이다.

그러나 몸이 재야에 있다고 하여 임금을 사랑하고 나라를 걱정하는 마음을 잊을 수가 없었으며, 혹 잠자리와 좌석에서도 흐느끼며 잠을 잘 수가 없었다. 막냇동생이 은밀하게 그 까닭을 물으니 공이 눈물을 흘리며 말하기를 "지금 동궁(東宮 사도세자(思悼世子))

의 인자하고 효성스러움은 하늘에서 타고난 것이다. 내가 약방랑(藥房郎)이 되어 대조(大朝 영조)를 간병할 때 그윽이 동궁이 침소에 문안인사 드리는 절도를 보았다. 매양 새벽과 밤늦게 노립(露立)[107]하여 얼굴에 근심스러운 모습을 띠었으니, 비록 문왕(文王)의 효도[108]라도 이보다 더할 수 없다. 그럼에도 불구하고 흉악한 적들이 동궁의 위엄(威嚴)과 명단(明斷)을 꺼려 반드시 재앙에 얽어매고자 한다. 그 기미가 이미 움직이고 있어 머지않아 반드시 변고가 일어날 것이니, 국가가 장차 어떻게 되겠는가."라고 하였다. 그로부터 3년 만에 과연 모년(某年)의 변고[109]가 있었으니, 가령 공이 살아 있었다면 충성심의 분노가 격발함을 어찌 그만둘 수 없는 것이 있지 않았겠는가. 그러나 공은 그 사건을 보지

**107** 노립(露立) : 햇빛이나 이슬을 피하기 위한 일산 같은 것을 쓰지 않고 서 있는 것을 말한다.

**108** 새벽과……효도 : 자식이 어버이의 안부를 묻고 병환을 간호함을 이른다. 《예기》 〈문왕세자(文王世子)〉에 "문왕이 세자가 되었을 적에 부왕인 왕계(王季)를 하루에 세 번씩 뵈었는데, 닭이 처음 울면 옷을 입고서 침문(寢門) 밖에 이르러 그날 당번을 맡은 환관에게 '오늘 부왕의 안부가 어떠하신가?' 하고 물어서 환관이 '편안하십니다.'라고 대답하면 문왕이 그제야 기뻐하시며, 점심 무렵에 이르러 또다시 가서 또한 그와 같이 하셨으며, 저녁 무렵에 이르러 또다시 가서 또한 그와 같이 하셨다. 왕계가 편치 않으신 때가 있어 환관이 문왕에게 알리면 문왕은 얼굴에 근심하는 기색을 띠시고 걸음을 똑바로 걷지 못하였다.〔文王之爲世子, 朝於王季日三, 鷄初鳴而衣服, 至於寢門外, 問內豎之御者曰 今日安否何如? 內豎曰 安. 文王乃喜. 及日中又至亦如之, 及莫又至亦如之. 其有不安節, 則內豎以告文王, 文王色憂, 行不能正履.〕"라고 하였다.

**109** 모년(某年)의 변고 : 1762년(영조38) 5월에 영조가 사도세자(思悼世子)를 뒤주에 가두어 굶어 죽게 한 사건을 말한다.

못하고 갑자기 돌아가셨는데, 그것이 도리어 낫지 않았겠는가.

성품이 검소하고 절약하였으며 매우 좋아하는 물품이 없었고, 오직 창문 밖에 몇 떨기 국화와 열 그루의 대나무를 심어 놓았을 뿐이다. 때때로 관자(冠者)와 동자 예닐곱 명을 데리고 천석(泉石)의 아름다운 곳을 유람하고 완미하여 훌쩍 세속을 벗어나는 아취가 있었다. 초하루와 보름에는 종족들을 선조의 묘재(廟齋)에 모아 놓고 경전 혹은 《소학(小學)》 책을 강학하여 잘하는 사람은 권장하고 못하는 사람은 징계하였다. 고을의 자제들에게도 학업의 수준을 시험 보았고 게다가 효제(孝弟)와 읍손(揖遜)의 도리를 강조하였는데, 한 달을 기준으로 일정하게 실행하였다. 대개 공의 학문의 규모의 위대함이 자기 홀로 몸을 선하게 하는 데 그치고자 하지 않음이 또한 이와 같았다. 가령 하늘이 공에게 목숨을 더 연장시켜 평소의 뜻을 이룰 수 있게 하여 몸에 가득찬 지덕(智德)의 나머지로 끝내 세상에 능력을 펼치게 하였다면, 임금의 계책을 도와 빛나게 하고 유교의 학술을 창도하는 것이 어떠했겠는가. 그러나 중도에 돌아가시어 우리 유자들이 우러러 바라는 희망을 저버렸으니, 오호라 개탄할 만하구나.

이듬해 신사년(1761, 영조37)에 선영을 따라 만경산(萬景山) 간좌(艮坐) 언덕에 장례를 지냈다. 공은 모두 세 번 장가를 들었다. 첫째 부인은 풍산 유씨(豐山柳氏)로 후잠(後潛)의 따님이며 수암(修巖) 선생[110]의 현손녀이다. 유순하고 아름다우며 정숙하고

**110** 수암(修巖) 선생 : 유진(柳袗, 1582~1635)으로, 자는 계화(季華), 수암은 그의 호이며, 유성룡(柳成龍, 1542~1607)의 아들이다. 1610년(광해군2) 사마시에 합

총명하여 효성으로 시부모를 섬기고 남편을 공경하기를 손님과 같이 하였다. 공보다 14년 앞서 죽어서 수태(壽泰) 유좌(酉坐) 언덕에 장례를 지냈다. 네 아들을 두었으니, 장남 호연(虎然)은 문학(文學)과 독행(篤行)이 있었고, 차남 표연(豹然)은 생원으로 또한 형제간에 공부에 함께 매진하는 실상이 있었으며, 셋째는 사연(獅然)이고 넷째는 규연(虯然)이다. 둘째 부인은 밀양 박씨(密陽朴氏)로 성환(成煥)의 따님이며 문목공(文穆公) 송당(松堂) 선생[111]의 후손이다. 유순하여 부덕(婦德)이 있었으며 전처에게서 난 자식들을 어루만지기를 자기가 낳은 것처럼 하였다. 또한 공보다 15년 앞서 죽었으니 수태(壽泰) 곤좌(坤坐) 언덕에 장례를 지냈다. 셋째 부인 의성 김씨(義城金氏)는 성품이 관대하고 화평하였다.

지금 호연씨(虎然氏)[112]가 가장을 찬술하여 나에게 와서 보여주면서 한마디 말을 써서 공의 묘갈명을 지어 달라고 부탁하였다. 내가 본래 일찍부터 공의 풍채와 품격을 사모하였기에 드디어 그

격하였다. 천거로 현감, 군수 등을 지냈다. 저술로 《임진록(壬辰錄)》이 있다.

**111** 문목공(文穆公) 송당(松堂) 선생 : 박영(朴英, 1471~1540)을 말한다. 본관은 밀양(密陽), 자는 자실(子實), 호는 송당, 시호는 문목으로 선산에 거주하였다. 1492년(성종23) 무과에 급제하여 벼슬이 경상 좌도 병마절도사(慶尙左道兵馬節度使)와 병조 참판에 이르렀다. 이조 판서에 증직되고 금오서원(金烏書院)에 제향되었다. 저서로 《송당집》과 《백록동규해(白鹿洞規解)》 등이 있다.

**112** 호연씨(虎然氏) : 1736~1807. 본관은 풍양(豊壤), 자는 사위(士威), 호는 구당(舊堂)이며, 뒤에 목수(沐洙)로 개명하였다. 1796년(정조20) 사도세자의 죽음을 둘러싼 임오의리(壬午義理)를 주장하는 응지소(應旨疏)를 올릴 때 소수(疏首)로 추대되어, 상소 초안을 작성하였다. 저서에 《구당집(舊堂集)》이 있다.

가장을 살펴보고 위와 같이 서술하고 다음과 같이 명으로 잇는다. 명은 다음과 같다.

영조께서는 사람을 알아봄이 명철하여 英廟則哲
관리를 임용함에 오직 어진 이를 고르셨네[113] 任官惟賢
빛나는 칭찬이 더해지니 華褒所加
공의 전도가 양양하였네 前途無邊
때때로 마음을 보존하고 성찰하여 維時存省
새로 영남에서 우뚝 일어났네 新起自嶺
임금이 "너의 모습을 보니 曰見爾貌
모습이 마음 바른 것과 같네" 하셨네 貌如心正
그 마음 바름이 어떠했던가 其正如何
하늘이 준 법도와 저울 같았네 天與準衡
게다가 학술로 보충하여 輔以學術
세상의 기준으로 쓰일 듯하였네 擬需章程
이렇게 시작하여 벼슬에 나아가니 發軔伊始
그 명성이 성대하였네 蔚厥聲聞
얼마 후 사헌부에 특진함에 俄超栢府
왕께서 오히려 늦었다고 하셨네 王曰猶晩

**113** 영조께서는……고르셨네 : 원문 즉철(則哲)은 사람을 알아봄이 명철하다는 말이다. 《서경》 〈고요모(皐陶謨)〉에 우(禹)가 말하기를 "아, 너의 말이 옳으나 다 이와 같이 함은 요임금도 어렵게 여겼으니, 사람을 알면 명철하여 훌륭한 사람을 벼슬시키며 백성을 편안히 하면 은혜로워 모든 백성이 그리워할 것이다.〔禹曰 吁! 咸若時, 惟帝其難之, 知人則哲, 能官人, 安民則惠, 黎民懷之.〕"라고 한 말이 있다.

어찌 잠깐이라도 기다려 胡不少須
능력을 크게 펼치게 하지 못했는가 以克大展
재주 있는 이를 구하기가 어려운 이 시대에 才難此世
공과 같은 사람은 진실로 드무네 如公寔鮮
그를 오래 살게 하였다면 使其壽考
사문이 도움을 받음이 있었으리라 斯文有賴
오호라 벽수[114]가 嗚呼璧宿
잠깐 밝았다가 곧바로 어두워졌네 乍明旋晦
만경산의 동쪽에 萬景之東
낙동강이 끝없이 흐르네 大江泱泱
공의 신령이 여기에 계시니 公神在此
공의 이름도 함께 영원하리라 公名與長

**114** 벽수(璧宿) : 28수 중 문운(文運)을 담당하는 별이다.

## 처사 황공 묘갈명 병서

## 處士黃公墓碣銘 並序

대저 기나무, 가래나무, 편나무, 녹나무가 깊은 산속에 자라서 장석(匠石)에게 베이지 않고 푸르게 무성한 것은 운명이지만 하늘에서 얻은 모습 그대로 간직하고, 선비가 소박하고 성대한 재주의 자질을 품고서 초야에서 늙는 것은 운명이지만 어찌 그 참모습을 손상시키겠는가. 지금 처사 장수(長水) 황공(黃公)에게 그런 징후가 있다.[115]

공의 휘는 서희(瑞熙)이고 자는 광국(光國)이니, 세종 때 재상 익성공(翼成公) 휘 희(喜)의 후손이다. 중종 때 휘 효헌(孝獻)은 문장(文章)과 절행(節行)으로 관직이 이조 참판에 이르렀으며, 인조 때 휘 뉴(紐)는 나의 선조 문장공(文莊公 정경세(鄭經世))에게 배워 경학(經學)이 심오하여 사헌부 지평(司憲府持平)이 되었으니, 곧 공의 9대조와 6대조이다. 고조부의 휘는 우(霌)이고 증조부의 휘는 종량(鐘亮)이며 조부의 휘는 윤(沇)이고 아버지의 휘는 도중(道重)으로, 모두 덕을 숨긴 채 벼슬하지 않았다. 어머니는 연안이씨(延安李氏)로 연원 부원군(延原府院君) 이광정(李光庭)의 후

115 기나무……있다 : 기나무같이 좋은 나무는 훌륭한 목수인 장석에게 베어져 큰 집의 재목이 되어야 함에도 그대로 남아 있는 것은 운명이기는 하지만 하늘에게 얻은 모습을 그대로 간직하는 것이고, 박무(朴茂)한 자질을 품고 있는 선비가 벼슬에 발탁되어야 함에도 재야에 묻혀 있는 것은 운명이기는 하지만 참모습을 손상시키지 않는 것이다. 황공이 바로 그런 사람에 해당한다는 말이다.

손이니, 경종 신축년(1721, 경종1) 8월 모일에 공을 낳았다.

공은 어릴 때부터 기국과 도량이 있어 일을 맡아 잘 처리하여 우뚝하게 한 집안의 장막이 되었다. 기의(氣義)를 좋아하여 타인의 근심을 걱정해 주고 타인의 어려움을 구제하여 뛰어난 책략으로 주휼하지 않음이 없었다. 일찍이 책 읽기를 부지런히 하고 게을리하지 않았다. 아버지께서 돌아가시자 집이 가난하고 어머니께서 연로하셨는데, 막냇동생 계희(啓熙)에게 말하기를 "내가 진실로 문학(文學)에 힘쓴다면 과거 시험에 합격하여 문호를 일으킬 수 있겠으나, 그렇게 하면 선조의 유업(遺業)을 실추하여 어머니를 봉양할[116] 수 없으니 어찌하겠는가. 진평(陳平)을 농사일에서 풀어 주어 유학(遊學)하게 하였으니 나는 진곡역(陳曲逆)의 형[117]을 본받고자 한다. 그러니 너는 힘쓸지어다."라고 하고는 즉시 하인들을 통솔하여 농사에 힘써서 곡식을 넉넉히 생산하였다. 태유

**116** 부모를 봉양할 : 원문 '숙수(菽水)'는 가난하게 살면서 어버이를 극진하게 봉양하는 것을 말한다. 공자의 제자 자로(子路)가 집안이 가난해서 효도를 제대로 하지 못한다고 탄식하자, 공자가 "콩죽을 끓여 먹고 물을 마시더라도 기쁘게 해 드리는 일을 극진히 행한다면, 그것이 바로 효이다.〔啜菽飮水盡其歡, 斯之謂孝.〕"라고 위로했던 고사가 있다. 《禮記 檀弓下》

**117** 진평(陳平)을……형 : 진평(陳平)은 한(漢)나라 고조(高祖) 때 신하로, 유방(劉邦)을 도와서 여섯 번이나 기책(奇策)을 내고 반간(反間)을 놓아 많은 공로를 세웠으며, 혜제(惠帝)와 문제(文帝) 때 승상(丞相)이 되었다. 《사기(史記)》 권56 〈진승상세가(陳丞相世家)〉에 "진평은 어릴 때 집이 가난하였으나 독서를 좋아하였다. 전답 30무(畝)를 가지고 형 진백(陳伯)과 함께 살았는데, 형 자신이 항상 농사를 짓고 진평을 농사일에서 풀어 주어 유학하게 하였다.〔少時家貧, 好讀書, 有田三十畝, 獨與兄伯居. 伯常耕田, 縱平使游學.〕"라고 하였다. 진곡역(陳曲逆)은 진평이 곡역후(曲逆侯)에 봉해졌기 때문에 그렇게 말한 것이다.

인(太孺人 어머니)을 봉양함에 항두(恒豆)[118]로 지극히 맛있는 음식을 올렸으며, 갈포와 솜옷을 따뜻하고 서늘한 기온에 알맞게 지어드렸으니, 비록 고위 관직자[119]라 할지라도 이보다 나을 수가 없었다. 상을 당하자 슬퍼하며 몸을 상함이 예제(禮制)를 넘었고 염하고 장례 지냄을 모두 마음에 만족하게 하였다. 중부모(仲父母)를 섬기기를 부모와 같이 하였다.

형제간에 우애가 매우 돈독하였는데, 막냇동생이 향시(鄕試)에 합격한 것이 거의 십여 번이었지만 대과를 보러 가는 서울 행차 여비와 소용되는 물건을 마련해 주는 등의 일을 모두 동생이 알지 못하게 하였고, 과거 시험 기일이 되어서는 말에 태워 전송하였다. 겨울이 다 가고 봄이 시작될 무렵의 환곡을 갚는 것과 일상생활의 모든 용품에 대하여는 모두 스스로 감당하였고 동생의 마음을 괴롭게 만들지 않아 문학(文學) 공부에 전념할 수 있도록 하였다. 혹 병환이 심하면 몸소 약을 만들고 간호하면서 수십 일 동안 잠을 자지 않았다. 손으로 대변과 오줌을 받아 내는 데 이르렀지만 어려워하는 얼굴빛이 없었으며 결국 건강이 양호하게 되어서야 그만두었다. 조카가 병으로 거의 죽게 되자, 밤에 비 오는 것을 무릅쓰고 50리를 가서 인삼을 구해 와 치료하였으니, 공이 인륜의 도리에 독실함이 이와 같았다. 평소에 빈객을 좋아하여 항상 큰

**118** 항두(恒豆) : '두(豆)'는 나무로 만든 굽이 있는 접시를 말하니, 항두는 일상적으로 올리는 음식으로, 저(菹)와 해(醢)를 쓴다.

**119** 고위 관직자 : 원문은 '무사(膴仕)'로, 《시경》 〈소아(小雅) 절남산(節南山)〉에 "자질구레한 인척들은 고위직에 등용하지 말라.〔瑣瑣姻亞, 則無膴仕.〕"라고 하였는데, 무(膴)는 후(厚)하다는 뜻이다.

술잔[120]으로 서로 수작하여 기쁨을 극진히 하였다. 몸가짐과 논지가 크고도 정대(正大)하여 고을 사람들에게 존경을 받았다.

나이 71세인 정조 신해년(1791, 정조15) 9월 모일에 돌아가시니, 중모현(中牟縣) 이동(梨洞) 갑좌(甲坐) 언덕에 장례를 지냈다. 부인 전주 이씨(全州李氏)는 영흥대군(永興大君) 이 모(李某)의 후손이며 학생 이정(李綎)의 따님이다. 시부모에게 효도하고 남편에게 순종하였는데, 공과 같은 묘소에 장례를 지냈다. 외동딸은 조술화(趙述和)에게 시집갔다. 양자인 암로(巖老)는 외아들 태현(泰鉉)을 낳았다.

기억해 보니 내가 어릴 때 여러 차례 공을 뵈었는데, 흰 살결과 아름다운 수염에다가 풍도(風度)가 크고 위대하여 아름답고 아름다운 대인 장자(長者)의 기상이 있는 것을 보고 마음으로 그윽이 우러러 감탄하였다. 지금 암로가 장차 공의 묘에 비석을 세우고자 가장을 가지고 나에게 와서 묘갈명을 지어 달라고 부탁하기에 드디어 위와 같이 서술하고 다음과 같이 명으로 잇는다.

| | |
|---|---|
| 성현의 책을 읽고 성명의 이치를 담론하는 자도 | 讀聖賢書談性命理者 |
| 이륜의 도리에 분수를 다함에 있어서는 | 其盡分於彝倫 |
| 꼭 공보다는 낫다고 할 수가 없네 | 未必能勝公 |

**120** 큰 술잔 : 원문 '대백(大白)'의 뜻이다. 전국시대 위 문후(魏文侯)가 일찍이 대부들과 술을 마실 적에 공승불인(公乘不仁)에게 주법(酒法)을 시행하게 하면서 이르기를 "술을 단번에 다 마시지 않은 사람에게는 큰 술잔으로 벌주를 내리라.〔飮不釂者, 浮以大白.〕"라고 한 데서 온 말이다.

저 보라색 인끈과 황금 인수[121]로 시조(市朝)에 양양히 다니는 자도 彼結紫懷黃而揚揚於朝市間者

또한 내면의 행실이 과연 공과 같은지 모르겠네 亦未知內行果如公否

온전한 몸으로 태어나 온전한 몸으로 돌아가니[122] 全而來全而歸

또 공에게 무슨 유감이 있겠는가 又何憾於公

121 보라색……인수 : 고위관직에 오른 사람을 말한다. 연(燕)나라 변사(辯士) 채택(蔡澤)이 제후들에게 등용되지 않자 관상쟁이 당거(唐擧)를 찾아가서 자기의 상을 봐 달라고 청하였다. 당거가 채택의 기괴한 얼굴 모습을 찬찬히 뜯어보고는 웃으면서 "성인(聖人)은 관상을 볼 수 없다고 하던데, 아마도 선생이 여기에 해당하는 듯싶습니다."라고 하였다. 이에 채택이 "부귀는 나 자신이 갖고 있는 바이니, 수명이 얼마나 되겠는지 그것만 말해 주시오."라고 하였다. 당거가 앞으로 43년은 더 살겠다고 하니, 채택이 웃고 사례하며 나와서 자기 마부에게 "내가 고량진미를 실컷 맛보고, 준마를 채찍질하여 치달리며, 황금 인수를 가슴에 품고 보라색 인끈을 허리에 매고서 군주의 앞에서 읍양하며, 고기를 먹고 부귀한 생활을 누린다면 43년을 살아도 충분하다.〔吾持粱刺齒肥, 躍馬疾驅, 懷黃金之印, 結紫綬於要, 揖讓人主之前, 食肉富貴, 四十三年足矣.〕"라고 말한 고사가 전한다. 《史記 卷79 范雎蔡澤列傳》

122 온전한 몸으로 돌아가니 : 태어나서 죽을 때까지 몸을 온전히 잘 보존함을 말한다. 《예기》 〈제의(祭義)〉에 악정자춘(樂正子春)이 말하기를 "부모가 온전히 낳았으니 자식이 온전히 돌아가야 효라고 할 수 있다.〔父母全而生之, 子全而歸之, 可謂孝矣.〕"라고 한 말에서 유래하였다.

입재집

제41권

묘표 墓表

묘지 墓誌

# 묘표 墓表

## 증 자헌대부 이조 판서 겸 경연청 지사 의금부 지사 춘추관 지사 홍문관 대제학 예문관 대제학 충간공 행 통정대부 호조 참의 나은 선생 이공 묘표

贈資憲大夫吏曹判書兼知經筵義禁府春秋館事弘文館大提學藝文館大提學諡忠簡公行通政大夫戶曹參議懶隱先生李公墓表

조선조 원효왕(元孝王)[1]의 명신(名臣) 중에 한 분인 나은(懶隱) 선생 이공(李公)은 휘가 동표(東標)이고 자가 군칙(君則)으로 숭정(崇禎) 갑신년(1644, 인조22) 4월 모일에 태어나 57년 뒤인 경진년(1700, 숙종26)에 돌아가시니, 안동부(安東府) 북쪽 춘양(春陽) 어로동(漁老洞) 축좌(丑坐) 언덕에 곧 그분의 묘소가 있으며 부인 권씨(權氏)도 합장되어 있다.

선생은 경사(經史)에 널리 통하고 모든 것을 법도에 따라 행하여 성현으로 스스로 기약하였다. 을묘년(1675, 숙종1)에 사마시에 합격하였고 계해년(1683, 숙종9)에 문과에 급제하여 한원(翰苑 예

1 원효왕(元孝王) : 시호가 장문헌무 경명원효(章文憲武敬明元孝)인 숙종(肅宗)을 말한다.

문관(藝文館))에 뽑혔다. 대신(大臣)과 경연신(經筵臣)들이 공을 문학(文學)에 뛰어나고 나라를 경륜하는 재주를 가졌다고 서로 추천하였기에, 공이 홍문관 수찬(弘文館修撰)에 발탁되었다가 우사간(右司諫)으로 전직되었다. 이때 왕비가 폐해짐에 충간하던 신하들이 혹자는 죽고 혹자는 귀양을 갔다.[2] 이런 상황에서 또 감히 반대하는 의견을 아뢰는 자가 있으면 왕명을 거역하는 것으로 다스려졌다. 선생이 이 소식을 듣고 외지에 있다가 말을 재촉하여 궁궐에 달려가 상소문을 올려 임금의 실덕(失德)을 논하였다. 임금이 진노하여 앞일을 예측할 수 없었는데, 경연신이 구제해 준 덕택으로 파직되어 축출당하는 데 그쳤다. 뒤에 서용되어 수찬(修撰)에 복직되었다. 삼사(三司)가 바야흐로 왕비 집안의 대신들을 의논하여 안찰(按察)하려 하니 선생이 의연하게 다른 의견을 내세웠다.

경오년(1690, 숙종16)에 부모님을 편히 모시기 위해 군수가 되기를 빌어서 양양 군수(襄陽郡守)가 되었는데, 곧바로 대신이 상주하여 소환되었다. 임금의 질문으로 인하여 사육신(死六臣)의 관직을 마땅히 회복해야 한다고 대답하였다. 또 뇌변(雷變)으로 인

2 이때……갔다 : 1689년(숙종15)에 일어난 기사환국(己巳換局)을 말한다. 숙종이 왕비 인현왕후 민씨(閔氏)가 후사가 없다는 이유로 폐출시키고 왕자 윤(昀)을 낳은 장씨(張氏)를 희빈(禧嬪)으로 삼아 정비(正妃)가 되게 하였다. 이때 간신(諫臣)이었던 박태보(朴泰輔)와 오두인(吳斗寅)은 죽음을 당하였고, 이세화(李世華)와 이상진(李尙眞)은 귀양을 갔다. 그리고 서인이 몰락하고 남인이 정치 실세로 등장하게 되니, 서인의 대표인 송시열(宋時烈)을 삭탈관직하고 제주로 귀양 보냈다가 후에 사약(賜藥)을 내렸다. 이어 서인의 김수홍(金壽興), 김수항(金壽恒) 등 거물 정치인을 비롯하여 많은 사람이 파직되거나 유배되었고, 그 대신 권대운(權大運), 김덕원(金德遠), 목래선(睦來善) 등의 남인이 정치적 실세로 등장하게 되었다.

하여 '언로(言路)를 엶', '공도(公道)를 넓힘', '기강을 떨침'의 3조항을 진술하니, 임금이 모두 가납(嘉納)하셨다. 또 전랑(銓郎 이조정랑 또는 좌랑)이 되어서는 권력자의 아들이 청관(淸官)이 되는 것을 막았다.[3] 이때는 대정(大政)[4]을 며칠 사이에 두고 있던 시기로 하늘에서 비가 내렸는데, 즉시 국문(國門)을 나서 도롱이를 쓰고 한강에서 배를 타고 집으로 돌아오니, 조정에서 나와 전별하는 벼슬아치들이 모두 칭찬하며 "지금 시대의 소퇴계(小退溪)다."라고 말하였다. 그 뒤 조정에 돌아와 사인(舍人), 집의(執義), 보덕(輔德)을 역임하고 사간(司諫)에 전직되었다. 조정의 고관의 혼탁함과 임금의 몸가짐의 궐실(闕失)을 상소하여 논핵하였는데, 곧은 말을 하며 피하는 바가 없었다. 응교(應敎)를 거쳐 대언(代言 좌승지(左承旨))에 승진되었다. 국자장(國子長 성균관 대사성)과 옥당장(玉堂長 홍문관 부제학) 그리고 이조 참의에 연이어 의망(擬望)되었으니, 이런 모든 관직은 최고의 대우로 선발하고자 하는 벼슬자리

**3** 전랑(銓郎)이……막았다 : 《나은집(懶隱集)》 부록 권8에 실려 있는 채제공(蔡濟恭)이 지은 〈나은 신도비명〉에 다음과 같은 이야기가 실려 있다. 당시 재상이었던 민암(閔黯)이 자기 아들 민장도(閔章道)를 홍문관의 관원으로 선발하려고 하였다. 이에 나은은 "민장도는 본래 행실이 없어 선비들이 천하게 여기니 재상의 아들이라고 하여 뽑을 수는 없다."라고 하였다. 이조 판서가 성을 내었지만 어찌해 볼 수가 없어 사람을 시켜 달래어 말하기를 "이 인사를 허락해 주면 그대가 하자는 대로 하겠다."라고 하였다. 나은이 탄식하면서 "이조 판서의 직책은 공변된 도리를 잡아야 하는 자리인데, 사사로운 마음으로 사람을 유인하니 나는 그런 사람과 함께 일하는 것을 부끄러워한다."라 하고 그날 휴가를 내고 국문(國門)을 나섰다.

**4** 대정(大政) : 일반적으로 매년 12월의 정기적인 인사 행정을 말한다. 그러나 이때는 임신년(1692, 숙종18) 6월이었다.

였으나 선생은 조정에 있기를 즐거워하지 않았다. 또 부모 봉양을 빌어 광주(光州) 고을 원이 되었으나 어떤 일로 인하여 인끈을 던지고 집으로 돌아왔다.

갑술년(1694, 숙종20)에 왕비〔인현왕후〕가 복위하자 어떤 유상(儒相)이 공이 의리가 분명하다고 아뢰니 호조 참의에 임명되었다. 곧바로 외직으로 나가 삼척 부사(三陟府使)가 되어서는, 흉년 구제에 대한 편의(便宜)에 따라 조치하는 것을 상소하여 진술하고, 수고하는 백성은 위로하고 다른 데서 오는 백성은 오게 하는 정치〔勞來〕를 매우 지극히 잘 하였다. 이에 백성들이 흉년을 잊어버렸으며 암행어사[5]가 최고의 공적으로 임금에게 아뢰었다. 무인년(1698, 숙종24)에 어머니 상을 당하였다. 선생은 성품이 본래 지극히 효성스러웠는데, 이때에 여묘살이하느라 몸을 훼손함이 심하여 결국에는 상을 감당하지 못하고 세상을 떠났다. 부음이 알려지자 임금이 슬퍼하며 애석하게 여기고 부의를 하심이 특별하셨다. 장효왕(章孝王 영조) 17년(1741)에 상신(相臣)과 근신(近臣)들이 또 고(故) 유상(儒相)이 아뢴 것을 교대로 아뢰어 이조 판서 태학사(太學士 대제학)에 증직되었다. 공에 대하여 '맑은 논의를 힘써 주장하고 공로를 세움이 우뚝하다.〔力主淸議樹立卓然〕'라는 8글자를 증첩(贈牒)에 쓰도록 명령하셨다. 장효왕(莊孝王 정조) 12년(1788)에 영남 유림들의 상소에 인하여 '충간(忠簡)'이라는 시호가 내려졌으니, 모두 특별한 은총이었다.

선생은 살갗이 희고도 키가 컸으며 풍채가 빛났다. 기국과 도

5 암행어사 : 원문 '직지(直指)'는 수의직지(繡衣直指)의 준말로 암행어사를 말한다.

량이 듬직하고 중후하며 흉중의 회포가 맑고도 상쾌하였다. 게다가 학문의 공부와 충양(充養)의 공력으로 한 시대의 모든 사람들이 순유(醇儒)로 일컬었다. 매양 경연의 자리에 들어가 임금을 모심에 천리(天理)와 인욕(人欲), 왕도(王道)와 패도(覇道)의 분변과 나라를 경영하고 세상을 다스리는 계책에 대하여 상세하게 반복하여 펼쳐 아뢰지 않음이 없었다. 임금께서 매양 공에게 밝은 마음으로 보살피고 관심을 기울였으며, 공이 조정에서 떠날 때는 눈길로 인사하였다. 어머니를 모시고 도성에 와서 거주하라고 명령하는 데 이르렀지만, 선생은 조용히 물러나는 데 한결같아 조정에 벼슬한 지 200일도 되지 않아 만년에 춘양(春陽)의 산천에 복거하여 장차 소요하며 노년을 보내려고 하였는데, 불행하게도 중도에 꺾어졌다. 그러나 선생은 퇴도 부자(退陶夫子)의 집안에서 태어나 기맥(氣脈)과 연원(淵源)이 곧 옛날에 이른바 '위로 선조와 닮았다.'[6]는 것에 해당한다. 공이 처세하는 것과 벼슬의 출처에 있어서 모든 것이 훌륭하고 위대하며 빛나고 밝아서 태산과 북두처럼 존망(尊望)함이 있었으니, 참으로 대현(大賢 퇴계)의 남긴 명성을 저버리지 않고 백세토록 아름다운 빛을 드리운 것이라 이를 만하니, 또한 무슨 유감이 있겠는가. 저술로 《태극문변(太極問

6 위로 선조와 닮았다 : 원문은 '상류(尙類)'로, 당(唐)나라 한유(韓愈)의 문집인 《한창려집(韓昌黎集)》 권33 〈정의대부 상서좌승 공공 묘지명(正議大夫尙書左丞孔公墓誌銘)〉에 "공이 위로 선조를 닮아 이분과 비교할 사람이 없네.〔其尙類也, 莫之與倫.〕"라고 하면서 공자(孔子)의 38대손인 공규(孔戣)가 위로 시대를 거슬러 올라가 공자를 닮아 훌륭하였기에 그 사람에게 비교할 만한 상대가 없다고 칭찬한 데서 유래하였다.

辨)》과 《천리인욕동행이정해(天理人欲同行異情解)》가 집에 갈무리되어 있다.

본관이 진보(眞寶)인 이씨(李氏)는 송안군(松安君) 자수(子修)[7]가 시조가 된다. 4대를 지나 휘 우(堣)는 호조 참판을 지냈고 호가 송재(松齋)[8]이니 실로 퇴도의 숙부이다. 그 뒤 휘 일도(逸道)는 좌승지(左承旨)에 증직되었고 지형(之馨)은 이조 참판에 증직되었으니 공의 증조부와 조부이다. 아버지는 휘 운익(雲翼)으로 종숙부 지온(之醞)에게 양자로 나갔으며 벼슬하지 않았다. 어머니는 순천 김씨(順天金氏)로 생원(生員) 김기후(金基厚)의 따님이다. 부인 권씨(權氏)는 본관이 안동(安東)으로 권협(權鋏)의 따님이다. 2남을 두었으니 회겸(晦兼)과 찰방(察訪)을 지낸 제겸(濟兼)이다. 2녀는 정석기(鄭碩耆)와 홍상진(洪相晉)에게 각각 시집갔다. 측실에서 난 3녀 중 둘은 황후길(黃後吉)과 이시철(李時喆)에게 각각 시집갔으며 하나는 권둔(權菴)의 첩이 되었다. 회겸의 아들은 참봉을 지낸 중광(重光)이고 딸은 신명악(申命岳), 유옥(柳雯), 정각(鄭桷), 유성모(柳聖模)에게 각각 시집갔다. 제겸의

7 송안군(松安君) 자수(子修) : 1309~1382. 1330년(충숙왕17)에 명서업(明書業)에 급제하였다. 1361년(공민왕10) 홍건적의 난 때 큰 공을 세워 안사공신(安社功臣)에 책록되고 송안군(松安君)에 봉해져 판전의시사(判典儀侍事)에 올랐다. 청송에서 안동으로 이주함으로 안동 입향조가 되었다.

8 송재(松齋) : 이우(李堣, 1469~1517)의 호이다. 본관은 진성(眞城), 자는 명중(明仲)이다. 1498년(연산군4) 문과에 급제하여 호조 참판과 경상도 관찰사를 역임하였다. 중종반정 때에 공을 세워 정국사등공신(靖國四等功臣)에 책록되고 청해군(青海君)에 봉해졌다. 청계서원(淸溪書院)에 제향되었고 저술로 《송재집》이 있다. 퇴계 이황이 어릴 때 송재에게 배웠다.

아들은 첨지중추부사를 지낸 중연(重延), 중실(重實), 중경(重慶), 중정(重定)이고 딸은 이지원(李知遠)에게 시집갔다. 정석기의 아들은 주한(周翰)이고 딸은 권훤(權薰)에게 시집갔다. 홍상진의 아들은 범귀(範龜), 생원을 지낸 우귀(禹龜), 진사를 지낸 응귀(應龜), 세귀(世龜)이다. 중광의 아들은 참봉을 지낸 진호(鎭祜), 진희(鎭禧)이다. 중연의 아들은 진규(鎭奎)이다. 중실의 아들은 진황(鎭璜)과 진치(鎭治)이다. 중경의 아들은 진굉(鎭紘), 진기(鎭箕), 진곤(鎭崑)이다. 진정의 아들은 진세(鎭世)이다.

나는 늦은 시기에 태어나 공을 우러러 사모한 지가 오래되었다. 하루는 선생의 현손 한주(漢周)가 나에게 공의 묘표를 지어 주기를 부탁하였다. 그윽이 생각건대 선생의 사적은 가승(家乘)과 나라의 역사책에 실려 있어 쓸데없는 말을 더 보탤 것이 없다. 그러나 나의 선조 문장공(文莊公 정경세(鄭經世))의 부인은 송재(松齋)의 증손녀이고, 문장공 신도비의 모각 글씨는 선생께서 실제로 쓴 것이니, 의리상 또한 감히 사양할 수 없는 것이 있었다. 이에 삼가 중요한 업적을 뽑아 기술하여 후손들에게 알린다.

# 묘지 墓誌

## 통훈대부 사헌부 지평 겸 춘추관 편수관 서담 홍공 묘지명 병서
### 通訓大夫司憲府持平兼春秋館編修官西潭洪公墓誌銘 並序

서애(西厓) 유 선생(柳先生)[9] 문하생으로 선배들이 각지에 널려 있음이 별자리와 같이 많다. 그중에 문학(文學)과 풍절(風節)로 일컬어지는 자로 서담(西潭) 선생 홍공(洪公)이 있는데, 돌아가신 지 지금 백여 년 되었음에도 불구하고 묘지(墓誌)가 아직까지 없었다. 장령(掌令) 벼슬을 하고 있는 5세손 석(澳) 씨가 종족들과 도모하여 나에게 묘지명을 지어 주기를 부탁하며 말하기를 "그대의 선조 우복(愚伏) 선생은 우리 선조와 매우 서로 환대하며 지내서 비단 동문의 정분이 있을 뿐만 아니니, 그대께서 사양할 수 있겠습니까."라고 하고는 대개 재차 반복하여 청하면서 더욱 정성

**9** 서애(西厓) 유 선생(柳先生) : 유성룡(柳成龍, 1542~1607)을 말한다. 본관은 풍산(豊山), 자는 이현(而見), 호는 서애이며 시호는 문충(文忠)으로 퇴계(退溪) 이황(李滉)의 문인이다. 1566년(명종21) 문과에 급제하여 영의정(領議政)을 지냈다. 저서에 《서애집(西厓集)》, 《징비록(懲毖錄)》 등이 있다.

스러웠다. 드디어 창석(蒼石) 이 선생(李先生)[10]과 훈수(塤叟) 정공(鄭公) 만양(萬陽)[11]이 지은 행장과 묘갈명 등에 근거하여 아래와 같이 서술한다.

공의 휘는 위(瑋)이고 자는 위부(偉夫)이며 서담(西潭)은 그의 자호이다. 홍씨(洪氏)는 고구려 시대부터 드러났으니, 곧 역사책에 이른바 당(唐)나라 팔학사(八學士)가 우리나라에 온 성씨[12] 중 하나인데, 남양(南陽)에 거주하였기에 그곳을 본관으로 삼았다.

**10** 창석(蒼石) 이 선생(李先生) : 이준(李埈, 1560~1635)을 말한다. 본관은 흥양(興陽), 자는 숙평(叔平), 호는 창석으로 유성룡의 문인이다. 1591년(선조24) 문과에 급제하여 벼슬이 대사간에 이르렀다. 옥성서원(玉城書院)과 우곡서원(愚谷書院)에 제향되었다. 저서로 《창석집》이 있고 《형제급난지도(兄弟急難之圖)》를 편찬하였다. 《창석집》 권16에 〈통훈대부 사헌부 지평 홍공 묘갈명(通訓大夫司憲府持平洪公墓碣銘)〉이 실려 있다.

**11** 정공(鄭公) 만양(萬陽) : 1664~1730. 본관은 영일(迎日), 자는 경순(景醇), 호는 훈수이다. 이현일(李玄逸)의 문인으로 퇴계학에 몰두하면서 학파를 초월하여 학문의 진수를 탐구하였다. 동생 지수(篪叟) 정규양(鄭葵陽)과 함께 횡계(橫溪)에 육유재(六有齋), 진수재(進修齋), 옥간정(玉磵亭), 태고와(太古窩), 모고헌(慕古軒) 등을 짓고 자신의 수양과 후진 양성에 힘썼다. 영천의 횡계서원(橫溪書院)에 제향되었으며, 저서로 《훈지집(壎篪集)》이 있다. 《훈지집》 권28에 〈서담 홍공 행장(西潭洪公行狀)〉이 실려 있다.

**12** 역사책에……성씨 : 《삼국사기(三國史記)》, 《세종실록(世宗實錄)》, 《동국여지승람(東國輿地勝覽)》에 의하면 당나라 정관(貞觀) 8년(634)에 진주 형씨(晉州邢氏) 형옹(邢顒)이, 정관 12년(638)에 장흥 위씨(長興魏氏) 위경(魏鏡)이, 그리고 정관 17년(643)에 남양 홍씨(南陽洪氏)의 홍천하(洪天河), 남양 방씨(南陽房氏)의 방준(房俊), 남양 서씨(南陽徐氏)의 서담부(徐曋扶), 원주 원씨(原州元氏)의 원경(元鏡), 해평 길씨(海平吉氏)의 길녕(吉寧), 의령 옥씨(宜寧玉氏)의 옥진서(玉眞瑞) 등 8성씨의 학사(學士)가 신라에 왔다고 한다.

고려 건국 때 태사(太師) 은열(殷悅)은 좌명공신(佐命功臣)에 책훈(策勳)되었고 삼중대광(三重大匡)에 올랐으며, 언박(彦博)은 난리에 죽는 절개가 있었고 시호는 문정(文正)이다.[13] 조선조에 들어와 호부 전서(戶部典書) 사원(師瑗)은 개국공신이 되었다. 그분의 아들 광흥창사(廣興倉使) 계강(季康)이 비로소 경기 고을로부터 영남의 적라현(赤羅縣 군위(軍威))으로 이주하였으니, 이분이 공의 6대조이다. 증조부는 휘가 의동(義仝)으로 공조 참의(工曹參議)에 증직되었다. 조부는 휘가 우식(禹軾)으로 참봉을 지냈으며 판결사(判決事)에 증직되었다. 아버지는 휘가 흔(訢)으로 한성우윤(漢城右尹)에 증직되었다. 어머니는 우리나라 본토의 남양 홍씨(南陽洪氏)로 국자생(國子 성균관생) 홍혼(洪渾)의 따님이니 가정(嘉靖) 기미년(1559, 명종14) 10월 2일에 공을 낳았다.

공은 어려서 특별한 자질이 있어서 놀이를 함에 범상하지 않았다. 구두(句讀)를 떼는 공부를 할 때부터 글의 뜻을 반드시 환하게 분석하고야 그만두었다. 이미 성장해서는 하회(河回 유성룡)에 유학하여 학문하는 큰 방향을 들어서 더욱 근면하고 힘써서 게을리하지 않으니, 유 선생(柳先生)이 자주 칭찬하였다. 만력(萬曆)

**13** 언박(彦博)은……문정(文正)이다 : 홍언박(1309~1363)의 본관은 남양(南陽), 자는 중용(仲容), 호는 양파(陽坡)이다. 1330년(충혜왕 즉위) 문과에 급제하였다. 1361년 홍건적(紅巾賊)의 침입으로 모든 사람이 피난할 것을 주장할 때 개경 사수를 홀로 주장하였다. 서경(西京)이 함락되자 피난하는 왕을 안동으로 호종하였다. 1363년 김용(金鏞)이 흥왕사(興王寺)에서 난을 일으켜 왕을 시해하려 할 때 피신하라는 아들 사범(師範)의 권고를 물리치고 반란군에 대항하다 살해되었다. 호종(扈從)공신으로 정승에 추증되었다. 문집으로 《양파집》이 있다.

무자년(1588, 선조21)에 사마시에 합격하고 신축년(1601, 선조34)에 문과에 급제하였다. 병오년(1606, 선조39)에 비로소 사헌부 감찰(監察)에 승진하였다가 공조·예조·병조 좌랑과 성균관 전적(成均館典籍)으로 옮겼는데, 근무하는 곳마다 청렴하고 삼가는 것으로 일컬어졌다.

기유년(1609, 광해군1)에 사간원 정언(司諫院正言)에 임명되었다. 이때 광해군 집권 초기로 혼란한 정사가 많았다. 공이 상소문을 올려 학문을 강론하고 충간을 받아들이며 하늘을 공경하고 백성들을 보호하는 방법에 대하여 논한 것이 수천언(數千言)이었으니, 모두 당시의 문제점에 간절하고 적중한 것이었다. 얼마 있지 않아 병조 좌랑에 환직(還職)되었다가 인하여 시강원 사서(侍講院司書)에 임명되었고 또 사헌부 지평(司憲府持平)에 임명되었으니, 한 해 안에 사간원의 벼슬이 된 것이 세 번이며 사헌부의 벼슬이 된 것이 두 번이었다. 일에 따라 과감하게 말하여 임금의 마음 씀의 은미한 점을 곧장 드러내었으니, 당시 사람들이 쟁신(諍臣)의 풍도가 있다고 말하였다. 경술년(1610, 광해군2)에 춘추관 편수관(春秋館編修官)을 겸하였다.

대단(臺端 사헌부 시어사) 관직을 띠고 선조의 산소를 살피기 위하여 고향으로 돌아가다가 길에서 사나운 백성 한 명을 매질하였는데, 그 백성이 그것 때문에 병들어서 죽었다. 거짓을 꾸미는 자가 공이 죄 없는 사람을 죽였다고 무고(誣告)하여 의금부에 갇히게 되었다. 장차 공초하려 할 때 친우들이 혹 공초를 잘 꾸며 작성하기를 권하였다. 공이 웃으면서 "임금을 속일 수 있겠는가."라 말하고 드디어 사실대로 대답하니, 마침내 이것 때문에 일 년 동안 홍양(興陽)에 유배갔다. 홍양 고을의 자제들이 공의 명성을 사모하여 다투어 책상자를 지고 배우기 위하여 이르니, 공이 모두에게 즐거운 마음으로 가르쳐서 깨우쳐 계발해 주는 효과를 거둔 것이 많았다. 이미 사면되어 집으로 돌아와 즉시 두문불출하며 십여 년을 보냈다.

계해년(1623, 인조1)에 반정(反正)이 성공하자 기용되어 병조정랑(兵曹正郎)이 되었고 얼마 후 성균관 사예(成均館司藝)로 옮겼다. 또 병조 정랑으로 환직되었다. 얼마 후 안동 부사(安東府使)에 임명되었다가, 부임하기도 전에 체직되어 예천 군수(醴泉郡守)가 되었는데, 치적의 명성이 있었지만 얼마 후 공을 꺼리는 자에 의하여 무고함을 당하여 파직되었다. 갑자년(1624, 인조2)에 이괄(李适)의 난[14]이 일어났다. 공이 변란의 소식을 듣고 갖은 고생 끝에 행재소에 나아가니 적이 이미 주벌되었고 임금은 궁전으로 돌아간 뒤였다. 공은 뒤쫓아 궁궐 아래에 이르러 징계하여 삼가며〔懲毖〕[15] 몸을 닦고 반성하는〔修省〕[16] 방법에 대하여 극언하니

**14** 이괄(李适)의 난 : 1624년(인조2) 정월에 이괄이 주동이 되어 일으킨 반란이다. 이괄이 인조반정 때 공이 컸음에도 불구하고 2등공신으로 책봉되고 더구나 평안 병사 겸 부원수로 임명되어 외지에 부임하게 된 데 앙심을 품고 반란을 일으켰다. 1월 22일 이괄은 항왜병(降倭兵) 100여 명을 선봉으로 삼고, 휘하의 전 병력 1만여 명을 이끌고 영변을 출발하였다. 2월 8일에 이괄의 군대가 예성강을 건너 남하하고 있다는 소식이 들려오자 인조는 명나라에 파병을 요청하고 한양을 떠나 공주로 피난하였다. 2월 11일에 한양에 입성한 이괄은 선조의 아들인 흥안군(興安君) 이제(李瑅)를 왕으로 추대했다. 그러나 2월 14일에 한명련과 함께 부하 장수인 이수백(李守白)과 기익헌(奇益獻)에게 살해당하였다.

**15** 징계하여 삼가며 : 원문 '징비(懲毖)'는 《시경》 〈소비(小毖)〉에 "내가 그 징계하

임금께서 가납하셨다. 그 뒤에 임금께서 공의 충성과 부지런함을 생각하여 등용하려고 하였으나 공은 병들어 일어나지 못하고 죽고 말았으니, 곧 이해 8월 23일이다. 처음에는 적라현 서쪽 덕동(德洞)에 장례를 지냈다가 뒤에 두건곡(斗建谷) 태좌(兌坐) 언덕에 이장하였다.

공은 자품이 단정하고 정성스러웠으며 조행(操行)이 차분하고 고요하였다. 이미 대현(大賢 서애)의 가르쳐 인도하는 교화를 받았고 또 나의 선조 우복(愚伏)과 그리고 창석(蒼石), 여헌(旅軒)[17] 등 여러 선생들과 교유하여 이택(麗澤)[18]의 유익함이 있었다. 평소에 항상 의관을 정제하고 단정히 앉아 책을 보았는데 침잠함이 이미 오래됨에 일에 응용함이 더욱 넉넉하였다. 그 대략을 시험 삼아 열거하면 다음과 같다. 어버이를 섬김에 얼굴빛을 화기롭게 하고[19] 맛있는 음식을 빠뜨림이 없었으며 물품은 반드시 먼

는지라 후환을 삼갈 수 있을까.〔予其懲, 而毖後患?〕"라고 한 데서 온 것이다.

**16** 몸을 닦고 반성하는 : 원문 '수성(修省)'은 천재지변(天災地變)이 있을 때에 왕이 자신을 반성하여 근신(謹愼)하고 덕을 닦는 것을 말한다.

**17** 여헌(旅軒) : 장현광(張顯光, 1554~1637)의 호이다. 본관은 인동(仁同), 자는 덕회(德晦), 시호는 문강(文康)이다. 정구(鄭逑)의 조카사위인 동시에 제자이다. 보은 현감을 끝으로 은퇴하여 학문에 전념하였다. 사후에 영의정에 추증되었으며, 동락서원(東洛書院)에 제향되었다. 저서로 《여헌집》이 있다.

**18** 이택(麗澤) : 붕우(朋友)가 함께 학문을 강습하여 서로 이익을 줌을 뜻한다. 《주역(周易)》 태괘(兌卦)에 "두 못이 연결되어 있는 형상이 태(兌)이니, 군자가 이를 본받아 붕우 간에 강습한다.〔麗澤兌, 君子以, 朋友講習.〕"라는 말에서 유래하였다.

**19** 어버이를……하고 : 원문 '색양(色養)'은 자식이 낯빛을 화기롭게 하여 부모를 봉양하는 것, 혹은 자식이 부모의 안색을 살피면서 봉양하는 것을 말한다. 자하(子

저 맛을 보고 올렸다. 임진왜란 때 어버이를 모시고 태백산(太白山)에 들어갔는데, 몸소 쌀을 지고 와서 밥을 지어 드리고 한 번도 빠뜨리거나 부족함이 없게 하였다. 아버지 우윤공(右尹公)이 적에게 해를 입어 돌아가시고 어머니 홍 부인(洪夫人)마저 연이어 돌아가시니, 장례를 치름에 지극히 슬퍼하여 몸이 훼손될 지경[20]에 이르게 하여 두 분 모두에게 유감이 없게 하였다.

선조를 받듦에 정성과 예의를 모두 지극히 하였고 가묘(家廟)를 짓고 제기(祭器)를 마련하기를 한결같이 회옹(晦翁 주희(朱熹))이 마련한 제도를 따랐다. 제사 때마다 반드시 재계함과 정결함을 지극히 하여 그 종들에게도 옷을 씻어서 깨끗하게 입도록 하는 데 이르렀다. 우애가 매우 돈독하여 평상시에 형제에게 옷을 주고 밥을 나누어 주었다. 분가할 때는 머슴 중에 야윈 사람은 모두 자기가 데리고 가고 건강한 사람은 동생에게 주었다. 일찍이 종족(宗族)을 돈독히 하는 것은 족보를 밝히는 데 있다고 생각하여 홍씨족보를 만들어 화목함을 닦았다. 자손들을 훈계함에 반드시 올바른 방법[21]으로 하였고 별도로 전서(田墅)를 두어 후손에게 주

夏)가 효(孝)에 대해서 물었을 때, 공자가 '색난(色難)'이라고 대답한 데에서 나온 말로, 자식이 즐거운 얼굴색으로 부모를 봉양하는 것이 어렵다는 해설과 부모의 안색을 잘 살펴서 봉양을 살하는 것이 어렵다는 해설이 있다. 《論語 爲政》

**20** 지극히……지경 : 원문 '치훼(致毁)'의 뜻이다. 《예기》 〈곡례 상(曲禮上)〉에 거상(居喪)의 예법에 대해 말하면서 "50세에는 극도로 슬퍼하여 몸을 크게 훼손해서는 안 되고, 60세에는 슬퍼하는 마음을 조금 더 완화하여 몸을 훼손하지 않게 한다.〔五十不致毁, 六十不毁.〕"라고 하였다.

**21** 올바른 방법 : 원문 '의방(義方)'의 뜻이다. 《춘추좌씨전》 은공(隱公) 3년 조에,

지 않았다. 다만 서적 수천 권을 주면서 "다만 부지런히 배워 얻는 것을 풍부하게 하라."라고 말하였다. 임종 때 또 충신독경(忠信篤敬)과 몸을 부지런히 하고 배움에 힘쓰는 것으로 유언의 경계로 삼았다.

충애(忠愛)의 정성은 포의로 있을 시절부터 이미 돈독하였다. 임진왜란 때 체찰사(體察使) 오리(梧里) 이 문충공(李文忠公)[22]에게 화해를 배척하고 전쟁하여 토벌할 계책을 편지로 진술하는 데 매우 힘을 기울였다. 문충공이 읽어 보고 태도를 고치면서 "초야의 선비가 하는 말이 참으로 태산보다 무겁다."라고 말하였다. 왜란이 끝이 나자 조정에서는 더욱 남로(南路 영남과 호남)를 걱정하여 문무(文武)의 재주와 책략을 갖춘 사람을 간발하여 통수 종사관(統帥從事官)으로 삼게 하기를 북평사(北評事)[23]의 관례처럼 하도록 명령하였다. 공이 그 선발에 제일 먼저 뽑혀 이미 부임하여

위(衛)나라 장공(莊公)의 아들 주우(州吁)가 오만 방자하게 굴자, 현대부(賢大夫) 석작(石碏)이 장공에게 "아들을 사랑한다면 그에게 올바른 방법으로 가도록 가르쳐서 잘못된 곳으로 빠져들지 않게 해야 한다.〔愛子, 敎之以義方, 弗納於邪.〕"라고 충간(忠諫)한 말이 나온다.

**22** 오리(梧里) 이 문충공(李文忠公) : 이원익(李元翼, 1547~1634)을 말한다. 본관은 전주(全州), 자는 공려(公勵), 호는 오리이다. 1569년(선조2) 문과에 급제하였다. 임진왜란이 발발하자 이조 판서로서 평안도 도순찰사의 직무를 띠고 임금을 호종하였고 1595년(선조28) 우의정 겸 4도체찰사로 임명되어 주로 영남에 거주였다. 그 뒤 완평 부원군(完平府院君)에 봉해지고 영의정에 이르렀다. 인조의 묘정(廟庭)에 배향되었고, 시흥의 충현서원(忠賢書院)에 제향되었으며 시호는 문충(文忠)이다.

**23** 북평사(北評事) : 북방의 외적을 막기 위하여 함경도 병마절도사 밑에 두었던 보좌관을 말한다. 정6품 문관이었다.

변경을 방어할 도모를 찬획(贊劃)하니 모든 것이 원대한 계책이었다. 통수가 공을 공경하며 믿고 한결같이 그 말을 들어주었다.

마음을 다잡음에 견고하고 절개가 있었다. 일찍이 시험을 관장하였는데, 어떤 유생(儒生)이 강(講)에 불통되었으니, 바로 재상 기자헌(奇自獻)[24]의 아들이었으나 공은 축출시키고 조금도 봐주지 않았다. 둘째 아들 선경(善慶)이 일찍이 한성시(漢城試)를 치러 갔다. 이때 이이첨(李爾瞻)[25]이 나라의 권력을 잡고 궁궐 동쪽 쪽문을 열어 문사(文士)들을 불러 맞이하였는데, 선경을 만나 보기를 청함이 매우 정성스러웠으나, 선경이 끝내 가지 않았다. 공이 기뻐하며 말하기를 "아이가 권세와 이익에 굴하지 않으니 너를 낳아 준 조상을 더럽히지 않았다고 말할 수 있다."라고 하였다. 서궁(西宮)의 변고[26]가 있은 뒤로부터 평상시에 눈물을 흘리는 것이

**24** 기자헌(奇自獻) : 1567~1624. 본관은 행주(幸州), 초명은 자정(自靖), 자는 사정(士靖), 호는 만전(晩全)이다. 1590년(선조23) 문과에 급제하여 1604년(선조37)에 좌의정에 올랐고, 1614년(광해군6) 영의정에 올랐다. 1620년(광해군12) 덕평 부원군(德平府院君)에 봉해지고 중추부 영사가 되었다. 이괄(李适)의 난 때 내응(內應)할 우려가 있다 하여 사사(賜死)되고 일족도 몰살되었다.

**25** 이이첨(李爾瞻) : 1560~1623. 본관은 광주(廣州), 자는 득여(得輿), 호는 관송(觀松) 또는 쌍리(雙里)이다. 1594년(선조28) 문과에 급제하고, 1608년(선조41) 문과 중시에 장원하였다. 정인홍(鄭仁弘)과 함께 대북파의 영수가 되어 영창대군을 죽이고 인목대비(仁穆大妃)를 유폐하는 등 생살치폐(生殺置廢)를 마음대로 자행하였다. 1623년 인조반정으로 광해군이 폐위되자 처형되었다.

**26** 서궁(西宮)의 변고 : 선조(宣祖)가 죽고 광해군이 즉위하자 이이첨 등이 집권하는 대북정권이 들어섰는데 이들은 왕통의 취약성을 은폐하기 위하여 선조의 첫째 왕자인 임해군(臨海君)을 제거하고 이어서 영창대군을 폐서인시킨 뒤 살해하였으며, 대군의 외조부 김제남을 사사시키고, 선조(宣祖)의 비 인목대비(仁穆大妃, 1584~

그치지 않았다. 서담(西潭)의 기이한 수석(水石)을 사랑하여 누대를 짓고 시를 읊조리며 유유자적하였다. 남계(南溪)에 서원을 지어 유 선생을 향사하는 것을 창도하였다.[27] 원근의 명현(名賢)들과 서로 강마(講磨)하여 문교(文敎)를 일으켰다. 공이 지은 시문(詩文)은 충담(沖澹)하고 전아(典雅)하였으며, 필법도 해정하여 비록 갑자기 쓰는 한 획이라도 방심하지 않았다. 이것이 공의 공부의 서여(緖餘)[28]이며 여기에서 마음에 보존한 상태도 알 수 있다.

부인 숙인(淑人)은 교동 인씨(喬桐印氏)로 보문각 학사(寶文閣學士) 인원보(印元寶)의 후손이며 선공감 감역관(繕工監監役官) 인지신(印之信)의 따님이다. 부덕(婦德)이 있어 규방의 모범이 되기에 충분하였다. 공보다 26년 뒤에 향년 86세로 돌아가시니 공의 묘소에 합장되었다. 3남 3녀를 두었는데, 장남은 종경(宗慶)으로 진사를 지냈고 차남은 곧 선경(善慶)으로 의금부 도사(義禁府都事)를 지냈으며 삼남은 중경(重慶)이다. 삼녀는 박침(朴琛), 장

1632)를 폐하여 서궁(西宮)에 유폐시켰다.

**27** 남계(南溪)에……창도하였다 : 남계서원(南溪書院)을 말한다. 경북 군위군 군위읍 대북리에 있는 것으로 유성룡(柳成龍, 1542~1607)과 이호민(李好閔, 1553~1634)을 배향하고 있다. 1581년(선조14) 3월에 창건되었으며, 1607년 유성룡이 세상을 떠난 뒤 1621년 후진들이 중수하여 1627년 유성룡의 위패를 모시고 서원으로 승격시켰다. 1787년(정조11)에 이호민을 추가 배향하여 봄가을로 봉향해 왔다. 1868년(고종5) 흥선대원군이 전국의 미사액(未賜額) 서원을 철폐하자 위패를 하회로 옮겼으며 일부 건물만 남아 서당으로 사용되었다.

**28** 서여(緖餘) : 실을 뽑아낸 누에고치에 남은 실오리를 이르는 말로, 근본이 되는 사상이나 학설 이외의 여론(餘論)의 뜻으로 쓰인다. 그러나 여기서는 학문의 사상이나 핵심의 뜻으로 쓰였다.

정오(張正吾), 이시장(李時章)에게 각각 시집갔다. 종경은 2남 2녀를 두었으니 아들은 소(昭)와 성(晟)이고 딸은 김상핵(金尙垓)과 참봉을 지낸 전응정(田應井)에게 각각 시집갔다. 선경은 6남 2녀를 두었으니 아들은 창(昶), 참봉을 지낸 승(昇), 유(曘), 면(冕), 준(晙), 환(晥)이다. 딸은 승지를 지낸 이동명(李東溟), 김계홍(金啓弘)에게 각각 시집갔다. 중경은 2남 1녀를 두었으니, 아들은 해(晐)와 엽(曄)이고 딸은 이덕배(李德培)에게 시집갔다. 내외 증현손 이하는 몇 천 명이 된다. 묘지명을 부탁하러 온 장령 석(澳)은 곧 해의 후손이다. 명은 다음과 같다.

| | |
|---|---|
| 아! 우리 서애 어른은 | 粤我厓翁 |
| 백세의 유종이시네 | 百世儒宗 |
| 그 문하에 배운 사람들이 | 學於其門 |
| 어찌 공과 같지 않으랴만 | 曷不如公 |
| 공은 우뚝한 절조가 있고 | 有卓其操 |
| 빛나는 문장이 있었네 | 有斐其章 |
| 이에 뭇 현자들과 | 爰暨羣賢 |
| 닦고 갈아 더욱 빛났네 | 刮磨彌光 |
| 경학과 학술, 재주와 책략이 | 經術才猷 |
| 모든 것에서 잘하지 않음이 없었네 | 動罔不善 |
| 우리 선조께서 평함이 있으니 | 吾祖有評 |
| 후학들이 표준으로 삼네 | 後學標準 |
| 뛰어난 말로 막 달리는데 | 逸駕方騁 |
| 나아가는 길이 어찌 기구하였던가 | 晉途何嶇 |

| | |
|---|---|
| 때를 만났으나 곧 죽고 말았으니 | 逢時卽殞 |
| 하늘의 뜻도 탄식할 만하네 | 天意堪吁 |
| 적라현의 서쪽에 | 赤羅之西 |
| 삼 척의 높이 무덤이 있네 | 有崇三尺 |
| 내가 그의 묘지명을 지으니 | 我誌其幽 |
| 사실만을 엮은 것이라네 | 惟實之摭 |

# 성균 진사 증 좌승지 능허 박공 묘지명 병서
## 成均進士贈左承旨凌虛朴公墓誌銘 並序

공의 휘는 민(敏)이고 자는 행원(行遠)이다. 박씨(朴氏)는 신라 박혁거세의 후손이지만 대대로 밀양(密陽)을 본관으로 한다. 고려 시대에 휘 원재(元載)가 벼슬하여 광록대부(光祿大夫) 좌복야(左僕射)에 올랐고 태안군(泰安君)에 봉해졌으며 시호는 혜문(惠文)인데, 박씨가 태안을 본관으로 함은 여기서부터 시작된다. 그분의 아들 희문(喜文)은 좌정승(左政丞)을 지냈고 태안 부원군(泰安府院君)에 봉해졌다. 그분의 아들 보규(甫圭)는 판도판서(版圖判書)를 지냈다. 4대 뒤에 판도 총랑(版圖摠郎)과 곡주 지사(谷州知事)를 지낸 문거(文巨)는 홍건적(紅巾賊)을 토벌하다가 절의에 죽어서 판도판서(版圖判書)에 추증되었다. 그분의 아들 비(斐)는 고흥감무(高興監務)로 상소문을 올려 적신(賊臣) 신돈(辛旽)을 배척하다가 해도(海島)에 축출당하였다. 조선조 초에 예산 현감(禮山縣監)을 지낸 불굴(不屈)이 있었고, 그분의 아들 상덕(尙德)은 통례원 봉례(通禮院奉禮)를 지냈다. 그분의 아들 자주(自冑)는 김해교수(金海敎授)를 지냈다. 그분의 아들 인(氤)은 종사랑(從仕郎)을 지냈으며 호가 호은(湖隱)으로 연산군(燕山君)이 단상(短喪)할 때 홀로 여막에 거처하며 집상(執喪)하였는데, 중중(中宗)이 특별히 정려를 내리도록 명하였으니, 공에게 증조부가 된다. 조부는 휘가 세훈(世勳)으로 참봉을 지냈으며 공조 참의(工曹參議)에 증직되었다. 아버지는 휘가 안방(安邦)으로 군수를 지냈으며 좌승지(左承旨)에 증직되었는데 선행으로 드러났다. 어머니는 진주 정씨(晉州鄭氏)로 참봉(參奉) 각(角)의 후손이니, 명나라 가정(嘉靖) 병인년(1566, 명종21) 12월 8일에 공을 낳았다. 이날 아버지 승지공이 옥함(玉函) 가운데 밝은 별이 찬란하게 빛나는 것을 꿈꾸었기에 드디어 응성(應星)을 소자(小字)로 이름하였다.

공은 얼굴 모습이 밝고 순수하였으며 총명하고 영오함이 남달랐다. 3세에 옆 사람이 독서하는 것을 듣고 마음속으로 기억하여 물 흐르듯이 암송할 수 있었다. 5, 6세에 이미 우뚝하게 장자(長者)의 기상이 있었다. 승지공이 일찍이 《소학(小學)》 책은 사람의 바탕[29]을 만드는 것이라고 말하니, 공이 듣고 흔연히 기뻐하였다. 곧바로 개인적으로 스스로 그 책을 외우고 익혔는데, 《효경(孝經)》과 《가례(家禮)》도 겸하여 통독하였다. 10세에 사서(四書)를 읽고서 연구하기를 그치지 않았다. 을유년(1585, 선조18)에 수우당(守愚堂) 최공(崔公)[30]을 배알하였다. 최공은 본래 대범

29 바탕 : 원문 '배박(坯樸)'은 바탕을 갖추는 것을 일컫는 말로, 《주자어류(朱子語類)》 권34에 의하면 "도에 뜻을 두는 것이란 바로 학문을 강론하고 힘써 행하는 것이 모두 그것이요, 덕을 가져 지키는 것은 이 사물이 이미 바탕[배박]을 이룬 것이다.〔志於道, 如講學力行皆是, 據於德, 則是這箇物事已成坯樸子了.〕"라고 하였다.

30 수우당(守愚堂) 최공(崔公) : 최영경(崔永慶, 1529~1590)이다. 본관은 화순(和順), 자는 효원(孝元), 호는 수우당으로 조식(曺植)의 문인이다. 서울 출생이지만 선대의 전장(田庄)이 있는 진주의 도동(道洞)으로 은거하였다. 정구(鄭逑), 김우옹(金宇顒), 오건(吳健), 하항(河沆) 등과 교유하였으며, 1576년(선조9) 덕천서원(德川書院)을 창건하여 조식(曺植)을 향사하였다. 1590년(선조23) 정여립(鄭汝立) 사건에 무고되어 옥사(獄死)하였다. 1591년 신원되어 대사헌에 추증되고, 사제(賜祭)의 특전이 베풀어졌다. 1611년(광해군3) 덕천서원에 배향되었다.

하고 우뚝하여 타인을 인정하는 경우가 적었지만 공을 보고는 기뻐하며 위기지학(爲己之學)으로 면려하였다. 공이 드디어 성리학에 뜻을 전념하여 선성(先聖)의 화상을 손수 그려 벽에다 걸어 놓고 아침저녁으로 분향하고 참배하였는데, 간간이 어떤 사람의 비웃음이 있어도 개의치 않았다.

경인년(1590, 선조23)에 한강(寒岡) 정 선생(鄭先生)[31]에게 속수(束脩)의 예[32]를 행하여 제자가 되어 《대학》과 《심경(心經)》을 배웠는데, 선생께서 매우 소중하게 여겼다. 임진년(1592, 선조25)에 왜구들이 대거 침략해 옴에 공이 어머니를 모시고 난을 피하여 두류산(頭流山 지리산(智異山))에 들어가서 단정히 앉아 책을 읽기를 평소와 같이 하였다. 혹자가 "우리들이 조만간에 죽을 것인데 어찌 애써 공부하기를 이와 같이 하는가?"라고 말하니, 공이 "아침에 도를 들으면 저녁에 죽어도 좋다."[33]라고 말하였다.

**31** 한강(寒岡) 정 선생(鄭先生) : 정구(鄭逑, 1543~1620)를 말한다. 본관은 청주(淸州), 자는 도가(道可), 호는 한강이다. 김굉필(金宏弼)의 외증손이며, 조식(曺植)과 이황(李滉)의 제자이다. 벼슬이 대사헌에 이르렀으며 시호는 문목(文穆)이다. 저서로 《한강집》과 《오선생예설분류(五先生禮說分類)》 등이 있다.

**32** 속수(束脩)의 예 : 제자가 되는 것을 말한다. 《논어》 〈술이(述而)〉에 "공자가 이르기를 '스스로 속수 이상으로 오는 사람은 내가 일찍이 가르치지 않은 적이 없다.〔子曰 自行束脩以上, 吾未嘗無誨焉.〕'라 하여"라고 했는데, '수(脩)'는 포(脯)이고, 1속(束)은 10정(脡)이다. 배우려는 사람이 최소한의 예물을 갖추고 오기만 하면 가르쳤다는 공자의 고사에서 시작되어 입학이나 사제 관계를 맺는 절차를 의미한다.

**33** 아침에……좋다 : 《논어》 〈이인(里仁)〉에 나오는 말이다. 이에 대해서 주희(朱熹)는 "도는 사물의 당연한 이치이니, 참으로 이것을 들을 수 있다면, 살아서는 순리에 따르고 죽어서는 편안하여 다시 남은 한이 없을 것이다.〔道者事物當然之理, 苟得

기해년(1599, 선조32) 봄에 성천(成川)의 임소에서 한강에게 문안 인사를 드리고 거기서 머물러 몇 달을 강학하였다. 방향을 바꾸어 인천(仁川)의 우사(寓舍)에 가서 동강(東岡) 김 선생(金先生)[34]에게 인사를 드리고 한 달 남짓 머물면서 의의(疑義)를 강학하고 질문하니, 동강이 또한 매우 중시하며 인정하였다. 돌아오는 길에 장여헌(張旅軒)[35]에게 인사를 드리고 《주역》의 이치를 논하였는데, 여헌이 자주 칭찬하고 감탄하며 "우리들이 미치지 못할 바다."라고 말하였다.

임인년(1602, 선조35) 봄에 처음으로 덕천서원(德川書院)에서 정인홍(鄭仁弘)[36]을 보았다. 대개 정인홍은 당시에 중망(重望)이

聞之, 則生順死安, 無復遺恨矣.〕"라고 해설하였다.

**34** 동강(東岡) 김 선생(金先生) : 김우옹(金宇顒, 1540~1603)을 말한다. 본관은 의성(義城), 자는 숙부(肅夫), 호는 동강, 시호는 문정(文貞)이다. 남명 조식(曺植)의 문인이다. 1567년(명종22) 문과에 급제하여 벼슬이 이조 참판과 대사성에 이르렀다. 회령의 향사(鄕祠), 청주의 봉계서원(鳳溪書院), 성주(星州)의 청천서원(晴川書院)에 배향(配享)되었다. 저서로 《동강집》과 《속자치통감강목(續資治通鑑綱目)》 등이 있다.

**35** 장여헌(張旅軒) : 장현광(張顯光, 1554~1637)이다. 본관은 인동(仁同), 자는 덕회(德晦), 호는 여헌, 시호는 문강(文康)이다. 정구의 조카 사위인 동시에 제자이다. 보은 현감을 끝으로 은퇴하여 학문에 전념하였다. 사후에 영의정에 추증되었으며, 동락서원(東洛書院)에 제향되었다. 저서로 《여헌집》이 있다.

**36** 정인홍(鄭仁弘) : 1535~1623. 본관은 서산(瑞山), 자는 덕원(德遠), 호는 내암(來庵)으로 조식(曺植)의 문인이다. 1602년(선조35) 대사헌에 승진하고 공조 참판을 역임하였으며 유성룡(柳成龍)을 탄핵하여 사직하게 하고, 홍여순(洪汝諄) 등 북인(北人)과 함께 정권을 잡았다. 1609년 광해군이 즉위하자 대사헌이 되어 대북정권(大北政權)을 세웠다. 영의정에 올라 대북파의 영수가 되었다. 1623년 인조반정 뒤

있었기에 사대부들이 앞다투어 달려가 아부하였지만 공은 한 번 보고는 길인(吉人)이 아니라는 것을 알았다. 인하여 한강에게 올린 편지에 "뒤 시대〔현재〕에 다시 왕안석(王安石)[37]을 볼 것이라고는 생각지도 못했습니다."라고 말하고는 절대로 다시 가지 않았다. 곧이어 정인홍이 자기 문인록에 공의 성명을 기록하였다는 소식을 듣고는 즉시 몸소 가서 분명하게 드러내어 놓고 절교하였다. 정인홍의 문도들이 스승을 배반한 것으로 지목하여 10년 동안 과거 시험을 보지 못하게 하였다. 공은 드디어 독산(篤山)의 동쪽 깊은 계곡에 숨어서 세상 일을 포기하고 시를 읊고 마음껏 즐기며 유유자적하였다.

신해년(1611, 광해군3)이 되어서야 비로소 과거 시험을 보러 갔는데, 대책문 중에 '제후를 봉하고 경대부를 삼을 적에 소인은 쓰지 말아야 한다.〔開國承家, 小人勿用.〕'[38]라는 말을 사용하였다. 이때 북인들이 권력을 휘둘렀는데, 지공거(知貢擧)가 처음에는 발탁하려고 하다가, 도리어 폐출시켰다. 공은 이로부터 더욱 스스로 자취를 감추었다. 갑인년(1614, 광해군6) 봄에 침류(枕流) 구지(舊址)에 작은 정자를 지었으니, 곧 호은공(湖隱公)이 소요하던 곳이다. 남호서당(南湖書堂)이라 편액하고 재(齋)를 낙천와(樂天

참형되고 가산은 적몰되었다.

**37** 왕안석(王安石) : 1021~1086. 자는 개보(介甫), 호는 반산(半山)으로 형국공(荊國公)에 봉해졌다. 송나라 신종(神宗) 때 신법(新法)이라는 변법(變法)을 시행하여 많은 문제점을 일으킨 정치가이다.

**38** 제후를……한다 : 《주역》 〈사괘(師卦) 상육(上六)〉에 나오는 말이다.

窩)라고 하였다. 낙천와 동쪽에 종미당(鍾美堂)을 짓고 그 서쪽에는 대나무 숲을 가꾸었다. 대나무 숲 아래에 소나무를 심고 단(壇)을 만들어 창주(滄洲) 하징(河憕),[39] 부사(浮査) 성여신(成汝信),[40] 봉강(鳳岡) 조겸(趙𤥽),[41] 겸재(謙齋) 하홍도(河弘度),[42] 조은(釣隱) 한몽삼(韓夢參),[43] 간송(澗松) 조임도(趙任道)[44] 등 여러

**39** 창주(滄洲) 하징(河憕) : 저본에는 하성(河惺)으로 되어 있으나, 하징(河憕, 1563~1624)으로 고쳤다. 본관은 진주(晉州), 자는 자평(子平), 호는 창주이다. 임진왜란 때 양모인 강씨(姜氏)가 절개를 지켜서 죽었으므로 평생 동쪽을 향한 일이 없었고, 조카 지상(智尙)이 여섯 살의 나이로 적진중(賊陣中)에 끌려 갔을 때 힘써 구해 냈다. 아우 변(忭)이 적진에 끌려가서 돌아오지 못하므로 부산(釜山)을 세 번이나 왕복하면서 구해 냈다. 뒤에 조정에서 정려(旌閭)의 은전을 받고 임천서원(臨川書院)에 제향되었다. 저서로 《창주집》이 있다.

**40** 부사(浮査) 성여신(成汝信) : 1546~1632. 본관은 창녕(昌寧), 자는 공실(公實), 호는 부사로 조식(曺植)의 문인이다. 1609년(광해군1) 64세로 사마 양시에 합격하였다. 불교 배척에 힘썼으며, 임진왜란 이후 투박하고 문란해져 가는 풍속을 바로잡기 위하여 여씨향약(呂氏鄕約)과 퇴계동약(退溪洞約)을 본떠 이를 지방에 심는데 힘썼다. 진주의 임천서원(臨川書院)과 창녕의 물계서원(勿溪書院)에 제향되었다. 저서로 《부사집》이 있다.

**41** 봉강(鳳岡) 조겸(趙𤥽) : 1569~1652. 본관은 임천(林川), 자는 영연(瑩然), 호는 봉강이다. 지족당(知足堂) 조지서(趙之瑞)의 증손이다. 저서로 《봉강집》이 있다.

**42** 겸재(謙齋) 하홍도(河弘度) : 1593~1666. 본관은 진주(晉州), 자는 중원(重遠), 호는 겸재이다. 성균관의 유생이 되어 동료들의 존경을 받았으나, 광해군의 실정을 개탄하여 벼슬길을 단념하고 고향에 돌아와 오로지 경사(經史) 연구와 후진 양성에 힘썼다. 저서로 《겸재집》이 있다.

**43** 조은(釣隱) 한몽삼(韓夢參) : 1589~1662. 저본에는 표은(豹隱)으로 되어 있으나, 조은(釣隱)으로 고쳤다. 본관은 청주(淸州), 자는 자변(子變), 호는 조은(釣隱) 또는 적암은인(適巖隱人)이다. 박제인(朴齊仁), 정구(鄭逑), 장현광(張顯光) 등의 문하에서 수학하였다. 1613년(광해군5) 생원시에 급제하였으나 벼슬에 나아가지 않

현자와 서로 박문약례(博文約禮)하며 거의 매달 만났다. 또 독산(篤山)의 정상에 능허대(凌虛臺)를 쌓고 마음껏 소요하면서 다시는 세속에 대한 생각이 없었다.

임술년(1622, 광해군14) 겨울에 부사(浮査) 등 여러 현자들과 《진양지(晉陽誌)》를 논찬(論撰)하였다. 정묘년(1627, 인조5)에 청나라가 압록강을 건너 침략해 옴에 임금이 파천하였다. 이에 주군(州郡)에서 의병을 창도함에 공을 추대하여 의병장으로 삼았다. 공이 개연히 죽음을 맹서하고 의병을 불러 모으는 데 충성스럽고 의로우며 적개(敵愾)의 마음으로 면려하니 선비들이 모두 감격하여 분발하였다. 기강과 군율이 엄중하고 분명하여 우뚝하게도 범할 수 없는 형세가 있었다. 장수(長水) 현감 하성(河惺)[45]이 이때 본주(本州 진주)의 의병장으로 막하에 있었는데, 본래 공과 사이

고 파릉군(巴陵郡)의 서계(西溪) 가에 은거하였다. 1702년(숙종28) 임천서원(臨川書院)에 배향되었으며 저서로 《조은집》이 있다.

**44** 간송(澗松) 조임도(趙任道) : 1585~1664. 본관은 함안(咸安), 자는 덕용(德勇), 호는 간송당(澗松堂)이다. 1614년에는 동당시(東堂試)에 합격하여 공조 좌랑 등 여러 벼슬에 임명되었으나 모두 부임하지 않았다. 사후에 사헌부 지평에 증직되고, 함안의 송정서원(松亭書院)에 제향되었다. 저서로 《취정록(就正錄)》, 《김라전신록(金羅傳信錄)》, 《간송집》이 있다.

**45** 하성(河惺) : 1571~1640. 저본에는 하징(河憕)으로 되어 있으나 고쳤다. 본관은 진양(晉陽), 자는 자경(子敬), 호는 죽헌(竹軒)으로 하징(河憕)의 동생이다. 임진왜란과 정유재란 때 의병으로 활동하였다. 1603년 사마시에 합격하여 효경전 참봉(孝敬殿參奉)으로 벼슬을 시작하여 장수 현감이 되었다. 1627년(인조 5) 정묘호란 때는 의병을 일으켜 북상하여 나라의 위급을 구하려고 하였으나 화의가 성립되자 중도에서 해산하였다. 저서로 《죽헌집》이 있다.

가 좋지 않았다. 칼을 차고 죄를 청하니, 공이 평상에서 내려와 손을 잡고서 "지금이 어찌 사사로운 원한을 논할 때인가."라고 말하고는 드디어 함께 눈물을 씻고 같이 힘썼다. 행차가 상주(尙州)에 도착하였을 때 강화의 소식을 듣고는 전군이 매우 한탄하면서 돌아왔다.

8월에 비로소 성시(省試 회시(會試))를 실시할 때 진사(進士) 2등에 합격하였다. 대개 공이 향시에 합격한 것이 10번 중에 사마양시(兩試)에 합격한 것이 8번이었으며, 동당시(東堂試)에 합격한 것이 6번 중에 장원한 것이 3번이었지만 끝내 문과에 합격하지 못하였다. 9월에 미수(眉叟) 허 문정공(許文正公)[46]이 겸재(謙齋)와 함께 공을 방문하여 《심경(心經)》을 강론함에 며칠간 격렬한 논의를 하였다. 무진년(1628, 인조6) 9월에 병이 들었으나 한 해가 지나도록 정신과 의식이 혼미하지 않아 공사 간의 기일(忌日)에 일체 채식을 하였다. 경오년(1630, 인조8) 2월 10일에 새벽에 일어나 목욕재계하고 폭건(幅巾)을 쓰고 심의(深衣)를 입고서 가묘를 배알하였다. 그리고 물러나서 책상을 정돈하고 정좌하여 〈소학제사(小學題辭)〉와 〈심경서문(心經序文)〉을 암송하고 문

**46** 미수(眉叟) 허 문정공(許文正公) : 허목(許穆, 1595~1682)이다. 본관은 양천(陽川), 자는 문보(文甫) 또는 화보(和甫), 호는 미수이다. 1617년(광해군9) 거창현감으로 부임한 아버지를 따라가서 문위(文緯)와 정구(鄭逑)를 스승으로 섬겼다. 벼슬이 이조 판서를 거쳐 우의정에 승진되어 과거를 보지 않고도 유일(遺逸)로서 삼공(三公)에 올라 남인의 영수가 되었다. 저서로 《동사(東事)》, 《방국왕조례(邦國王朝禮)》, 《경설(經說)》, 《경례유찬(經禮類纂)》, 《미수기언(眉叟記言)》이 있다. 시호는 문정(文正)이다.

인자제들에게 명하여 "나는 포의(布衣)이니 염할 때 비단을 쓰지 마라."라고 말하고, 또 날이 이미 몇 시인가를 묻고는 드디어 편안한 모습으로 돌아가시니, 향년 65세였다. 문인들이 유언에 따라 상례를 치렀으며 삼 개월 뒤에 진주 남쪽 반룡포(盤龍浦) 선영 아래에 장례를 지냈으니, 장례에 참석한 사람이 삼백여 명이었다.

공은 일찍부터 도(道) 있는 선비를 가까이하여 학문하는 방법을 들을 수 있었다. 일생 동안 성현의 책을 강론하고 밝혔으며 더욱이 주자(朱子)의 《소학(小學)》을 존신(尊信)하여 평상시에 항상 그 책을 소매에 넣어 다니면서 그 내용대로 복응(服膺)하였다. 실행에 나타난 것을 보면 어릴 때부터 효성과 사랑이 순수하고 지극하였다. 승지공이 일찍이 풍비병(風痺病 중풍)을 앓음이 오래되었다. 호서(湖西)에 양의(良醫)가 있었는데, 공은 남에게 굽히기를 즐거워하지 않았지만 그 집에 찾아갔다. 그리고는 문밖에서 엎드려 삼 일 동안 먹지도 않고 눈물을 흘리며 애걸복걸하였으며 게다가 많은 눈이 내려 그 눈이 몸을 잠기게 하자, 의사가 여기에 감동하여 내방하여 진료하였다. 아버지가 병이 위독하자 손가락의 피를 내어 주입함으로 열흘간 목숨을 연장시켰다. 이미 초상을 당하자 지극히 슬퍼하고 몸을 상하게 하여 거의 목숨을 잃을 지경에 이르렀다. 장지는 집에서 몇 리(里) 떨어진 곳이었는데, 아침저녁으로 성묘하고 울부짖었으며 추위와 더위에도 그만두지 않았다.

임진왜란으로 두류산에 피해 있을 때 선친의 제삿날이 되었으나 제수가 없어서 종일토록 슬프게 울고 있었다. 그러다가 홀연히 노루가 달려와 마당을 지나다가 돌에 부딪혀 정강이가 부러져 잡히자 드디어 그것을 제수로 올렸다. 어머니께서 일찍이 병에 걸렸을 때 물고기를 자시고 싶어 하였다. 때는 차가운 겨울로 얼음이 얼어 물고기를 잡을 수가 없었다. 공이 날마다 강가에서 울면서 물고기를 구하는데 돌을 가지고 얼음을 두드리니 얼음이 갈라지면서 두 마리 잉어가 뛰어올라 밖으로 나오자 그것을 가지고 와서 요리해 바쳤다. 매양 병이 위독할 때마다 하늘에 기도하며 대변을 맛보기를 한결같이 고인이 하는 것처럼 하였고 또 손가락의 피를 내어 주입함으로 소생시켰다. 어머니께서 돌아가시자 상제를 지키기를 매우 엄중하게 하여 집안 식구들이 공의 얼굴을 보기가 힘들었다. 장례를 지내고는 곧바로 묘소 아래에 여막을 짓고 중형(仲兄)과 함께 교대로 묘소를 지켰다. 이미 삼년상을 마치고는 초하루와 보름에 성묘하기를 죽을 때까지 하였으며 제사에는 반드시 목욕재계하고 정성을 다하였다.

중형을 사랑하기를 매우 지극히 하여 같은 상에서 밥을 먹고 같은 침상에서 잠을 잤다. 중형이 병이 들자 아침 일찍부터 밤 늦게까지 부축하며 간호하기를 시종 한결같이 하였다. 부인과는 손님처럼 서로 공경하여 출입함에 반드시 절하였으며, 비록 유랑하고 어려운 상황이라 할지라도 반드시 거처를 따로 하여 집안에서의 부부 경계의 문을 엄숙하게 하였다. 늦게 외동아들을 두었는데, 비록 매우 추운 날씨에도 옷을 두텁게 입지 못하게 하고 말하기를 "무릇 사람이 어려움과 고통을 두루 경험한 연후에 바야흐로 마음이 견고해져서 학문에 진보하고 유익한 바가 있을 수 있다."라고 하였다. 어려서 아버지를 잃어 당숙부 죽촌공(竹村公)[47]에게 배웠는데, 공이 아버지 같이 섬겼다. 당숙부가 돌아가심에 집이 가난하여 장례를 치를 수가 없었는데, 자신의 전장을 팔아서 도와 주었으며 그 자녀들을 친형제처럼 길렀다. 계사년(1593, 선조26)에 진주성이 함락되자 당숙부 좌랑공(佐郎公)[48]이 의병장의 종사관(從事官)으로 남강(南江)에 투신하여 죽었다. 공이 이때 두류산에 숨어 있었는데, 위험을 무릅쓰고 산에서 나와 뱃사공을 모아서 그 시신을 찾아서 예를 갖추어 장례를 지냈기 때문에 시신이 남강의 물고기에게 먹히지 않게 되었다.

한강 선생을 섬기기를 수십 년 동안에 한결같은 정성으로 하고 게을리하지 않았다. 선생이 돌아가시자 심상(心喪) 삼 년을 하였으며 기일이 되면 병고(病故)가 있지 않으면 반드시 참석하였다. 수우당공(守愚堂公)이 기축년(1589, 선조22)에 체포되어 주(州)의 옥에 갇혔을 때[49] 공이 술을 가지고 가서 위로하였다. 혹자가

47 죽촌공(竹村公) : 박안실(朴安室)이다. 지극한 효자로 언제나 《소학(小學)》 책을 가지고 다니며 실행에 옮겼다. 부모상에 죽만 먹었으며, 항상 관 옆에 있었고 상복을 벗지 않았다. 모든 일을 반드시 예법에 따라 행하여 하나의 일이라도 구차하게 하는 법이 없었다. 《진양지(晋陽誌)》 권3 효행조(孝行條)에 이름이 올랐다.

48 좌랑공(佐郎公) : 박안도(朴安道, ?~1593). 자는 진경(眞卿)이다. 임진왜란 때 의병을 일으켰다. 1593년에 경상 우도 병사 최경회(崔慶會), 충청 병사 황진(黃進) 등 여러 장군들과 함께 진주성을 수비하였으나 중과부적(衆寡不敵)으로 10일간의 대격전 끝에 성이 함락되자, 남강(南江)에 몸을 던져 순국하였다. 뒤에 선무공신(宣武功臣)에 녹훈되고 호조 좌랑에 증직되었다. 최경회·황진·김천일(金千鎰) 등과 함께 진주 창열사(彰烈祠)에 제향되었다.

49 수우당공(守愚堂公)이……때 : 정여립(鄭汝立, 1546~1589)이 처음에는 이이(李珥)와 성혼(成渾)을 섬겨 서인이 되었다가 나중에 동인(東人)으로 전향하였다. 이에 1589년(선조22) 정여립(鄭汝立)의 모반 사건을 조작하였는데, 당시 천여 명의 동인이 무고로 투옥되어 정적(政敵)인 서인(西人) 정철(鄭澈)의 국문을 받았다. 특

화가 미칠까 경계하자 공이 "이 어른이 죄가 없음은 천지와 귀신도 실로 함께 비추어 알고 있는 것이니, 한때의 화를 어찌 족히 논할 것이 있겠는가."라고 말하였다. 수우당이 의금부에서 죽게 되자 공이 애절하게 통곡하며 상복을 입었다. 뒤에 하창주와 그리고 사림들과 합의(合議)하여 상소문을 올려 덕천서원(德川書院)에 수우당을 배향케 하였다. 동계(桐溪) 정온(鄭蘊)이 상소문에서 폐모살제(廢母殺弟)의 일을 논한 것 때문에 제주(濟州)에 위리안치되자[50] 공이 강진(康津)[51]에 나가서 전별하였다. 사호(思湖) 오장(吳長)이 또한 연좌되어 해서(海西)의 토산(兎山)에 유배되자[52]

히 남명 조식의 제자들이 대거 국문을 받아 옥사(獄死)하였는데, 최영경도 거기에 해당하였다.

**50** 동계(桐溪)……위리안치되자 : 정온(鄭蘊, 1569~1641)의 본관은 초계(草溪), 자는 휘원(輝遠), 호는 동계이다. 1610년(광해군2) 문과에 급제하였다. 임해군 옥사에 대해 전은설(全恩說)을 주장했고, 영창대군이 강화 부사 정항(鄭沆)에 의해서 피살되자 격렬한 상소를 올려 정항의 처벌과 당시 일어나고 있던 폐모론의 부당함을 주장하였다. 이에 광해군은 격분하여 국문할 것을 명하고 이어서 제주도에 위리안치하도록 하였다. 그 뒤 인조반정 때 해배되어 관직에 올랐다. 1636년 병자호란 때 이조 참판으로서 청나라와 화의를 반대하다가 뜻대로 되지 않자 고향 거창 덕유산에 은거하여 절의를 지켰다. 저서로 《동계집》이 있으며 시호는 문간(文簡)이다.

**51** 강진(康津) : 원문에 강진(江津)으로 되어 있으나, 오류이다. 제주도에 가기 위하여 전라도 강진이나 해남에서 출발하기 때문에 여기에서 전별한 것이다.

**52** 사호(思湖)……유배되자 : 오장(吳長, 1565~1617)은 본관이 함양(咸陽), 자는 익승(翼承), 호는 사호이며 아버지는 오건(吳健)이다. 1610년(광해군2) 문과에 급제하였다. 1613년(광해군5) 영창대군(永昌大君)의 옥사와 폐모론을 둘러싸고 대북세력과 각축을 벌이다가 삭직당한 뒤 고향인 영남으로 퇴거하였다. 1614년 영창대군의 처형을 공격하던 정온(鄭蘊)이 제주로 유배당하자, 영남의 유생들을 이끌고 반대상소를 하였다. 이로 인해 정인홍(鄭仁弘)의 미움을 사, 토산(兎山)으로 유배

공이 편지를 보내 위로하였다.

공이 선을 좋아하고 악을 미워하는 것은 천성에서 나왔다. 마을에 어떤 아이가 부모에게 효도하자 공이 매양 쌀과 고기를 보내어 그의 봉양을 도왔다. 어떤 불효한 사람이 있었는데, 관청에서 죄를 다스려도 오히려 고치지 않자 공이 그에게 인륜과 천리(天理)로 고하기를 반복하면서 절실하고 간절하게 하니, 말하자마자 불효자가 감동하여 깨달았다. 대개 공이 측은히 여기며 사람을 사랑함이 또 이와 같았다. 처음에 공이 이미 정인홍과 절교함에 정인홍의 당적(黨籍)을 가진 사람이 와서 공이 과거 시험을 보지 못하게 된 것을 위로하며 말하기를 "후회함이 없는가."라고 하였다. 공이 성을 내면서 "내가 정인홍을 다만 한두 번 보았을 따름이니, 스승을 배반한 것으로 죄를 얽어매는 것은 또한 이상하지 않는가. 비록 과거 시험을 보지 못하는 규제를 받더라도 무슨 후회함이 있겠는가."라고 말하였다. 서궁(西宮)의 변고[53]를 듣고서는 공이 지붕을 쳐다보며 눈물을 흘렸고 평상시에도 분노하며 질타하였다. 어느 날 정인홍의 문인인 문홍도(文弘道)[54]를 보고 "정인

당하였으며 그곳에서 죽었다. 저서로 《사호집》이 있으며 산청의 서호사(西湖祠)에 제향되었다.

**53** 서궁(西宮)의 변고 : 선조(宣祖)가 죽고 광해군이 즉위하자 이이첨 등 집권하는 대북정권이 들어섰는데 이들은 왕통의 취약성을 은폐하기 위하여 선조의 첫째 왕자인 임해군(臨海君)을 제거하고 이어서 영창대군을 폐서인시킨 뒤 살해하였으며, 대군의 외조부 김제남을 사사시키고, 선조(宣祖)의 비 인목대비(仁穆大妃, 1584~1632)를 폐하여 서궁(西宮)에 유폐시켰다.

**54** 문홍도(文弘道) : 1553~1603. 본관은 남평(南平), 자는 여중(汝中)으로 정인홍

홍이 스스로 그 어머니를 폐할 수 있는가."라고 말하였다. 문홍도가 "무슨 말인가?"라 하니, 공이 "그 임금을 유도하여 국모를 폐하였으니, 유독 자기 어머니를 스스로 폐할 수 없겠는가. 바라건대 나를 위하여 정인홍에게 '이와 같이 하기를 그만두지 않는다면 목숨을 보전하려고 해도 될 수 없을 것이다.'라고 알려라."라고 말하였다. 얼마 있지 않아 인조반정(仁祖反正)이 일어나자 정인홍의 무리들이 모두 죽음을 당하였고 뭇 현자들이 줄지어 함께 조정에 나아갔다.[55] 공도 군수의 벼슬에 한 번 추천받았고, 태학의 벼슬에 두 번 추천받았다. 오리(梧里) 이상국(李相國)[56]도 일찍이 추천하였으나, 실제로 등용되지는 못하였다.

공은 초연(超然)하게 운명에 맡겨 혹 형편없는 밥을 먹고 자주

(鄭仁弘)의 문인이다. 1588년(선조21) 문과에 급제하여 홍문관에 들어갔다. 정언(正言)이 된 뒤 정인홍의 일파가 되어 북인(北人)으로 행세하였다. 임진왜란 때는 정인홍 등과 함께 합천에서 의병을 일으켜 적을 토벌하였다. 유성룡이 밀려난 뒤 북인이 일시 정권을 장악함에 그 역시 득세할 수 있었으나, 곧 유성룡 탄핵 사건 때문에 크게 현달하지 못하고 광해군 때는 아들의 불륜행위 때문에 탄핵을 받기도 하였다.

**55** 뭇……나아갔다 : 원문 '군현휘정(羣賢彙征)'의 뜻이다. 《주역》의 태괘(泰卦) 초구(初九) 효사(爻辭)에 "띠풀을 뽑음이라 그 무리로써 가는 것이니 길하다.〔拔茅茹, 以其彙征, 吉.〕"라 하여, 군자(君子)가 벗들과 함께 나아감을 말하였다. 선류(善類)가 많이 등용되었음을 뜻한다.

**56** 오리(梧里) 이상국(李相國) : 이원익(李元翼, 1547~1634)을 말한다. 본관은 전주(全州), 자는 공려(公勵), 호는 오리이다. 1569년(선조2) 문과에 급제하였다. 임진왜란이 발발하자 이조 판서로서 평안도 도순찰사의 직무를 띠고 임금을 호종하였고 1595년(선조28) 우의정 겸 4도체찰사로 임명되어 주로 영남에 거주하였다. 그 뒤 완평 부원군(完平府院君)에 봉해지고 영의정에 이르렀다. 인조의 묘정(廟庭)에 배향되었고, 시흥의 충현서원(忠賢書院)에 제향되었으며 시호는 문충(文忠)이다.

배를 곯아도[57] 마음을 편안한 듯이 하였다. 오직 서적을 좋아하여 전답을 팔아서 서적을 사는 데 이르러 "천 경(千頃)의 전답이 어찌 고인의 한 권의 책에 대적할 수 있겠는가."라고 말하였다. 이 때문에 경전의 책 외에 천문, 지리, 음양, 주수(籌數), 의약(醫藥), 복서(卜筮), 융마(戎馬), 병진(兵陣)의 법 같은 것에 또한 두루 통하여 그 요체를 터득하지 않음이 없었다. 문장에 대하여는 뜻을 둔 적이 없지만 망우당(忘憂堂) 곽공(郭公)[58]이 "문장이 공의 성정(性情)과 서로 닮았으니 참으로 군자의 글이다."라고 말하였다. 숙종 갑술년(1694, 숙종20)에 사림들이 공을 진주의 정강서원(鼎岡書院)[59]에 제향하였다. 무자년(1708, 숙종34)에 손자 창

57 형편없는……곯아도 : 원문 '단사누공(簞食屢空)'의 뜻이니, 공자(孔子) 제자 안연(顔淵)과 같이 삶이 가난하였다는 말이다. 《논어》 〈옹야(雍也)〉에 "어질구나, 안회여! 한 소쿠리의 밥과 한 표주박의 물로 누추한 시골에서 지내는 것을 남들은 그 곤궁한 근심을 감당치 못하거늘, 안회는 도를 즐기는 마음을 바꾸지 않으니, 어질구나, 안회여!〔賢哉, 回也! 一簞食一瓢飮, 在陋巷, 人不堪其憂, 回也, 不改其樂, 賢哉, 回也!〕"라고 한 데서 단사표음(簞食瓢飮)의 말이 나오고, 또 〈선진(先進)〉에 "안회는 거의 도의 경지에 가깝도다! 그는 자주 끼니를 걸렀구나.〔回其庶乎! 屢空.〕"라고 하여 자주 쌀독이 비었다는 말이 나온다.

58 망우당(忘憂堂) 곽공(郭公) : 곽재우(郭再祐, 1552~1617)이다. 본관은 현풍(玄風), 자는 계수(季綏), 호는 망우당이다. 임진왜란과 정유재란 때 의병을 일으켜 의병장으로 크게 활약하였다. 만년에 낙동강 가에 은거하였다. 1709년(숙종35) 병조판서 겸 지의금부사에 추증되었으며 시호는 충익(忠翼)이다. 저서로 《망우당집》이 있으며 현풍(玄風) 예연서원(禮淵書院)에 제향되었다.

59 정강서원(鼎岡書院) : 진주시 문산읍 옥산리 정동에 있었던 서원이다. 1694년(숙종20)에 창건하였고 1720년(숙종46)에 이르러서는 9인의 학자를 배향 봉사하면서 구현사(九賢祠)라 하였다가 1868년(고종5) 서원철폐령에 따라 훼철되었다. 현재

윤(昌潤)이 귀하게 됨에 따라 통정대부(通政大夫) 승정원 좌승지(承政院左承旨) 겸 경연 참찬관(經筵參贊官)에 증직되었다.

부인 영천 최씨(永川崔氏)는 부사과(副司果)를 지낸 최기남(崔奇男)의 따님으로 숙부인(淑夫人)에 증직되었다. 공보다 18년 뒤에 죽어서 공의 묘소 오른쪽 기슭에 합장되었다. 1남 4녀를 두었으니, 아들 경광(慶光)은 참봉을 지냈으며 참판에 증직되었다. 4녀는 사인(士人) 성순(成錞), 성호정(成好正), 군수(郡守) 하진룡(河震龍), 사인(士人) 박이환(朴而煥)에게 각각 시집갔다. 경광은 군수 이숙(李潚)의 따님에게 장가들어 외동딸을 낳았는데, 그 딸은 정랑(正郎)에 증직된 권두장(權斗章)에게 시집갔다. 경광의 양자는 수사(水使)를 지낸 창윤(昌潤)이다. 성순은 3남 2녀를 두었으니, 삼남은 호영(灝永), 원영(源永), 치영(治永)이고 두 딸은 정광진(鄭光震)과 이포(李襃)에게 시집갔다. 성호정의 두 딸은 이시송(李時松)과 조근(趙槿)에게 각각 시집갔다. 하진룡은 2남 2녀를 두었으니, 2남은 성징(聖澄)과 성철(聖澈)이고 두 딸은 박경(朴憼)과 이세환(李世煥)에게 각각 시집갔다. 박이환의 외동딸은 유세윤(柳世潤)에게 시집갔다. 창윤은 처사 하달영(河達永)의 따님에게 장가들어 외아들 생원 태무(泰茂)를 낳았다. 태무는 처사 하증(河橧)의 따님에게 장가들어 2남 2녀를 낳았으니, 2남은 정원(挺元)과 진사(進士) 정신(挺新)이고 2녀는 김경린(金景潾)

는 유허비만 남아 있다. 배향된 학자는 정온(鄭溫), 강숙경(姜叔卿), 하윤(河潤), 유백온(兪伯溫), 이제신(李濟臣), 이염(李琰), 하천주(河天澍), 진극경(陳克敬), 박민(朴敏) 등이다.

과 정상하(鄭相夏)에게 각각 시집갔다. 정원은 처사 이만균(李萬均)의 따님에게 장가들어 2남 2녀를 두었으니, 2남은 인상(鱗祥)과 수경(受絅)이고 2녀는 유환(柳渙)과 권해중(權海中)에게 각각 시집갔다. 측실에서 난 아들은 귀상(龜祥), 동상(東祥), 운상(雲祥)이고 딸은 조일우(趙一愚)와 조화진(趙華鎭)에게 각각 시집갔다. 나머지는 기록하지 않는다. 공의 6세손 지서(旨瑞)가 공의 외손으로 본관이 의성(義城)인 김진동(金鎭東)[60] 씨가 지은 행장을 가지고 나에게 와서 보여 주며 공의 묘지명을 지어 주기를 부탁하였다. 내가 사양하였으나 받아들여지지 않아 드디어 행장에 의거하여 위와 같이 서술하고 명으로 잇는다.

| | |
|---|---|
| 영남은 추로가 되는 지역으로 | 嶺爲鄒魯 |
| 진주는 그 가운데 들어가네 | 晉處其中 |
| 한강은 정학을 이어서 | 寒紹正學 |
| 백세에 종사가 되었네 | 百世其宗 |
| 공은 이곳에서 태어나 | 公生是地 |
| 그 문하에서 유학하였네 | 而游是門 |
| 자질이 순수함은 마땅하고 | 宜質之粹 |
| 학문이 돈독함은 마땅하네 | 宜學之敦 |

**60** 김진동(金鎭東) : 1727~1800. 본관은 의성, 자는 정지(定之), 호는 소암(素巖)으로 봉화 해저에 살았다. 출사를 단념하고 학문에 전념하다가 정조 때 유일로 천거되어 감역(監役)이 되었으며, 수직(壽職)으로 첨지중추부사가 되었다. 저서로 《소암집》이 있다.

| | |
|---|---|
| 뜻은 어찌도 그리 견고하였으며 | 志何其堅 |
| 행실은 어찌도 그리 탁월하였던가 | 行何其卓 |
| 진실로 강건하고 진실로 의로워 | 允剛允義 |
| 그 덕망을 이루었네 | 以成厥德 |
| 진주의 반룡포에 있는 묘소에 | 維龍有浦 |
| 소나무와 측백나무가 푸르고 푸르네 | 松栢蒼蒼 |
| 어찌 공경하지 않으랴 | 曷其不敬 |
| 훌륭한 사람이 이곳에 묻혀 있네 | 碩人斯藏 |

## 호조 정랑 황공 묘지명 병서

戶曹正郎黃公墓誌銘 並序

대저 태호(太湖)[61]의 하류에는 반드시 거대한 강물이 있음이 한두 개가 아닐 것이며, 태산(泰山)의 많은 산맥에는 반드시 빼어난 봉우리가 있는 것이 한두 개가 아닐 것이다. 대인이 위대한 조상이 되는 경우는 또한 어찌 세상에 유명한 후손이 서로 이어서 출현함이 없겠는가. 나는 익성(翼成) 황공(黃公 황희(黃喜)) 집안에서 축옹(畜翁)[62] · 반간(槃澗)[63]과 같은 현자들이 있었기 때문에 길상의 정기를 모아 반드시 자손들이 무궁할 것임을 알겠다. 지금 군수(郡守) 불환정공(不換亭公)에 대한 가장으로 징험해 보면 어찌 참으로 그렇지 않겠는가.

**61** 태호(太湖) : 지금의 강소성(江蘇省)과 절강성(浙江省)의 접경 지역에 위치한 중국에서 세 번째로 큰 담수호이다. 48개의 섬과 72개의 산봉우리가 있으며, 호수와 산의 경치가 어우러져 천하제일의 명승지로 일컬어지고 있다. 그러나 여기서는 팽려호(彭蠡湖), 청초호(青艸胡), 동정호(洞庭湖) 등을 태호(太湖)라 한 듯하다

**62** 축옹(畜翁) : 황효헌(黃孝獻, 1491~1532)의 호이다. 본관은 장수, 자는 숙공(叔貢), 호는 축옹 · 현옹(玄翁) · 신재(愼齋)이다. 황희(黃喜) 정승의 현손(玄孫)으로 이조 참의와 이조 참판 등을 지냈으며, 중종의 명을 받아 《신증동국여지승람(新增東國輿地勝覽)》을 편찬하였다. 상주 모동면(牟東面)의 옥동서원(玉洞書院)에 배향되었으며, 저서에 《하유편(下帷編)》과 《갈굴편(渴掘編)》 등이 있다.

**63** 반간(槃澗) : 황뉴(黃紐, 1578~1626)의 호이다. 본관은 장수, 자는 회보(會甫)로 정경세(鄭經世)의 문인이다. 1613년(광해군5) 문과에 급제하여 사헌부 지평과 경성 판관을 역임하였다.

살펴보건대 공의 휘는 덕유(德柔)이고 자는 응곤(應坤)이며 본관은 장수(長水)이다. 신라 시대와 고려 시대부터 이미 드러난 성씨가 되었다. 조선조에 들어와 휘 희(喜)는 영릉(英陵 세종의 능호)의 재상이 되어 태평성대를 이루었으니, 곧 익성공(翼成公)이다. 그의 성덕(盛德)과 대업(大業)은 역사책에 드러나 있다. 전첨(典籤)을 지낸 보신(保身)과 선공감 부정(繕工監副正)을 지냈으며 이조 참판에 증직된 종형(從兄)을 지나서 이조 참판을 지낸 휘 효헌(孝獻)에 이르러서는 문장(文章)과 절행(節行)으로 기묘명현(己卯名賢)이 되었으니, 곧 축옹이다. 또 위솔(衛率)을 지냈으며 좌승지(左承旨)에 증직된 휘 징(橙)과 현감을 지냈으며 호조 참의에 증직된 휘 준원(俊元)을 지나서 사헌부 지평(司憲府持平)을 지낸 휘 뉴(紐)에 이르러서는 나의 선조 문장공(文莊公 정경세(鄭經世))을 사사하여 경학(經學)으로 유명하였으나, 일찍 죽어서 벼슬을 성취하지 못하였으니 곧 반간(槃澗)이며 공의 아버지이다. 현령을 지냈으며 본관이 풍양(豐壤)인 조희철(趙希轍)의 따님에게 장가들어 만력(萬曆) 병신년(1596, 선조29) 4월 모일에 공을 낳았다.

공은 태어난 지 7개월 만에 숙인(淑人) 어머니가 돌아가시어 외가에서 길러졌다. 어려서 영특하였고 15세가 되어서는 이미 어른의 위의가 있었다. 20세에 곧바로 나의 선조 문장공에게 배웠는데, 선조께서 매우 중시하여 여러 차례 무재(茂才)로 추천하였다. 을해년(1635, 인조13)에 동몽교관(童蒙教官)에 임명되니, 동몽들이 모여들어 가르침을 받아 깨우친 자가 많았다. 병자년(1636, 인조14)에 청나라가 갑자기 도성으로 침략하였기에 공은 왕을 모시고 남한산성에 들어가서 성을 지켰다. 정축년(1637, 인조15)에 남한산성의 포위가 풀리자 그 공로로 전중 감찰(殿中監察 사헌부 감찰)에 임명되었으나 장인인 충간공(忠簡公) 전식(全湜)[64]이 이때 사헌부 대사헌으로 있었기 때문에 혐의스럽게 생각하여 부임하지 않았다.

무인년(1638, 인조16)에 상의원 주부(尙衣院主簿)가 되었다. 기묘년(1639, 인조17)에 호조 정랑이 되었는데, 이때 국가가 막 난리를 치른 터라 탁지(度支 호조)의 재정이 고갈되었다. 호조 판서는 팔짱을 낀 채 공이 마련해 주는 계책에 의지하고 있었는데, 조정에서는 공을 능력이 있다고 생각하여 오랫동안 체임시키지 않았다. 대개 과거 시험에 합격하지 못한 사람으로 호조 정랑에 선발되는 것은 경학(經學)으로 중망(重望)을 받지 않으면 끼일 수가 없으니, 당시 사람들이 이를 영광스럽게 생각하였다.

경진년(1640, 인조18)에 의령(宜寧) 현감이 되었다. 의령은 바다에 가까이 위치해 있어 옛날부터 왜구들의 침략을 겪어서 피폐함이 심하였고 또 수해와 가뭄을 당하여 고을의 창고에 저장된 곡식이 없었다. 공이 부임하자 곧바로 봉급을 덜어 내어 민역(民役)에 보충하고 자기 집의 곡식을 배로 실어와 진휼하여 소생하게 하는 데 이르렀다. 그리고 군정(軍政)을 닦고 학교를 세우며

64 전식(全湜) : 1563~1642. 본관은 옥천(沃川), 자는 정원(淨遠), 호는 사서(沙西)이다. 1589년(선조22) 사마시에 합격하고, 1603년(선조36) 문과에 급제하였다. 벼슬이 대사헌과 지중추부사 겸 동지경연춘추관사(知中樞府事兼同知經筵春秋館事)에 이르렀으며 좌의정에 추증되었다. 상주 옥동서원(玉洞書院)에 제향되었으며, 시호는 충간(忠簡)이다.

관청을 신축하였다. 묵은 체납세와 오래된 병폐를 모두 제거하니 고을이 크게 다스려졌다. 고을 사람들이 일찍이 홍수에 둑이 무너지는 것을 걱정하였다. 공이 제방을 쌓고 그 위에 소나무를 심어 백성들이 편안하게 되었는데, 이것을 황공제(黃公堤)라 불렀다. 임기가 만료되어 돌아감에 백성들이 거사비(去思碑)를 세웠다.

병술년(1646, 인조24)에 또 전중 감찰에 임명되었으나 부임하지 않았다. 기해년(1659, 효종10)에 면천 군수(沔川郡守)가 되었다. 이때 공이 건강이 좋지 않았으나 새로 국상(國喪)을 당하였고[65] 게다가 농사가 크게 기근이 들었기에 감히 사양할 수 없어서 가마를 타고 부임하였다. 그곳의 정치를 다시 의령을 다스린 것과 같이 하니, 한 달이 되지 않아 고을이 소생할 수 있었다. 암행어사가 기리는 계장을 올리니 임금이 표리(表裏)[66]를 하사하는 특별한 은총이 있었다. 이해 10월 모일에 관아에서 돌아가시니, 향년 64세였다. 고을의 백성들이 달려와 상여를 부여잡고 통곡하며 전송하는 사람이 거의 태반이었다. 그곳의 유사(儒士) 중에 혹자는 상여와 함께 집까지 따라와 제문으로 제사를 드리고 떠났다. 묘소는 황간(黃澗) 보현동(普賢洞) 유좌(酉坐) 언덕에 있다.

공은 풍채가 빼어나고 훌륭하였으며 기국(器局)이 준엄하고 단정하여 크게 경세제민의 재능을 지니고 있었으니, 벼슬살이에 능력을 편 것은 다만 학문의 실마리의 나머지일 뿐이다. 성품이 효

**65** 새로 국상(國喪)을 당하였고 : 이해 5월 4일에 효종이 승하하였다.

**66** 표리(表裏) : 옷을 한 벌 지을 수 있는 안감과 겉감을 말한다. 대개 백면주(白綿紬)를 사용하였다.

성에 독실하였다. 바야흐로 아버지 지헌공(持憲公 사헌부 지평)이 서울 집에서 병환에 걸리자 공이 급보(急報)를 듣고 마부와 말을 준비하라고 명령할 여가도 없이 도보로 수백 리 길을 달려가니 부음이 이미 이르렀다. 객지에서 관(棺)을 마련하고 염을 함에 지극한 정성을 다하여 유감이 없게 하였다. 인하여 계비(繼妣) 허부인(許夫人)을 모시고 널을 떠받들고 남쪽으로 내려와서 아버지에게는 상제를 지키는 것과 어머니에게는 심지를 봉양하는 것에 모두 정성을 다하였다. 삼년상을 마치고 그것을 계기로 과거 시험을 그만두고 실질적인 공부에 유념하였다. 공의 학문과 행의(行誼)는 가정에서 터득한 것이 많았으며 항상 이륜(彝倫)에 대하여 분수를 다하고자 하였다. 공이 바야흐로 군수로 있을 때 임금의 상을 당하였는데, 나이도 이미 지극하였으며 게다가 병이 더욱 심해졌지만 채식과 형편없는 밥을 먹는 것을 그만두지 않았다. 만년에 거주하는 동쪽에 정자 하나를 지어 당(唐)나라 시인의 '삼공과도 바꾸지 않는다.'는 시어를 취하여[67] 편액을 '불환정(不換亭)'이라 이름하였다. 당시의 명현들과 마음껏 노닐며 즐거움을 삼았으니 그 마음에 보존한 바를 또한 상상할 수 있겠다.

부인 옥천 전씨(沃川全氏)는 곧 충간공(忠簡公) 전식(全湜)의

**67** 당(唐)나라……취하여 : 송(宋)나라 대복고(戴復古)가 후한(後漢)의 은사(隱士) 엄광(嚴光)의 고사를 소재로 읊은 시 〈조대(釣臺)〉에 "어떤 일에도 욕심 없이 오직 하나의 낚싯대뿐, 삼공의 자리도 이 강산과 바꿀 수 없고말고. 평소 유문숙을 잘못 알고 지낸 탓에, 세상 가득 허명을 야기했을 뿐이라오.〔萬事無心一釣竿, 三公不換此江山. 平生誤識劉文叔, 惹起虛名滿世間.〕"라는 내용이 나온다. 《石屛詩集 卷6》 문숙(文叔)은 광무제의 자이다. 정종로가 당나라 시인이라고 한 것은 오류인 듯하다.

따님이니, 부덕(婦德)이 있었으며 공의 묘에 합장되었다. 3남 3녀를 두었으니, 아들은 생원인 빈(霦), 이(霨), 정(霆)이고, 딸은 사간(司諫)을 지낸 홍여하(洪汝河), 성석하(成錫夏), 군수를 지낸 장만기(張萬紀)에게 각각 시집갔다. 빈의 두 아들은 종협(鍾協)과 종수(鍾粹)이다. 이의 두 아들은 종량(鍾亮)과 종만(鍾萬)이다. 정은 4남 2녀를 두었으니 아들은 종대(鍾大), 종서(鍾瑞), 종도(鍾度), 종준(鍾準)이고 딸은 유장하(柳章河)와 김흔(金俔)에게 각각 시집갔다. 종협의 두 아들은 담(湛)과 람(灠)이다. 종수의 세 아들은 혼(混), 염(濂), 렬(洌)이다. 종량의 외아들은 연(沇)이다. 종만의 두 아들은 호(灝)와 심(沁)이다. 종대의 두 아들은 필(泌)과 종서에게 양자로 나간 서(漵)이다. 종도의 두 아들은 철(澈)과 기(淇)이다. 종준의 두 아들은 붕(𤃒)과 범(范)이다. 담의 두 아들은 정중(鼎中)과 경중(敬中)이다. 정중의 양자는 지희(趾熙)이다. 연의 네 아들 중 장남은 도중(道重)이고 도중은 두 아들을 두었으니 서희(瑞熙)와 생원을 지낸 계희(啓熙)이다. 서의 두 아들 중 차남은 여중(汝重)이다. 여중의 양자는 문과에 급제하여 지금 주서(注書) 벼슬을 하고 있는 찬희(贊熙)이다. 하루는 경중 씨가 공의 가장을 가지고 나에게 와서 공의 묘지명을 지어 주기를 부탁하기에 삼가 위와 같이 서술한다. 명은 다음과 같다.

| | |
|---|---|
| 아! 빛나는 황씨 종족은 | 於赫黃宗 |
| 대대로 명덕을 가진 이가 있었네 | 奕世名德 |
| 공은 그 아름다움을 잘 이어 | 公克趾美 |
| 성대하게 명성과 업적이 있었네 | 菀有聲績 |

식견과 국량이 남달랐고　識量過人
일에 임하여 결단을 잘하였네　臨事善斷
나의 선조께서 하신 이런 평가에　先祖此評
세상에서는 이의를 달지 않았네　世莫有間
이에 공의 업적을 기록하여　爰紀厥績
묘소 왼쪽에 묻네　埋于墓左
천백 년이 지나도　更千百歲
오히려 증거 자료가 되리라　尙有徵者

## 종부시 정 증 도승지 운계 전공 묘지명 병서
宗簿正贈都承旨雲溪全公墓誌銘 並序

공의 휘는 이성(以性)이고 자는 성지(性之)이다. 전씨(全氏)는 본관이 축성(竺城)으로 고려 시대 축산군(竺山君) 원발(元發)이 시조가 된다. 5대 뒤에 휘 인(仁)은 참봉을 지냈다. 이분이 휘 몽규(夢奎)를 낳았고, 이분이 호조 참판에 증직된 휘 신(綷)을 낳았으니 곧 공의 아버지이다. 어머니는 영정 진씨(永定秦氏)로 장령(掌令)을 지낸 호(浩)의 후손이니 만력(萬曆) 정축년(1577, 선조10)에 공을 낳았다.

공은 병오년(1606, 선조39)에 명경과(明經科)에 합격하여 관직에 선발되어 여러 조(曹)의 낭관이 되었고 외직으로 나가 두 막부의 보좌관이 되었다. 일찍이 시험을 관장하다가 일에 연루되어 귀양갔으나, 얼마 있지 않아 사면되어 돌아왔다. 다섯 고을을 차례대로 맡음에 거사비(去思碑)를 세워 준 고을이 두 곳이다. 갑자년(1624, 인조2) 이괄(李适)의 난[68]에 공이 해주(海州) 감영의

**68** 이괄(李适)의 난 : 1624년(인조2) 정월에 이괄이 주동이 되어 일으킨 반란이다. 이괄이 인조반정 때 공이 컸음에도 불구하고 2등공신으로 책봉되고 더구나 평안 병사 겸 부원수로 임명되어 외지에 부임하게 된 데 앙심을 품고 반란을 일으켰다. 1월 22일 이괄은 항왜병(降倭兵) 100여 명을 선봉으로 삼고, 휘하의 전 병력 1만여 명을 이끌고 영변을 출발하였다. 2월 8일에 이괄의 군대가 예성강을 건너 남하하고 있다는 소식이 들려오자 인조는 명나라에 파병을 요청하고 한양을 떠나 공주로 피난하였다. 2월 11일에 한양에 입성한 이괄은 선조의 아들인 흥안군(興安君) 이제(李瑅)를

격문을 받고 안서(安西)로 달려가 군량미를 감독함에 군량미가 공의 덕택으로 결핍되지 않게 되었다. 난이 평정이 되었지만 공로가 기록되지 않았으니 사람들이 애석하게 여겼다. 뒤에 종부시정(宗簿寺正)에 승진되었다가 향년 69세에 죽었다. 비로소 원종공신에 녹훈되는 것으로 도승지에 증직되었다. 묘소는 모 고을 모 언덕에 있다.

부인 창원 황씨(昌原黃氏)는 별제(別提) 황윤규(黃潤奎)의 따님이며 의정부 찬성(議政府贊成) 황사우(黃士佑)의 손녀이다. 4남 2녀를 두었으니 4남은 호조 참의에 증직된 상구(尙耇), 후구(厚耇), 종사랑(從仕郞)을 지낸 익구(翼耇), 유구(裕耇)이고 두 딸은 정시열(丁時說)과 이기광(李基廣)에게 각각 시집갔다. 상구는 4남 1녀를 두었으니 사남은 오상(五常), 진사가 되어 대사헌에 증직된 오륜(五倫), 참봉을 지낸 오복(五福), 오행(五行)이고 딸은 남금망(南金望)에게 시집갔다. 후구는 자식이 없어서 오복을 양자로 삼았다. 익구는 2남 3녀를 두었으니, 2남은 오휘(五徽)와 오채(五彩)이고 3녀는 이하룡(李河龍), 김학(金澩), 김완(金浣)에게 각각 시집갔다. 유구(裕耇)는 3남 3녀를 두었으니 3남은 오정(五井), 오익(五益), 오겸(五謙)이고 3녀는 여빈화(呂賓和), 김석진(金錫晉), 강습(康習)에게 각각 시집갔다. 증손과 현손 이하는 기록하지 않는다.

공은 어려서 나의 선조 문장공(文莊公 정경세(鄭經世))에게 배웠고

왕으로 추대했다. 그러나 2월 14일에 한명련과 함께 부하 장수인 이수백(李守白)·기익헌(奇益獻)에게 살해당하였다.

또 한강(寒岡) 정 선생(鄭先生)에게 종유하여 책을 열심히 읽고 몸을 계칙하여 보통 사람보다 월등히 뛰어난 점이 있었다. 평상시에 자취를 숨기고 명성과 권세를 피하여 담박하게 스스로의 절조를 지켰다. 동료 중에 혹 조급하게 관직을 다투는 자를 보면 또한 절교하였다. 벼슬하는 초기에 공과 서로 연관이 있는 권신(權臣)이 공을 자기의 문하에 두려고 하였지만, 공은 맹세코 그렇게 하려고 하지 않았으니, 공의 청렴한 절개가 대부분 이와 같았다. 이 때문에 때때로 공을 통현직(通顯職)에 두려는 논의가 있었지만 끝내 낮은 벼슬에 침체한 채 끝났으니, 어찌 운명이 아니겠는가.

공은 지극한 성품을 타고났다. 어려서 어머니 상을 당하여는 지극히 슬퍼하며 몸이 훼손될 지경에 이른 것과 고기를 먹지 않고 채식을 함이 어른보다 뛰어났다. 두 명의 생질이 고아가 되어 귀의할 데가 없었는데, 공이 전답과 집을 주어서 살게 하고 자신은 돌보지 않았으니 이것으로 나머지 행실을 또한 알 수 있다.

어느 날 공의 5대손 명채(明采)가 고(故) 학사(學士) 이민구(李敏求)[69]가 지은 묘갈문과 가승(家乘)에 실려 있는 여러 기록을 가지고 나에게 보여 주며 공의 묘지명을 지어 주기를 부탁하면서 "저의 선조의 사적으로 지금 상고하여 믿을 수 있는 것은 오직 이

**69** 이민구(李敏求) : 1589~1670. 본관은 전주(全州), 자는 자시(子時), 호는 동주(東州)·관해(觀海)이다. 1609년(광해군1) 사마시에 수석으로 합격하였고, 1612년(광해군4) 문과에 장원 급제하였다. 이괄(李适)의 난 때 도원수 장만(張晩)의 종사관(從事官)이 되어 난을 평정하는 데 공을 세웠다. 벼슬이 대사성과 예조 참판에 이르렀다. 저서로 《동주집》, 《독사수필(讀史隨筆)》, 《간언귀감(諫言龜鑑)》, 《당률광선(唐律廣選)》 등이 남아 있다.

것뿐이나 오히려 한마디 글을 지어 주기 바랍니다."라고 말하였다. 내가 사양하였으나 받아들여지지 않아 드디어 그 글에 나아가 위와 같이 서술하고 다음과 같이 명으로 잇는다.

| | |
|---|---|
| 대저 선비가 강건하면 | 夫士惟剛 |
| 외물에 누가 되지 않네 | 物迺不累 |
| 식견이 밝지 않으면 | 非見之明 |
| 어찌 이와 같으랴 | 曷克如是 |
| 자신을 깨끗이 하여 죽었으니 | 潔已以歸 |
| 공에게 있어서 무슨 탄식을 하랴 | 在公何嘅 |
| 이와 같은 사람임에도 버려졌으니 | 若人而遺 |
| 나는 세상을 위해 분개하네 | 吾爲世慨 |

## 통정대부 사간원 대사간 지제교 삼산 유공 묘지명 병서
## 通政大夫司諫院大司諫知製敎三山柳公墓誌銘 並序

고(故) 간의대부(諫議大夫) 삼산(三山) 유공(柳公)이 돌아가신 지 50여 년에 공의 손자 도문(道文) 등이 그의 종제 휘문(徽文)을 보내 대산(大山) 이 선생(李先生)이 찬술한 행장과 번암(樊巖) 채상국(蔡相國)이 찬술한 묘갈명[70]을 나에게 보여 주고 "할아버지의 평생 행실과 치적이 이미 여기에 다 나타나 있지만 오직 묘지명이 없으니, 감히 지어 주기를 부탁합니다."라고 말하니, 내가 사양하였으나 되지 않아 삼가 아래와 같이 서술한다.

살펴보건대, 공의 휘는 정원(正源)이고 자는 순백(淳伯)이며 성은 유씨(柳氏)이고 본관은 전주(全州)이다. 고려 시대 완산백(完山伯) 습(濕)으로부터 조선조에 직제학(直提學)을 지낸 빈(濱), 이조 판서를 지낸 의손(義孫), 전한(典翰)을 지낸 식(軾)을 지나서, 좌승지(左承旨)에 증직되었으며 호가 기봉(岐峯)인 복기(復起)에 이르러서는 학봉(鶴峯) 김 선생(金先生)의 문하에서 배웠으니, 공에게 6대 조부가 된다. 증조부는 휘가 익휘(益輝)로 사복시 정(司僕寺正)에 증직되었고, 조부는 휘가 상시(相時)로 이조

**70** 대산(大山)……묘갈명 : 대산(大山) 이 선생(李先生)은 이상정(李象靖)으로 그의 문집인 《대산집(大山集)》 권52에 〈통정대부 사간원 대사간 삼산 유공 행장(通政大夫司諫院大司諫三山柳公行狀)〉이 실려 있고, 번암(樊巖) 채상국(蔡相國)은 채제공(蔡濟恭)으로 그의 문집인 《번암집(樊巖集)》 권52에 〈통정대부 사간원 대사간 유공 묘갈명(通政大夫司諫院大司諫柳公墓碣銘)〉이 실려 있다.

참의에 증직되었다. 아버지는 휘가 석귀(錫龜)로 이부 시랑(吏部侍郞)에 증직되었으며 어머니는 정부인(貞夫人)에 증직된 연안 이씨(延安李氏)로 이천린(李天麟)의 따님이다. 명릉(明陵 숙종 능호) 임오년(1702, 숙종28) 12월 병신일에 공을 안동부(安東府) 삼산(三山)의 우거하는 집에서 낳았다.

공은 어려서 호걸스럽고 뛰어나 재기와 도량이 있었다. 5세에 문장을 지을 줄 알았다. 6세에 어머니 상에 통곡하기를 어른과 같이 하였다. 강지(江贄)의 《소미통감절요(少微通鑑節要)》를 읽고 어떤 사건의 시작에 나아가 그 성패를 헤아릴 수 있었다. 또 옛 국호(國號)와 정령(政令), 장주문(章奏文)을 본떠 글을 지어 작은 책자로 만들었는데 왕왕 기이한 격식의 글이 있었다. 13세에 《상서(尙書)》를 배울 때 기삼백(朞三百)에 이르자, 사흘 동안 수업을 쉬기를 청하고 스스로 연구하고 관통하여 책력을 계산함에 막힘이 없었다. 《주역(周易)》을 배움에 이르러서는 천하의 이치가 여기에서 벗어남이 없다고 생각하여 침식을 잊고 연구하였다. 이로 인하여 군서(群書)들을 널리 보고 지극히 궁리하여 붓을 휘둘러 글을 지음에 막힘없이 성대하였다.

기유년(1729, 영조5)에 생원시에 장원하였고, 을묘년(1735, 영조11)에 대과에 급제하였다. 정사년(1737, 영조13)에 아버지 상을 당하였다. 기사년(1749, 영조25)에 전적(典籍)에 승진하였다. 그해 가을에 자인 현감(慈仁縣監)이 되어 농상(農桑)을 권장하고 풍속을 후하게 만드는 것으로 임무로 삼았다. 이때 경내에 소들이 모두 역병에 걸려 죽었는데, 공이 관전(官錢)을 내어 백성에게 주어서 10가구당 한 마리의 소를 사서 전답을 경작하는 데 대비하게 하였다. 고을 사람 중에 숙질간에 송사(訟事)를 벌인 자가 있었다. 공이 숙연한 표정으로 "물욕이 사람의 본성을 가려 한결같이 이 지경이 되었구나."라고 하고, 관청 마당 구석에 두도록 명하여 각자 깊이 생각하도록 하였다. 한참을 그렇게 두니, 두 사람이 부끄러워하고 두려워하여 머리를 조아리면서 다투던 것을 서로 양보하고 물러갔다. 그 후 사촌끼리 물 때문에 싸운 일이 있었는데, 얼마 후 뉘우치며 "우리 수령이 이것을 듣지 않았겠지."라고 하였다.

고을의 큰 폐단을 살펴 화세(火稅)[71]를 제거하고 군액(軍額)을 옮기며, 가산산성(架山山城)에서 환곡을 받던 것을 제거하고 영문(營門)에서 징수하는 서피(黍皮)를 경감하였는데, 만약 순찰사가 따라 주지 않으면 공이 자신의 거취를 걸고 논쟁하여 반드시 성사하고야 그만두었다.[72] 백성들이 감격하여 존숭하기를 자애로운

**71** 화세(火稅) : 화전(火田)에 부과되는 세금으로 토질이 좋지 못하여 해마다 경작할 수 없는 화속전(火續田)에 부과하는 세, 또는 그 곡물을 말한다.

**72** 고을의……그만두었다 : 이상정(李象靖)의 《대산집(大山集)》 권52에 실려 있는 〈통정대부 사간원 대사간 삼산 유공 행장(通政大夫司諫院大司諫三山柳公行狀)〉에 "고을 전체의 화속(火粟)을 반으로 줄이고, 백성에게 부과되는 여러 가지 물자를 모두 면제하거나 줄여 주었으며 몸소 감영(監營)으로 가서 고을의 어려움을 직접 진달하였다. 이는 대개 본현(本縣)이 일찍이 경주(慶州)에 속하였다가 다시 현이 되면서, 군액(軍額)과 양역(良役) 등 갖가지 명목으로 상공(上供)하는 수량이 예전에 비해 매우 많아져 큰 어려움이 생겼고, 또 고을 백성이 대구(大丘)의 남창(南倉)과 칠곡산성(漆谷山城)에서 환곡(還穀)을 받으니 길이 멀어 운송하기가 매우 괴롭다는 것이었다. 그러나 순찰사가 오래된 제도를 바꾸기 어렵다며 허락하지 않아, 공이 당신의 거취를 걸고 강하게 논쟁하니, 순찰사가 마침내 임금께 아뢰어 군액을 줄이고, 경주에서 환곡을 받도록 해서 가까운 곳에서 백성들이 받아먹을 수 있게 하였다. 얼

어머니와 같이 하였는데, 공이 장차 벼슬을 버리고 돌아간다는 소식을 듣고는 삼일 밤낮으로 관청 문을 지키며 떠나지 않았다.

임신년(1752, 영조28)에 사헌부 지평(司憲府持平)에 임명되었다. 이에 앞서 공이 홍문관에 들어가는 추천을 받았는데, 대직(臺職)을 거치지 않았다는 이유로 탄핵되었다. 장령(掌令) 정희신(丁喜愼)[73]이 "국가가 유신(儒臣)을 장려하여 등용함에 마땅히 이런 관례에 얽매여서는 안 됩니다."라고 말하니, 드디어 홍문관에 임명되는 것을 바꾸라는 명령을 거두어들이고 그 벼슬에 임명하였다. 이때는 동궁(東宮 사도세자)이 대리청정하던 초기였다. 계유년(1753, 영조29)에 홍문관 수찬에 임명된 것이 두 번이었고 갑술년(1754, 영조30)에 또 홍문관 수찬에 임명되었다가 얼마 후 시강원 필선(侍講院弼善)으로 옮겼는데, 모두 사직의 글을 올렸으나 허락받지 못하여 필선 관직으로 비로소 임금에게 달려가 숙배하였다. 임금께서 즉시 명하여 입시(入侍)하게 하고 "들어 보니 그대가 고인의 책을 많이 읽었다고 하니, 동궁(東宮)은 지금 한창 배워야 할 때라 힘써 권강(勸講)하도록 하는 것이 좋겠다."라고 말씀하셨다. 인하여 서연(書筵)에서 진강(進講)하는 〈숙흥야매잠

마 후 순찰사가 교체되어 돌아가는데, 신구관(新舊官)이 교대할 때는 서피(黍皮) 300장을 바치게 되어 있었다. 공이 다시 순찰사에게 '서피 300장이면 말 300필을 죽여야 하니, 궁핍한 고을이 감당할 만한 일이 아닙니다.'라고 하니, 순찰사가 그 수를 줄여서 40장으로 정하였다."라고 하였다.

**73** 정희신(丁喜愼) : 1684~?. 본관은 나주(羅州), 자는 사구(士瞿)이다. 1721년(경종1) 진사에 합격하였고, 1738년(영조14) 문과에 급제하였다. 이후 정언(正言)과 장령(掌令) 등을 역임하였다.

(夙興夜寐箴)〉에 대하여 물으면서 "이 잠(箴)이 인군(人君)에게도 역시 유용한 점이 있는 것인가?"라고 하였다. 공이 대답하기를 "제왕의 배움이 비록 서인(庶人)들과 다르기는 하지만 마음을 다스리는 공부는 한 가지입니다. 선정(先正) 신(臣) 이황(李滉)이 이 때문에 《성학십도(聖學十圖)》[74]에 나열하여 임금께 올린 것입니다. 신은, 임금이 국사(國事)를 다스리는 여가에 마음이 쉽게 풀어지게 되므로, 더욱 이 잠을 마음에 간직하여 공부에 힘써야 할 곳으로 삼지 않으면 안 된다고 여깁니다."라고 하였다. 공이 이미 물러난 뒤, 임금께서 입시(入侍)한 신하들을 돌아보며 "이 사람은 순실(淳實)하니 비단 학식만 있을 뿐만 아니다."라고 하였다.

서연에 입시하여 《논어》의 백공거사장(百工居肆章)[75]을 강하였는데, 강이 끝나고 아뢰기를 "학자가 외물의 유혹에 마음을 빼앗

**74** 성학십도(聖學十圖) : 1568년(선조1)에 퇴계(退溪) 이황(李滉)이 성학(聖學)의 개요를 그림으로 설명하여 선조에게 올린 것이다. 십도(十圖)는 첫 번째는 염계(濂溪) 주돈이(周敦頤)의 〈태극도설(太極圖說)〉을 가감한 〈태극도(太極圖)〉, 두 번째는 횡거(橫渠) 장재(張載)의 〈서명(西銘)〉을 근거한 〈서명도(西銘圖)〉, 세 번째는 주희(朱熹)의 《소학(小學)》을 체계화한 〈소학도(小學圖)〉, 네 번째는 《대학(大學)》을 체계화한 〈대학도(大學圖)〉, 다섯 번째는 주희의 〈백록동서원동규(白鹿洞書院洞規)〉를 근거한 〈백록동규도(白鹿洞規圖)〉, 여섯 번째는 임은(林隱) 정복심(程復心)의 것을 수정한 〈심통성정도(心統性情圖)〉, 일곱 번째는 인(仁)을 설명한 〈인설도(仁說圖)〉, 여덟 번째는 정복심의 것을 수정한 〈심학도(心學圖)〉, 아홉 번째는 주희의 〈경재잠(敬齋箴)〉을 근거한 〈경재잠도(敬齋箴圖)〉, 열 번째는 남당(南塘) 진백(陳柏)의 〈숙흥야매잠(夙興夜寐箴)〉을 근거한 〈숙흥야매잠도(夙興夜寐箴圖)〉이다.

**75** 백공거사장(百工居肆章) : 《논어》 〈자장(子張)〉에 있는 "온갖 공인(工人)들은 일터에서 그 일을 이루고, 군자는 배워서 그 도를 이룬다.〔百工居肆以成其事, 君子學以成其道.〕"라는 문장의 내용을 말한다.

기기 쉬움은 백공(百工)이 다른 일에 마음이 옮겨 가는 것보다 심하고, 인군(人君)이 외물에 마음을 빼앗기기 쉬움은 또한 서민들보다 더 심합니다. 만약 공부에 용맹정진하여 인욕을 막고 천리를 보존하지 않는다면 반드시 외물에 유혹되어 오만하고 포학하여 방종함이 이르지 않는 것이 없을 것이니, 뜻을 어떻게 독실하게 할 것이며 도(道)를 어떻게 이루겠습니까. 지금 저하(邸下)께서 모든 정무를 대리(代理)하시니, 저하의 한 생각에 나라의 흥망이 달려 있습니다. 삼가 바라옵건대 두려워하며 깊이 살피소서." 라고 하였다.

또 《논어》의 사이우즉학장(仕而優則學章)[76]을 강하고서 아뢰기를 "비단 벼슬하는 자만 그런 것이 아니라 임금도 국사를 다스리는 여가에 더욱 학문에 매진하지 않으면 안 됩니다. 옛날에 한(漢)나라 광무제(光武帝)는 몸에 갑옷을 입고 동서로 정벌하면서도, 무기를 내려놓으면 육예(六藝)를 강론하셨으며 전쟁을 멈추면 도를 논의하셨습니다. 명제(明帝)도 모든 국사를 총괄하여 살피지 않은 일이 없었지만, 고전(古典)에 뜻을 두었고 경예(經藝)에 유의하셨습니다.[77] 그러므로 인군은 뜻이 독실하지 못할까를 염려할 뿐, 여가가 없어서 학문을 할 수 없는 것을 걱정할 것이 없습니다."라고 하였다.

**76** 사이우즉학장(仕而優則學章) : 《논어》 〈자장〉에 있는 "벼슬하면서 여가가 있으면 배우고, 배우면서 여가가 있으면 벼슬을 한다.〔仕而優則學, 學而優則仕.〕"라는 문장의 내용을 말한다.

**77** 옛날에……유의하셨습니다 : 이 글은 후한(後漢) 번준(樊準)이 화제(和帝)에게 올린 상소문에 나온다. 《後漢書 卷62 樊宏陰識列傳》

또 다시 아뢰기를 "삼가 보니 양연(兩筵)[78]을 정지하신다는 명령을 내리시고 대내(大內)에서 《논어》를 숙독하시다가 의심스러운 점이 있으면 때를 가리지 않고 강관을 부르시며 혹 글로 써서 묻기도 하십니다. 이는 실로 침잠하고 반복하여 넉넉하고 충분하게 공부하겠다는 뜻에서 나온 것이니, 신들은 기쁨을 금치 못합니다. 다만 삼가 생각건대, 강연(講筵)을 이미 정지하고 궁료(宮僚)들을 드물게 만나신다면 이것은 바로 정자(程子)가 말한 '환관과 궁첩을 친할 때는 많고 현사(賢士)와 대부를 접할 때는 적다.'[79]라는 것이니 이 또한 염려하지 않을 수 없습니다. 온역(溫繹)한 공부의 효과를 구하시려다가 도리어 덕성(德性)에 해가 된다면, 이것으로 저것을 비교해 볼 때 잃는 것이 얻는 것보다 많을 것입니다. 또 온습(溫習)의 공부가 강토(講討)하시는 것보다는 못하고, 강토의 공부가 또한 강관(講官)을 불러서 따져 묻고 논변하시는 것보다는 못합니다. 글로 써서 물으심과 때를 가리지 않고 강관을 부르시는 것은 참으로 좋은 일입니다만, 신들은 그래도 혹시 정자(程子)의 경계를 크게 없어지게 할까 걱정합니다. 지금 저하께서 만일 오전까지는 대내에서 온역하시다가 오후에 신들을 부르셔서, 온역하신 글을 신들에게 나누어 읽게 하시고 의심나는 곳을 조용히 하문하시어 마음을 다스리는 법과 수신(修身)하는 방도에 미

**78** 양연(兩筵) : 경연(經筵)과 서연(書筵)을 말한다.

**79** 정자(程子)가……적다 : 정이(程頤)의 어록인 《이정유서(二程遺書)》 권18에 "어진 선비와 대부를 가까이하는 시간을 많이 가지고 환관과 궁인을 가까이하는 시간을 적게 가짐으로써 기질을 함양하고 덕성을 닦는다.〔親賢士大夫之時多, 親宦官宮人之時少, 所以涵養氣質, 薰陶德性.〕"라고 한 글을 원용한 것이다.

치신다면, 온역의 공부와 강토의 유익함을 거의 둘 다 마땅함을 얻으실 것입니다."라고 하였다.

또 "정자(程子)가 말하기를 '《논어》를 읽은 후에, 전혀 감명을 받지 못한 자도 있고, 한두 구절을 터득하여 기뻐하는 자도 있으며, 좋아하는 자도 있고, 자기도 모르게 손과 발을 놀리며 춤추는 자도 있다.'라 하였으니, 저하께서 진실로 이 네 단계 중에서 어느 단계에 해당하시는지 자신에게 돌이켜 스스로 살필 수 있다면, 역시 지금 공부의 깊이 정도를 아실 수 있을 것입니다."라고 하였다.

세자가 "《논어》 20편 가운데서 어느 편이 가장 긴요하게 공부할 곳인가?"라고 물으니, 공이 대답하기를 "예전에 양시(楊時)에게 이것을 물었던 사람이 있었는데, 양시가 '모두 긴요한 곳이다.'라고 답하였습니다.[80] 대개 성인의 말씀은 모두 긴요하게 사람들을 위하는 친절한 가르침의 유용한 것이 아님이 없으므로, 번잡함을 싫어하여 간편한 데로 나아가서는 안 될 것이며, 또 비근한 것을 버리고 고원한 것을 좇아서도 안 될 것입니다. 구절마다 글자마다 참되고 절실하게 체인하고 독실하게 섭렵하여, 큰 것을 얻기도 하고 작은 것을 얻기도 하여 모두 제 것이 되어야 비로소 《논어》를 제대로 읽었다고 할 수 있을 것입니다. 선유(先儒)들은 《논어》를 읽을 때 의심하는 것이 있은 연후에 진보가 있다고 여

**80** 예전에……답하였습니다 : 이 말은 주희(朱熹)가 강은군(江隱君)에게 답한 편지에 나온다. 《朱子大全 卷100 答江隱君》 양시(楊時, 1035~1135)는 호가 귀산(龜山)이다. 북송의 성리학자로 정호(程顥)와 정이(程頤)에게 학문을 배웠으며, 정문(程門)의 고제자 중의 한 사람으로 불린다. 그의 학문 계열에서 후일 주희가 나왔다.

졌습니다. 대개 이 책이 본래 절로 평이하고 명백하기에 범범하게 보고 잠깐 읽을 적에 처음에는 의심나는 곳이 없는 듯합니다. 그러나 마음에 체인(體認)하고 거듭하여 연구하면 반드시 의미가 애매하여 분명치 않고 꽉 막혀 뜻이 통하지 않는 곳이 있게 됩니다. 그럼에도 불구하고 지금 저하께서 말씀 없이 묵묵히 지나가시고 신들의 해설에 대해 다만 머리를 끄덕여 주십니다. 이것은 저하께서 체인하시는 공부에 오히려 지극하지 못한 바가 있기 때문에 의심이 일어나 따져 물을 수 없는 것이 아니겠습니까. 삼가 바라옵건대, 단지 입으로만 외지 말고 반드시 마음에 깨닫기를 구하며, 단지 구차히 알기만 하지 말고 반드시 정성스럽게 실천하기를 생각하십시오. 그렇게 하면 거기에 반드시 대단히 의심나고 어두운 곳과 대단히 알고 싶어 하는 마음이 있을 것이니, 신들이 진술하여 아뢴 것과 변론하여 따진 것에서 저하께서 바야흐로 절충하여 취사를 결정하실 수 있을 것입니다. 그렇게 하면 저하의 학문이 부지불식간에 날로 새로워지는 경지로 나아갈 것입니다."라고 하였다.

이날 동궁께서 아홉 가지 음식을 하사하였다. 공이 춘방(春坊)에 40여 일을 입직하였는데, 행동과 용모가 공손하면서 엄숙하였고 설명과 대답이 상세하고 분명하였으며, 글 밖의 뜻에 대해서 여러 차례 반복하여 언급하고 유추하며 설명하여 저하를 권면하며 경계하였으니, 동료 강관(講官)들이 모두가 참된 강관이라고 칭찬하였다.

어느 날 밤 임금께서 숭문당(崇文堂)에 납시니 공이 왕세자를 따라 입시하였다. 임금께서 묻기를 "오늘 경연하는 가운데 '제갈공명(諸葛孔明)이 못난 여자를 택하여 장가들었다.'라고 말하였는데, 이 말을 어떻게 생각하는가?" 하였다. 공이 대답하기를 "주자(朱子)가 '공명이 부인을 택하면서 정히 추녀를 맞았으니, 비록 그의 정대(正大)한 기운은 하늘에서 타고났지만, 욕망을 줄이고 마음을 수양한 것에 도움을 받음이 많았다.'[81]라고 하였으니, 이것이 더욱 뒷사람이 경계하고 자성(自省)해야 할 점입니다. 더구나 인주(人主)는 화려한 생활 가운데 처해 있기 때문에 욕망을 줄이고 마음을 수양하는 공부에 더욱 힘써야 할 것입니다. 정자(程子)가 태후(太后)에게 올린 글에서 '궁인(宮人) 중에서 덕성이 순후(淳厚)한 자를 택하여 어린 임금을 돕도록 하십시오.'라고 말한 한 단락은 그 뜻이 깊습니다."라고 하니, 임금께서 "그 말이 옳다."라고 하셨다.

그 밖에 연신(筵臣)이 논쟁한 '허령지각(虛靈知覺)이 체(體)와 용(用)으로 나누어지는 문제', '꿈속에도 지각이 있는가의 문제', '64괘가 복희(伏羲)와 문왕(文王) 중 누구에게서 나온 것인지의 문제', '〈관저(關雎)〉 시에서 근심과 즐거움이 궁인(宮人)이 스스로 근심하고 즐거워한 것인지 문왕이 그러한 것을 설명한 것인지'

**81** 공명이……많았다 : 《주자대전(朱子大全)》 별집 권4 〈유공보(劉共甫)〉에 "제갈공명(諸葛孔明)이 아내를 선택할 때 바로 추녀(醜女)를 얻었고 또 자신의 몸을 받들어 조섭함에 다른 사람들은 견디기 어려울 정도로 검소하게 하였다. 그분의 정대(正大)한 기상과 온축한 경륜(經綸)은 참으로 이미 타고난 자질에서 얻은 것이다. 그러나 저는 그윽이 생각건대, 그분이 지려(智慮)가 날마다 더욱 정밀하고 명철해진 것과 위망(威望)이 날마다 높아지고 중망이 있었던 것은 욕심을 적게 하고 마음을 기른 것에 도움이 받은 것이 많았다."라고 하였다.

등의 설에 대하여 모두 주자(朱子)의 말을 인용하여 분변하고 해석하기를 정밀하고 상세하게 하니, 임금께서 시신(侍臣)들을 돌아보며 "이 사람이 글의 뜻을 논하는 것이 매우 명쾌하다. 모(某)가 낫고 모(某)가 못한 것이 이로부터 결정되었다."라고 하셨다. 임금께서 다시 묻기를, "내가 나이가 많이 들어 잠이 없어서, 유신(儒臣)들에게 문의(文義)를 강설하게 하여 듣고자 하였는데, 네가 옥당의 직책을 수행하지 않으려는 것은 어떻게 된 것인가."라고 하였다. 이미 입시를 마치고 물러나오니, 물시계의 물이 이미 다 내려와 오경이 되었다.

얼마 안 되어 수찬(修撰)에 임명되었고 얼마 후 체직되어 사간원 사간(司諫院司諫)이 되었으며 이윽고 또 교리(校理)에 특제(特除)되었다. 대개 이때에 세 명의 대간이 모두 귀양을 가게 되었으나 유독 공만은 특별한 은총을 입었다.[82] 임금이 동궁에게 말하기를 "내가 동일한 죄과(罪科)로 처벌하지 않고자 하여 이런 특명을 내린 것이다."라고 하였다. 공은 정세(情勢)상 나아가기 힘든 상황이어서 다시 패초(牌招)를 어기자 결국에는 의금부에 내려 공을 추고(推考)하라는 명령이 있게 되었다. 임금께서 패초를 어긴 신하들을 모두 파직(罷職)하도록 하교하였으나 유독 공은 파직하지 않고 특별히 패초하라고 명하였던 것이니, 공은 궐문 밖

**82** 이때에……입었다 : 당시 새로 벼슬에 임용된 대사헌 남태제(南泰齊)와 장령 정광운(鄭廣運), 지평 임희교(任希敎)가 당시 대리청정하고 있던 세자의 부름에도 나오지 않아 함께 거제(巨濟)로 정배되었다. 이때 사간으로 임명되었던 유정원도 나오지 않았으나 영조는 오히려 교리로 임명하였다.

에 나아가 부복(俯伏)하였는데, 패초를 어긴 것이 전후로 열네 번이었다.

임금께서 사관에게 명하여 전지(傳旨)하기를 "칠십을 바라보는 늙은 임금이 한밤중에 싸늘한 전각(殿閣)에서 서서 기다리는데도 끝내 들지 않으니, 그 군은 절조는 비록 펼 수 있다고 말하겠지만 신하로서의 의리는 어디에 있는가."라고 하였다. 공은 죄는 같은데 처벌이 다른 것을 생각함에 더욱 임금의 명에 따를 수 없어서 끝내 움직이지 않았다. 임금께서 드디어 공을 외직인 통천 군수(通川郡守)에 보임한다고 명하니, 공이 곧바로 하직 인사를 하고 성문을 나왔다. 그 후 임금께서 시신(侍臣)들에게 이르기를 "저 사람이 책임을 자신에게 돌리는 것이 과하기는 하나 지키는 바가 확고한 것도 높이 살 만하다."라고 하였다.

을해년(1755, 영조31) 1월에 통천군에 이르렀는데, 고을이 구석진 바닷가에 위치하였기에 문헌(文獻)[83]이 없었다. 공이 고을 안의 자제들을 모아 훈장을 두어 수업을 시키고, 때때로 관아로 불러들여 가르치고 인도하기를 게을리하지 않았다. 군에 옛날부터 한강(寒岡) 정 선생(鄭先生)의 서원(書院)[84]이 있었는데, 공이 사당 건물을 새로 짓고 원호(院號)와 재실(齋室)의 이름 그리고 축

**83** 문헌(文獻) : 문(文)은 전적(典籍)이고 헌(獻)은 현인(賢人)이다.

**84** 한강(寒岡)……서원(書院) : 한강은 정구(鄭逑, 1543~1620)의 호이다. 본관은 청주(淸州), 자는 도가(道可)이다. 이황(李滉)과 조식(曺植)에게 성리학을 배웠고, 예학에 뛰어났다. 강원도 관찰사와 대사헌을 역임하였다. 한강이 1591년에 통천 군수를 역임하였는데, 그 뒤에 군민들이 사모하여 통천(通川)에 경덕서원(景德書院)을 세웠다.

문(祝文)과 향사하는 의절(儀節)을 모두 손수 글을 써서 보임으로써 제사를 받드는 예절을 알게 하였다.

그해 마침 큰 흉년이 들었는데, 관동(關東) 지방이 더욱 심하였다. 공은 형편을 헤아려 1,800곡(斛)의 곡식을 마련하여, 열흘마다 진휼 곡식을 나누어 주는 일을 직접 감독하였다. 면(面)마다 각각 깃발을 만들어, 그 면의 기민(飢民)들을 인솔하여 들어오게 하였는데, 진휼 곡식과 음식을 받을 때 한결같이 깃발에 따라 나아오고 물러가도록 하니, 종일토록 해도 떠들거나 대오를 벗어나는 자가 없었다. 어느 날 큰 눈이 와서 길이 막히니, 고을의 백성 중에는 굶어서 혹 엎어지고 누워 일어나지 못하는 자가 있었는데, 공이 배에 곡식을 싣고 집집마다 쌀을 나누어 주도록 명령하니, 백성들이 모두 놀라서 감격하였으며 혹 눈물을 흘리는 사람까지 있었다.

병자년(1756, 영조32)에 응교(應敎) 원인손(元仁孫)[85]이 공을 총명하고 박학하여 참으로 고문(顧問)의 직임을 맡기에 합당하다고 추천하였고, 우승지(右承旨) 채제공(蔡濟恭)[86]도 경연을 담당

**85** 원인손(元仁孫) : 1721~1774. 본관은 원주(原州), 자는 자정(子靜)이다. 1750년(영조26) 진사시에 합격하고, 1753년 문과에 급제하여 벼슬이 우의정에 이르렀다. 《어제독서록(御製讀書錄)》과 《연대고(年代考)》를 왕명으로 교정하였다. 시호는 문민(文敏)이다.

**86** 채제공(蔡濟恭) : 1720~1799. 본관은 평강(平康), 자는 백규(伯規), 호는 번암(樊巖)·번옹(樊翁)이다. 1743년(영조19) 문과에 급제하였다. 1788년(정조12)에 우의정, 1790년(정조14)에 좌의정으로서 행정 수반이 되었고, 3년에 걸쳐 독상(獨相)으로서 정사를 오로지 하기도 하였다. 시호는 문숙(文肅)이다.

할 인재로 당세에 그보다 뛰어난 사람이 없다고 말하니, 드디어 홍문관 부교리에 배수되었다. 공이 딸린 사람 없이 혼자서 말을 타고 부름에 나아가니, 고을 사람들이 울부짖으며 만류하였으나 되지 않자 동비(銅碑)를 세워 칭송하였다.

이미 서울에 들어와서는 정시(廷試)의 시관(試官)으로 차임되었으나 패초를 어기고 나아가지 않았기에 파면되어 고향으로 돌아왔다. 얼마 안 있어 또 교리에 배수되었고 곧이어 의금부에 내려 추고하라는 명이 내렸으나, 용서받아 풀려나 집으로 돌아왔다. 연신(筵臣)으로 공이 경학에 매우 밝아 권강(勸講)에 갖출 만하다고 말하는 사람들이 많았으니, 임금께서 공의 품계를 올리도록 특명하고 다음 날 승정원(承政院) 동부승지(同副承旨)로 높여 임명하고 직첩에 '경학에 이보다 뛰어난 사람이 없다.〔經學無右〕'는 네 글자를 썼다. 공은 갑자기 승진되었다는 것으로 사양하니 체직되었다.

무인년(1758, 영조34)에 춘천 군수(春川郡守)에 제수되었다. 임금께서 인견(引見)하여 "그대를 홍문관과 승정원의 직책에 두려고 하였는데, 지금 외직으로 나가게 되었으니 애석하다. 그러나 한(漢)나라 때에는 사람을 쓰면서 반드시 백성을 다스리는 경험을 쌓게 하였으니, 가서 힘쓸지어다."라고 하셨다. 이미 부임함에 백성을 다친 사람 보듯 가엾게 여기고[87] 권세가의 행패를 봐주지 않았다. 조정에 계장을 올려 인삼을 바치는 공물을 반으로 줄였다.

87 백성을……여기고 : 《맹자》 〈이루 하(離婁下)〉에 "문왕은 백성을 다친 사람을 보듯 가엾게 여겼다.〔文王視民如傷〕"라는 말이 나온다.

그 외 잡역을 또한 종류에 따라 면제하거나 혁파하여 백성을 편하게 하였다. 기묘년(1759) 봄에 벼슬을 버리고 고향으로 돌아왔다.

경진년(1760, 영조36) 겨울에 임금께서 묻기를 "영남 사람 가운데 누가 정옥(鄭玉)[88]을 다시 이을 것인가?"라고 하였다. 대신이 공을 추천하자 즉시 형조 참의에 제수되었는데, 사직을 청하였으나 허락받지 못하고, 신사년(1761, 영조37)에 비로소 명을 받들어 부임하였다. 옥사(獄事)에 임하여서는 공평하고 너그러웠으며, 숨긴 것을 밝혀내기를 귀신같이 하였다. 이때 노비가 주인에게 반기를 들어 서로 소송하는 자가 있었는데, 여러 해 동안 판결이 나지 않았다. 공이 그 문서를 가져다 보고서 지우고 고친 흔적을 찾아내었다. 마침내 엄하게 처벌하고 실상을 밝혀 그 원래 주인에게 돌려보내도록 결단하였다.[89]

얼마 안 있어 동부승지에 옮겨 배수되었다가 우부승지로 옮겨졌으며 다시 장례원 판결사(掌隷院判決事)로 옮겼는데, 휴가를 받아 고향으로 돌아왔다. 5월에 사간원 대사간에 옮겨 배수되었으

**88** 정옥(鄭玉) : 1694~1760. 본관은 청주(淸州), 자는 자성(子成), 호는 우천(牛川)으로 서원 부원군(西原府院君) 정탁(鄭琢)의 5대손이다. 지평, 대간, 좌승지를 거쳐 황해도 관찰사로 나갔다가 1760년(영조36) 임지에서 세상을 떠났다.

**89** 노비가……결단하였다 : 이상정(李象靖)의 《대산집(大山集)》 권52에 실려 있는 〈통정대부 사간원 대사간 삼산 유공 행장(通政大夫司諫院大司諫三山柳公行狀)〉에 "사노(私奴)가 문서를 변조하여 주인에게서 벗어나고자 송사를 일으켜, 여러 해 동안 판결이 나지 않은 사건이 있었다. 공이 그 문서를 가져다 창에 걸어 놓고 자세히 살펴보니, 희미한 흔적이 있는 것이 보였다. 물을 가져다가 종이를 담그니 덧대어 붙인 곳이 풀어져 겉면이 떨어지자 먹 자국이 뚜렷하였다. 마침내 엄하게 처벌하고 실상을 밝혀 그 원래 주인에게 돌려보내도록 결단하였다."라고 하였다.

나, 공이 질병으로 사양하고 겸하여 면계(勉戒)하는 뜻을 진달하니 임금으로부터 가납의 비답을 받았다. 얼마 후 호조 참의에 배수되었으나 병이 심하다며 사양하였다. 또 대사간에 배수되었다가 얼마 안 있어 체직되었다. 의원(醫員)의 말을 좇아 안교(安郊)[90]에 있는 딸의 집으로 갔다. 병이 날로 위독해졌으나 아침에 일어나면 문득 의관을 정제하였고, 대소변은 반드시 부축을 받아 나가서 보았다. 어느 날, 집안 동생 홍원(弘源)에게 〈장중승전후서(張中丞傳後敍)〉[91]를 읽도록 하고서, '남아로서 죽을지언정 불의에 굽혀서는 안 된다.〔男兒死耳, 不可爲不義屈.〕'라는 구절에 이르자 말하기를 "내가 평소에 이 서(敍)를 암송하기를 좋아했는데, 이 구절에 이르면 무릎을 치며 탄식하지 않은 적이 없었다. 지금 너에게 이 구절을 읽게 하고서 들으니 가슴 속이 확 트이는 것 같다."라고 하였다.

이튿날 방을 깨끗이 청소하도록 명하고 이불에 기대고 누워, 말이 나랏일에 이르자 한참을 근심하여 탄식하고서 "나는 나라의 두터운 은혜를 받았으면서도, 털끝만큼도 보답하지 못하였다."라고 하고서 흐느끼며 눈물을 흘렸다. 그날 신시(申時)에 평온하게 세상을 떠났으니, 9월 13일 을축일(乙丑日)이었다. 세상을 떠난 다음 날 병조 참지(兵曹參知)에 제수하는 명이 내렸다. 이미 널을

**90** 안교(安郊) : 경북 안동시 풍산읍(豐山邑) 안교리(安郊里)이다.

**91** 장중승전후서(張中丞傳後敍) : 당나라 한유(韓愈)의 《창려집(昌黎集)》에 있는 글이다. 장 중승(張中丞)은 어사 중승(御史中丞)을 지낸 장순(張巡)을 가리킨다. 현종(玄宗) 때 안녹산(安祿山)이 반란을 일으키자, 장순은 수양성(睢陽城)을 끝까지 지키다가 장렬하게 죽었다.

고향으로 운구하여 이듬해 정월 모일에 집 동쪽 도장동(道藏洞) 축좌(丑坐) 언덕에 장사 지냈다.

부인은 숙부인(淑夫人)에 증직된 선성 이씨(宣城李氏)로 처사 이희(李曦)의 따님이고, 둘째 부인은 숙부인에 증직된 무안 박씨(務安朴氏)로 처사 박정환(朴廷煥)의 따님인데, 6남 3녀를 두었다. 장남 진휴(震休)는 문학과 덕행이 있었으나 일찍 죽었고, 차남은 명휴(明休)와 일휴(日休)이며, 딸은 이한우(李漢佑)에게 시집갔는데, 여기까지는 이 부인이 낳은 자식들이다. 경휴(敬休)와 만휴(萬休)와 필휴(弼休) 세 아들과 김여원(金汝源), 이휘근(李彙謹)에게 각각 시집간 두 딸은 박 부인이 낳았다.

진휴는 아들 종문(宗文)과 성문(星文)과 양자로 나간 호문(灝文)을 두었다. 명휴는 아들 홍문(鴻文)과 양자로 나간 의문(懿文) 그리고 복문(虙文)을 두었고, 네 딸은 진사 이종주(李宗周), 사인(士人) 김낙운(金洛運), 이광일(李光一), 김낙일(金樂一)에게 각각 시집갔다. 일휴는 아들 도문(道文)과 기문(器文)을 두었다. 경휴는 아들 수문(秀文)과 술문(述文)을 두었고 세 딸은 권사계(權思啓), 김인호(金鱗昊), 김양준(金養駿)에게 각각 시집갔다. 만휴는 아들 병문(炳文)과 휘문(徽文)을 두었고, 딸은 권사주(權思周)에게 시집갔다. 필휴는 호문(灝文)으로 양자를 삼았고 딸은 생원 황중경(黃中敬)에게 시집갔다.

이한우의 아들은 장유(章裕)이고 딸은 현감 이이순(李頤淳)에게 시집갔다. 김여원의 아들은 상종(相鍾)과 상용(相鏞)이고 딸은 권순도(權舜度)과 권휴도(權休度)에게 각각 시집갔다. 이휘근의 딸은 김병관(金炳觀)에게 시집갔다. 종문의 아들은 치묵(致默)과 양자로 나간 치익(致翊), 치직(致直), 양자로 나간 치성(致聖)이다. 성문의 아들은 치용(致瑢), 치회(致晦), 치규(致奎), 치택(致澤)이다. 홍문의 양자는 치익(致翊)이다. 의문(懿文)의 아들은 치목(致穆)과 양자로 나간 치육(致育)이다. 복문의 양자는 치육(致育)이다. 도문의 아들은 치양(致陽), 치경(致暻), 치청(致清)이다. 기문(器文)의 아들은 치형(致馨)이다. 수문의 양자는 치호(致護)이다. 병문의 아들은 치영(致韺)과 양자로 나간 치소(致韶), 양자로 나간 치호(致護)이다. 휘문의 아들은 치교(致喬)와 치요(致堯)이다. 호문의 아들은 치학(致學)과 치각(致覺)이다. 치묵의 아들은 택진(宅鎭)이다. 나머지는 기록하지 않는다.

공은 총명하고 매우 빼어나 한 번 보면 문득 기억하였다. 처음에 자못 제자백가를 두루 보아 천문(天文), 지지(地志), 음양(陰陽), 복서(卜筮), 주수(籌數)로부터 병률(兵律)과 도가(道家)의 유에 이르기까지 보고 연구하지 않음이 없었으며 왕왕 그 오묘한 경지를 엿보기도 하였다. 20세 후에는 사서와 삼경을 읽는 데 전념하고서 "유교의 학업이 모두 여기에 있다."라고 말하고 외우는 것만을 힘쓰지 않고 오직 마음으로 터득하는 것을 주로 하였다. 더욱이 주자서(朱子書)를 읽기를 좋아하여 비록 심한 병으로 피곤하여도 잠시도 손에서 그 책을 놓지 않아 자못 여기에서 음식을 먹고 옷을 입듯이 일상생활화하였다. 대개 마음속에 스스로 즐기는 것이 있었으나 타인은 알지 못하는 것이 있음이 이와 같았다. 온축하여 덕행이 되고 밖으로 드러내어 업적이 된 것이 어찌 저와 같이 빛나고 빛나지 않을 수 있겠는가.

대개 공은 천성이 완전하고 온후하였으며 타고난 재능은 막힘이 없고 명민하였다. 태도는 듬직하고 진중하면서도 마음은 즐겁고 편안하였으며, 도량은 크고 넓으면서도 안으로 지킴은 견실하고 확고하였다. 때로는 정신을 모으고 고요히 앉아 있음에 타인이 바라봄에 엄연하였다. 그러다가 손님과 벗을 응접할 때는 화기(和氣)가 넘쳤으며, 현명한 사람이든 어리석은 사람이든 모두가 공을 좋아하였다. 이것에서 공이 천성에서 얻은 것을 또한 대략 볼 수 있다.

아버지 시랑공(侍郎公)을 섬김에 성의와 사랑을 다하였으며 매일 곁에서 기쁜 마음으로 모셨다. 비록 심한 병이 들어도 반드시 의관을 정제하고 곁에서 모시며 응대하여 자신이 아픈 것을 시랑공이 알지 못하게 하였다. 어려서 어머니를 여읜 것과 후에 벼슬하여 복록이 아버지에게 미치지 못한 것을 몹시 애통하게 여겼다. 그러므로 매양 지방직에서 고향으로 돌아와 성묘할 때마다 슬퍼 목메는 것을 억제하지 못하였다. 손위 누이와 손아래 누이를 어루만지고 서제(庶弟)를 사랑함에 모두 분수를 다하였다. 아래로 비복(婢僕)들에게도 경솔하게 꾸짖고 욕한 적이 없어서 집안이 항상 화기가 넘쳤다.

평소의 생활에서 자신에 대한 처우는 매우 검약하게 하여, 의복(衣服)과 안마(鞍馬)를 아름답게 꾸미려고 하지 않았고, 재리(財利)에 대해서는 더욱 마음을 두지 않았다. 부유한 종이 바친 기와집과 비옥한 전답을 물리쳤다. 또 한 종이 부자가 되어 속량(贖良)을 청하니 공이 단지 백금(百金)만을 취하고서 "저 종이 스스로 만금(萬金)을 이루었으니 이는 그의 복이다. 내 어찌 남의 복을 빼앗을 수 있겠는가."라고 하였다.

공은 천성이 관용(寬容)하여 사정을 헤아리고 용서하기를 잘하였다. 한번은 멀리서 온 손님이 자리에 앉아 있는데, 여종이 상을 들다가 자리에 엎어져 김치와 국이 함께 엎질러졌다. 공이 침착하게 "수건을 가져와서 닦아라."라고 말하였다. 공은 항상 사마공(司馬公)이 '평생 남에게 말하지 못할 일을 한 적이 없다.'는 것[92]으로 자기를 반성하였다. 또 "우리 집안의 용와공(慵窩公)[93]은 일을 해결하는 역량과 마음의 평온함을 지키는 지조는 마땅히 옛사람에게서나 볼 수 있는 경지이니, 우리가 그분이 보인 모범을 따른다면 거의 허물이 적어질 것이다."라고 하였다. 용와공의 상(喪)이 나자, 공은 석 달 동안 소식(素食)하였다.

공은 항상 영화(榮華)가 지나치게 성해지는 것을 경계하였다. 비록 청현직(淸顯職)을 두루 역임하였지만 한결같은 뜻으로 벼슬에 나아가는 것을 어렵게 여기고 물러나는 것을 쉽게 여기는 의리를 지켰다. 조정에 벼슬한 것이 겨우 80일이고 주현(州縣)에 고을 원이 된 것이 겨우 여덟 번 고과(考課) 기간이었다. 파직되

**92** 사마공(司馬公)이……것 : 사마공은 북송의 사마광(司馬光, 1019~1086)을 말한다. 자는 군실(君實), 호는 우수(迂叟)이며, 시호는 문정(文正)이다. 온국공(溫國公)에 봉해졌기에 사마온공으로 일컬어진다. 학자 겸 정치가로 《자치통감(資治通鑑)》과 경전 주석서들을 저술하였고 재상을 지냈다. 이 말은 《소학》 〈선행(善行)〉에 보이니, "나는 남보다 나은 것이 없지만 다만 평생토록 한 것이 남에게 말할 수 없는 것이 있은 적이 없다.〔吾無過人者, 但平生所爲, 未嘗有不可對人言者耳.〕"라고 하였다.

**93** 용와공(慵窩公) : 숙종과 영조 때의 문신인 유승현(柳升鉉, 1680~1746)으로, 본관은 전주(全州), 자는 윤경(允卿), 호는 용와이다. 풍기 군수로 있을 때 세상을 떠났으며 이조 참판에 추증되었다. 유정원(柳正源)에게는 재종숙이 된다.

어 집으로 돌아옴에 항상 야인의 옷을 입고 소요하였고 존귀한 것으로 자처하지 않았으며, 타인의 장단점과 시정(時政)의 득실에 대하여 절대로 말하지 않았으니, 이것이 공의 대체이다.

공은 《주역》에 깊이 공부하였는데, 일찍이 여러 학자들의 역설(易說)을 모아 비교하여 고증하고 자신의 의견을 붙여 《역해참고(易解參考)》 열 권(卷)을 지었다. 또 한씨(韓氏)[94]의 《역학계몽의견(易學啓蒙意見)》에 있는 여러 그림에 여전히 미비한 점이 많다고 여겨, 주문(朱門)의 여러 유자들의 설을 취하여 열거하고 그림을 그려 넣어 《하락지요(河洛指要)》 한 편(篇)을 지었다. 《주역》에 대하여 가르침을 청하는 사람이 있으면 문득 "이것은 학자들의 급선무가 아니다. 반드시 《논어》와 《맹자》 등의 평이(平易)한 글을 가지고 익숙히 읽고 완미하여 그 글의 뜻을 터득한 다음에 《주역》을 공부하여도 늦지 않다."라고 하였다. 본래 저술을 좋아하지 않았지만 간간이 창작한 것이 있었다. 눌은(訥隱) 이공(李公)[95]이 당시 문학(文學)의 선비로 비교될 만한 사람이 드물다고 칭찬하였다. 유문(遺文) 약간 권이 있어 집안에 소장되어 있다. 명은 다음과 같다.

**94** 한씨(韓氏) : 명대(明代)의 성리학자 한방기(韓邦奇, 1479~1555)를 가리킨다. 호는 원락(苑洛)이며, 《주역》 연구에 힘썼다. 《역학계몽의견(易學啓蒙意見)》을 비롯하여 역학에 관한 저서가 여럿 있다.

**95** 눌은(訥隱) 이공(李公) : 이광정(李光庭, 1674~1756)이다. 본관은 원주(原州), 자는 천상(天祥), 호는 눌은이다. 이현일(李玄逸)의 문인(門人)으로 1699년(숙종25)에 진사가 되었고 50세 이후 과거 시험에 응하지 않았다. 효렴으로 천거되어 용양위 부호군에 제수되었다. 문장에 뛰어났으며 저서로 《눌은집》이 있다.

소백산맥 남쪽에 大嶺南環
빼어나고 상서로운 기운 모았네 毓秀鍾祥
큰 유학자와 위대한 선비가 鴻儒碩士
앞뒤 서로 바라보며 배출되었네 輩出相望
공이 그 뒤를 이어 일어나 公嗣以興
발걸음을 나란히 하고 빛남을 같이했네 幷武齊光
풍도는 듬직하고 원대하였으며 風度凝遠
기상과 모습은 장엄하였네 氣貌肅莊
학문은 천인의 이치를 궁구하였고 學究天人
도리는 강유의 원리에 맞았네 道中柔剛
위대한 기량과 넓은 식견은 偉器淹識
고을과 나라에서 중망을 받았네 望重鄉邦
궁궐에 들어가 진술하여 아뢰면 入有陳告
왕께서 "정말 좋구나."[96]라고 하셨네 王曰允臧
순박하고 신실하며 견고하고 확실하여 淳實牢確
임금의 칭찬이 크게 드날렸네 華褒孔揚
청요직을 두루 역임하여 歷任淸要
세자의 관심이 특별하였네 睿注出常
경서를 변석하고 덕행을 면려하여 辨經勉德
뜻은 요순 세상을 만드는 데 있었네 志挽虞唐

**96** 정말 좋구나 : 《시경》〈정지방중(定之方中)〉은 신축한 건물을 사람들이 기뻐하며 찬미한 시인데, 그 가운데에 "점괘에 이 터가 길하다고 하였는데, 끝내는 그 말대로 정말 좋도다.〔卜云其吉, 終焉允臧.〕"라는 구절이 나온다.

| | |
|---|---|
| 외직으로 고을을 다스림에 | 出莅郡邑 |
| 공적이 공수와 황패를 좇았네[97] | 績邁龔黃 |
| 메마른 고을을 살리고 미치광이를 다스려 | 蘇枯墾猖 |
| 한 지역이 흡족히 교화되었네 | 化洽一疆 |
| 잠깐 고을을 예악으로 다스림에[98] | 薄試牛刀 |
| 온축한 학문이 이미 빛났네 | 所蘊已章 |
| 애석함은 장수하지 못하여 | 惜不遐壽 |
| 재상에 오르지 못한 점이네 | 未躋巖廊 |
| 대개 공은 책에 대하여는 | 盖公於書 |
| 주자의 글을 더욱 좋아하였네 | 尤嗜紫陽 |
| 학문에 침잠하여 덕을 쌓음에 | 浸涵積累 |
| 기름진 맛있는 음식을 실컷 먹었네 | 膏腴飫嘗 |
| 박학을 돌이켜 요약함으로[99] | 反博爲約 |
| 적용이 합당하지 않음이 없었네 | 用無不當 |

**97** 공적이……좇았네 : 지방관으로 훌륭한 치적을 남겼음을 말한다. 원문 '공황(龔黃)'은 한(漢)나라 선제(宣帝) 때의 순리(循吏)인 발해 태수(渤海太守) 공수(龔遂)와 영천 태수(潁川太守) 황패(黃霸)이니 모두 지방 장관으로 훌륭한 업적을 남긴 사람들이다.

**98** 고을을 예악으로 다스림에 : 원문 '우도(牛刀)'는 예악으로 고을을 다스림을 말한다. 공자의 제자 자유(子游)가 무성(武城)의 수령으로 있을 때, 조그마한 고을에서 예악(禮樂)의 정사를 펼치는 것을 보고는, 공자가 웃으면서 "닭을 잡는 데에 어찌 소 잡는 칼을 쓰랴.〔割雞焉用牛刀?〕"라고 말했던 고사가 있다. 《論語 陽貨》

**99** 박학을 돌이켜 요약함으로 : 맹자(孟子)가 "널리 배우고 그것을 자세히 말하는 것은 장차 돌이켜서 요약함을 말하고자 해서이다.〔博學而詳說之, 將以反說約也.〕"라고 하였다. 《孟子 離婁下》

| | |
|---|---|
| 공부한 것을 편집하여 책으로 만드니 | 編輯有卷 |
| 그윽하고 오묘한 이치를 바로잡았네 | 幽妙是皇 |
| 이 도장동은 | 惟玆道洞 |
| 공의 혼백이 묻힌 곳이네 | 公魄攸藏 |
| 소나무와 측백나무가 울창하니 | 松栢有鬱 |
| 영세토록 손상시키지 말라 | 永世毋傷 |

# 송담 채공 묘지명 병서
松潭蔡公墓誌銘 並序

송담(松潭) 선생 채공(蔡公)이 돌아가신 지 거의 200년이 되었다. 그의 8대손 필훈(必勳)이 나에게 공의 묘지명을 지어 주기를 청하면서 "선조의 덕행이 《달성지(達城誌)》에 실려 있는데, 달성 십현(十賢) 중에 세 번째 현자입니다.[100] 지난해에 달성 고을의 인사들이 이미 유호사(柳湖社)[101]에 제향하였습니다. 또 귀암(歸巖) 이공(李公)[102]이 지은 묘갈명과 해좌(海左) 정 상서(丁尙

100 달성……현자입니다 : 원래는 십현(十賢)으로 정해졌지만 누구인지를 정확하게 알 수가 없고, 나중에 점차 첨가되어 십칠현(十七賢)이 되었으니 성명은 다음과 같다. 사월당(沙月堂) 유시번(柳時蕃), 송재(松齋) 주신언(朱信言), 송담(松潭) 채응린(蔡應麟), 임하(林下) 정사철(鄭師哲), 괴헌(槐軒) 곽재겸(郭再謙), 낙재(樂齋) 서사원(徐思遠), 동호(東湖) 채선각(蔡先覺), 낙애(洛涯) 정광천(鄭光天), 모당(慕堂) 손처눌(孫處訥), 투암(投巖) 채몽연(蔡夢硯), 양직당(養直堂) 도성유(都聖兪), 국담(菊潭) 박수춘(朴壽春), 양졸재(養拙齋) 정수(鄭錘), 서재(鋤齋) 도여유(都汝兪), 전귀당(全歸堂) 서시립(徐時立), 동고(東皐) 서사선(徐思選), 도곡(陶谷) 박종우(朴宗祐)이다.

101 유호사(柳湖社) : 대구광역시 북구 불로동에 위치했던 것으로 숙종 기묘년(1699)에 사림들 사이에 곽재겸(郭再謙)과 채응린을 제향하자는 논의가 일어나 유호사를 건립하였다. 정조 갑진년(1784)에 최흥원(崔興遠)이 유호사를 유호서원으로 승격시키고 두 사람을 배향하였다. 그러나 지금은 훼철되고 남아 있는 건물이 전혀 없다.

102 귀암(歸巖) 이공(李公) : 이원정(李元禎, 1622~1680)이다. 본관은 광주(廣州), 자는 사징(士徵), 호는 귀암이다. 1652년(효종3) 문과에 급제하여 대사간과 형조 판서 등을 역임하였으나 1680년(숙종6)에 경신대출척(庚申大黜陟)으로 유배되어

書)[103]가 지은 행장은 모두 백대토록 믿을 만한 것을 전하는 기록입니다. 그러나 오직 묘지명이 아직까지 누락되어 있으니 감히 지어 주시기를 청합니다."라고 말하였다. 내가 사양하였으나 되지 않아 드디어 삼가 아래와 같이 서술한다.

공의 휘는 응린(應麟)이고 자는 군서(君瑞)이며 송담(松潭)은 그의 자호이다. 본관이 인천(仁川)인 채씨(蔡氏)는 고려 시대에 증(贈) 동지사(同知事) 선무(先茂)와 대장군(大將軍) 신징(愼徵)과 예부상서(禮部尙書) 금성공(錦城公) 보문(寶文)이 있었으며 그 뒤에도 대대로 고위 관직을 지낸 이가 있었다. 공의 증조부는 휘가 희(禧)이고 조부는 휘가 윤주(胤周)로 모두 진사가 되었다. 아버지는 휘가 홍(泓)으로 참봉을 지냈고 어머니는 영천 이씨(永川李氏)로 참판을 지낸 이형(李滎)의 따님이니, 중종 기축년(1529, 중종24) 12월 모일에 공을 낳았다.

공은 기상과 도량이 웅장하고 호걸스러웠으며 성품이 총명하였다. 문예(文藝)를 일찍 성취하여 27세에 성균관에 입학하였다. 그러나 을사사화(乙巳士禍)를 본 뒤로부터는 벼슬에 나갈 뜻이 없어 곧바로 과거 시험을 그만두었다. 일찍부터 성리학(性理學)에 뜻을 두어 육경(六經) 이하 많은 성현들이 남긴 글의 은미한 말과 심오한 뜻에 대하여 모두 잠심하여 완미하고 연구하였다. 이때

장살되었다. 나중에 신원되어 영의정에 추증되었다. 시호는 문익(文翼)이다.

**103** 해좌(海左) 정 상서(丁尙書) : 정범조(丁範祖, 1723~1801)이다. 본관은 나주(羅州), 자는 법세(法世), 호는 해좌이다. 1763년(영조39) 문과에 급제하여 대사성을 지냈고 《정조실록》의 편찬에 참여하였다. 시호는 문헌(文憲)이다. 그가 지은 행장은 《해좌집》 권35에 실려 있는 〈진사채공행장(進士蔡公行狀)〉이다.

계동(溪東) 전경창(全慶昌)[104]이 일찍이 도산(陶山)의 문하에서 배웠는데, 공이 그 여교(餘敎)를 징험할 수 있다고 생각하여 공이 계동보다 세 살이 많았지만 스승으로 섬기기를 매우 삼갔으니, 구도(求道)의 간절함이 이와 같았다. 또 괴헌(槐軒) 곽재겸(郭再謙),[105] 낙재(樂齋) 서사원(徐思遠)[106]과 서로 강론하고 절차탁마하여 즐거움으로 삼았다.

평소에 효우(孝友)에 독실하고 행의(行誼)에 돈독하며 베푸는 것을 좋아하였다. 궁핍함을 주휼하고 위급한 자를 돌보아 줌에 미치지 못하는 듯하였다. 본래 아름다운 산수를 좋아하여 금호강(琴湖江) 가에 두 개의 정자를 짓고 여러 명현 석학들과 시주로 자득(自得)하여 훌쩍 초탈하여 세속의 기운이 없었으니, 원근의 선비들이 모두 사모하고 칭찬하였다. 선조 갑신년(1584, 선조17) 6월 모일에 죽으니, 선영을 따라 팔공산(八公山) 내동(內洞) 감좌

**104** 전경창(全慶昌) : 1532~1585. 본관은 경산(慶山), 자는 계현(季賢), 호는 계동이다. 이황(李滉)의 제자이다. 1555년(명종10) 사마시에 합격하고 1573년(선조6) 문과에 급제하여 검열과 정언 등을 역임하였다. 대구의 연경서원(硏經書院)에 제향되었다.

**105** 곽재겸(郭再謙) : 1547~1615. 본관은 현풍(玄風), 자는 익보(益甫), 호는 괴헌으로 전경창(全慶昌)의 문인이다. 임진왜란 때 의병을 모집하여 전공을 세웠고 정유재란 때 의병을 이끌고 창녕의 화왕산성전투에서 왜적을 격파하고 그 공으로 부호군(副護軍)을 제수받았다. 대구의 유호서원(柳湖書院)에 제향되었다.

**106** 서사원(徐思遠) : 1550~1615. 본관은 달성(達城), 자는 행보(行甫), 호는 낙재이다. 이황(李滉), 조식(曺植), 정구(鄭逑)의 문인이다. 형조 정랑과 호조 정랑 등을 제수받았으나 부임하지 않았다. 대구의 이강서원(伊江書院)과 청안의 구계서원(龜溪書院)에 제향되었다. 저서로는 《낙재집》이 있다.

(坎坐) 언덕에 장례를 지냈다.

첫째 부인 이씨(李氏)는 진사 이봉(李逢)의 따님으로 자식이 없었다. 둘째 부인 신씨(申氏)는 습독관(習讀官) 신관(申寬)의 따님으로 7남 2녀를 두었다. 아들은 첨지중추부사를 지낸 선지(先知), 선행(先行), 선정(先正), 좌랑을 지낸 선언(先言), 참봉을 지낸 선견(先見), 양자로 나간 선근(先謹), 도사(都事)를 지낸 선용(先容)이고, 두 딸은 서득룡(徐得龍)과 참의(參議)를 지낸 이윤우(李潤雨)에게 시집갔다. 선지와 선행은 모두 자식이 없었다. 선정의 아들 정(楨)은 양자로 나갔다. 선언은 선용의 아들로 통정대부를 지낸 직(樴)을 데려다가 후사로 삼았으며 딸은 이양진(李陽晉)에게 시집갔다. 선견의 아들은 집(集)이다. 선용의 아들은 익(榏)[107]과 직(樴)이다. 이윤우의 아들은 도사(都事)를 지낸 도창(道昌), 응교(應教)를 지낸 도장(道長), 직장(直長)을 지낸 도장(道章)이고 딸은 박민수(朴敏修)와 김렴(金礦)에게 각각 시집갔다. 직의 아들은 영준(瀛俊)이고 익의 아들은 지영(之瀛), 지항(之沆), 진사 지경(之經)이다.

공의 저술은 임진왜란의 병화에 산일되었고 묘지명과 행장에 실려 있는 사적이 또 매우 간략하다. 그러나 공의 유풍여운(遺風餘韻)은 수백 년이 지나도 오히려 없어지지 않아 서원에 제향을 받는 보답에 이르렀으니, 이것은 공이 실제로 사람들을 감화시키

**107** 익(榏) : 원문에는 맹(榼)으로 되어 있으나, 뒤에 익(榏)의 아들이라는 말이 나오므로 그렇게 고쳤다. 정범조의 《해좌집》 권35 〈진사 채공 행장(進士蔡公行狀)〉에도 그렇게 되어 있다.

는 것이 깊음이 있어서 그렇게 될 수 있었던 것이 아니겠는가. 또 공이 장대한 기상을 가지고도 자기보다 나이가 적은 계동을 스승으로 섬기는 것을 부끄러워하지 않은 것은 어찌된 것인가. 이 점이 더욱 후세에 법이 될 만한 것이다. 명은 다음과 같다.

금호강의 물이　琴湖之水
넘실거리며 질펀하게 바다로 돌아가네　汪洋而歸滄海
팔공산의 산맥이　公山之麓
구불구불 백두산으로부터 왔네　逶迤而自白頭
공은 거기에 사니　公居其間
이런 뜻이 있고 이런 구함이 있음이 마땅하네　宜乎有是志而有是求也
초탈하여 티끌 세상을 사절하고　脫略謝塵氛
청초하고 말쑥하게 세월을 보내네　瀟灑送日月
상상컨대 공의 마음에는　想於公之心
반드시 무한한 기쁨이 있었으리라　必有無限悅
지금 그것을 알 수 없으나　今不可得而知兮
저 강물의 흐름은 다함이 없고 산의 푸르름이 끝이 없는 것이　彼流不盡而靑未了者
아마도 공의 모습과 비슷한 것이리라　或彷彿也歟

# 광천 처사 풍양 조공 묘지명 병서

廣川處士豐壤趙公墓誌銘 並序

광천 처사(廣川處士) 조공(趙公)은 휘가 덕윤(德胤)이고 자가 윤숙(潤叔)이며 조씨(趙氏)의 본관은 풍양(豐壤)이다. 고려 시대 문하시중(門下侍中) 맹(孟)으로부터 시작하여 그 뒤에 귀하게 현달한 사람이 모두 7대에 걸쳐 있다. 조선조에 들어와 중추원사(中樞院事)를 지낸 숭(崇)이 비로소 상주(尙州)에 거주하였고 상주의 장천(長川)에 거주함은 직장(直長) 벼슬을 지낸 휘 희(僖)[108]로부터 시작된다. 또 상주의 어헌(漁軒)에 거주함은 휘 홍원(興遠)으로부터 시작되니, 이분은 증(贈) 이조 참판이고 검간(黔澗) 선생 휘 정(靖)의 아들로 공에게 조부가 된다. 아버지는 휘가 도(纛)[109]이다. 어머니는 연안 이씨(延安李氏)로 저헌(樗軒) 이석형(李石亨)의 후손이며 익위사(翊衛司) 이시맹(李時孟)의 따님으로 숭정(崇禎) 임오년(1642, 인조20) 모월 모일에 공을 낳았다.

공은 덕스러운 인품이 일찍 성취되었다. 12세에 조부의 상을 승중(承重)하였는데, 상례를 실행함을 어른과 같이 하였다. 심범재(沈泛齋)[110]가 조문하면서 기특하게 여기고 "참으로 이른바 집안

108 희(僖) : 《상주시사(尙州市史)》에 의거하면 희(禧, ?~1507)는 윤령(允寧)의 아들로 직장(直長)을 지냈다고 되어 있다.

109 도(纛) : 원전에는 '도(纛)'로 되어 있으나 족보에 의하여 고쳤다.

110 심범재(沈泛齋) : 심대부(沈大孚, 1585~1657)를 말한다. 본관은 청송(青松),

에 걸맞은 아이이다."라고 말하였다. 이때 공의 종숙부 모암공(慕庵公)[111]이 문장과 행실로 중망을 받고 있었는데, 공의 어머니가 공에게 거기에 가서 배우도록 하니 공이 부지런히 공부하며 게을리하지 않았다.

15세가 되지 않아 이미 노성(老成)한 사람으로 일컬어졌다. 일찍이 고을 사람들이 향약에 따라 불린 재물을 마침 횡령한 자가 있었는데, 주민들의 의논이 자못 격렬하여 장차 화목한 분위기를 잃을 지경에 이르는 것을 보았다. 공이 사사로이 그윽이 탄식하며 말하기를 "이 문제는 동자인 제가 간여할 바가 아닙니다. 다만 이것이 비록 공물(公物)이기는 하나 재물을 불리는 일은 중요하지 않고 화목한 분위기를 잃는 것은 중요합니다. 어찌 깨끗이 씻어 버려 사면해 주고 현재 있는 재물을 가지고 조목을 만들어 교화를 돈독히 하고 이웃과 협력하여 선배들이 향약을 설치하였던 본래 뜻에 합치되게 하는 것만 같겠습니까."라고 하였다. 전극념(全克恬)[112]이 듣고 감탄하기를 "늙은 나도 자네에게 크게 미치지 못하

자는 신숙(信叔), 호는 범재이다. 1613년(광해군5) 진사에 장원 급제하였고 1630년(인조8) 봉림대군(鳳林大君)의 사부가 되었으며 문과에 급제하였다. 문경의 숙양사(潚陽祠)에 제향되었다.

**111** 모암공(慕庵公) : 조능(趙稜, 1607~1683)을 말한다. 본관은 풍양(豊壤), 자는 자방(子方), 호는 모암이다. 1654년(효종5) 생원에 합격하였으며 만년에 소재(小齋)를 축조하고 영모(永慕)라 칭하였다.

**112** 전극념(全克恬) : 1597~1660. 본관은 옥천(沃川), 자는 유안(幼安), 호는 창주(滄洲)로 극항(克恒)의 동생이다. 1633년(인조11)에 진사가 되었고 경학(經學)으로 천거되어 감역(監役)이 되었다.

겠네."하고는 드디어 한결같이 공의 말을 따라서 일을 처리하였다.

성장해서는 강건하고 방정하며 자신의 절조를 지킴이 있었고 더욱 사물의 이치를 밝게 깨달았으니, 고을 사람들이 모두 공경하며 함부로 대하지 못하였다. 과실이 있는 자는 공이 혹 이것을 알까 두려워하며 "진암(震巖)이 듣지 않았겠지."라고 말하고, 의심스럽거나 어려운 일이 있는 사람은 공을 기다려 해결하고 "진암이 아니면 불가능하다."라고 말하였다. 진암이라고 말한 것은 공이 사는 마을 옆의 바위 이름이니, 그러므로 그것을 가리켜 공을 일컬은 것이다. 성품이 효성에 독실하여 맛있는 음식으로 충성스럽게 봉양함에 지극하지 않음이 없었다. 평소에 집안을 깨끗하게 청소하였고 또 아름다운 나무와 특이한 화훼들을 줄지어 심어 놓고 어머니에게 정결한 곳에서 즐기고 완미할 수 있도록 하였다. 매양 봄날의 꽃과 가을날의 달처럼 경치가 좋을 때 술자리를 마련하고 음식을 갖추어 이웃 마을의 늙은 부녀(婦女)들을 맞이하여 어머니가 그들과 함께 넉넉하고 여유 있게 기쁨을 펼치도록 해 드렸다.

계조비(繼祖妣) 변 부인(卞夫人)이 일찍이 악성 종기를 앓아 몸을 움직이는 데 남의 도움을 받아야 하는 것이 3년이 되었다. 공이 밤낮으로 근심하고 간호하였으며 약물을 조제하고 농혈(濃血)을 제거함에 모두 몸소 직접 하고 타인에게 맡기지 않았다. 상을 당하자 곡읍(哭泣)으로 근심스러운 안색을 하여 이웃 사람들을 애통하게 만드는 데 이르렀다. 어머니께서 천수를 다하시고 돌아가셨으나, 병석에 누워 있을 때 공이 20일 동안 허리띠를 풀거나 눈을 붙이며 자는 일을 하지 않았다. 대변을 맛보는 것, 하늘에 기도하는 것, 손가락을 갈라 피를 입에 주입시키는 것으로 목숨을 잇기를 바라는 방법에 있어서 극진히 하지 않음이 없었다. 상례를 치름을 한결같이 《가례(家禮)》를 따랐다. 장례를 지내고는 아침저녁으로 묘소에서 통곡함을 비바람이 몰아쳐도 그만두지 않으면서 삼년상을 마쳤다. 청결과 정성으로 제사를 지냈는데 여러 가지 제수를 모두 공의 내외가 직접 챙겼으며, 엄숙하고 공경히 제사를 올림에 마치 제향을 받는 조상을 볼 수 있을 듯이 하였다. 막내 숙부는 공보다 10살이 적었지만 공이 엄부와 같이 섬겼고, 막내 숙부가 돌아가시자 막내 숙모를 잘 섬겼으며, 사촌 동생들을 어루만지기를 친형제와 같이 차이를 두지 않았다. 외조부 이씨(李公)의 묘소는 멀리 칠곡(漆谷)에 있었는데, 그 자손들이 가난하여 제사를 드리지 못하자 해마다 성묘하는 것을 오직 정중히 하였다.

본래 고상한 아취가 있었다. 비록 일찍이 분수에 따라 과거 시험을 보아 누차 향시에 합격하였으나, 아버지가 돌아가신 것으로 자의적(自意的)으로 판단하여 일찍부터 그만두었다. 만년에 이수(伊水)와 낙수(洛水)가 교차하는 광탄(廣灘)의 물가에 몇 칸의 집을 짓고 고반(考槃)[113]의 장소로 삼으며 광탄주인(廣灘主人)이라 자호하였으니, 그 운치가 소산(蕭散)함이 이와 같음이 있었다. 경오년(1690, 숙종16) 모월 모일에 죽으니 향년 49세였다. 장천

113 고반(考槃) : 은자가 산수의 사이에 한가로이 소요하며 지내는 곳을 말한다. 《시경》 〈고반(考槃)〉에 "고반이 시냇가에 있으니, 석인의 마음이 넉넉하네.〔考槃在澗, 碩人之寬.〕"라 하였는데, 그 주에서 "고(考)는 이룬다는 뜻이고 반(槃)은 서성거린다는 뜻이다."라고 하였다. 따라서 고반은 소요하기 위하여 만든 은거지(隱居地)를 말한다.

(長川) 운가곡(云柯谷) 임좌(壬坐) 언덕에 장례를 지냈다.

공은 타고난 자품이 이미 도에 가까웠다. 매양 독서할 때 성현의 격언을 가지고 반드시 복행(服行)하고 적용하려고 하였으니, 예를 들면 삼귀(三貴)[114]와 사물(四勿)[115] 등의 지극한 가르침을 자기에게 절실하게 체인(體認)하지 않은 적이 없었다. 또 '징분질욕(懲忿窒慾)'[116] 4글자를 새겨 작은 패로 만들어 옷과 허리띠 사이에 갈무리하여 종신토록 스스로 경계하는 바탕으로 삼았다. 그러므로 몸을 다잡음에 공경하고 삼갔다. 평소에 비록 한가하게 앉아 있어도 반드시 의관을 정제하여 비록 매우 더워도 잠시도 두건과 버선을 벗지 않았다. 다리와 잔도에서는 반드시 말에서 내려 걸어서 지나갔고, 객관(客館)과 향당(鄕堂)에서는 비록 비와 눈이 내려 진흙길이 되어도 반드시 말에서 내렸다. 평소에 거동과 모습이 순수하고 의젓하였으며 덕스러운 기운이 사람을 훈도(薰陶)시

**114** 삼귀(三貴) : 공자(孔子)의 제자 증자(曾子)가 귀하게 여긴 것 세 가지를 말한다. "군자가 도를 귀하게 여기는 것이 세 가지이니, 몸을 움직일 때에는 거칠고 오만함을 멀리하며, 안색을 바르게 할 때에는 성실함에 가깝게 하며, 말을 입 밖으로 낼 때에는 비루하고 도리에 위배되는 것을 멀리하여야 한다.〔君子所貴乎道者三, 動容貌, 斯遠暴慢矣; 正顏色, 斯近信矣; 出辭氣, 斯遠鄙倍矣.〕"라고 하였다. 《論語 泰伯》

**115** 사물(四勿) : 공자의 제자인 안연(顏淵)이 인(仁)의 조목을 물었을 때 공자가 "예가 아니면 보지 말며, 예가 아니면 듣지 말며, 예가 아니면 말하지 말며, 예가 아니면 움직이지 말라.〔非禮勿視, 非禮勿聽, 非禮勿言, 非禮勿動.〕"라고 답한 네 가지 금지 조항을 말한다. 《論語 顏淵》

**116** 징분질욕(懲忿窒慾) : 《주역》 〈손괘(損卦) 상사(象辭)〉에 이르기를 "산 아래에 못이 있음이 손(損)이니, 군자가 보고서 분노를 징계하고 욕심을 막는다.〔象曰 山下有澤, 損, 君子以, 懲忿窒慾.〕"라는 구절에서 유래하였다.

켰다. 그러나 자제들을 가르침에는 또한 오직 올바른 법도로 하고 편복(便服) 차림으로 앞에서 심부름하는 일을 하지 못하게 하였다. 반드시 말을 진실되게 하고 행실을 돈독하게 하여 혹시나 감히 부품하거나 경박하지 못하게 하였으며, 씀씀이를 절약하고 용도를 삼가게 하여 혹시나 감히 재물을 번식시켜 사치하지 못하게 하였다. 비록 미천한 종과 같은 경우에도 그 악을 숨겨 주고 그 선을 유도해 주었다. 이 때문에 집안이 상하가 엄격하여 엄숙한 분위기가 조정과 같았다. 공과 같은 이는 대개 《소학(小學)》으로 스스로를 다스려 마음에 터득하고 일에 드러난 자이니, 또한 어찌 타고난 훌륭한 자질에만 근본했을 따름이겠는가.

공의 첫째 부인은 선성 김씨(宣城金氏)로 이조 참판을 지낸 백암(柏巖) 선생 김륵(金玏)의 현손자인 통덕랑(通德郞) 김종원(金宗源)의 따님이다. 단정하고 현숙하며 그윽하고 한아하였는데, 공보다 26년 전에 죽었기에 뒤에 공이 거기에 합장되었다. 외동딸은 진사 김여용(金汝鎔)에게 시집갔다. 계배(繼配)는 장수 황씨(長水黃氏)로 참판(參判) 황효헌(黃孝獻)의 5세손인 선교랑(宣敎郞)을 지낸 황덕방(黃德方)의 따님이다. 뛰어난 행실은 남자들도 미치기 어려운 점이었는데, 공보다 11년 전에 죽어서 광탄(廣灘) 미좌(未坐) 언덕에 묻혔다. 3남 1녀를 두었으니, 3남은 자경(自敬), 자신(自愼), 자수(自修)이고 딸은 장대항(張大恒)에게 시집갔다. 측실에서 난 아들은 자함(自諴)과 자겸(自謙)이다. 자경의 아들은 인경(寅經), 중경(重經), 제경(濟經)이다. 자신의 아들은 진사를 지낸 천경(天經), 원경(元經), 한경(漢經)이다. 자수의 아들은 복경(復經)이다. 자함의 아들은 입경(立經)이다. 인경은 자식이 없어서 종제인 천경의 아들 석후(錫垕)를 양자로 들였다. 중경의 아들은 석찬(錫瓚)과 석원(錫瑗)이다. 제경의 아들은 석환(錫桓)과 석신(錫身)이다. 천경의 아들은 석하(錫暇), 양자로 나간 석후(錫垕), 석효(錫孝)이다. 원경의 아들은 석간(錫簡), 석헌(錫獻), 석전(錫典)이다. 한경의 아들은 석리(錫履)와 석류(錫類)이다. 복경의 아들은 석준(錫駿), 석기(錫騏), 석일(錫馹), 석래(錫騋)이다. 입경의 아들은 석록(錫錄)이다. 김여용의 아들은 경잠(景潛), 경점(景漸), 문과에 급제하여 정자(正字)를 지낸 경침(景沈)이다. 장대항의 아들은 지선(趾先)이다. 석후는 자식이 없어서 형인 석하(錫暇)의 아들 의수(義洙)를 양자로 들였다. 의수의 아들은 술운(述運)이다. 내외 현손 이하는 많아서 다 기록하지 않는다.

공의 증손 석간(錫簡) 씨가 그의 족질 호연(虎然)[117] 씨가 찬술한 행장을 가지고 와 나에게 보여 주면서 공의 묘지명을 지어 주기를 부탁하며 "나의 증조부께서 돌아가신 지 얼마 되지 않아 고을의 사림 수백 명이 순효(純孝)와 지극한 행실을 가지고 감영과 읍(邑)에 글을 올린 것이 여러 번이었으나, 끝내 임금에게 보고되지는 못했습니다. 지금 불초한 제가 죽으면 아름다운 행적이 민몰되어 버릴까 크게 두려워서 그대에게 묘지명을 받아 묘소를 빛내고자 합니다."라고 말하였다. 내가 감당할 수 없다고 사양하였으

**117** 호연(虎然) : 조호연(趙虎然, 1736~1807). 본관은 풍양(豊壤), 자는 사위(士威), 호는 구당(舊堂)인데 뒤에 목수(沐洙)로 개명하였다. 1796년(정조20) 사도세자의 죽음을 둘러싼 임오의리(壬午義理)를 주장하는 응지소(應旨疏)를 올릴 때 소수(疏首)로 추대되어, 상소 초안을 작성하였다. 저서에 《구당집(舊堂集)》이 있다.

나, 이미 또 편지를 보내와 "제가 병이 매우 위독하니, 어찌 목숨이 끊어지기 전에 묘지명을 볼 수 있게 해 주시지 않겠습니까."라고 말하였다. 그 말이 매우 비통하여 드디어 행장에 나아가 살펴 위와 같이 서술하고 다음과 같이 명으로 잇는다.

| | |
|---|---|
| 비근함을 소홀히 하여 원대함을 구하지 않았으며 | 不忽近而求遠 |
| 작은 것을 버리고 큰 것을 말하지 않았네 | 不遺小而語大 |
| 근본을 독실히 하고 실제를 힘씀을 숭상하였기에 | 惟敦本務實之是尙 |
| 그 도는 장차 베풀어 가하지 않음이 없었네 | 而其道將無施不可 |
| 아, 광천처사의 묘소를 두고 | 嗚呼是惟廣川處士之藏 |
| 오히려 누가 감히 헐뜯고 중상하랴 | 尙誰敢毁傷 |

## 가선대부 진은군 강공 묘지명 병서
嘉善大夫晉恩君姜公墓誌銘 並序

공의 휘는 필악(必岳)이고 자는 희원(希遠)이며 성은 강씨(姜氏)이고 본관은 진주(晉州)이다. 고려 시대 말에 태학사(太學士)를 지낸 회중(淮仲)은 조선조 태조가 벼슬로 세 번 불렀으나 나아가지 않았다. 교동주(喬桐主 연산군) 때 간대부(諫大夫)를 지낸 형(詗)은 직언을 하다가 화를 입었는데, 중종 때 이조 판서에 증직되었다. 2대 뒤에 우의정(右議政)을 지냈으며 시호가 정정(貞靖)인 사상(士尙)과 좌참찬(左參贊)을 지냈으며 진흥 부원군(晉興府院君)에 봉해진 신(紳)은 명성과 덕망이 모두 역사책에 실려 있으니, 곧 공의 6대조와 5대조이다. 고조부는 휘가 홍수(弘秀)로 현감을 지냈으며 좌승지에 증직되었다. 증조부는 휘가 후(珝)로 진사를 지냈으며 사복시 정(司僕寺正)에 증직되었다. 조부는 휘가 석번(碩蕃)으로 이조 참의에 증직되었다. 아버지는 휘가 박(樸)으로 호가 국포(菊圃)이고 홍문관 교리(弘文館校理)를 지냈으며 이조 참판에 증직되고 진릉군(晉陵君)에 봉해졌는데, 문장(文章)과 행의(行誼)를 세상 사람들이 으뜸으로 여겼다. 어머니는 증(贈) 정부인(貞夫人)인 전주 이씨(全州李氏)로 판윤(判尹)을 지낸 만선(萬選)의 따님이다. 생부는 휘가 원(杬)이고 생모는 선성 이씨(宣城李氏)로 기만(基晩)의 따님이다. 경종 계묘년(1723, 경종3) 5월 모일에 상산(商山 상주) 공성리(功城里) 집에서 공을 낳았다.

14세 때 국포공이 양자로 들였다. 33세 때 서울로부터 다시 상산으로 돌아왔다. 70세에 막내아들이 임금을 가까이 모신 은택으로 첨지중추부사(僉知中樞府事)에 임명되었으며 삼 년 뒤에 우로전(優老典)의 덕택으로 승진하여 동지중추부사에 임명되었으며 진은군(晉恩君)에 습봉(襲封)되었으니, 훈구대신의 후손이었기 때문이다. 을묘년(1795, 정조19) 11월 모일에 봉대리(鳳臺里) 집에서 고종(考終)하였으며 상주 남쪽 웅이산(熊耳山) 영수사(靈水寺) 뒤 건좌(乾坐) 언덕에 장례를 지냈다.

공은 단정(端正)하고 염아(恬雅)하였으며 성품이 효성스럽고 우애로웠다. 국포공이 집에 계실 때 법도가 엄격하여 자제들이 옆에서 모실 경우 감히 예에 벗어나는 태도로 뵐 수가 없었다. 공은 아버지를 잘 섬겨 혹시라도 아버지의 뜻을 어김이 없었다. 상을 당하자 지나치게 슬퍼한 나머지 몸을 훼손하여 거의 목숨을 잃을 뻔하였다. 어머니 정부인이 여러 차례 자녀가 죽는 일을 당하여 심기(心氣)가 상하자 공이 뜻을 지극히 하여 어머니의 뜻을 승순(承順)하여 기쁘게 해 드렸다. 무릇 봉양하는 것과 병을 간호하는 것 그리고 장사를 지내는 것 등 모든 것에 유감이 없게 하였다. 생가의 부모를 섬김에도 이와 같이 하여 형이 있다는 핑계로 스스로의 정성을 다하지 않은 일이 없었다. 백씨와 화락하게 지내기를 늙을 때까지 하루 같이 하여 변함이 없었다. 종형의 아들이 오만하여 길들일 수가 없었는데, 공이 어찌하지 못함을 번민하다가 그 아들을 데려다 훌륭한 사람으로 만들었다. 종족과 화목하게 지냈으며, 궁핍하고 다급한 사람을 주휼함과 그리고 분쟁과 어려운 일을 해결함에 힘을 다하지 않음이 없었다. 사람과 교제함에 경계를 두지 않았고 오직 충신(忠信)으로 서로 대하고 고상한 운치로 어울려 봄날의 온화한 기운이 스며드는 듯하였다.

명리(名利)에는 담담하였다. 일찍이 회시(會試)를 보러 갔는데, 판서(判書) 홍명한(洪名漢)[118]이 장차 시험을 주관하려고 하면서 심부름꾼을 보내 공을 만나 보고자 하였다. 공이 병을 핑계 대고 가지 않으니 홍공(洪公)이 매우 공경하고 중시하였다. 이미 아버지가 돌아가시고는 드디어 과거 시험 공부를 그만두었다. 자신의 거처에 편액을 달아 '평와(萍窩)'라 하였다. 항상 맑고 묵묵한 성품을 길러 넉넉하게 노닐며 유유자적하면서 책을 펼쳐 보는 것이 아니면 자제들을 가르쳐 인도하는 것으로 즐거움을 삼았다. 재물에 더욱 담박하여 마음에 두지 않았다. 일찍이 어떤 친지가 백여 금에 해당하는 물품을 속여서 취하고는 오랫동안 갚지 않았다. 공이 드디어 그 문건을 없애고 잊어버렸다. 또 어떤 일가 사람이 그의 생질의 전답을 공에게 속여서 팔았는데, 이미 한 해가 지나고 나서야 그의 생질이 알고 와서 하소연하니, 공이 안색에 조금도 나타내지 않고 돌려주었다.

젊어서 서화를 좋아하여 작품을 구하여 모은 것이 매우 많았는데, 중년 이후에 이것이 또한 심지를 잃게 한다고 생각하고, 그것을 요구하는 사람이 있으면 문득 두루 나누어 주고 인색하지 않았다. 연세가 70세를 넘기자 지위가 훈반(勳班 진은군)에 습봉되었으나, 항상 스스로 덕이 부족한 것처럼 여겼다. 맏아들과 막내아

118 홍명한(洪名漢) : 1724~1774. 본관은 풍산(豐山), 자는 군평(君平)이다. 1754년(영조30) 문과에 급제하여 벼슬이 형조 판서와 개성 유수에 이르렀다. 1770년 《동국문헌비고》의 감인당상(監印堂上)이 되어 이의 간행에 책임을 맡았다.

들이 과거 시험에 합격하여 축하하는 사람들이 집에 가득 찼으나, 권세가 성대하고 넘치는 것을 두렵게 여기며 기쁜 낯빛을 하지 않았다. 이런 점에서 대개 천하의 어떤 물건도 다시는 공의 마음을 사로잡아 둘 수 없었던 것이다. 돌아가심에 원근의 종족과 인척 그리고 공을 아는 사람이든 모르는 사람이든 모두가 "높은 덕과 많은 복을 가진 분이 돌아가셨다."라고 말하지 않음이 없었다.

부인은 정부인(貞夫人) 여주 이씨(驪州李氏)로 정언(正言)을 지낸 이재후(李載厚)의 따님이며, 지평(持平)을 지냈으며 이조 참판에 증직된 이동환(李東煥)의 손녀이다. 청명(淸明)하고 정개(貞介)하였으며 사덕(四德)[119]을 모두 갖추었다. 남편의 배필이 되어 덕을 어김이 없었고 시부모를 섬기고 자식들을 가르침에 모두 그 도리를 극진히 하였다. 총명하고 지혜로움이 보통 사람보다 매우 뛰어나 고금의 일은 말할 것도 없고 벌열(閥閱) 집안의 족보와 갈래에 대하여도 모두 손바닥을 가리키듯이 잘 기억하였으니, 비록 박아(博雅)한 군자라 할지라도 이보다 나을 수가 없었다. 계묘년(1723, 경종3)에 태어나 갑인년(1794, 정조18)에 죽어서 공과 같은 언덕에 장례를 지냈는데, 지형의 형편에 따라 위에 부장되어 있다.

맏아들 세백(世白)은 문과에 급제하여 지금 수찬(修撰)에 재직하고 있고 둘째 아들 세위(世緯)는 양자로 나갔으며 막내아들 세륜(世綸)은 문과에 급제하여 지금 교리(校理)에 재직하고 있다. 손자로 생원인 장흠(長欽)과 김재기(金在器)와 이언유(李彦儒)에게 시

**119** 사덕(四德) : 옛날 부인이 갖추어야 할 네 가지 덕성으로 부덕(婦德), 부언(婦言), 부용(婦容), 부공(婦功)을 말한다. 《周禮 天官 九嬪》

집간 손녀들은 맏아들이 낳은 자식들이다. 손자로 생원인 철흠(哲欽), 경흠(憬欽), 처흠(處欽)과 김태려(金泰礪)에게 시집간 손녀는 둘째 아들이 낳은 자식들이다. 손자로 숙흠(憓欽), 병흠(秉欽)과 이휘옥(李彙鈺)에 시집간 손녀는 막내아들이 낳은 자식들이다.

내가 일찍이 공을 친히 뵙고 사모한 것이 오래되었는데, 지금 수찬군(修撰君)이 공의 가장을 지어서 나에게 공의 묘지명을 지어 주기를 부탁하였다. 사양하였으나 되지 않아 삼가 위와 같이 서술하고 다음과 같이 명으로 잇는다.

| | |
|---|---|
| 진산 강씨의 종족은 | 晉山之族 |
| 동방에서 으뜸 성씨이네 | 甲于東方 |
| 이천여 년 동안 | 餘二千年 |
| 빼어난 인재를 기르고 상서로움이 유전되었네 | 毓秀流祥 |
| 빛나는 국포옹은 | 有斐菊翁 |
| 규벽[120]과 빛을 같이하였네 | 奎璧與光 |
| 공은 그런 세족을 이었으니 | 公嗣其世 |
| 어찌 훌륭하지 않으랴 | 曷其不良 |
| 마치 남전에 옥이 나는 것과 같고[121] | 若藍出玉 |

**120** 규벽(奎璧) : 28수(宿)에 속하는 규수(奎宿)와 벽수(璧宿)의 병칭으로, 옛날에 문운(文運)을 주관한다고 여겼다.

**121** 마치……같고 : 중국 남전현(藍田縣)에는 미옥(美玉)이 많이 생산되는 것으로 유명하다. 삼국 시대 오(吳)나라 손권(孫權)이 제갈근(諸葛瑾)의 아들 제갈각(諸葛恪)에게 "남전에서 옥이 나온다더니, 정말 빈말이 아니다.〔藍田生玉, 眞不虛也.〕"라고 탄식하였다는 고사가 있다. 《三國志 卷64 吳書 諸葛恪傳 註》

마치 산골짜기에 녹나무가 우뚝함과 같네　如壑聳樟
본성을 따르고 진솔함에 맡겨　率性任眞
스스로 세속을 초탈하였네　自超倫常
길상을 온축함이 몸에 있고　蘊吉在躳
복록을 받음이 끝이 없네　受祿無疆
위로 조상이 남긴 아름다움을 이어받고　上襲餘休
아래로 후세에 끼칠 향기를 폈네　下敷遺芳
이에 그의 중요한 사적을 뽑아　爰最其蹟
그의 묘지석에 기록하네　以識其藏

# 처사 장수 황군 묘지명 병서
處士長水黃君墓誌銘 並序

군의 이름은 암로(巖老)이고 자는 차야(次野)이며 성은 황씨(黃氏)이고 본관은 장수(長水)이다. 조선조 영릉(英陵 세종의 능호) 때 영의정을 지낸 익성공(翼成公) 휘 희(喜)의 후손이다. 소윤(少尹)을 지낸 보신(保身)과 선공감 부정(繕工監副正)을 지냈으며 이조 참판에 증직된 종형(從兄)과 부사(府使)를 지냈고 이조 판서에 증직되었으며 장원군(長原君)에 봉해진 관(瓘)을 지나서, 이조 참의를 지냈으며 휘가 효헌(孝獻)이고 호가 축옹(畜翁)인 분에 이르러서는 문장(文章)과 절행(節行)으로 드러났다. 또 위솔(衛率)을 지냈으며 좌대언(左代言)에 증직된 징(憕)과 현감을 지냈으며 이조 참의에 증직된 준원(俊元)을 지나서, 지평(持平)과 지제교(知製敎)를 지냈으며 휘가 뉴(紐)이고 호가 반간(槃澗)인 분에 이르니, 이분은 나의 선조 문장공(文莊公 정경세(鄭經世))을 사사하여 고제(高弟)로 일컬어졌다. 이분이 호조 정랑(戶曹正郞) 덕유(德柔)를 낳았고, 이분이 유(霦)를 낳으니 호가 오산(吾山)이며 기절(氣節)로 이름이 났다. 이분이 종량(鍾亮)을 낳았고, 이분이 도중(道重)을 낳으니 공보(公輔)[122]의 국량이 있었으며, 이분이

**122** 공보(公輔) : 천자(天子)를 보좌하는 삼공(三公)과 사보(四輔)를 일컫는데, 전하여 재상의 벼슬을 이른다. 삼공은 태사(太師), 태부(太傅), 태보(太保)이고, 사보는 천자의 4측근[隣]을 말하는데, 앞에는 의(疑), 뒤에는 승(丞), 왼쪽에는 보(輔), 오른쪽에는 필(弼)이 있었다.

서희(瑞熙)를 낳았으니, 유(霱)부터 여기까지가 군의 고조부, 증조부, 조부, 아버지이다. 어머니는 전주 이씨(全州李氏)로 이정(李綎)의 따님이다. 생부는 생원을 지낸 계희(啓熙)로 호가 심기당(審幾堂)인데 대산(大山) 이 선생(李先生)에게 배웠다. 생모는 풍양 조씨(豐壤趙氏)로 검간(黔澗) 조정(趙靖)의 후손인 조인경(趙麟經)의 따님이다. 영조 기묘년(1759, 영조35) 3월 모일에 군을 낳았다.

군은 특별한 자질을 가지고 있었다. 미안(眉眼)이 그림과 같았으며 총명하고 영오함이 매우 뛰어났다. 겨우 말하는 것을 배우자 《시경(詩經)》의 〈주남(周南)〉과 〈소남(召南)〉 그리고 《논어》의 〈학이(學而)〉편을 배웠다. 인하여 《십구사략(十九史略)》과 《통감(通鑑)》을 읽었는데, 매일 수십 판(板)씩 진도를 나갔다. 8, 9세에 이미 사서(四書)의 대의를 통하였다. 또 토론을 잘하여 은미하고 오묘한 것을 분석할 수 있었다. 12세에 〈효자홍차기전(孝子洪次奇傳)〉을 지어 공부에 진보가 빨랐으니, 고을의 선진(先進)들이 모두 아끼며 칭찬하였다.

생부인 심기당 어른은 과거 시험이 사람을 구속한다고 생각하여 시문(時文)을 익히는 것을 하지 못하게 하려고 하였으나, 공은 아버지의 명령으로 드디어 과거 시험 공부를 하게 되었다. 공이 지은 의책(義策)은 마치 숙련된 장인의 손에서 나온 것 같았다. 20세가 되자 여러 책을 두루 섭렵하여 《좌전(左傳)》, 《국어(國語)》, 《사기(史記)》, 《한서(漢書)》로부터 송(宋)나라와 명(明)나라의 대가들의 글에 미치기까지 박람하여 지극히 공부하지 않음이 없었다. 《주자전서(朱子全書)》, 《주자어류(朱子語類)》와 성리서(性理書)를 두루 열람하고 초록하였으며 국조전고(國朝典故)에 이르러서도 모두 실례를 들어 암송하였다. 《주역》의 상(象), 범수(範數),[123] 기삼백(朞三百)의 주(註), 선기옥형(璇璣玉衡)[124] 등 해석하기 어려운 것들에 대하여 추론하여 이치를 찾아내는 것을 기약하였다. 대개 통유(通儒)의 바탕을 갖춘 것〔坯樸〕이 이에서 이미 완성되었다. 그러나 심기당 어른이 "사서(四書)와 《심경(心經)》과 《근사록(近思錄)》을 전적으로 공부하여 근본을 세우면 그 나머지는 모두 어디를 가나 도의 근원을 만나게 되는 것이 가장 좋다."라고 말하였다. 또 경계하여 말하기를 "사군자(士君子)가 뜻을 세움에 마땅히 명도(明道)와 희문(希文)으로 스스로 기약하고[125] 모름지기 겸손과 공경으로 스스로의 마음을 견지하여 남보

**123** 범수(範數) : 송나라 채침(蔡沈)이 지은 《홍범황극내편(洪範皇極內篇)》 권3 〈황극내편수(皇極內篇數)〉를 가리킨다. 이 편은 〈황극내편수총명(皇極內篇數總名)〉과 〈팔십일수도(八十一數圖)〉로 구성되어 있는데, '원일지일(原一之一)'부터 '종구지구(終九之九)'까지 총 81개의 명칭을 부여하고 각각의 명칭에 대해 길(吉), 흉(凶), 구(咎), 상(祥), 인(吝), 평(平), 휴(休), 재(災), 회(悔) 등의 점사(占辭)를 붙여 놓았다. 명나라 사람 상열(桑悅)의 설에 의하면, 이것은 사시의 절기를 각 수의 사이에 분산시켜서 그 때로 인하여 그 수의 길흉을 보려고 하는 것인데, 역법(曆法)에는 그다지 부합되지 않는 듯하다고 하였다.

**124** 선기옥형(璇璣玉衡) : 옛날 일월성신(日月星辰)의 운행을 세밀히 관찰하던 천문관측기(天文觀測機)로서 지금 부르는 혼천의(渾天儀)와 같다.

**125** 사군자(士君子)가……기약하고 : 《소학(小學)》 〈가언(嘉言)〉에 호안국(胡安國)이 자제들에게 "뜻을 세움을 명도와 희문으로 스스로 기약하라."라고 하였다. 명도는 송나라 성리학자 정호(程顥)의 호로, 주희(朱熹)는 그가 14, 15세에 성인(聖人)이 되는 것을 배웠다고 칭찬하였다. 또 여대림(呂大臨)은 "명도가 자임(自任)을 중시하여 차라리 성인을 배우다가 이르지 못할지언정 한 가지 선(善)으로 명성을 이

다 위에 올라가려는 마음이 없어야 좋겠다."라고 하였다. 군은 한결같이 오직 아버지의 명령을 받들었다. 항상 아버지를 모시고 학문에 대하여 질문하여 정미한 의리와 오묘한 도의 논리를 터득하였다. 일상생활에서 점차적으로 규범에 나아가니 사람들이 모두 법도가 있는 집안의 자제라고 칭찬하였다.

을사년(1785, 정조9)에 생부의 상을 당하였다. 신해년(1791, 정조15)에 아버지의 상을 당하였다. 전후의 상에 이척(易戚)[126]의 도에 극진하였으며 상례와 장례에 정성을 극진히 하여 유감이 없게 하였다. 어머니의 상을 당한 것이 경인년(1770, 영조46)으로 이때는 군의 나이가 겨우 10여 세였다. 어머니께서 살아 계실 때는 군이 기쁨을 극진히 해 드림과 돌아가셨을 때는 군이 상제를 지키는 것이 이미 사람들에게 잘한다고 소문이 났었다. 군이 생모를 섬김에 미쳐서는 오랜 세월에 걸친 병환을 시중들어 매우 위독함을 만난 것이 매양 몇 달 동안의 긴 시간이었지만, 한 번도 옷을 벗거나 눈을 붙이고 잔 적이 없었다. 그러나 군은 정신이 더욱 맑아 조금도 게으르지 않았다. 음식을 때에 맞추어서 드리며

루고자 하지 않았으며, 차라리 한 사물이라도 은택을 입지 못함을 자기의 병으로 삼을지언정 한때의 이익으로써 자기의 공을 삼으려고 하지 않았다."라고 칭찬하였다. 희문은 송나라 재상을 지낸 범중엄(范仲淹)으로 어려서 큰 절개가 있어서 부귀와 빈천, 비방과 칭찬, 기쁨과 슬픔에 조금도 마음이 동요하지 않았으며, 또 그는 "선비는 마땅히 천하 사람이 근심하기에 앞서 근심하고, 천하 사람이 즐거워한 뒤에 즐거워해야 한다."라고 하였다.

**126** 이척(易戚) : 형식적으로나 내용적으로 모두 훌륭하게 상례를 치르는 것을 말한다. 《논어》 〈팔일(八佾)〉에 "상례는 형식적으로 잘하기보다는 차라리 슬퍼하는 마음이 가득해야 한다.〔喪與其易也, 寧戚.〕"라고 하였다.

앉고 눕는 것을 적절하게 해 드렸다. 소변과 대변을 받아 내는 일을 반드시 몸소 친히 하였다.

갑자년(1804, 순조4)에 이르러 또 생모의 상을 당하였는데, 상례를 치름에 더욱 매우 힘들었다. 이미 탈상하고는 매일 가묘에 배알하는 일을 죽을 때까지 하였다. 백형을 섬김에 우애가 매우 정성스러웠으며 배고픔과 추위에 대하여 묻기를 한결같이 사마온공(司馬溫公)이 백강(伯康)에게 하는 것과 같이 하였다.[127] 막냇동생이 죽을병에 걸려 60일 동안 소생하지 않자 새벽부터 밤 늦게까지 돌보며 간호하였고 바깥에 서서 하늘에 기도하기까지 하였다. 형제간에 재산을 따로 소유하지 않았으며, 넉넉함과 부족함이 혹 차이가 나더라도 부족함에 함께 귀의하며 개의치 않았다.

성품이 단정하고 선량하며 반듯하고 바르니, 비록 그윽이 혼자 있을 때나 은미하여 드러나지 않는 즈음이라 할지라도 만약 마음에 편안하지 않는 것이 있으면 맹세코 하지 않았다. 마음에 어떤 기교나 계략도 품지 않았으니, 사람을 대하고 사물을 접함에 한결같이 평서(平恕)함으로 하였다. 그러나 그릇되고 어긋나는 것이 있음을 보면 문득 엄정한 낯빛으로 꾸짖었는데, 종족에게 더욱 그러하였다. 후생(後生)과 젊은이들이 허물을 반복하는 것을 경계하였다. 방책을 내는 것을 잘하였기에 사람들이 일을 당하여 결정할

**127** 백형을……하였다 : 《소학(小學)》 〈선행(善行)〉에 사마온공(司馬溫公)이 그 형 백강(伯康)과 우애가 특히 돈독하였다. 백강이 나이가 장차 80세가 되려고 하였는데, 온공이 받들기를 엄한 아버지와 같이 하고 보호하기를 어린아이와 같이 하였다. 매양 밥 먹고 나서 조금 지나면 "배고프시지 않습니까?"라고 물었으며, 날씨가 조금만 추우면 그 등을 어루만지며 "옷이 얇지 않으십니까?"라고 물었다.

수 없는 경우에 군의 도움을 받아 해결하였다. 군은 시비에 있어서 판단하여 가르기를 명백하게 하였고, 자신이 주장하는 것이 만약 옳으면 이둔성패(利鈍成敗)를 전혀 계산하지 않았다.

군은 평생토록 사람에 있어서는 제갈무후(諸葛武侯 제갈량(諸葛亮)), 정숙자(程叔子 정이(程頤)), 사마군실(司馬君實 사마광(司馬光))을 사모하였고, 문(文)에 있어서는 반맹견(班孟堅),[128] 한이부(韓吏部),[129] 왕반산(王半山)[130]과 우리나라의 최동고(崔東皐)[131]를 사모하였으며, 시에 있어서는 황진(黃陳)[132]의 구법(句法)을 본받았다. 군의 평생 자취를 보면 고인과 비교하여 비록 대소후박(大小厚薄)의 구별이 있으나, 요컨대 '정직(正直)' 두 글자에서 벗어나지 않는다. 군이 글을 지음에 도리를 논함이 지극히 명백하니 예

**128** 반맹견(班孟堅) : 《한서(漢書)》를 지은 반고(班固, 32~92)를 가리키니, 그의 자가 맹견이다.

**129** 한이부(韓吏部) : 당(唐)나라 헌종(憲宗) 때 이부 시랑(吏部侍郎)을 지낸 한유(韓愈, 768~824)를 말한다. 당송 팔대가 중 한 사람이다.

**130** 왕반산(王半山) : 송(宋)나라 신종(神宗) 때 재상을 지낸 왕안석(王安石, 1021~1086)의 호가 반산이다. 당송 팔대가 중 한 사람이다.

**131** 최동고(崔東皐) : 최립(崔岦, 1539~1612)을 말한다. 본관은 개성(開城), 자는 입지(立之), 호는 동고(東皐)이다. 이이(李珥)의 문인으로 국내외에 문장으로 이름을 떨쳤다. 시(詩)에 탁월하였고, 글씨는 송설체(松雪體)에 일가를 이루었으며, 문장은 의고문체(擬古文體)에 뛰어났다. 차천로(車天輅)의 시, 한호(韓濩)의 글씨와 함께 송도삼절(松都三絶)이라 하였다. 저서에 《간이집(簡易集)》, 《주역본의구결부설(周易本義口訣附說)》, 《한사열전초(漢史列傳抄)》, 《십가근체(十家近體)》가 있다.

**132** 황진(黃陳) : 송(宋)나라 때의 시인인 황정견(黃庭堅, 1045~1105)과 진사도(陳師道, 1053~1102)를 가리킨다. 두보(杜甫)를 배웠던 강서시파(江西詩派)의 선두 주자로서, 우리나라 시인들에게 커다란 영향을 미쳤다.

를 들면 〈명정학론(明正學論)〉, 〈호락변(湖洛辨)〉, 〈도서의의(圖書疑義)〉 등은 전적으로 숙속가(菽粟家)[133]의 말을 사용하여 이치는 넉넉하고 말은 잘 전달되어 마치 대나무를 쪼개고 구슬을 흩는 것과 같았다. 기문과 서문 그리고 행장과 뇌문은 당송(唐宋)의 궤범(軌範)[134]의 말을 사용하여 침울(沈鬱)하고 아건(雅健)한 말이 많았다. 시는 군이 잘하는 것은 아니나 간혹 지었으니, 오언고체시, 칠언 근체시, 오칠언 장구와 오칠언 배율 같은 것은 또한 자못 노련하여 꿋꿋하고 강건한 색채가 있었다. 지은 바 시문책(時文策)은 또한 문단에 독보적인 존재가 되었으나 도리어 일반 사람들과 호응하고 따르며 짓는 것을 좋아하지 않았다. 유독 형 신로(莘老)·동생 반로(磻老)와 함께 항상 책상을 연잇고 솥발처럼 세 명이 앉아 삼분오전(三墳五典)을 탐색하고 토론하며 고금의 역사를 마음껏 담론하였다. 군이 형제들과 날마다 달마다 매진함으로 성취한 결과를 그전의 학문과 비교해 보면 더욱 정미로운 조예의 공부가 있었다. 가령 수명을 연장하여 크게 성취할 수 있

**133** 숙속가(菽粟家) : 평이한 글을 쓰는 성리학자를 말한다. 숙속은 포백숙속(布帛菽粟)의 준말로, 옷감이나 곡식 등 의식주에 절대적으로 필요한 물품을 가리킨다. 《송사(宋史)》 권427 〈정이열전(程頤列傳)〉에, "정이가 마침내는 공맹(孔孟)이 미처 전하지 못한 학문을 터득하여 뭇 유자들의 영수가 되었는데, 그가 말한 뜻을 보면 모두 포백숙속과 같았으므로 덕을 아는 이들이 더욱 그를 존숭하였다.〔卒得孔孟不傳之學, 以爲諸儒倡, 其言之旨, 若布帛菽粟然, 知德者尤尊崇之.〕"라는 말이 나온다.

**134** 당송(唐宋)의 궤범(軌範) : 송(宋)나라 사방득(謝枋得)이 한(漢)나라에서 송(宋)나라까지의 명문장을 뽑아 편찬한 《문장궤범(文章軌範)》과 진력(陳櫟)이 전국시대부터 송나라까지 명문장을 뽑아 편찬한 《고문진보(古文眞寶)》, 그리고 진덕수(眞德秀)가 당나라 이전의 명문장을 모은 《문장정종(文章正宗)》 등을 말한다.

게 하였다면 군의 뜻과 행실이 퇴폐한 풍속을 경계시키고 후생들에게 법식이 되기에 충분하였을 것이고, 군의 문학(文學)은 임금의 계책을 돕고 유탁(儒鐸)[135]을 떨치기에 충분하였을 것이다. 그렇게 되면 빛나게 우리 유교의 의표(儀表)가 되었을 것임을 의심할 것이 없을 듯하다. 애석하다. 기이한 운수에 걸려 마침내 한 사람의 포의로 형편없는 집에서 죽고 말았으니, 곧 임신년(1812, 순조12) 7월 모일이다. 향년이 겨우 54세이니, 하늘이 군을 태어나게 한 것은 무슨 뜻이며 하늘이 군의 목숨을 빼앗아 간 것은 또한 무슨 뜻인지 모르겠다.

군이 죽은 지 삼 년 뒤에 막냇동생 상사(上舍) 반로(磻老)가 군에 대한 유사(遺事)를 가지고 나에게 와서 묘지명을 지어 주기를 부탁하였다. 대개 나는 군이 어릴 때부터 이미 군을 매우 기특하게 여겼다. 군이 이미 생부 심기당 어른의 상을 당하자 내가 나이가 조금 많다는 것[136]으로 여겨 즐겨 나에게 와서 배웠다. 그리하여 무릇 성현의 정미(精微)한 뜻과 고금 치란(治亂)의 유래에

**135** 유탁(儒鐸) : 유가(儒家)의 종사(宗師)로서의 역할을 말한다. 의(儀) 땅의 봉인(封人)이 공자(孔子)를 뵙고 나와서 제자들에게 말하기를 "그대들은 어찌 공자께서 벼슬을 잃음을 걱정할 것이 있겠는가. 천하에 도가 없어진 지 오래되었으니 하늘이 장차 부자(夫子)를 목탁으로 삼으실 것이다.〔二三子, 何患於喪乎? 天下之無道也久矣, 天將以夫子爲木鐸.〕"라고 한 데서 나왔다. 《論語 八佾》

**136** 나이가……것 : 원문 '일일장(一日長)'은 나이가 조금 더 많다는 것으로 선생이 된다는 뜻이다. 《논어》 〈선진(先進)〉에 자로(子路), 증석(曾晳), 염유(冉有), 공서화(公西華)가 공자를 모시고 앉아 있을 때 공자께서 "내가 나이가 여러분들보다 다소 많다 하여 나 때문에 하고 싶은 말 하기를 어려워하지 말라.〔以吾一日長乎爾, 毋吾以也.〕"라고 하였다.

대하여 혹 만나거나 혹은 편지로 의견을 주고받으며 변론하고 따져서 최종 귀결점에 도달하기를 기약한 것이 지금까지 30년이 되었다. 내가 일찍이 군이 명철하고 점잖아 동료 중에서 비길 만한 사람이 드문 점을 사랑하였다. 군은 나를 친부형과 같이 보아서 만년을 서로 기약하는 마음이 대개 지극히 깊었다. 일찍이 뒷날 군이 반드시 나의 묘지명을 지을 것이라고 생각하였더니, 지금 이에 내가 군의 묘지명을 짓게 되었으니, 이것이 어찌 이치이겠는가.

군의 부인 순천 박씨(順川朴氏)는 취금헌(翠琴軒) 선생 박팽년(朴彭年)의 후손이며 통덕랑(通德郎)을 지낸 박광호(朴光昊)의 따님이다. 남편의 배필이 되어 도리를 어김이 없었다. 군은 외아들 태현(泰鉉)을 두었고, 서자 2명은 어리다. 유고 약간 권이 집에 갈무리되어 있다. 명은 다음과 같다.

| | |
|---|---|
| 백화산은 | 白華之山 |
| 영남에서 빼어났네 | 秀于南服 |
| 맑은 기운이 모여서 | 淑氣攸鍾 |
| 뛰어난 인물을 낳았네 | 篤生偉碩 |
| 축옹과 반간 어른이 | 畜老槃翁 |
| 전후로 서로 이었네 | 後先相望 |
| 그다음 순서를 이음은 | 有繼其序 |
| 심기당이었네 | 曰審幾堂 |
| 심기당은 소호(蘇湖)에서 배워 | 學于湖上 |
| 후배들에게 가르침을 드리웠네 | 以垂後昆 |
| 군은 가정의 가르침을 계승하여 | 君承庭訓 |

| | |
|---|---|
| 집안에서의 교육을 돈독히 하였네 | 詩禮是敦 |
| 여윈 학의 자태이고 | 癯鶴之姿 |
| 아름다운 난초의 향기이네 | 猗蘭之馥 |
| 어릴 때부터 원대한 데 뜻을 두어 | 自幼志遠 |
| 긴 길을 수레로 달렸네 | 長路騁轂 |
| 문장은 한당을 본받고 | 文法漢唐 |
| 학문은 낙민을 사모하였네 | 學慕洛閩 |
| 고인의 심오한 경지에 | 古人奧域 |
| 뜻을 가다듬어 생각이 이르렀네 | 銳意思臻 |
| 애석함은 장수하지 못하여 | 惜不遐壽 |
| 끝내 대성할 수 없었던 점이네 | 竟未大成 |
| 운수가 우리 유교에 관련되고 | 運關吾黨 |
| 슬픔이 늙은 나에게 간절하네 | 悲切老生 |
| 이에 남긴 자취를 기록하여 | 爰紀遺蹟 |
| 이 묘소를 빛나게 하네 | 賁此幽宮 |
| 남긴 향기 없어지지 않아 | 不沫餘芬 |
| 무궁토록 흐르기를 바라네 | 庶流無窮 |

입재집

제42권

묘표
墓表

# 묘표 墓表

## 한성 우윤 대봉 양공 묘지명 병서
漢城右尹大峯楊公墓誌銘 並序

대봉(大峯) 양공(楊公)의 휘는 희지(熙止)이고 자는 가행(可行)이다. 벼슬한 초기에 성종께서 명령하여 이름은 희지(稀枝), 자는 정보(楨父)로 바꾸도록 하였으나 뒤에 명을 바꾸어 처음대로 사용하게 하였으니, 대개 오랫동안 사용해 왔기 때문이었다. 양씨는 본래 관서 부자(關西夫子) 양진(楊震)[1]의 후손이다. 고려 시대 충선왕(忠宣王) 때 정승(政丞) 양기(楊起)가 사신의 업무를 받들고 우리나라에 오니, 충선왕이 청주군(淸州君)에 봉하였다.[2] 그분의

**1** 관서 부자(關西夫子) 양진(楊震) : 50~124. 자가 백기(伯起)로 후한(後漢) 때 홍농(弘農) 화음(華陰) 사람이다. 경전에 밝아 당시의 선비들이 '관서공자양백기(關西孔子楊伯起)'라고 칭하였다. 《後漢書 卷54 楊震列傳》

**2** 양기(楊起)가……봉하였다 : 양기는 청주 양씨의 시조로 자는 가윤(可尹)이고, 호는 암곡(巖谷)이며, 시호는 충헌(忠憲)이다. 원나라 사람으로 금자광록대부(金紫光祿大夫) 중서성 정승(中書省政丞)의 자리에 있을 때, 고려 공민왕의 비인 노국대장공주(魯國大長公主)를 따라서 우리나라에 들어와 정착하였다. 이후 다시 원나라에 들어가 많은 외교적 공헌을 하여 삼한창국공신(三韓昌國功臣)으로 상당백(上黨伯)에 봉해졌다. 청주(淸州)를 관적으로 하사받았으므로 후손들이 본관을 청주로 삼았다.

아들 양포(楊浦)는 정승(政丞)과 용호상장군(龍虎上將軍)을 지냈으며 당악군(唐嶽君)에 봉해졌는데, 당악은 곧 중화(中和)이니 자손들이 인하여 중화를 본관으로 삼았다. 증조부는 원격(元格)으로 내시윤(內侍尹)을 지냈으며 좌승지(左承旨)에 증직되었고, 조부는 미(渼)로 형조 판서를 지냈다. 아버지는 맹순(孟淳)으로 군수를 지냈고 이조 참판에 증직되었다. 어머니는 나주 정씨(羅州鄭氏)이니 직장(直長)을 지낸 정시교(鄭是僑)의 따님으로 정부인(貞夫人)에 증직되었는데, 증조부부터 어머니까지 증직을 받은 것은 공이 귀해졌기 때문이다. 정통(正統) 기미년(1439, 세종21) 4월 갑진일에 공이 태어났다.

공은 어려서 총명하고 뛰어났다. 겨우 글자를 배울 때 한 번 들으면 문득 기억하였다. 6세에 아이들과 놀 때, 아이 한 명이 홀로 서 있는 나무에 올라갔는데, 갑자기 옆의 가지가 부러져서 내려올 데가 없었다. 아이들이 모두 놀라서 흩어졌으나, 공은 홀로 가지 않고 허리띠를 풀어 부러진 가지를 묶어 사다리를 만들어 그 아이가 그것을 타고 내려오게 하였다. 이 소식을 들은 사람들이 사마온공(司馬溫公)이 독을 돌로 깨트린 일[3]에 비유하였다. 8, 9세에 글을 지을 줄 알았다. 〈등유설(燈油說)〉을 지어서 말하기를 "등(燈)은 비유하자면 임금이고 유(油)는 비유하자면 신하이

3 사마온공(司馬溫公)이……일 : 사마온공은 송(宋)나라의 유명한 정치가 사마광(司馬光, 1019~1086)이다. 그가 어렸을 때 아이들과 같이 놀다가 물이 가득한 큰 물독에 한 아이가 빠지는 것을 보았다. 다른 아이들은 모두 도망치는데, 사마광은 큰 돌을 가져다가 그 독을 깨어서 물이 쏟아지게 하니 그 아이가 살았다 한다.

다. 등은 유로 밝아지게 되고 임금은 신하로 정치를 이루니, 그 이치는 동일하다."라고 하였다. 매일 이른 아침에 반드시 북쪽을 향해 절하기에 어머니 정부인(貞夫人)이 그 까닭을 물으니, 대답하여 "임금이 계시는 곳입니다."라고 말하였다. 찬성(贊成) 이지장(李智長)[4]이 보고서 크게 놀라서 "뒷날에 마땅히 현명한 재상이 되겠다."라고 말하고는 많은 물건을 선물로 주었는데, 공은 다만 붓 하나와 벼루 하나만을 취하고 나머지는 모두 사양하니, 이공이 더욱 기특하게 여겼다.

을해년(1455, 세조1)에 향시(鄕試) 이장(二場)에 장원 급제하였다. 인하여 아버지 군수공의 상을 당하였다. 삼년상을 마치고 한 해도 빠뜨림이 없이 연이어 과거에 급제하였다. 임오년(1462, 세조8)에 생원과 진사에 모두 합격하였다. 갑신년(1464, 세조10)에 성균관에 유학하니, 명현(名賢)들이 모두 몸을 낮추어 교유하기를 원하였다. 당시 재상이 귀한 존재를 과시하며 공에게 만나기를 요구하니 공이 병을 핑계 대고 끝내 가지 않았다. 을유년(1465, 세조11)에 태학생들과 함께 원각사(圓覺寺)[5]를 개창(改創)

4 이지장(李智長) : 본관은 전의(全義)로 1434년(세종16)에 문과에 급제하였다. 이사관(李士寬)의 아들인데, 그의 형제 이의장(李義長), 이예장(李禮長), 이성장(李誠長), 이효장(李孝長), 이서장(李恕長)은 모두 문과에 급제하였다.

5 원각사(圓覺寺) : 서울특별시 종로구 종로2가 파고다공원 자리에 있었던 사찰이다. 흥복사(興福寺)라는 이름으로 고려 시대부터 있었던 고찰(古刹)이었는데, 조선 태조 때 조계종(曹溪宗)의 본사가 되었다가 후에 폐지되었다. 1464년(세조10)에 중건하고 원각사라 하였으며, 이때 대종(大鐘)도 함께 만들었다. 1465년(세조11)에 원각사를 세운 내력을 기록한 기념비를 세웠다. 그 뒤 폐사되었는데, 터는 현재 파고다공원으로 되어 있으며, 국보 제2호인 원각사지 십층석탑과 보물 제3호인 원각사비가 남아 있다.

하는 것에 대한 잘못을 상소하였다. 기축년(1469, 예종1)에 또다시 성균관에 들어갔다. 어떤 무당이 왕비의 명령이라 일컫고 문묘(文廟) 밖에서 기도하였으나 생도들이 감히 말을 하지 못했다. 공이 안팽명(安彭命)[6]과 나란히 목소리를 내어 분격하며 내쫓으니, 대비(大妃)가 성을 내었다. 임금이 그 소식을 듣고 놀라 벌떡 일어나면서 "선비의 기상이 이와 같으니, 나의 병이 갑자기 나으려고 한다."라고 말하였다.

임진년(1472, 성종3)에 현량책(賢良策)에 장원하였으나, 답안지에 격식에 어긋나는 것이 있어 불합격으로 처리되니 재상들이 그의 기량을 애석하게 여겼다. 갑오년(1474, 성종5) 봄에 문과 병과에 합격하였다. 임금이 이미 그의 이름을 알고 있었기에 훌륭한 인재를 얻은 것을 기뻐하며 즉시 인견(引見)하였다. 임금이 시를 지어 공에게 이름과 자를 하사한 것을 기록하게 하였다가 곧바로 그만두게 하였으니, 곧 이때의 일이다. 특별히 예문관 검열(藝文館檢閱)에 임명되었는데, 보촉(寶燭 임금의 촛불)을 뽑아 주고서 그것을 들고 집으로 돌아가게 하였다.

을미년(1475, 성종6)에 승문원 정자(承文院正字)에 임명되었다. 병신년(1476, 성종7) 6월에 문신(文臣) 중 유아(儒雅)한 사람을 뽑아 특별히 장의사(藏義寺)[7]에 가서 사가독서(賜暇讀書)하도록 명하

**6** 안팽명(安彭命) : 1447～1492. 본관은 광주(廣州), 자는 덕보(德甫)이다. 1468년(세조14) 사마시에 합격하고, 1472년(성종3) 문과에 급제하였다. 벼슬이 대사간에 이르렀고, 청백리(淸白吏)에 녹선되었다. 성품이 강직하고 청렴하였다.

**7** 장의사(藏義寺) : 서울특별시 종로구(鍾路區) 신영동(新營洞)에 있었다. 신라 무열왕(武烈王) 6년(659)에 황산벌에서 백제와 싸우다 전사한 장춘랑(長春郎)과 파

였다. 이에 공과 채수(蔡壽),[8] 허침(許琛),[9] 권건(權健),[10] 조위(曺偉),[11] 유호인(兪好仁)[12]이 실제로 그 선발에 뽑혔다. 6명의 문학(文學)과 행검(行檢)은 막상막하였는데, 풍도와 기량(器量)은 공이 더욱 뛰어났다. 정유년(1477, 성종8) 저작(著作)에 승진되고

벌구(罷伐九)의 명복을 빌기 위하여 창건한 절인데, 조선 연산군 12년(1506)에 훼철하여 유연(遊宴)하는 장소로 삼았다. '藏'은 '莊'으로도 쓴다.

**8** 채수(蔡壽) : 1449~1515. 본관은 인천(仁川), 자는 기지(耆之), 호는 나재(懶齋)이다. 1468년(세조14) 생원시에 합격하고, 1469년(예종1) 문과에 장원하여 사헌부 감찰이 되었다. 1506년 중종반정이 일어나자 본의 아니게 여기에 가담, 분의정국공신(奮義靖國功臣) 4등에 녹훈되고 인천군(仁川君)에 봉군되었다. 곧바로 벼슬을 버리고 경상도 함창(咸昌)에 쾌재정(快哉亭)을 짓고 은거하며 독서와 풍류로 여생을 보냈다. 임호서원(臨湖書院)에 제향되었다. 저서로 《나재집》이 있다. 좌찬성에 추증되었고, 시호는 양정(襄靖)이다.

**9** 허침(許琛) : 1444~1505. 본관은 양천(陽川), 자는 헌지(獻之), 호는 이헌(頤軒)이다. 1462년(세조8) 진사시에 합격하고, 1475년(성종6) 문과에 급제해 감찰이 되었다. 벼슬이 좌의정에 올랐으며 성종조의 청백리(淸白吏)에 녹선되었다. 시호는 문정(文貞)이다.

**10** 권건(權健) : 1458~1501. 본관은 안동(安東), 자는 숙강(叔强) 또는 태보(殆甫)이다. 1472년(성종3) 진사가 되고, 1476년 문과에 급제하였다. 벼슬이 지중추부사에 이르렀다. 저서로 《권충민공집(權忠愍公集)》이 있다. 시호는 충민(忠愍)이다.

**11** 조위(曺偉) : 1454~1503. 본관은 창녕(昌寧), 자는 태허(太虛), 호는 매계(梅溪), 시호는 문장(文莊)이다. 1474년(성종5) 문과에 급제하여 벼슬이 대사성(大司成)과 지춘추관사(知春秋館事)에 이르렀다. 무오사화 때 화를 입었고 갑자사화 때 부관참시당하였다. 저서로 《두시언해(杜詩諺解)》가 있다.

**12** 유호인(兪好仁) : 1445~1494. 본관은 고령(高靈), 자는 극기(克己), 호는 뇌계이다. 1462년(세조8)에 생원이 되고, 1474년(성종5)에 문과에 급제하였다. 1490년 《유호인시고(兪好仁詩藁)》를 편찬하여 왕으로부터 표리(表裏)를 하사받았다. 장수의 창계서원(蒼溪書院)과 함양의 남계서원(藍溪書院)에 제향되었다.

박사(博士)에 전직되었다.

무술년(1478, 성종9) 4월에 홍문관 부수찬(弘文館副修撰)에 임명되어 총명하고 민첩함으로 일컬어졌다. 일찍이 경연의 자리를 모시고 있을 때 임금이 착건(鑿巾)[13]의 뜻에 대하여 물었는데, 좌우의 신하들이 아무도 대답하지 못하였다. 임금이 돌아보며 공에게 말하기를 "자네가 박식하고 많은 것을 기억하고 있다고 알고 있으니, 나를 위하여 말해 주게."라고 하였다. 공이 일어나 사사(辭謝)하며 말하기를 "이것은 《예기(禮記)》 〈잡기(雜記)〉편에 나오는 것인데, 대개 대부(大夫) 이상의 사람이 자기 어버이를 위하여 반함(飯含)할 때 사용하는 물건입니다."라 하고는 인하여 전문(全文)을 외우는데 막힘이 없었다. 또 문묘작헌례(文廟酌獻禮), 반궁양로의(泮宮養老儀), 무후팔진법(武侯八陣法)에 대하여 물었는데, 공이 근거를 끌어와 대답하기를 매우 상세하게 하였다. 임금이 매우 가상하게 여기시고 "옥당(玉堂)의 벼슬은 마땅히 이와 같아야 한다. 이 사람은 문무(文武)의 온전한 재주를 가지고 있으

**13** 착건(鑿巾) : 시신의 얼굴을 덮은 천 가운데에서 입에 해당하는 부분을 잘라 구멍을 뚫는 것을 말하는데, 고대에 대부(大夫) 이상의 상례(喪禮) 때에는 이 구멍을 통해서 반함(飯含)을 하였다. 《예기》 〈잡기 하(雜記下)〉에 "착건하고 반함하는 것을 공양가가 행하였다.〔鑿巾以飯, 公羊賈爲之也.〕"라고 하였는데, 정현(鄭玄)의 주(註)에 "대부 이상은 빈이 반함을 행하였는데, 그때는 착건이 있었다.〔大夫以上, 賓爲飯焉, 則有鑿巾.〕"라고 하였고, 공영달(孔穎達)의 소(疏)에 "대부 이상은 신분이 귀했으므로 빈으로 하여금 직접 반함하게 하였는데, 시신을 빈이 더럽게 여겨서 싫어할까 봐 천으로 시신의 얼굴을 덮고는 입 부분에 구멍을 뚫고 반함을 하여 입에 들이도록 하였다.〔大夫以上貴, 故使賓爲其親含, 恐屍爲賓所憎穢, 故設巾覆屍面而當口鑿穿之, 令含得入口也.〕"라고 하였다.

니, 평상의 조용(調用)하는 예로 대우해서는 안 된다."라고 하고는 《자치통감강목(資治通鑑綱目)》과 구마(廐馬)를 하사하였다.

이때 간신 임사홍(任士洪)[14]이 임금의 총애를 믿고 나라를 병들게 하였는데, 공이 차자(箚子)를 올려 죄를 하나하나 따졌다. 또 말하기를 "신이 상방(尙方)의 말을 베는 칼을 빌려 임사홍의 머리를 베기를 주운(朱雲)의 고사[15]와 같이 하지 못함은 신의 죄입니다."라고 하였다. 8월에 임금이 어필로 친히 이조 좌랑에 임명하였다. 9월에 홍문관 교리에 임명되었는데, 어버이가 연로하다는 것으로 외직 군수가 되기를 빌어 사천 현감(泗川縣監)이 되었다. 그곳에서 행한 정치는 평이하고 간서(簡恕)한 것을 위주로 삼았다. 임금이 네 계절마다 지은 바 시문을 초록하여 올리도록 하고서는 경상도 관찰사에게 명령하여 쌀과 비단을 넉넉하게 주어서 그 부모 봉양에 도움이 되게 하였다.

기해년(1479, 성종10)에 임금이 공에게 표리(表裏) 일습(一襲)

**14** 임사홍(任士洪) : 1449~1506. 본관은 풍천(豐川), 자는 이의(而毅)로 효령대군(孝寧大君)의 아들 보성군(寶城君)의 사위이다. 1466년(세조12) 문과에 급제하였다. 1477년(성종8) 서얼 출신인 유자광(柳子光)과 손을 잡고 악행을 저지르다가 의주로 유배되었다. 그러나 연산군 때 사화를 주도해 사림계 인사들에게 막대한 화를 입혔다. 1506년 중종반정 때 처형되었다.

**15** 상방(尙方)의……고사 : 주운(朱雲)은 한(漢)나라 성제(成帝) 때 사람이다. 그때 재상 장우(張禹)가 간사한 짓을 하여, 주운이 성제에게 상방검(尙方劍)을 빌려주면 아첨하는 신하 장우를 베겠다고 하자 임금이 노하여 죽이려 하였다. 주운이 어전의 난간을 잡아당기며 간하다가 난간이 부러졌는데, 후에 난간을 바꾸려 함에 임금이 부러진 상태 그대로 보수하게 하여 직간하는 신하의 본보기로 삼게 하였다. 《漢書 卷67 朱雲傳》

을 하사하여 정치의 업적을 포상하였다. 신축년(1481, 성종12)에 어떤 일로 체직되었다. 계묘년(1483, 성종14) 10월에 외직으로 나가 현풍 현감(玄風縣監)이 되었는데, 흉년을 만났지만 진휼하여 살게 한 사람이 매우 많았다. 을사년(1485, 성종16) 정월에 청주 판관(淸州判官)으로 옮겨 임명되었으나, 얼마 있지 않아 어머니 정부인의 상을 당하였다. 정미년(1487, 성종18) 6월에 예조 좌랑(禮曹佐郎)에 임명되었고, 무신년(1488, 성종19) 9월에 병조 정랑(兵曹正郎)에 임명되었으며, 기유년(1489, 성종20)에 사헌부 장령(司憲府掌令)에 임명되었고, 경술년(1490, 성종21) 6월에 사간원 정언(司諫院正言)에 임명되었으나, 모두 사양하고 부임하지 않았다. 그해 9월에 지평(持平)에 임명되자 비로소 부임하였다가 조금 뒤에 정언(正言)으로 전직되었다. 신해년(1491, 성종22) 11월에 성균관 사성(成均館司成)에 임명되었다. 야인(野人)[16]이 북쪽 변방을 노략질하자 공은 도원수(都元帥) 허종(許琮)[17]을 따라가서 계책을 도운 것이 많았다. 임자년(1492, 성종23) 6월에 장령에 임명되었고 9월에 시강원 사서(侍講院司書)에 임명되었다.

계축년(1493, 성종24) 정월에 홍문관 응교(弘文館應教)에 임명

**16** 야인(野人) : 옛날 압록강과 두만강 너머 살던 여진족을 말한다.

**17** 허종(許琮) : 1434~1494. 본관은 양천(陽川), 자는 종경(宗卿) 또는 종지(宗之), 호는 상우당(尙友堂)이다. 1456년(세조2)에 생원시를 거쳐, 1457년 문과에 급제하였다. 1491년 여진족 우디거(兀狄哈)가 함길도 방면으로 침입하자, 북정 도원수(北征都元帥)가 되어 이를 격파하고, 이듬해에 우의정에 올랐다. 문집으로 《상우당집》이 있고, 편서에는 《의문정요(醫門精要)》가 있다. 성종조의 청백리로 녹선되었고, 시호는 충정(忠貞)이다.

되었다. 이때 지평(持平) 김언신(金彦辛)[18]이 한 명의 대신(大臣)을 노기(盧杞)[19]와 왕안석(王安石)에 비유하여 논핵하다가 무망죄(誣罔罪)로 친국(親鞫)을 받았지만 큰소리치며 뜻을 굽히지 않자 임금이 매우 성내어 장차 죽이려고 하였다. 공이 차자문을 올려 구원함에 말이 극도로 간절하였는데, 그 말에 "광언(狂言)의 실수 때문에 죽이려고 한다면 한(漢)나라 조정에서 귀신(貴臣)을 배척하고 어전의 난간을 부러뜨린 주운(朱雲)이 어떻게 목숨을 보전할 수 있었겠습니까."라고 하였다. 임금의 마음이 이에 풀려 공에게 넉넉한 비답을 내려서 말하기를 "자네가 아니었다면 내가 거의 간신(諫臣)을 죽일 뻔했다."라고 하였다. 7월에 홍문관 교리 겸 시강원 문학(侍講院文學)에 전직되었다. 내전(內殿)으로부터 원각사(圓覺寺)에서 부처에게 기도를 올리는데, 옥당(玉堂)의 관리에게 향을 받들어 배종(陪從)하게 하였다. 공이 상소하여 극언하여 말하기를 "불교는 명교(名敎) 밖의 이단(異端)이고 신은 예법(禮法) 가운데 있는 사류(士類)입니다. 사류로서 이단을 받드는 것을 신이 차마 할 바가 아닙니다. 또한 왕량(王良)은 일개 마부였지만, 또한 올바르지 않은 사냥꾼과 나란히 나가는 것을 부끄럽게 여겼습니다.[20] 하물며 저는 왕량이 하지 않는 것을 하겠으며 게다

**18** 김언신(金彦辛) : 1436~?. 본관은 강릉(江陵)으로 1466년에 진사에 합격하였다.

**19** 노기(盧杞) : 당(唐)나라 활주(滑州) 사람이다. 본래 음험한 성격을 가졌는데 덕종(德宗)이 그 재능을 인정하여 발탁해 중용(重用)하였다. 그런데 권력을 쥐자 정사(政事)를 어지럽혔으므로 신주 사마(新州司馬)로 좌천되었고, 풍주(澧州)로 옮기는 도중에 죽었다. 《新唐書 卷223 盧杞列傳》

**20** 왕량(王良)은……여겼습니다 : 옛날에 조간자(趙簡子)가 말을 잘 몰기로 소문

가 부처에게 공양물을 바침은 또한 사냥꾼과 나란히 나가는 것에 비교할 것이 아님에 있어서이겠습니까."라고 하였다. 대신(大臣)이 오만하다고 논하자 임금이 "이 사람이 전에 태학(太學)에 있을 때 이미 불교를 물리쳤는데, 지금 또 올곧음이 이와 같으니, 하악(河嶽)의 걸출한 기운을 품부받았고 참으로 옥당(玉堂)의 훌륭한 말을 하는 신하라 말할 수 있다. 내가 실로 가상히 여기니, 무슨 죄가 있겠는가."라고 하셨다. 이튿날에 특별히 의정부 검상(議政府檢詳)에 임명되었고 이윽고 사인(舍人)으로 승진되었으며, 얼마 후 사간원 사간(司諫院司諫)에 임명되었는데, 공이 진언(進言)한 덕택으로 승진한 것을 혐의스럽게 생각하여 모두 힘써 사양하였으나, 윤허를 받지 못하였다.

갑인년(1494, 성종25) 정월에 사헌부 집의(司憲府執義)에 임명되었고, 3월에 시강원 필선(侍講院弼善)에 임명되었다. 6월에 사간원 헌납(司諫院獻納)에 임명되어 차자로 군덕(君德)의 요체를

난 왕량(王良)으로 하여금 자신이 총애하는 신하인 해(奚)와 함께 수레를 타고 사냥하게 하였는데, 종일토록 한 마리도 잡지 못하였다. 그러자 해가 조간자에게 "왕량은 천하에 보잘것없는 말몰이꾼입니다."라고 하였다. 이에 왕량이 다시 말을 몰겠다고 청하여 다시 사냥을 하게 되었는데, 하루아침에 열 마리의 짐승을 잡았다. 그러자 해가 다시 조간자에게 복명하기를 "왕량은 천하에 더없이 훌륭한 말몰이꾼입니다."라고 하였다. 이에 조간자가 왕량으로 하여금 계속해서 해의 수레를 타고 말을 몰게 하니, 왕량이 거절하면서 말하기를, "제가 그를 위하여 말 모는 것을 법도대로 하였더니 종일토록 한 마리의 짐승도 잡지 못하였습니다. 그러다가 부정한 방법으로 말을 몰아 짐승을 만나게 해 주었더니 하루아침에 열 마리의 짐승을 잡았습니다. 저는 소인과 함께 수레 타는 법을 익히지 못하였으니, 사양하겠습니다."라고 하였다. 《孟子 滕文公下》

진술하였다. 7월에 승정원 동부승지(承政院同副承旨)에 임명되었다가 우부승지와 좌부승지로 전직되어 왕명을 잘 받들었다. 12월에 형조 참의(刑曹參議)에 임명되었는데, 성종이 승하하셨다. 인산(因山) 후에 체직을 빌어 고향으로 돌아와 임금을 위하여 소식(素食)하며 3년을 지냈다.

을묘년(1495, 연산군1) 6월에 영암 군수(靈巖郡守)에 임명되었고 8월에 공조 참의(工曹參議)에 임명되었으며 11월에 안변 부사(安邊府使)에 임명되었으나 모두 부임하지 않았다. 12월에 좌부승지(左副承旨)에 임명되자 이에 부임하였으니, 성종이 돌아가신지 두 돌이 되는 것을 곡(哭)하기 위해서였다. 정사년(1497, 연산군3) 2월에 대사간에 임명되었으나, 체직을 청하였다. 인하여 조종을 본받을 것〔法祖宗〕, 간쟁을 받아들일 것〔納諫爭〕, 형옥을 긍휼히 여길 것〔恤刑獄〕, 사정을 분별할 것〔辨邪正〕, 궁중을 엄중히 할 것〔嚴宮禁〕, 성악을 줄일 것〔減聲樂〕의 6조항을 진술하였다. 4월에 충청도 감사(監司)에 임명되어 출척(黜陟)을 공정히 하고 송사를 공평히 처리하여 아전들이 두려워하고 백성들이 편안하였다.

무오년(1498, 연산군4) 4월에 도승지(都承旨)에 임명되자 소환의 명령을 받들어 조정으로 돌아왔다. 6월에 군함(軍銜)에 체부(遞付)되었다. 7월에 사화(史禍)가 일어나 당시의 명현들이 귀양가거나 죽는 사람이 대부분이었다. 공은 조정에서 벼슬하는 것을 즐거워하지 않아 9월에 분황(焚黃)[21]의 일로 휴가를 받아 집으로

**21** 분황(焚黃) : 조선 시대 예식의 하나로, 관직이 추증(追贈)된 경우 조정에서 추증의 사령장(辭令狀)과 누런 종이에 쓴 사령장의 부본(副本)을 수여하면 그 자손은

돌아왔다. 인하여 문을 닫고 손님을 사양하고서 오직 서책과 농사 그리고 낚시로 스스로 즐겼다. 기미년(1499, 연산군5) 2월에 대사헌에 임명되었고 4월에 부제학(副提學)에 임명되었으며 11월에 형조 참판에 임명되었으나, 모두 부임하지 않았다.

경신년(1500, 연산군6) 2월에 호조 참판으로 임명되어 조정에 달려갔는데, 가는 도중에 대사간으로 전직되었다. 5월에 비가 오지 않음에도 우레와 번개가 치는 재앙이 있는 것으로 인하여 공이 홀로 계사(啓辭)를 초안하여 무오당인(戊午黨人)으로 서북도(西北道)에 안치(安置)된 사람들을 양이(量移)[22]하여 재앙을 그치게 하는 방법으로 삼을 것을 청하였다. 이것을 자제와 친지들이 좌우에서 번갈아 저지하였지만, 공은 의연한 자세로 요동하지 않고 말하기를 "이런 것으로 죄를 짓는 것은 또한 영광스러운 일이다." 하고는 드디어 계장을 소매에 넣어가 올려 윤허를 받았다. 이에 한훤당(寒暄堂)[23] 김 선생(金先生)은 희천(熙川)에서 순천(順天)으로 이배되었고, 박한주(朴漢柱)[24]는 벽동(碧潼)에서 낙안

추증된 사람의 분묘(墳墓)에 이를 보고하고 누런 종이의 부본을 그 자리에서 불태우는 예식이다.

**22** 양이(量移) : 섬이나 변방으로 멀리 유배되었던 사람의 죄를 참량(參量)하여 내지로 배소(配所)를 옮기는 것이다.

**23** 한훤당(寒暄堂) : 김굉필(金宏弼, 1454~1504)의 호이다. 본관은 서흥(瑞興), 자는 대유(大猷), 시호는 문경(文敬)이다. 김종직(金宗直)의 문인이며, 평생 《소학》에 심취하여 스스로 '소학동자'라 일컬었다. 무오사화 때 희천에 유배되었다가 뒤에 순천으로 이배되었으나 갑자사화 때 극형에 처해졌다.

**24** 박한주(朴漢柱) : 1459~1504. 본관은 밀양(密陽), 자는 천지(天支), 호는 우졸재(迂拙齋)로 김종직(金宗直)의 문인이다. 1483년(성종14) 생원시·진사시에 합격

(樂安)으로 이배되었으며, 이수공(李守恭)[25]은 창성(昌城)에서 광양(光陽)으로 이배되었고, 조위(曺偉)는 의주(義州)에서 또한 순천(順天)으로 이배되었으며, 그 외에 이배된 사람이 많았다. 9월에 노사신(盧思愼),[26] 유자광(柳子光)[27] 등이 공을 두고 같은 무리와 편당을 짓고 역도들을 보호하였다고 지목하여 극죄(極罪 사형)를 주려고 하였다. 신수근(愼守勤)[28]이 과거에 자기가 먼 곳에 유배 가는 것을 면하도록 구원해 주었던 공에게 고마움을 느끼어

하고 1485년 문과에 급제하였다. 무오사화 때 벽동(碧潼)으로 유배되었다가 뒤에 낙안으로 이배되었으나, 1504년 갑자사화에 연루되어 처형당하였다. 저서로는 《우졸재집》이 있다.

**25** 이수공(李守恭) : 1464~1504. 본관은 광주(廣州), 자는 중평(仲平)으로 김종직(金宗直)의 문인이다. 1486년(성종17) 진사에 오르고, 1488년 문과에 장원으로 급제하였다. 무오사화 때 종성(鐘城)에 유배되었으며 뒤에 광양으로 이배되었다가 갑자사화 때 참살당하였다.

**26** 노사신(盧思愼) : 1427~1498. 본관은 교하(交河), 자는 자반(子胖), 호는 보진재(葆眞齋) 또는 천은당(天隱堂), 시호는 문광(文匡)이다. 1451년(문종1) 생원시에, 1453년(단종1) 문과에 급제하였다. 벼슬이 영의정에 올랐으며 1498년 무오사화 때는 윤필상(尹弼商)과 유자광(柳子光) 등이 주동이 되어 김일손(金馹孫) 등 사림파를 제거하는 논의에 반대하다가 옥사가 진행되던 중 9월에 병으로 죽었다.

**27** 유자광(柳子光) : 1439~1512. 본관은 영광(靈光), 자는 우후(于後)이다. 1498년 김종직(金宗直)의 〈조의제문(弔義帝文)〉이 세조의 왕위 찬탈을 비판하고 있음을 내세워 무오사화(戊午士禍)를 주도하였다. 그 공으로 숭록무령군(崇祿武靈君)으로 봉해졌다. 그러나 1507년 사림들의 탄핵을 받아 평해에 유배되어 그곳에서 죽었다.

**28** 신수근(愼守勤) : 1450~1506. 본관은 거창(居昌), 자는 근중(勤仲) 또는 경지(敬之), 호는 소한당(所閑堂)으로 연산군의 처남이며 중종의 장인이다. 벼슬이 좌의정에 올랐으나, 중종반정에 반대하다가 피살되었다. 뒤에 영의정에 추증되고, 익창부원군(益昌府院君)에 추봉(追封)되었다. 시호는 신도(信度)이다.

임금에게 말하기를 "양모(楊某) 어른은 다른 마음이 없으니, 벼슬을 삭탈하게 하십시오."라고 하였다. 공이 드디어 추방된 것으로 자처하며 장기촌(長鬐村)의 별장에 가서 머물면서 문밖으로 나오지 않은 것이 여러 해가 되었다.

계해년(1503, 연산군9) 3월에 흰 무지개가 해를 관통하는 괴이한 사건으로 인하여 복직시키도록 특명하였다. 6월에 형조 참판에 임명되었으나, 상소장을 올려 체직되었다. 9월에 황해도 감사(監司)에 임명되었으나 사양하고 부임하지 않았다. 10월에 대사헌에 임명되었다. 갑자년(1504, 연산군10) 정월에 한성 우윤(漢城右尹)에 임명되었다. 이때 공은 서울에 있었는데, 2월에 가벼운 병증(病症)이 있다가 드디어 경성의 연방(蓮坊)의 집에서 돌아가셨다. 병이 위독하자 탄식하여 말하기를 "내가 끝내 객지에서 죽어 귀신이 되는 것을 면하지 못하는구나."라고 하고는 붓을 찾아 근체시 한 수를 지어 회포를 말하였다. 또 목구멍 안에서 맴도는 말로 종성(鍾城)에 대하여 연달아 물은 것이 두 번이었으니, 종성은 곧 일두재(一蠹齋) 정 선생(鄭先生)[29]의 유배지인데, 경신년에 양이(量移)할 때 그 명단 중에 들어가지 않았기 때문이었다. 공의 동지와 여러 공들이 초상을 치러 울산(蔚山)의 치소 함월산(含月山) 묘좌(卯坐) 언덕에 반장(返葬)하였다.

**29** 일두재(一蠹齋) 정 선생(鄭先生) : 정여창(鄭汝昌, 1450~1504)을 말한다. 본관은 하동(河東), 자는 백욱(伯勗)이고, 시호는 문헌(文獻)으로 김종직(金宗直)의 문인이다. 무오사화 때 종성으로 유배되었다가 죽었는데 갑자사화 때 부관참시당하였다. 저서로는 《일두집(一蠹集)》이 있다.

부인은 동부 녹사(東部錄事)를 지냈으며 본관이 학성(鶴城)인 이종근(李宗根)의 따님으로 공보다 4년 앞서 죽었다. 4남 2녀를 두었으니, 장남 문선(聞善)은 현감을 지냈고, 둘째 배선(拜善)은 참봉을 지냈으며, 셋째 계선(繼善)과 넷째 숙선(淑善)은 모두 요절하였다. 장녀는 습독관(習讀官) 조복겸(曺福謙)에게 시집갔고, 둘째는 충의위(忠義衛) 권효정(權孝貞)에게 시집갔다. 현감 문선은 아들이 없고 딸은 우석산(禹石山)에게 시집갔다. 참봉 배선의 외아들은 한신(漢臣)이고 세 딸은 이복신(李復新), 이원충(李元忠), 조충개(曺忠凱)에게 각각 시집갔다. 나머지는 기록하지 않는다.

중종 정묘년(1507, 중종2)에 무오사화를 입은 원통한 이들을 추급하여 씻어 주었다. 임금께서 사초를 올리라고 하여 열람하시다가 공의 경신년 계사(啓辭)를 보시고서는 임금의 그릇됨을 바로잡고 현자를 구한 공로를 가상히 여겨 특별히 관리를 보내 치제(致祭)하게 하였다.

공은 타고난 자품이 곧고도 온화하며 관대하고도 엄격하였다. 포의로부터 재상의 반열에 오르기까지 명함을 소매에 꽂고서 권요(權要)들을 찾아간 적이 없었다. 일을 처리하는 데는 우뚝하고 엄중하여 정도를 잡고서 흔들리지 않았다. 공이 안위(安危)의 즈음에 수립한 공로가 대체로 모두 우뚝이 뛰어나 기록할 만한 것이었다. 불교를 물리치고 무당을 배척하였으며 임사홍(任士洪)을 논박하고 김언신(金彦辛)을 구제한 일 같은 것들은 진실로 걸출함이 평범치 않았지만 오히려 성명(聖明)한 임금이 계시는 조정에서 한 일이었다. 무오사화 같은 경우에는 범할 수 없는 형세가 정히 큰 강물이 육지를 내달리고 맹렬한 불길이 들판을 태우는 것과 같아 저 명현(名賢) 정사(正士)들이 물에 표류하고 불에 타서 살갗이 문드러지는 것을 두고 사람들이 모두 뼈에 사무치도록 마음을 아파했지만 감히 구제할 수가 없었다. 그러나 공은 홀로 재이(災異)를 계기로 삼아 죽음을 무릅쓰고 계장을 올려 무도(無道)한 교동주(喬桐主 연산군)를 한마디 말하는 사이에 감동시키고 마음을 돌려서 즉시 양이(量移)해 주는 것을 마치 둥근 것을 굴리듯 쉽게 받아들이게 하였다.[30] 이것은 대개 공이 충량(忠亮)하고 공정(公正)하여 본래부터 이미 평일에 믿음을 받고 있었으며 또 원래부터 임금이 공경히 예절로 대한 까닭이다.

공은 풍도가 상쾌하고 명랑하며 눈썹과 수염이 그림과 같았다. 행동거지가 한아(閒雅)하며 목소리가 맑았다. 조정에 출입함에 좌우에 사람들이 눈여겨보지 않음이 없었다. 국량은 넓고 컸으나 항상 능함이 없는 것 같이 보였다. 말씀과 논의는 청준(淸峻)하였으나 또한 경솔하게 발하지는 않았다. 재주와 덕망을 겸비하여 명망과 실제가 모두 높았다. 조정에 벼슬한 지 30년 동안 나라에 도가 있든 없든 간에 마음을 다잡기를 하루와 같이 하였다. 공이 어려서 김동봉(金東峯)[31]이 세조 때를 당하여 충분(忠憤)을 이기지

**30** 둥근……하였다 : 원문은 '전환지이(轉圜之易)'이다. 한 고조(漢高祖)가 신하들의 간언을 둥근 것을 굴리듯 쉽게 받아들였다고 한 데서 유래하였다. 《전한서(前漢書)》 권67 〈매복열전(梅福列傳)〉에 "한 고조는 선한 말을 받아들일 때는 놓치기라도 할 듯하였고 간언을 받아들일 때는 둥근 것을 굴리듯이 하였다.〔高祖納善若不及, 從諫若轉圜.〕"라는 내용이 보이는데, 안사고(顔師古)의 주에 "전환(轉圜)은 쉽게 따른다는 뜻이다.〔轉圜, 言其順易也.〕"라고 하였다.

**31** 김동봉(金東峯) : 김시습(金時習, 1435~1493)을 말한다. 본관은 강릉(江陵),

못하여 발광(發狂)하여 스님이 되는 지경에 이르는 것을 보고 말하기를 "명교(名敎 유교) 안에도 절로 즐거운 곳이 있거늘 어찌 이와 같이 하는가."라고 한 것을 보면, 본래 지키고 있던 마음이 발라서 시중(時中)의 도에 합치되는 것을 이미 알 수 있다. 그러나 또한 득력한 성현의 책, 예를 들면 《소학(小學)》·《논어(論語)》와 같은 것을 심한 병환이 아니면 매일 읽으며 그만두지 않았다.

또 한훤당(寒暄堂)과 일두(一蠹) 등의 현자들과 도의(道義)의 교제를 맺어 학문을 강마하여 도움이 되게 한 것은 그 근본〔도덕 수양〕을 위하는 까닭이었다. 이 때문에 선배들의 월조평(月朝評)[32]에서 정 선생(鄭先生) 같은 경우는 곧바로 '흰 칼날도 밟을 수 있고 작록도 사양할 수가 있다.'라는 것으로 허여하였다. 그 외 남효온(南孝溫),[33] 권경유(權景裕),[34] 표연말(表沿沫),[35] 조지서

자는 열경(悅卿), 호는 매월당(梅月堂)·청한자(淸寒子)·동봉(東峰)·벽산청은(碧山淸隱)·췌세옹(贅世翁), 법호는 설잠(雪岑)으로 생육신의 한 사람이다. 1455년(세조1) 수양대군(首陽大君, 세조)의 왕위찬탈 소식을 듣고, 3일간 통곡을 하고 보던 책들을 모두 모아 불사른 뒤 스스로 머리를 깎고 승려가 되어 산사를 떠나 전국 각지를 유랑하였다.

**32** 월조평(月朝評) : 인물평을 말한다. 후한의 평여(平輿) 사람 허소(許劭)가 그 종형 허정(許靖)과 함께 고을의 인물을 핵론(覈論)하기를 좋아하여 매월 그 인물을 바꾸어 평가했던 까닭으로 여남(汝南)의 풍속에 '월조평'이 있게 되었다고 한다.

**33** 남효온(南孝溫) : 1454~1492. 본관은 의령(宜寧), 자는 백공(伯恭), 호는 추강(秋江)이다. 김종직(金宗直)의 문인이며, 김굉필(金宏弼)·정여창(鄭汝昌) 등과 함께 수학하였다. 생육신(生六臣)의 한 사람이다. 갑자사화 때 부관참시당하였다. 저서로 《추강집(秋江集)》, 《추강냉화(秋江冷話)》, 《사우명행록(師友名行錄)》 등이 있다. 시호는 문정(文貞)이다.

**34** 권경유(權景裕) : ?~1498. 본관은 안동(安東), 자는 군요(君饒) 또는 자범(子

(趙之瑞)[36] 공(公)들 중에서 혹자는 우뚝하여 대체(大體)를 견지하였다고 칭찬하였고, 혹자는 의리를 결단하는 곳에 의연(毅然)하여 범할 수가 없다고 칭찬하였고, 혹자는 충량(忠亮)한 마음을 온축하고 경륜(經綸)을 간직하고 있으며 이익에 달려감을 두려워하고 정도를 세우는 데 용맹하였다고 칭찬하였다. 이러한 평은 모두 백대에 전할 만한[37] 것들이다. 그러나 총괄해 보면 성종께서 말씀하신 '하악의 걸출한 기운〔河嶽間氣〕' 네 글자의 칭찬을 능가하지는 못한다. 대저 하악의 걸출한 기운으로 빼어나게 태어남이 이와 같다면 이것으로 세상에 처신함에 무슨 일이든 무슨 학업이든 우

汎), 호는 치헌(癡軒)이다. 김종직(金宗直)의 문인으로 1485년(성종16) 문과에 급제하였다. 무오사화 때 사형되었다. 중종반정(中宗反正) 후 도승지에 추증되었으며, 1798년(정조22) 부제학에 증직되었다.

**35** 표연말(表沿沫) : 1449~1498. 본관은 신창(新昌), 자는 소유(少游), 호는 남계(藍溪) 또는 평석(平石)으로 김종직(金宗直)의 문인이다. 1469년(예종1) 사마 양시에 합격했고, 1472년(성종3) 문과에 급제하였다. 무오사화 때 경원으로 유배 가던 중 객사하였고, 갑자사화 때 부관참시(剖棺斬屍)당하였다.

**36** 조지서(趙之瑞) : 1454~1504. 본관은 임천(林川), 자는 백부(百符), 호는 지족정(知足亭) 또는 충헌(忠軒)이다. 1474년(성종5) 생원시에 장원 합격하고, 같은 해 문과에 급제하였다. 갑자사화 때 참살되었다. 1506년(중종1) 관작이 회복되고 통정대부 승정원 도승지에 추증되면서 신원(伸寃)되었다. 경남 진주의 신당서원(新塘書院)에 제향되었다.

**37** 전할 만한 : 원문 '전신(傳信)'은 확실한 내용을 확실하게 기록해서 후세에 전하는 것을 말한다. 《춘추》 환공(桓公) 5년에 "봄 정월 갑술 기축에 진후 포가 죽었다.〔春正月甲戌己丑, 陳侯鮑卒.〕"라고 하였는데, 《곡량전(穀梁傳)》에 "어찌하여 죽은 날짜를 두 개나 기록하였는가. 《춘추》의 원칙을 보면, 사건이 확실한 것은 확실하게 기록하고 의심되는 것은 의심되는 대로 기록해 두기 때문이다.〔卒何爲以二日卒之? 春秋之義, 信以傳信, 疑以傳疑.〕"라는 말이 나오는데, 여기에서 유래한 것이다.

뚝 뛰어나 빛나지 않겠는가. 지금 한훤당 선생과 일두 선생에게 준 편지와 임종할 때 연달아 종성의 소식에 대하여 물은 말을 보면, 곧은 도리를 잡아 흔들리지 않아 평소에 그분들을 잊지 않은 마음이 대개 단심과 같이 빛났다. 천년의 아래에서도 오히려 사람으로 하여금 감개하고 격동하여 그만둘 수 없게 만드니, 아 성대하구나. 지난 선조(先朝 정조) 병오년(1786, 정조10)에 고을의 사림들이 공을 위하여 달성(達城)의 오천(梧川)에 사묘(祀廟 사당)를 세워 융숭히 보답하였다.[38] 게다가 공의 자손들이 공의 묘지명을 받기 위하여 나에게 한마디 글을 지어 주기를 부탁하였다. 내가 사양하였으나 되지 않아 드디어 위와 같이 서술하고 다음과 같이 명으로 잇는다.

| | |
|---|---|
| 참되도다 대봉〔큰 봉우리〕이여 | 允矣大峯 |
| 우뚝하기가 태산 같네 | 崒若泰山 |
| 이름이 오악에 나열되고 | 名列五嶽 |
| 빼어남은 삼한에 드러났네 | 秀著三韓 |
| 저 총령[39]을 건너서 | 隔彼蔥嶺 |

**38** 고을의……보답하였다 : 1786년 대구광역시 수성구 파동 433번지에 이 지역의 사림들이 양희지(楊熙止)를 향사하는 오천서원(梧川書院)을 건립하였다. 원래는 지금 위치에서 북쪽으로 2km 떨어진 지점인 파령골에 있었다. 1868년(고종5) 서원철폐령에 의해 훼철되었고, 1905년 현재의 위치로 이건하면서 당호를 무릉재(武陵齋)라고 하였다. 1971년 유림총회의 의결로 사당을 신축하여 오천사(梧川祠)라 하고 당호도 오천서원으로 바꾸었다.

**39** 총령(蔥嶺) : 천산(天山)과 곤륜(崑崙) 등 산맥이 일어나는 돈황(敦煌) 서쪽 8

우리 노나라[40]를 진무하였네 鎭我魯邦
하물며 저 완구[41] 따위야 矧伊宛丘
감히 바람을 일으킬 수 있으랴 其風敢揚
맑은 기운 위에 떠 있어 淑氣上浮
해와 달에 빛을 더하네 日月增華
높은 기세 두루 능가하여 峻勢傍凌
귀신 도깨비의 간사함을 물리쳤네 鬼魅辟邪
때에 응하여 구름이 일어나 應時興雲
임금의 은택이 아래로 젖어들었네 天澤下潤
경초[42]는 손상됨이 없이 勁草無傷
험악한 곳에서 화를 면하였네 惡地有免
달리는 천둥도 이보다 더할 수 없으니 奔霆莫加
천하 사람들이 모두 우러렀네 環海皆仰
여기에 묘소가 있으니 有宮其幽

천 리 지점의 파미르 고원이다.

**40** 노나라 : 태산이 노나라에 있음을 말함이나 여기서는 양씨의 원조가 중국에서 건너와 우리나라를 다스린 것을 비유한 것이다.

**41** 완구(宛丘) : 진(陳)나라 도읍지의 이름으로, 낮은 언덕이다. 법도가 없어서 방탕하고 혼란한 풍속을 말하니 연산군의 폭정을 비유한 것이다. 《시경》 진풍(陳風) 〈완구(宛丘)〉에, "그대의 방탕함이여, 완구의 위에서 하는도다.〔子之湯兮, 宛丘之上兮.〕" 하였다.

**42** 경초(勁草) : 굳센 풀이라는 뜻으로, 어려움 속에서도 절의가 변치 않는 사람을 비유하는 말로 쓰인다. 당(唐)나라 태종(太宗)이 소우(蕭瑀)를 칭찬하면서 하사한 시에 "질풍 속에서 굳게 버티는 초목을 알 수 있고, 난리 속에서 충성스러운 신하를 알 수 있다.〔疾風知勁草, 板蕩識誠臣.〕"라는 표현이 나온다. 《舊唐書 卷63 蕭瑀列傳》

| | |
|---|---|
| 공의 혼이 이에 내려오네 | 公魄斯降 |
| 뛰어난 기운 흩어지지 않고 | 間氣不散 |
| 종고토록 하늘에 뻗으리니 | 終古亘旻 |
| 모든 군자들은 | 凡百君子 |
| 이 비석을 보라 | 視此刻珉 |

# 내자시 첨정 홍공 묘지명 병서
## 內資僉正洪公墓誌銘 並序

남양(南陽) 홍씨(洪氏)는 우리나라에 온 당(唐)나라 팔학사(八學士)의 성씨 중 하나로 그 사실이 역사책에 실려 있다.[43] 고려 태조 때 태사(太師) 열(悅)이 개국의 공훈이 있었으니, 이분이 공의 시조가 된다. 그 뒤에 광정공(匡定公) 규(奎)와 장간공(莊簡公) 계(戒)가 고관으로 대대로 서로 이었고 이조 참판 오복(五福), 무주현 지사(茂朱縣知事) 우평(禹平), 통덕랑(通德郎) 귀진(貴珍)을 지나서 군자감 판관(軍資監判官) 안제(安濟)에 이르러 문장(文章)으로 뛰어났으니 호가 용재(慵齋)이다. 안제는 참봉을 지냈으며 본관이 서원(西原 청주)인 곽회웅(郭懷雄)의 따님에게 장가들어 공을 낳았다.

공의 휘는 성해(成海)이고 자는 통보(通寶)이다. 5세에 글을 지을 줄 알았다. 체구가 장대하고 힘이 세었으며 재기(才氣)가 보통 사람보다 뛰어났다. 임진왜란 때 나이가 겨우 15세였는데, 마

**43** 당(唐)나라……있다 : 《삼국사기(三國史記)》, 《세종실록(世宗實錄)》, 《동국여지승람(東國輿地勝覽)》에 의하면 당나라 정관(貞觀) 8년(634)에 진주 형씨(晉州邢氏) 형옹(邢顒)이, 정관 12년(638)에 장흥 위씨(長興魏氏) 위경(魏鏡)이, 그리고 정관 17년(643)에 남양 홍씨(南陽洪氏)의 홍천하(洪天河), 남양 방씨(南陽房氏)의 방준(房俊), 남양 서씨(南陽徐氏)의 서담부(徐趯扶), 원주 원씨(原州元氏)의 원경(元鏡), 해평 길씨(海平吉氏)의 길녕(吉寧), 의령 옥씨(宜寧玉氏)의 옥진서(玉眞瑞) 등 8성씨의 학사(學士)가 신라에 왔다고 한다.

을의 장정 수백 명을 모아 장차 전투에 달려가려 하니 아버지께서 크게 놀라며 저지하였다. 이듬해에 왜적이 가까운 마을을 들이닥쳐 노략질하였다. 공이 바야흐로 몸이 아파 누워 있다가 즉시 부모님을 겨드랑이에 끼고 어린 동생을 등에 업고 달아나며 두 동생을 불러 급하게 따라오게 하였는데, 두 동생은 나약하여 따라올 수가 없어서 마침내 적에게 잡혔다. 어머니께서 그것을 걱정하다가 병들어 돌아가시니 공이 더욱 애통한 마음을 가지고 왜적을 토벌하는 데 결의(決意)하였다.

정유년(1597, 선조30)에 왜구들이 재차 침략하였다. 함양(咸陽)과 산청(山淸)은 적과 충돌한 곳인데, 산청은 공의 고향이다. 공이 결사대(決死隊) 6, 7백 명을 모집하여 재〔嶺〕의 좁은 곳을 차단하고 의병(疑兵)[44]을 만들고 깃발과 북을 설치하였다. 또 개울에 흰 흙을 흘려보내어 마치 쌀을 씻는 물과 같이 보이게 하니, 적들이 군사가 많고 양식이 넉넉하다고 생각하여 두려워하며 감히 침입해 오지 못했다. 하루는 왜구들이 다른 길로 생각지도 못한 데서 공격하였지만, 공이 힘써 방어하여 수십 급(級)을 참수하였다.

공이 일찍이 황산(黃山)에 7백여 석의 곡식을 저축하여 두었다가 이때에 이르러 그것을 가지고 사졸들에게 먹였고, 이미 적들을 물리치고는 남은 곡식은 관창(官倉)에 돌려보냈다. 서제(徐鞮)와 사부리(沙夫里)에 있는 두 명의 왜적이 더욱 교활하고 사나웠는데, 이때 가을에 수확한 것을 문득 약탈해 갔다. 공이 손으로 쳐서 그들을 죽이니, 거주민들이 이 덕분에 안도하게 되었다. 이때

**44** 의병(疑兵) : 적을 속여 많은 수로 보이게 거짓 꾸민 군사이다.

공의 나이가 20여 세였다. 난이 평정되자 집으로 돌아와 부모님을 봉양하고 친구들과 글과 술로 서로 즐기며 입으로는 전쟁 때의 일을 말하지 않았다.

정묘년의 변고(1627년의 정묘호란)에 이르자 집안의 재물을 털어 병사를 모집하여 근왕(勤王)하려고 가다가 중도에서 병이 나서 수레에 실려 집으로 돌아왔다. 상신(相臣) 홍서봉(洪瑞鳳)[45]이 공의 공적을 상주하니 조정에서 불러 내자시 첨정(內資寺僉正)에 임명하였다. 그러나 몇 달 만에 어버이가 연로하다는 것으로 사직하고 돌아왔다. 그로부터 5년 뒤 아버지 상을 치름에 애훼(哀毁)함이 상제(喪制)를 넘었다. 다시 5년이 지나 병자년(1636)에 왕의 수레가 남한산성으로 피난하자, 또 집안의 재물을 털어 군량미를 수송하고 고을의 병사 수천 명을 일으켜 서울로 가다가 도착하기도 전에 화의가 이루어졌다는 소식을 듣고 돌아왔다. 이듬해에 사재감 첨정(司宰監僉正)에 임명되었고, 우통례(右通禮)에 전직되었다. 경진년(1640, 인조18)에 외직으로 나가 회인(懷仁) 현감이 되어서 청렴하고 간결한 정치를 하고 반년 만에 집으로 돌아오니, 백성들이 비석을 세워 사모하였다. 갑신년(1644, 인조22)에 명나라가 망하자 공이 시를 지어 비통하고 분노하는 마음을 붙였으며 종신토록 청나라 달력을 보지 않으니, 당시 사람들이 대명처사(大明處士)라 일컬었다. 병술년(1646, 인조24) 11월에 병

**45** 홍서봉(洪瑞鳳) : 1572～1645. 본관은 남양(南陽), 자는 휘세(輝世), 호는 학곡(鶴谷)이다. 1590년(선조23) 진사가 되고, 1594년 문과에 급제하였다. 벼슬이 영의정에 이르렀으며 시호는 문정(文靖)이다.

으로 죽으니, 태어난 무인년(1578, 선조11)으로부터 계산하면 69세가 된다. 장지는 쌍계(雙溪) 자좌(子坐) 언덕에 있다.

부인 경주 이씨(慶州李氏)는 판관(判官)을 지낸 이우(李瑀)의 따님으로 죽어서 공과 합장되었다. 4남을 두었으니, 장남 이범(以範)은 학행(學行)이 있었으며 차남들은 인범(仁範), 내범(乃範), 궤범(軌範)이다. 손자는 수구(受九), 수대(受大), 수형(受亨), 수량(受亮)이고, 증손자는 거원(巨源), 사원(肆源)이며, 현손자는 상하(尙夏)이다. 나머지는 기록하지 않는다. 공의 6세손 득규(得奎) 등이 고(故) 태학사(太學士) 홍양호(洪良浩)[46]가 지은 묘갈명을 가지고 북쪽으로 4백 리를 달려서 나를 찾아와 묘지명을 지어 주기를 부탁하였는데, 그 업적을 상고해 보니 참으로 찬술할 만한 내용이었다. 드디어 다음과 같이 명한다.

| | |
|---|---|
| 우뚝하고 용맹한 공은 모든 사람 중에 으뜸이니 | 仡仡惟公百夫特 |
| 세 번 국난을 만나 그때마다 공적이 있었네 | 三値國亂勳有績 |
| 적을 헤아려 기책을 내니 훌륭한 병법[47]이고 | 料敵出奇猗韜略 |
| 대중에 맹서하고 근왕하니 빛나는 충정이었네 | 誓衆勤王炳忠赤 |
| 재물 내는 데 무엇을 어려워하랴 적을 죽이려 함이고 | 傾財何有要殺賊 |

46 홍양호(洪良浩) : 1724~1802. 본관은 풍산(豊山), 자는 한사(漢師), 호는 이계(耳溪)이다. 1747년(영조23) 진사시에 합격하고, 1752년 문과에 급제해 홍문관과 예문관의 대제학을 겸임하였다. 시호는 문헌(文獻)이다. 《이계집(耳溪集)》 권30에 〈회인 현감 홍공 묘갈명(懷仁縣監洪公墓碣銘)〉이 실려 있다.

47 병법 : 원문 '도략(韜略)'은 강태공(姜太公)의 병서(兵書)인 《육도(六韜)》와 황석공(黃石公)의 병서인 《삼략(三略)》을 합칭한 말로, 전하여 병법(兵法)을 의미한다.

손으로 두 추장을 죽이니 백성이 편안히 추수하였네　手屠二酋民安穫
처음 적에게 분발하려는 용맹은 총각 때부터이니　爰初奮勇自總角
두 동생이 포로가 됨에 원통함이 더욱 깊었네　二弟爲俘痛益刻
나라를 위하여 설욕함에 죽음을 아끼지 않았으니　雪恥家邦死不惜
관직을 바라지 않고 자신의 직분을 다하였네　莫我爵酬我惟職
비풍[48]을 생각하며 청나라 책력을 물리치니　有懷匪風僞曆卻
수많은 아름다움으로 아 그 빛남이여　凡玆衆美於其赫
비석에 새겨 없어지지 않기를 기약하네　鑱之貞珉期不泐

**48** 비풍 : 《시경》 회풍(檜風) 〈비풍(匪風)〉편을 말하니, 주(周)나라 왕실이 쇠미한 것을 보고 현인(賢人)이 근심하고 탄식하며 지은 시이다.

# 수재 조공 묘지명 병서

秀才曺公墓誌銘 並序

대저 규칙대로 따르지 않는 선비를 옛사람이 수레를 엎어 버리는 말〔馬〕로 비유하였다.[49] 이 점이 격렬한 성격으로 의기(義氣)를 분발하고 충절을 바칠 수 있음이 또한 저 신령스러운 준마의 골상과 같아서 중대한 임무를 감당하고 먼 길에 이를 수 있는 까닭이 아니겠는가. 내가 들은 바로는 수재(秀才) 조공 정항(曺公挺恒)은 여기에다가 학업으로 잘 조련되었으니, 거의 이른바 사람 중에 천리마일 것이다. 그러나 애석하게도 장수하여 크게 성취하는 데 이르지 못했으니, 하늘이 이미 공을 낳음이 우연이 아니었는데, 또 도리어 목숨을 빼앗아 감이 빠른 것은 어찌된 것인가.

수재의 자는 덕첨(德瞻)이고 성은 조씨(曺氏)이며 본관은 창녕(昌寧)이니, 고려 시대 대악서 승(大樂署丞) 겸(謙)이 시조가 된다. 그 후에 8대에 걸쳐 고관[50]이 나왔다. 조선조에 이르러 좌승지(左承旨) 계형(繼衡), 증(贈) 병조 참의 언홍(彦弘), 증 이조판서 몽신(夢臣)을 지나 군수를 지냈고 호가 묵계(默溪)이며 휘

**49** 규칙대로……비유하였다 : 원문 '척이지사(跅弛之士)'는 남이 시키는 대로만 따르지 않는 자유로운 정신의 소유자를 뜻한다. 《한서(漢書)》 〈무제 본기(武帝本紀)〉의 "수레를 엎어 버리는 말이나 규칙대로 따르지 않는 사람들도 어떻게 잘 다루느냐에 달려 있을 뿐이다.〔夫泛駕之馬, 跅弛之士, 亦在御之而已.〕"라는 말에서 나온 것이다.

**50** 고관 : 원문 '초선(貂蟬)'은 선문(蟬文)과 초미(貂尾)로 장식한 관(冠)이라는 뜻으로 송나라 때 높은 벼슬아치들이 쓰고 다녔다.

가 희인(希仁)이라는 분에 이르니, 이분이 곧 수재의 아버지이다. 어머니는 광주 김씨(光州金氏)로 득롱(得壟)의 따님이니, 만력(萬曆) 정사년(1617, 광해군9)에 수재를 낳았다.

수재는 총명하고 준걸하였다. 겨우 말을 배울 때 이미 글자를 알았다. 조금 성장하여 즉시 힘써 독서하여 경서와 사서(史書)에 두루 통하였고, 시문과 글씨에 성대하게 성취함이 있었다. 17세에 향시(鄕試)에 합격하였다. 평상시에 우뚝하게 자립(自立)하고 이해관계를 돌아보며 나아가거나 물러나지 않았다. 병자년(1636, 인조14) 가을에 대과시험을 보러 갔는데, 고관(考官)이 일찍이 성인을 업신여기는 말을 한 것에 비분강개하며 그의 문생(門生)이 되는 것을 부끄럽게 여겨 응시하지 않고 나오니 시험장의 사람들이 모두 따라 나왔다.[51] 조정에서 창수(倡首)자인 공을 적발하여 6, 7명과 함께 곤장을 쳐서 평산(平山)에 유배를 보내었다. 그해 겨울에 청나라 병사가 갑자기 대대적으로 침략해 오자 임금이 남한산성으로 몽진하였다. 수재가 분발하여 말하기를 "나라의 위태로움이 이와 같은 데도 앉아서 보기만 하고 유배 중인 것을 핑계

**51** 고관(考官)이……나왔다 : 황호(黃㦿)의 《만랑집(漫浪集)》 권9에 실려 있는 〈조수재 정항 묘갈명(曺秀才挺恒墓碣銘)〉에 의하면 다음과 같이 되어 있다. 전 경기도사(京畿都事)였던 정두경(鄭斗卿)이 향교에 봉심(奉審)할 때 제생에게 성인을 업신여기는 말을 하니 제생이 떠들썩하게 조정에 쟁변하였다. 그 뒤 정두경이 고관이 되자 제생이 과거 시험장에 들어가 서로 돌아보고 놀라며 소곤거리기만 하고 감히 말을 하지 못하였다. 수재가 이 사실을 알고 "저 사람은 스스로 우리 유교의 도와 단절하였으니, 우리의 무리가 아니다. 우리가 그의 문생이 된다면 국시(國試)가 비록 중요하지만 유교의 도에 어떻게 되겠는가."라고 하였다. 이에 제생이 떠들썩하게 자리에서 일어나 시험을 보지 않고 밖으로 나갔다.

로 삼아서야 되겠는가." 하고는 즉시 같이 귀양 간 사람들과 위험을 무릅쓰고 근왕(覲王)에 나섰다. 이미 도착하니 남한산성이 청나라 군사에 포위되어 들어갈 수가 없었다. 인하여 남쪽으로 영외(嶺外 영남)로 달려가 의병장을 따라 난리에 달려갔는데, 의병장이 적을 보고 두려워하며 피하는 모습을 보고는 즉시 장막 뒤에서 칼을 치며 곧바로 송관군(宋冠軍)을 죽일 듯이 노려보았는데,[52] 옆 사람의 만류로 그만두었다.

난이 이미 진정된 뒤 대궐 아래에 나아가 왕명을 기다리니 사면을 받은 지 이미 여러 날이 되었다. 사면된 것은 그의 과감하고 결단성 있는 용맹이 천만인보다 월등히 뛰어나 그렇게 할 수 있었기 때문이 아니겠는가. 이 때문에 묵계공(默溪公)이 수재에게 평소에 의지하고 기대하는 것이 지극히 많았다. 비록 몰락하고 불우하여 집이 매우 가난하였지만, 항상 "이 아이가 있으니 나는 근심하지 않는다."라고 말하였다. 대개 수재는 16세부터 나의 선조

**52** 장막……노려보았는데 : 송관군(宋冠軍)은 경자관군(卿子冠軍) 송의(宋義)를 가리킨다. 진(秦)나라 말기에 혼란할 때 그는 초(楚)나라 회왕(懷王)의 상장군(上將軍)으로 있었고 항우(項羽)는 차장군(次將軍)으로 있었다. 이때 조(趙)나라 왕이 거록성(鉅鹿城)에 웅거하자 진(秦)나라 군대가 성을 포위하고 날마다 공격을 하는 형편이었으므로 항우는 초나라가 바깥에서 공격하고 조나라가 안에서 호응하면 진나라 군대를 격파할 수 있을 것이라고 권했다. 그러나 송의는 교만한 말로 조나라와 진나라가 싸우다 지친 틈을 이용할 것이라고 하면서 오랫동안 진군하지 않고, 자신의 아들 송양(宋襄)을 제(齊)나라에 보내 재상으로 만들기 위해 성대한 송별연을 베풀어 주기까지 하였다. 이에 항우는 초나라 왕의 명령을 가장해 새벽에 장막 안에서 상장군 송의의 목을 베고서 대신 상장군이 되어 진나라를 거록에서 크게 물리쳤다. 《史記 卷7 項羽本紀》

문장공(文莊公 정경세(鄭經世))에게 배워 위기지학(爲己之學)이 있음을 알고 마음에 유의한 것이 오래되었다. 가령 오래 살아 절차탁마하여 그 지업(志業)을 끝까지 마무리하였다면 성기(性氣)를 띠지 않은[53] 보통의 무리들과 비교해 봄에 서로 차이가 크게 남이 어떠하였겠는가. 관직에 막 나가려던 초기에 이에 병으로 죽었으니, 비유하건대 예장(豫樟)나무[54]가 바야흐로 장차 해를 가리고 구름을 침범하였다가 잠깐 사이에 홀연히 폭풍에 꺾여 버려 드디어 동량의 재목으로 팔 수 없게 된 것과 같으니, 아! 애석하구나.

수재의 장지는 상주(尙州) 묵곡(墨谷) 곤향(坤向) 언덕에 있다. 부인 장수 황씨(長水黃氏)는 지현(知縣 현감) 황수(黃脩)의 따님으로 자식이 없다. 사예(司藝)를 지낸 종형 정융(挺融)의 둘째 아들 시대(時大)를 양자로 삼았다. 시대는 3남을 낳으니, 하언(夏彦), 첨지중추부사를 지낸 하관(夏觀), 하진(夏震)이다. 하언의 외아들은 명직(命稷)이고, 명직의 외아들은 진사가 된 명국(明國)이다. 하관의 두 아들은 만직(萬稷)과 선직(善稷)이고 하진의 외아들은 윤직(胤稷)이다. 나머지는 기록하지 않는다. 하루는 수재의 후손 기도(騏道)가 만랑(漫浪) 황호(黃戸)[55]가 지은 묘갈명

53 성기(性氣)를 띠지 않은 : 마음이 강단(剛斷)하고 과감하지 못함을 말한다.

54 예장(豫樟)나무 : 녹나뭇과에 속하는 상록 교목이다. 좋은 대들보 재목으로, 재능이 있는 사람을 비유한다.

55 황호(黃戸) : 1604~1656. 본관은 창원(昌原), 자는 자유(子由), 호는 만랑(漫浪)이다. 1624년(인조2) 문과에 급제하였다. 1636년(인조14)에 통신사로 일본을 다녀왔고 1650년(효종1)에 부사로 연경을 다녀왔다. 벼슬이 성균관 대사성에 이르렀다. 저서로 《만랑집》이 있다.

을 나에게 보여 주면서 묘지명을 지어 주기를 청하기에 이미 위와 같이 서술하고 다음과 같이 명으로 잇는다.

| | |
|---|---|
| 태어나면서 특이함이 없다면 | 生而無特異 |
| 장수한들 무엇이 귀중하랴 | 壽何貴 |
| 수재는 나이가 비록 22세에 그쳤지만 | 秀才年雖止卄二 |
| 그의 유사를 살펴보니 | 覽其遺事 |
| 우뚝한 기상이 오히려 살아 있는 듯하니 | 突兀氣尙不死 |
| 이것은 하늘의 뜻인가 | 玆天意也耶 |

## 정와 조공 묘지명 병서

靜窩趙公墓誌銘 並序

청대(淸臺) 선생 권 희정공(權僖靖公)[56]이 강우(江右)에서 우뚝 일어나 정학(正學)을 창도하여 밝혀 한 지역의 종사(宗師)가 되었다. 선비 중에 그 문하에서 배운 사람이 많은데 정와(靜窩) 조공(趙公)은 그 심법(心法)을 전수받아 죽을 때까지 복응(服膺)하였다. 나는 또한 공을 뵌 것이 여러 번이었는데, 일찍이 그 마음을 다잡아 지킴의 성실함이 자호로 삼은 것과 서로 부합되는 것을 그윽이 감탄하였다. 지금 공의 손자 술사(述師)가 승선(承宣)을 역임하고 호가 귀호(龜湖)인 김굉(金㙆)[57]이 지은 행장을 가지고 나에게 와서 공의 묘지명을 지어 주기를 부탁하니, 내가 즐겨 말하여 글을 짓지 않을 수 있겠는가.

공의 휘는 석철(錫喆)이고 자는 명중(明仲)으로 검간(黔澗) 선생 휘 정(靖)의 6세손이다. 본관이 풍양(豐壤)인 조씨(趙氏)는

56 청대(淸臺)……희정공(僖靖公) : 권상일(權相一, 1679~1759)을 말한다. 본관은 안동(安東), 자는 태중(台仲), 호는 청대로 상주의 근암리(近嵒里)에서 출생했다. 1710년(숙종36) 문과에 급제해 대사간, 지중추부사, 대사헌 등을 역임하고 기로소에 들어갔다. 저서로는 《청대집》, 《초학지남(初學指南)》 등이 있다. 시호는 희정(僖靖)이며, 죽림정사(竹林精舍)와 근암서원(近嵒書院)에 제향되었다.

57 김굉(金㙆) : 1739~1816. 본관은 의성(義城), 자는 자야(子野), 호는 귀와(龜窩)로 이상정(李象靖)의 문인이다. 1773년(영조49) 사마시에 합격하였으며, 1777년(정조1) 문과에 급제하였다. 벼슬이 예조 참판에 이르렀다. 문학과 서체에 뛰어났으며, 스승의 유문을 정리하였다.

상세(上世)의 고려 시대에 시중 평장사(侍中平章事)를 지낸 맹(孟)이 있었고 조선조에는 중추원사(中樞院事)를 지낸 숭(崇)과 의정부 사인(議政府舍人)을 지낸 서정(瑞廷)이 있었다. 공의 5대 조부의 휘는 영원(榮遠)으로 17세에 임진왜란 때 망우당(忘憂堂) 곽재우(郭再祐)[58]가 창의(倡義)한 군대에 참여하였다. 고조부는 휘가 릉(稜)으로 생원을 지냈으며 호가 영모재(永慕齋)이다. 증조부는 휘가 대윤(大胤)으로 통덕랑(通德郞)을 지냈으며 호가 입재(立齋)인데, 지극한 행실이 있었다. 조부의 휘는 해(瀣)로 통덕랑(通德郞)을 지냈으며 호가 소헌(疎軒)이다. 아버지는 휘가 선경(善經)으로 문행(文行)이 있었으나 일찍 죽었다. 어머니는 밀양 박씨(密陽朴氏)로 용암(龍巖) 선생 박운(朴雲)의 후손이며 박성임(朴聖任)의 따님이다. 영조 갑진년(1724, 영조 즉위년) 4월 7일에 공을 낳았다.

공은 어려서 단아하고 성실하여 아이들과 성내며 다투지 않았다. 4세에 아버지가 돌아가시자 백부 중애공(中厓公) 휘 시경(時經)에게 가르침을 받았다. 중애공이 하루는 공에게 심지(心志)를 말해 보게 하였다. 공이 이때 겨우 6, 7세였는데, 대답하기를 "독서하여 군자다운 사람이 되기를 원합니다."라고 하였다. 이로부터 부지런히 힘쓰고 조금도 게을리하지 않았다. 어머니께서 또 공부

**58** 망우당(忘憂堂) 곽재우(郭再祐) : 1552~1617. 본관은 현풍(玄風), 자는 계수(季綏), 호는 망우당이다. 임진왜란과 정유재란 때 의병을 일으켜 의병장으로 크게 활약하였다. 만년에 낙동강 가에 은거하였다. 1709년(숙종35) 병조 판서 겸 지의금부사에 추증되었으며 시호는 충익(忠翼)이다. 저서로 《망우당집》이 있으며 현풍(玄風) 예연서원(禮淵書院)에 제향되었다.

과정을 단속함을 엄중하게 하여 반드시 이른 아침에 수업을 받도록 하였으며, 그렇게 하지 않으면 비록 시간이 늦어도 밥을 주지 않았다. 이 때문에 공이 더욱 스스로 분발하고 힘써 학문을 진척하고 성취할 것을 기약하였다.

약관이 된 후에는 드디어 위기지학(爲己之學)의 공부에 유념하였다. 또 중애공의 명령으로 청대 문하에 입문하여 지금까지 듣지 못했던 지식을 더욱 듣게 되었고 마음을 내면으로 향하는 데 오로지하였는데, 오직 선생에게 전수받은 것을 익히는 데 혹 게을리할까 염려하였다. 종형 존성재(存省齋) 석우(錫愚)[59]와 밤낮으로 강독하여 함께 매진하며 공부에 유익한 즐거움이 있었다.

계유년(1753, 영조29)에 사마시에 합격하였다. 일찍이 한 번 성균관에 유학하였는데, 매양 종일토록 단정하게 앉았으며 나태한 용모나 희학하는 얼굴빛이 없었으니, 여러 유생들이 모두 공경하며 두려워하였다. 얼마 있지 않아 개연히 탄식하여 말하기를 "학교는 예의(禮義)로 사양하는 곳[60]임에도 이에 예의가 무너지고 패

**59** 존성재(存省齋) 석우(錫愚) : 1721~1760. 본관은 풍양, 자는 성백(省伯), 호는 존성재로 아버지는 시경(時經)이다. 1754년(영조30)에 문과에 급제하여 도사(都事)를 지냈다. 저서로 《성재유집(省齋遺集)》이 있다.

**60** 학교는……곳 : 정이(程頤)의 말이다. 정이가 "학교는 예의로 사양하는 곳이니, 달마다 시험으로 그들을 경쟁시키는 것은 가르치고 기르는 도가 전혀 아닙니다. 청컨대 시험을 월과로 고쳐서 목표에 이르지 못한 자를 학관이 불러 가르치고, 다시는 고하(高下)를 평가하지 않도록 하시고, 또 존현당을 지어 도덕이 있는 천하의 선비들을 맞이하며, 향공 진사(鄕貢進士)의 수를 줄여 이익으로 유혹하는 법을 없애고, 번잡한 격식을 생략하여 교관에게 교육을 일임시키며, 행검을 장려하여 풍교를 순후하게 하기를 청합니다.〔學校禮義相先之地, 而月使之爭, 殊非教養之道. 請改試爲課,

함이 이와 같다."라고 하고는 드디어 권당(捲堂)하고 집으로 돌아와 벼슬길에 뜻을 끊었다. 날마다 성리학에 관련된 여러 책을 가지고 침잠하며 완미하여 거의 침식을 잊을 정도였다. 주자(周子 주돈이(周敦頤))의 '주정(主靜)'[61] 두 글자가 학문의 근본이라고 생각하여 이미 자호하고 주정와(主靜窩)를 지어 평상시에 그곳에서 고요히 거처하여 예전에 닦던 학업을 익혔다. 새벽에 일어나 반드시 옷깃을 정돈하고 정좌하여 〈심잠(心箴)〉,[62] 〈사물잠(四勿箴)〉,[63] 〈경재잠(敬齋箴)〉,[64] 〈숙흥야매잠(夙興夜寐箴)〉[65] 등을 외워 날마

有所未至, 則學官召而教之, 更不考定高下. 制尊賢堂, 以延天下道德之士, 鐫解額以去利誘, 省繁文以專委任, 勵行檢以厚風教.]"라고 하였다. 《小學 善行》

**61** 주정(主靜) : 망상을 제거하고 마음을 고요히 하여 외물(外物)의 유혹을 받지 않게 하는 것이다. 송(宋)나라 주돈이(周敦頤)의 〈태극도설(太極圖說)〉에 "성인께서 중정인의(中正仁義)로 안정시키되 정(靜)을 위주로 하여 사람의 표준을 세웠다.〔聖人定之以中正仁義而主靜, 立人極焉.〕"라고 하였다.

**62** 심잠(心箴) : 범준(范浚, 1102~1151)이 마음 공부를 중시하여 24구의 운문으로 지은 작품으로 《심경(心經)》에 실려 있는데, 주희(朱熹)가 높이 평가하였다. 범준의 자는 무명(茂明)이며 호는 향계(香溪)이다.

**63** 사물잠(四勿箴) : 공자(孔子)가 제자 안연(顔淵)에게 인(仁)을 이루는 '극기복례(克己復禮)'의 구체적인 조목으로서 '예가 아니면 보지 말고 듣지 말고 말하지 말고 움직이지 말라.〔非禮勿視, 非禮勿聽, 非禮勿言, 非禮勿動.〕'라고 말한 사물(四勿)에 대해 정자(程子)가 스스로 경계하는 뜻으로 지은 〈시잠(視箴)〉, 〈청잠(聽箴)〉, 〈언잠(言箴)〉, 〈동잠(動箴)〉을 말한다.

**64** 경재잠(敬齋箴) : 주희(朱熹)가 '경(敬)'에 관련된 글을 모아 자신을 경계하는 뜻으로 지은 글이다. 원래는 주희가 장식(張栻)의 〈주일잠(主一箴)〉을 읽고는 그가 남긴 뜻을 재정리하여 이 작품을 지어 스스로를 경계하였다고 한다.

**65** 숙흥야매잠(夙興夜寐箴) : 남당(南塘) 진백(陳柏)이 지은 글인데, 아침 일찍 일어나고 밤늦게 자며 부지런히 학문을 닦고 신심(身心)을 수양하는 내용이다.

다 공부일과로 삼았다. 간간이 또 음풍농월하여 성령(性靈)을 풀어 내어 세간의 영욕과 득실을 보기를 아득히 뜬구름과 같이 여겼다.

오직 사풍(士風)이 진작되지 않는 것을 근심으로 여겨, 한 면(面)의 자제들을 인도하여 《소학(小學)》을 강학하였다. 또 도남서원(道南)[66]과 속수서원(涑水書院)[67] 등에서 《중용》, 《대학》, 《논어》를 강학하니, 고을의 선진(先進)들이 모두 공을 고비(皐比)[68]를 주관하는 사람으로 추대하였다. 더욱이 초상을 삼가서 치르고 선

**66** 도남서원(道南書院) : 경북 상주시 도남동에 있었던 서원으로, 1606년(선조39) 지방 유림의 공의로 정몽주(鄭夢周), 김굉필(金宏弼), 정여창(鄭汝昌), 이언적(李彦迪), 이황(李滉)의 학문과 덕행을 추모하기 위해 창건하여 위패를 모셨다. 그 뒤 1616년(광해군8)에 노수신(盧守愼)과 유성룡(柳成龍)을, 1635년(인조13)에 정경세(鄭經世)를 추가 배향하였다. 1677년(숙종3)에 '도남(道南)'이라고 사액되어 사액서원으로 승격하였으며, 선현 배향과 지방 교육의 일익을 담당하여 왔다. 그 뒤 흥선대원군의 서원철폐령으로 1868년(고종5)에 훼철된 뒤 복원하지 못하다가 최근에 복원하였다.

**67** 속수서원(涑水書院) : 경북 의성군 단밀면 속암리에 있다. 1509년(중종4)에 상주 목사를 지내 선정을 베푼 손중돈(孫仲暾)을 위한 생사당(生祠堂) 건립에서 시작된다. 그 후 1592년(선조25) 병화로 불타 없어진 것을 지방의 유림들이 선대의 유지를 받들어 1656년(효종7)에 다시 경현사(景賢祠)를 개설하여 신우(申祐)를 주벽으로 하고 손중돈을 함께 배향하였다. 이때에 서원의 이름도 '속수(涑水)'로 개칭하였다. 1703년(영조6)에는 김우굉(金宇宏)과 조정(趙靖)이 추향되고 1826년(순조26)에는 조익(趙翊)도 추향되었다. 1868년(고종5) 대원군의 서원철폐령에 의하여 매판소만 남아 있다가 1971년 속수명륜당(涑水明倫堂)을 중건하고, 1989년에는 경현사(景賢祠)를 복원하였다.

**68** 고비(皐比) : 호랑이 가죽이라는 뜻으로 스승의 자리를 말한다. 송(宋)나라의 장재(張載)가 항상 호랑이 가죽을 깔고 앉아서 《주역(周易)》을 강론했는데, 후세에 와서는 강학(講學)하는 자리 또는 선생을 고비라 이르게 되었다.

조를 추모하는 정성에 돈독히 하였다. 공이 어머니 상을 당하여 이척(易戚)의 예[69]를 극진히 하였고, 선조의 제삿날이 되면 반드시 미리 재계하고 정성을 지극히 하였다. 명절에는 반드시 성묘하였고 매달 초하루에는 반드시 종사(宗祠)를 배알하였다. 형제간에 우애롭게 대하여 밤낮으로 함께 지냈다. 밤새도록 부모님을 그리워하며[70] 혹 서로 마주 보고 눈물을 흘리며 울었으며, 비록 늙어 노인이 되어도 같은 당(堂)에서 지냈다. 기제사 날에는 반드시 소식하며 제사에 참석하였다. 정조 정미년(1787, 정조11)은 곧 아버지가 돌아가신 지 60년이 되는 해이다. 공이 어려서 아버지 상을 제대로 치르지 못한 것을 지극히 애통하게 생각하고, 그 해가 다하도록 술과 고기를 먹지 않았으며 이웃 마을의 모임에도 참석하지 않았다. 또 엄숙하기가 시묘살이하는 모습과 같았으니 원근의 사람들이 모두 그의 지극한 행실에 감탄하였다.

사문(師門 스승)을 사모함이 쇠퇴하지 않아 문하생들과 함께 선생께서 남긴 문집을 교정하여 간행하였다. 일찍이 《주자서절요(朱子書節要)》, 《심경(心經)》, 《근사록(近思錄)》 등의 책을 손수 써서 자신을 성찰하는 데 도움이 되게 하고 아손들에게 가르쳤다. 그중에 《근사록》은 곧 공이 73세 때 쓴 것이다. 또 고금의 예가

**69** 이척(易戚)의 예 : 형식적으로나 내용적으로 모두 훌륭하게 상례를 치르는 것을 말한다. 《논어》 〈팔일(八佾)〉에 "상례는 형식적으로 잘하기보다는 차라리 슬퍼하는 마음이 가득해야 한다.〔喪與其易也, 寧戚.〕"라고 하였다.

**70** 밤새도록 부모님을 그리워하며 : 원문의 '명발유회(明發有懷)'는 《시경》 〈소아(小雅) 소완(小宛)〉에 "날이 새도록 잠을 이루지 못하고서 두 분 부모님을 생각하노라.〔明發不寐, 有懷二人.〕"라고 한 것을 줄여 쓴 것이다.

(禮家)들이 분류하여 편집해 둔 글을 모았으나 마무리하는 데 미치지 못하였다. 집 뒤에 그윽하고 고요한 작은 골짜기가 있는데, 공이 사랑하여 몇 칸의 띳집을 지어 '산천(山泉)'이라 이름하였다. 꽃을 심고 국화를 파종하여 거기서 동몽을 가르치고 노년을 보낼 계획을 삼았는데 또한 마무리하지 못하였으니, 모두 탄식할 만한 일이다. 기미년(1799, 정조23) 가을에 걸어서 선산에 성묘하러 갔다가 인하여 감기가 들어 9월 22일에 정침에서 고종(考終)하니, 향년 76세였다. 바야흐로 병상에 있을 때 형수상을 당하였지만, 오히려 애써 일어나 염하는 것을 지켜보았다. 공에게 문병하러 오는 이가 비록 자질(子姪)이라 할지라도 공이 반드시 두건을 가지런히 쓰고 만나 보았으며, 속광(屬纊 죽은 날)하는 아침에는 몸을 삼가고 행실을 계칙하는 것으로 각자에게 훈계하였다. 처음에는 비래산(飛來山)에 장례를 지냈다가 2년 뒤 신유년(1801, 순조1) 10월 모일에 승장(勝長) 유좌(酉坐) 언덕에 이장하였다.

공은 시례(詩禮)의 집안에서 태어나 일찍부터 종사(宗師 권상일(權相一))의 문하에 입문하였다. 단정하고 정성스러운 자질로 마음을 전일하는 공부를 하였고, 고졸(古拙)하고 검약한 마음으로 진덕수업(進德修業)의 행실을 돈독히 하였다. 태만한 기운을 몸에 두지 않았으며 비루하고 도리에 어긋나는 말을 입에서 내지 않았다. 비록 그윽이 홀로 있는 가운데 있더라도 띠를 매고 관(冠)을 쓰지 않은 적이 없었으며, 비록 어지럽고 요란한 곳에 있더라도 유속과 동화하며 더러운 세상에 영합한[71] 적이 없었다. 독서할

**71** 유속과……영합한 : 원문 '동류합오(同流合汚)'는 《맹자》 〈진심 하(盡心下)〉에

때는 경전(經傳)으로 근본을 삼았고 낙건(洛建 정자(程子)와 주자(朱子))의 여러 책들에 더욱 힘을 썼다. 자기를 다스림에는 법도로 법칙을 삼았고 이륜(彝倫)에 대하여 더욱 삼감을 지극히 하였다. 공이 안으로 효우(孝友)와 돈목(敦睦)에 분수를 다하고 밖으로 교제와 수작에 분수를 다하는 것에 이미 유감이 없었는데, 간절히 생각하여 잊지 못하는 것은 또한 오직 후학들을 장려하고 학업을 진척시키는 데 있었으니, 한갓 강설(講說)을 위주로 하지 않고 반드시 체험하는 것을 중시하고자 하였다. 대개 공의 학문은 한결같이 정(靜)에 근본하였으니, 진실로 이와 같이 하면 이 마음이 허명(虛明)하여 사물이 다가옴에 밝게 비추지 않는 것이 없어서 체(體)를 보존하고 용(用)에 대응함이 문득 여기에 있다고 생각하였기 때문이다. 오호라. 공과 같은 이는 어찌 옛날의 이른바 '돈독히 믿고 학문을 좋아하여' 오직 실제로 터득하는 것을 힘쓰는 군자가 아니겠는가.

부인 안동 권씨(安東權氏)는 갑자사화 때의 명신(名臣)인 권달수(權達手)[72]의 후손 권처항(權處恒)의 따님이다. 외아들 범수(範洙)가 있었으니 문장과 행실이 뛰어났으나, 부모상을 지내다가 견디지 못하고 죽었다. 딸은 정필록(鄭必祿)에게 시집갔다. 범수의

"유속과 함께하고 더러운 세상과 합류한다.〔同乎流俗, 合乎汚世也.〕"에서 온 말이다.

**72** 권달수(權達手) : 1469~1504. 본관은 안동(安東), 자는 통지(通之), 호는 동계(桐溪)이다. 1492년(성종23) 문과에 급제하였다. 1504년(연산군10) 연산군이 생모 윤씨를 종묘에 모시려 하자, 그 부당함을 주장하다가 용궁(龍宮)에 유배되었고 갑자사화 때 국문을 받다가 옥사하였다. 뒤에 도승지에 추증되었고 1693년(숙종19)에 함창 임호서원(臨湖書院)에 제향되었다.

아들은 넷이니, 술사(述師)와 종가로 들어가 제사를 계승한 술겸(述謙)과 술항(述恒)이고 막내는 어리다. 명은 다음과 같다.

| | |
|---|---|
| 청대 어른의 고제이며 | 淸翁高弟 |
| 검간 원로의 현명한 후손이네 | 黔老賢孫 |
| 학문은 정을 주로 함을 근본으로 하고 | 學本主靜 |
| 행실은 윤리를 돈독히 함에 드러났네 | 行著篤倫 |
| 정성스레 아름다운 규범을 잡았고 | 慤操令範 |
| 명망은 유문에 높았네 | 望重儒門 |
| 덕망 있는 원로가 이미 돌아가시니 | 耆德旣亡 |
| 후생들은 어디를 따를까 | 後生何遵 |
| 이에 묘지명을 새겨 | 爰識幽堂 |
| 후손에게 알리네 | 以詔來昆 |

## 이여거사 신군 묘지명 병서

以餘居士申君墓誌銘 並序

군의 이름은 정옥(鼎沃)이고 자는 열경(悅卿)이며 성은 신씨(申氏)이고 본관은 아주(鵝州)이다. 상세(上世)에 유명한 사람이 많았는데, 휘가 지제(之悌)이고 호가 오봉(梧峯)이며 밀직 학사(密直學士)를 지냈으며 소총재(小冢宰 이조 참의)에 증직된 분은 학문과 행실로 서원에 제향되었다.[73] 그의 아들은 휘가 홍망(弘望)으로 정언(正言)을 지냈으며 호가 고송(孤松)이다. 이상 두 분이 군의 7대, 6대 조부이다. 조부의 휘는 도삼(道三)으로 생원을 지냈고, 아버지는 휘가 중인(重仁)인데, 두 분 모두 문행(文行)이 있었다. 어머니는 장수 황씨(長水黃氏)로 익성공(翼成公) 희(喜)의 후손인 황도중(黃道重)의 따님이다. 영조 신유년(1741, 영조17)에 태어나 정조 계묘년(1783, 정조7)에 죽어서 거주지인 문소현(聞韶縣) 가도곡(佳道谷) 선영의 사향(巳向) 언덕에 장례 지냈다.

군은 자질이 청수(淸粹)하고 성품이 근후(謹厚)하며 엄중(嚴重)하였다. 9세에 아버지가 돌아가시자 슬퍼하며 몸을 훼손함을 어른과 같았다. 당숙부 금연 처사(錦淵處士) 체인(體仁)[74]에게 배

73 휘가……제향되었다 : 신지제(申之悌, 1562~1624)는 의성에 장대서원(藏待書院)을 세워 지방 자제 교육에 힘썼고, 죽은 뒤에는 김광수(金光粹)・이민성(李民宬)・신원록(申元祿)과 함께 그 서원에 배향되었다.

74 금연 처사(錦淵處士) 체인(體仁) : 신체인(1731~1812). 본관은 아주(鵝州), 자는 자장(子長), 호는 회병(晦屛)이다. 1761년(영조37) 향해(鄕解)에 장원하였으

웠는데, 곁에 있으면서 잠시도 떠나지 않으며 오직 가르침을 추종하였다. 어머니를 섬김에 뜻을 어김이 없었다. 어머니께서 눈병에 걸린 적이 있었는데, 군이 애태우며 눈물을 흘리니 꿈에 어떤 사람이 적합한 조제약을 고해 주었다. 잠에서 깨어 그 조제법을 찾아 적용하여 즉시 효과가 나타났으니 사람들이 효도에 감응한 것이라 말하였다. 매일 새벽에 일어나 가묘를 배알하였다. 동생과 누이를 독실하게 사랑하였는데, 누이가 종기로 붓자 고름을 빨아 주었고 호전되고서야 그만두었다.

과거 시험 공부를 하여 여러 차례 향시(鄕試)에 합격하였으나 대과에는 끝내 합격하지 못하였다. 일찍이 성동(成童 15세) 시절에 백일장에 나갔는데, 시험장이 요란스러우며 안정되지 않았으나 군은 홀로 꼼짝하지 않고 앉아 날이 저물 때까지 있었다. 집에 있을 때 갑자기 어떤 일에 연루되어 관리에게 쫓기던 마을 사람이 자기를 구해 달라고 매우 다급하게 청하였다. 이졸(吏卒)들이 군의 집 뜰에 가득하였는데, 엄중하게 임하는 군의 얼굴을 보고 감히 범하지 못했다. 이윽고 관리가 군이 지절(志節)이 있다는 것을 듣고 문득 굴복하여 사과하였다. 살인 옥사에 엉뚱하게 잘못 걸린 이웃이 있었는데, 저쪽 무리들이 시체를 수레에 싣고 그 집에 들어가 크게 떠들썩하게 굴었다. 군이 그 우두머리를 불러 화해하도록 깨우치니 중인들이 모두 복종하며 흩어져 떠났다.

나 벼슬에 뜻을 두지 않았다. 1782년(정조6)에 의성군 금산(錦山)에 금연정사(錦淵精舍 : 현재의 錦山書院)가 완성되자 그곳에서 학문 연구와 후진 양성에 주력하였다. 저서로 《회병집》이 있다.

항상 말을 신중히 하고 경솔하게 하지 않았다. 규계와 꾸지람을 들으면 문득 자기를 굽혀 허심탄회하게 받아들였다. 시문(詩文)과 필찰(筆札 서찰)은 빛나서 볼 만한 것이 많았으나 전혀 남에게 자랑하며 뽐내는 뜻이 없었다. 고금의 지식에 널리 통하고 앞 시대의 영웅 호걸의 출처와 득실과 그리고 국가의 치란과 흥망에 대하여 논하기를 좋아하였는데, 마치 손바닥을 가리키듯이 명백하였다. 제갈무후(諸葛武侯),[75] 방두(房杜),[76] 한부(韓富)[77] 등의 사람들에 대하여 더욱 사모하면서 따르며 모범으로 삼고자 하였다. 경서의 뜻에 복응(服膺)하여 도의(道義)로 기준을 삼았다. '남은 힘이 있으면 글을 배운다.'[78]는 뜻을 취하여 '이여(以餘)'로 자호하였다. 집에 있을 때와 고을에 처할 때 행실을 가다듬고 몸을 닦아 계칙하였기에, 위엄을 부리지 않았지만 처자식이 두려워

**75** 제갈무후(諸葛武侯) : 제갈량(諸葛亮, 181~234)을 말한다. 자는 공명(孔明), 시호는 무후(武侯)이다. 삼국 시대 촉(蜀)나라 사람으로 남양(南陽)에서 몸소 밭 갈며 지내다가 유비(劉備)가 세 차례나 방문하여 자신을 도와줄 것을 청하자 이에 나아가 승상이 되어 유비를 보필하며 촉한(蜀漢)의 부흥에 힘썼다.

**76** 방두(房杜) : 당 태종(唐太宗) 때의 명상(名相)인 방현령(房玄齡)과 두여회(杜如晦)의 병칭이다. 방현령은 작전을 잘 세우고 두여회는 결단을 잘 내렸는데, 두 사람이 동심 협력하여 태평 시대를 열었다는 '방모두단(房謀杜斷)'의 고사가 전한다. 《舊唐書 卷66 房玄齡杜如晦傳》

**77** 한부(韓富) : 송나라 재상으로 이름이 높았던 한기(韓琦, 1008~1075)와 부필(富弼, 1004~1083)을 말한다.

**78** 남은……배운다 : 《논어》 〈학이(學而)〉에 "제자가 집에서는 부모님께 효도하고 밖에 나가면 웃어른을 공경하고, 삼가 벗들에는 믿음이 있으며, 두루 많은 사람들을 사랑하되 어진 이와 친하나니, 행하고 남은 힘이 있거든 곧 글을 배운다.〔弟子入則孝, 出則弟, 謹而信, 汎愛衆, 以親仁, 行有餘力, 則以學文.〕"라고 하였다.

하였으며 친압하지 않았지만 동료들이 공경하였다. 대개 군의 포부는 작지 않아 시대를 바로잡으려는 뜻이 있었고, 적합하게 쓰일 수 있는 재주가 있었으며 꺾이지 않는 기상이 있었지만, 세상에 한 번도 시험해 보지 못하고 마침내 포의로 43세를 살고 인생을 마감하였으니, 아 애석하구나.

부인은 한산 이씨(韓山李氏)로 경화(敬和)의 따님이니, 아들 하나는 조응(祖應)이고 딸 둘은 강장흠(姜長欽)과 김양현(金良鉉)에게 각각 시집갔다. 조응의 양자는 희목(熙穆)이고 딸은 시집가지 않았다. 강장흠은 아들 둘을 두었으니 맏이는 주영(胄永)이고 둘째는 어리다. 또 딸 둘을 두었으니, 맏이는 유효조(柳孝祚)에게 시집갔고 둘째는 어리다. 김양현은 1남 1녀를 두었는데, 모두 어리다.

군은 젊어서부터 명성이 있어서 내가 참으로 듣고 훌륭하게 여겼다. 일찍이 군의 집에서 역력히 보니 용모와 말하는 것에서 흉중에 간직한 의식을 또한 알 수 있었으니, 평상시 기대하는 것이 매우 적지 않았다. 지금 금연(錦淵)이 찬술한 뇌문(誄文)과 묘표(墓表)[79]를 보면 군의 사적이 더욱 상세하니, 드디어 그것을 서술하여 군의 묘지명을 지어 대략 애도하는 뜻을 붙인다. 명은 다음과 같다.

아주 신씨는 대대로 유명한 사람이 있었으니 鵝之申代有聞

**79** 금연(錦淵)이……묘표(墓表) : 《회병집》 권9에 실려 있는 〈제종질정옥문(祭宗姪鼎沃文)〉과 〈종질정옥묘표(從姪鼎沃墓表)〉가 그것이다.

| | |
|---|---|
| 오봉의 후손으로 또 군과 같은 이가 있네 | 梧峯孫又如君 |
| 기나무는 재목감이 되나 골짜기에 버려져 있고 | 杞可材委於壑 |
| 구슬은 숨겨진 채 박옥에 묻혀 있네 | 玉不剖藏於璞 |
| 아울러 나이도 장수하지 못하였으니 | 並其年亦不長 |
| 보답받지 못함을 저 푸른 하늘에 어찌하랴 | 舛厥報柰彼蒼 |
| 가도곡은 군이 묻힌 곳이니 | 佳之谷君所封 |
| 묘지명으로 후세에 무궁토록 전하네 | 銘詔後垂亡窮 |

## 파강 처사 이공 묘지명 병서
巴江處士李公墓誌銘 並序

공의 휘는 경록(經祿)이고 자는 중유(仲綏)이며 성은 이씨(李氏)이고 파강(巴江)은 그의 자호이다. 본관은 벽진(碧珍)이니 시조로 고려 시대 진현관 제학(進賢館提學)을 지낸 휘 견간(堅幹)은 산화(山花) 선생으로 일컬어졌다. 조선조에 좌승선(左承宣) 휘 언영(彦英)은 호가 완석정(浣石亭)으로 정한강(鄭寒岡) 문하에서 배웠으니 공에게 5대 조부가 된다. 고조부는 휘가 창진(昌鎭)이며 호가 창주(滄洲)이니 우승(郵丞 찰방(察訪))으로 임금의 부름을 받았으나 부임하지 않은 것이 두 번이었으며, 덕행과 문아(文雅)로 동료들에게 추앙받았다. 증조부는 휘가 해발(海潑)이고 조부는 휘가 주천(柱天)으로 한림(翰林) 벼슬을 역임하였다. 고(考)는 휘가 희춘(熙春)으로 생원을 지냈다. 비(妣)는 나주 정씨(羅州丁氏)로 도사(都事)를 지낸 정도명(丁道明)의 따님이다. 생고(生考)는 휘가 수형(遂馨)으로 풍모가 우뚝하였으며 고금에 박통(博通)하였다. 생비(生妣) 두 분 중 안동 권씨(安東權氏)는 권하징(權河徵)의 따님이고 탄옹(炭翁) 권시(權諰)의 후손이며, 순천 박씨(順天朴氏)는 박태원(朴泰遠)의 따님이며 용담(龍潭) 박이장(朴而章)의 후손인데 옛날 여사(女士)의 풍도가 있었다. 영조 병진년(1736, 영조12) 정월 모일에 칠곡 석전리(石田里) 집에서 공을 낳았다.

공은 풍완(豐完)하고 중후(重厚)하였으며 힘이 세었다. 처음에는 길들일 수 없는 말처럼 거칠었으나 백불암(百弗庵) 최 선생(崔先生)[80]의 집안에 장가들어서는 과거의 태도를 바꾸어 학문에 종사하였다. 양자로 들어간 부모님이 돌아가시어 직접 섬기지 못하였음을 공이 죽을 때까지 애통함으로 여겼다. 생부모를 섬김에 능히 효도를 극진히 하여 병환이 있으면 부엌에 불을 때어 약을 달이는 것과 속옷을 빠는 것을 반드시 몸소 하고 타인에게 시키지 않았다. 또 대변을 맛보아 병세의 위중 정도를 징험하였다. 상을 당하자 상제를 지켜 몸을 극도로 훼손하였으며 전후로 부모상에 한결같이 하였다.

평소에 매일 가묘를 배알하는 것을 풍우가 몰아쳐도 그만두지 않았다. 기일과 명절에 반드시 심신을 재계하고 깨끗하게 하기를 지극하게 하여 제사 지냄에 부모님의 영혼이 옆에 강림하듯이 하는 정성을 극진히 하였다. 형과 누이에게 우애를 돈독히 하여 병을 치료하고 궁핍함을 긍휼히 여기는 모든 것에 유감이 없게 하였다. 맏형수에게 은례(恩禮)를 드림에도 지극하여 만년에 이르도록 쇠하지 않았다. 아버지를 잃은 조카를 사랑하기를 자기 자식과 같이 하여 어루만져 기르며 인도하고 가르쳐 성취시키기를 기약하였다. 또 집안일을 경영하여 다스림에 힘으로 미칠 수 있는 것에 정성을 다하지 않은 바가 없었다. 부부간에 집에서 거처함에 단서를

**80** 백불암(百弗庵) 최 선생(崔先生) : 최흥원(崔興遠, 1705~1786)을 말한다. 본관은 경주(慶州), 자는 태초(太初) 또는 여호(汝浩), 호는 백불암(百弗庵)으로 대구 옻골에 거주하였다. 어려서부터 침식을 잊을 정도로 학문에 열중하였으며, 대대로 팔공산의 칠계에 살았기 때문에 칠계(漆溪) 선생이라 일컬어졌다. 죽은 뒤 1789년(정조13) 효행으로 정문이 세워졌고, 이듬해 좌승지에 추증되었다. 저서로 《백불암집》이 있다.

만들고 시작을 바로잡는 것[81]을 힘써서 안채와 사랑채를 구분하는 경계를 만들어 항상 엄숙하고 공경하여 설 만한 태도가 없었다.

자질(子姪)들을 가르침에 오직 효도와 공경으로 우선하고 남은 힘이 있으면 글을 배우게 하였다. 또 인자한 사람을 가까이하게 하였고[82] 자기보다 나은 사람을 벗으로 사귀게 하였다. 만약 조금이라도 과오가 있으면 가차없이 말과 낯빛에 드러내었다. 그러므로 비록 평상시에도 자질들이 관대(冠帶)를 착용하지 않고서는 감히 뵐 수가 없었다. 종족을 대우함에 친소에 관계없이 한결같이 돈독함과 화목함으로 대하여, 어긋나 다른 마음을 가지는 자에게는 보존하며 의견을 합치되게 하였고 허물을 짓고 도리를 어기는 자는 관대하게 용서해 주었다. 절대로 사사로움을 따지며 계산함이 없었다. 재종질이 마을에서 떠나 산 지 수십 년 만에 장차 고향으로 돌아오려고 하자 공이 그에게 매입하였던 논 수십 묘(畝)를 다 되돌려 주었다. 이때 다만 원래 매입할 때의 가격만을 받았으니 현재의 가격과 비교하면 1/3로 줄어든 것이다. 재종질이 현

**81** 단서를……것 : 부부가 혼인하여 새로운 출발을 하여 시작을 바로잡는 기회를 이른다. 《중용장구》 제12장에 "군자의 도는 부부에게서 단서를 만드니, 그 지극함에 이르면 하늘과 땅에 밝게 드러난다.〔君子之道, 造端乎夫婦, 及其至也, 察乎天地.〕"라고 하였으며, 복상(卜商)의 〈모시서(毛詩序)〉에 "주남과 소남은 시작을 바로잡는 도이고 왕화의 터전이다.〔周南召南, 正始之道, 王化之基.〕"라고 하였다.

**82** 효도와……하였고 : 《논어》 〈학이(學而)〉에 공자가 말하기를 "제자가 집에 들어가서는 효도하고 나와서는 공손하며, 행실을 삼가고 말을 성실하게 하며, 널리 사람을 사랑하되 인(仁)한 이를 친해야 하니, 이것을 행하고도 남은 힘이 있으면 글을 배워야 한다.〔子曰 : 弟子入則孝, 出則弟, 謹而信, 汎愛衆, 而親仁, 行有餘力, 則以學文.〕"라고 하였다.

시가의 두 배 가격을 취할 것을 청하니, 공이 곧 말하기를 "세 배의 가격을 놓아 두고 두 배의 가격을 취하는 것은 또한 돈벌이하는 것이니, 시정(市井) 모리(牟利)꾼들이 하는 일로 내가 차마 하겠는가."라고 하고서는 드디어 사양하였다.

공이 사람을 대함이 장유에 관계없이 그 예절을 곡진히 하였다. 타인의 선을 칭찬하여 알리기를 좋아하고 타인의 악은 알리기를 좋아하지 않았다. 때때로 막무가내 함부로 대하는 사람이 있으면 곧바로 받아들이고 보복하지 않았다. 그러므로 온 고을 사람들이 모두 사랑하고 공경하여 공이 죽을 때까지 헐뜯고 비난하는 언급이 없었다. 공이 손님을 대우함에 집안 살림의 유무에 맞추었기에 어떤 때는 주식(酒食)을 갖추기도 하지만 어떤 때는 무와 박을 씹기도 하여 오직 사정에 따라 적절하게 하였는데 대체로 정성스러운 마음에 말미암았다. 춥고 배고픈 자를 보면 비록 길을 지나가는 거지라도 문득 음식과 옷을 주어 구제해 주었다. 떳떳한 법도로 중요한 금지 사항에 관계되는 모든 것은 감히 혹시라도 범하지 않았다. 공부(公賦)와 정세(正稅)를 내는 것을 감히 혹시라도 태만히 하지 않았다. 조정의 득실, 관장(官長)의 시비, 당색(黨色)의 동이(同異), 세상살이의 운수 같은 것에 대하여 입에서 절대로 말하지 않았다. 그러나 만약 세도(世道)에 관련되는 천재, 시변(時變), 민풍(民風), 속습(俗習)이 있으면 반드시 빠짐없이 기록하고 매우 걱정하여 혹 한밤중에도 잠을 잘 수가 없었다. 또 당시의 커다란 병폐, 예를 들면 적조(糴糶 관곡의 출납), 겸병(兼並 토지의 겸병), 과거(科擧), 교원(校院 향교와 서원), 산송(山訟 묏자리에 관한 송사) 등과 같은 것을 낱낱이 열거하여 상세하게 논하였다. 비록 재야에 있었기에 시행할 수는 없었으나 세상을 완전히 잊어버릴 수가 없었으니 가슴에 간직하고 있었던 의식을 또한 알 수 있다.

본래의 성품이 간이(簡易)하고 고요하여 교제를 함부로 하지 않았다. 일찍이 바다를 구경하다가 발길이 동래부(東萊府)를 지나게 되었는데, 부백(府伯)이 공이 이른다는 소식을 듣고 즉시 나가서 만나 보고 옛날부터 아는 사람처럼 정성을 극진히 하여 굳이 관아로 맞이하려고 하였으나, 공은 끝내 관아에 들어가지 않고 돌아왔다. 공은 동지(同志) 및 현자들과 교유하며 문장을 논하고 학문을 강론하는 것 외에는 오직 담박하게 서로 대할 뿐이었다. 말년에는 집안이 더욱 쇠락하여 보통 사람은 견디기 어려웠지만 공은 또한 편안하게 여겼다. 갑자년(1804, 순조4) 11월 모일에 돌아가시니 향년 69세이다. 바야흐로 병이 위독함에도 오히려 사람의 힘을 빌려 두건을 바로 쓰고 죽었다. 성주(星州)의 치소 동쪽 용대곡(龍大谷) 자좌(子坐) 언덕에 장례를 지냈다.

공의 집안은 대대로 문헌(文獻)[83]이 전해 오고 있었기에 본래 평소에 가정에서 교훈을 받음이 있었다. 그러므로 처음부터 자못 《좌씨전(左氏傳)》, 《국어(國語)》, 반고(班固)의 《한서(漢書)》, 사마천(司馬遷)의 《사기(史記)》를 공부하고 한유(韓愈)와 유종원(柳宗元)의 글보다 아래의 수준 같은 것은 또한 보기를 달갑게 여기지 않았다. 백불암을 뵌 이후로 드디어 스승의 말씀을 돈독히

**83** 문헌(文獻) : 전적과 현자이다. 《논어》 〈팔일(八佾)〉에 "문헌이 부족하기 때문이니"라고 하였는데, 주희(朱熹)의 주에서 "문(文)은 전적(典籍)이고 헌(獻)은 현자(賢者)이다."라고 하였다.

믿고 앞서 배웠던 것을 모두 버렸으며, 스승의 한 마디 말씀과 한 가지 행실이라도 모두 띠에 적어서 명심하며 복응(服膺)하였다. 두문불출하며 단정히 앉아 책을 읽으며 자기 뜻을 이루기를 구하였다. 모든 경서, 사서(史書), 제자백가를 푹 읽어 관통하지 않음이 없었으며 더욱이 《논어》, 《맹자》, 《중용》, 《대학》에 힘을 쏟았다. 또 낙건(洛建 정주(程朱))의 여러 책들을 반복하여 읽어서 참고하고 완미하여 이것으로 마음에 간직하고 일에 드러내었으니, 공의 여러 행실들이 어찌 저와 같이 빛나지 않을 수가 있었겠는가. 이 때문에 기질(氣質)이 치우침을 논한 것으로부터 불교가 잘못인 까닭과 귀신에게 제사 지냄에 귀신이 감동하여 강림하는 까닭 등에 이르기까지 왕왕 매우 절실하게 깨닫고 분명하게 알았기에 부범(浮泛)하고 대충 해 버리는 자와 비교하지 못할 점이 있었다. 총괄컨대 '위기무실(爲己務實)' 네 글자를 마음의 근본으로 삼아 극진히 하는 데 벗어나지 않았다. 이것은 하학(下學)으로부터 상달(上達)을 구하고 경이직내(敬以直內)로 말미암아 의이방외(義以方外)를 하는 것으로 곧바로 사문(師門)의 요결(要旨)을 터득한 것이며 현명한 제자가 되는 데 부끄러움이 없는 것이다. 그러나 평생 저술하는 것을 마음에 두지 않았기에 지금 다만 약간 권의 저작이 집에 갈무리되어 있으니, 이것을 한스러워할 만하다. 그러나 공과 같은 이는 어찌 문예(文藝)를 중요하게 여겼겠는가.

부인은 즉 최씨(崔氏)로 규방의 모범을 매우 잘 갖추었다. 세 아들은 급(鈒), 도(鍍), 섭(鍱)이고 두 딸은 권황(權煌)과 이귀운(李龜運)에게 각각 시집갔다. 급은 자식이 없어서 섭의 아들 병호(秉浩)를 양자로 삼았다. 도의 외아들은 어리며, 3녀 중 2녀는 윤두정(尹斗靖), 이기영(李箕永)에게 시집갔고 막내는 어리다. 섭의 외아들은 곧 병호이고, 두 딸은 정도(鄭燾)와 남주환(南周煥)에게 각각 시집갔다. 권황과 이귀운은 동일하게 3남 1녀를 두었는데 모두 어리다. 하루는 도가 두와(蠹窩) 최흥벽(崔興璧)[84]이 지은 행장을 가지고 나에게 보여 주며 공의 묘지명을 지어 주기를 부탁하였다. 내가 공에 대하여 일찍이 평소부터 알고 지냄이 타인보다 뒤지지 않는다. 그러므로 행장을 살펴 위와 같이 서문을 짓고 이어서 명을 쓰니, 명은 다음과 같다.

| | |
|---|---|
| 닦아 고결한 그 행실이며 | 修潔其行 |
| 순수하고 질박한 그 문장이네 | 淳質其文 |
| 스승의 가르침을 복응하였고 | 服膺師教 |
| 선조의 향기를 잘 계승하였네 | 允襲先芬 |
| 강 굽이에 살 것을 영원히 맹세하고 | 永矢江曲 |
| 세상에 알려짐을 구하는 생각 끊었네 | 念絶求聞 |
| 법도를 밟고 옛 전적을 연구하니 | 蹈繩汲古 |
| 즐기는 것이 이것에 있었네 | 所樂斯存 |
| 이에 숨은 빛을 드러내어 | 爰發幽光 |
| 후손에게 알리네 | 以詔後昆 |

**84** 최흥벽(崔興璧) : 1739~1812. 본관은 경주(慶州), 자는 사경(士敬), 호는 두와(蠹窩) 또는 국옹(菊翁)으로 대구 옻골에 거주하였다. 최흥원(崔興遠)과 이상정(李象靖)의 문인이다. 저서로 《두와집》과 《산중문답(山中問答)》, 《심학이편(心學邇編)》, 《세한만록(歲寒謾錄)》 등이 전하고 있다.

# 설정 처사 문공 묘지명 병서

## 雪亭處士文公墓誌銘 並序

본관이 남평(南平)인 문정유(文正儒)가 그의 선조 설정 처사(雪亭處士)의 행록(行錄)을 받들고 강양(江陽 합천)으로부터 나에게 와서 그의 묘지명을 지어 주기를 부탁하였다. 시험 삼아 펼쳐 보니 공은 대개 나면서 특이한 자질이 있어 총민(聰敏)하고 영매(英邁)하였으며 날쌔고 빨라 담장을 뛰어넘을 수 있었다. 또 말을 타고 활쏘기를 잘하여 말 위에 서서 빨리 달릴 수 있었으니, 대황(大黃)[85]을 가진 무부(武夫)도 겨룰 수가 없었다. 기예에 관련된 모든 것은 눈으로 보면 문득 능히 해내었으나 달갑게 여기지 않았다. 젊어서 자못 번성하게 꾸미는 것을 좋아하여, 음식과 옷과 거느리는 종들을 화려하고 빛나게 하다가, 성장하여서는 모두 절제하여 없앴다. 군서(羣書)를 박람하여 중국과 우리나라의 고금의 일과 병가(兵家), 여지(輿地)에 대하여 통하지 않음이 없어서 당시에 여러 전고를 잘 알아 박식한 자로 일컬어지는 자도 공에게 미칠 수가 없었다. 이에 공이 이것을 쓸데없는 것으로 여기고, 오직 의리를 행함을 돈독히 하였다.

**85** 대황(大黃) : 활의 종류로 《사기(史記)》 〈이장군열전(李將軍列傳)〉에 보이는데, 남조(南朝) 때 송(宋)나라 배인(裴駰)이 지은 《사기집해(史記集解)》에서 위소(韋昭)의 말을 인용하여 "뿔을 깎아 붙인 쇠뇌이니, 색이 노랗고 몸체가 크다."라고 주석하였다.

공은 부모를 섬김에 심지와 몸을 기르는 것을 모두 지극히 하였다. 부모께서 병환이 있으면 밤에 반드시 노천에서 기도하기를 6개월 동안 게을리하지 않았다. 상을 당하자 장례를 치르기를 한결같이 예절에 맞게 하였고 전후 부모상에 모두 그렇게 하였다. 서제매(庶弟妹)를 사랑함이 매우 독실하여 분가할 때 서모(庶母)에게 맡겨 스스로 재산을 선택할 수 있도록 하였다. 궁핍하여 살기 어려운 생가의 여동생을 데리고 와 이웃에 거처하게 하여 어루만져 구휼해 주었다. 종족에게 화목하여 매양 춘궁기를 당하면 반드시 힘을 다하여 주휼하였고, 흉년이 들면 미리 남겨둔 곡식으로 구제해 주었다. 고아가 되어 가난한 종손(宗孫)을 성취시켜서 가업을 잇게 하고 선조의 제사를 받들게 하였다. 그 외 궁핍하여 귀의할 데가 없는 자에게도 이와 같이 하였다. 대개 공의 덕택으로 상례와 장례를 치를 수 있었던 자가 한둘에 그치지 않는다. 안장을 갖춘 말을 별도로 두어 집안의 사람들이 도보로 다니는 것을 면하게 해 주었다.

일찍이 재물을 내어 의계(義稧)를 운영하여 범 문정공(范文正公)의 고사[86]를 본받고자 하였으나 성취하지 못한 채 죽었다. 공의 아버지 때 돈을 빌려준 문건의 액수가 거의 누천금(累千金)이

**86** 범 문정공(范文正公)의 고사 : 범 문정공은 송나라 범중엄(范仲淹, 989~1052)으로 문정은 그의 시호이며 자는 희문(希文)이다. 1015년에 진사로 출사하여 벼슬이 참지정사(參知政事)에 이르렀다. 그는 항시 탁월한 재능에 원대한 뜻까지 겸비하여 천하를 다스리는 것을 자신의 임무로 삼았다. 자신이 귀하게 되자 남에게 베푸는 것을 더욱 좋아하였다. 친척 가운데 가난한 자들을 위하여 의전(義田)을 만들어 돌보아 주었는데, 그것을 의장(義庄) 또는 범장(范庄)이라 한다.

었는데, 공이 살림을 물려받자 문건을 태워 없애기를 청하였다. 주량이 매우 컸지만 항상 경계하여 입에 가까이하지 않았다. 혹 좋은 밤 아름다운 달빛이 비추는데 객들은 흩어져 돌아가고 집이 텅 비게 되었을 때 한 번에 큰 그릇의 술 몇 잔을 마셔 흥을 달래고는 그만두었다. 여색에 있어서는 더욱 엄중하였다. 일찍이 과거 시험을 보러 갈 때 여관에서 투숙하였는데, 젊은 기생이 밤에 공을 유혹하였다. 공이 끝내 돌아보지 않으니, 기생이 밖으로 나가 사람들에게 참으로 '철석간장의 사람이다.'라고 말하였다. 오직 자신을 규율함이 이와 같았기 때문에 벗을 사귐에 반드시 단정(端正)하였다. 사특하고 그릇되며 바르지 않은 무리 같은 경우에는 비록 친척이라 할지라도 멀리하여 왕래하지 않았다. 이 때문에 동남 지역의 유명한 선비들이 모두 즐겨 공과 벗이 되었으니, 이것이 공의 생애의 대략이다.

내가 이에 나도 모르게 감탄하며 말하기를 "예로부터 자유분방하여 구속을 싫어하는 선비였다가 태도를 바꾸어 유가(儒家)의 본래면목을 지킨 공과 같은 사람은 세상에 이름을 날려서 그 명성과 행실이 드러나고 그 박시제중(博施濟衆)의 은혜가 널리 베풀어지지 않음이 없었다. 그러나 유독 공은 우뚝이 서서 함부로 남을 따르지 않았으며[87] 결국에는 포의로 장수하지 못하고 죽었으

**87** 함부로……않았으며 : 원문 '궤수(詭隨)'는 옳고 그른 것을 따지지 않고 함부로 남을 따르는 것을 말한다. 《시경》 〈민로(民勞)〉에 "잘잘못 가리지 않고 제멋대로 남을 따르지 말 것이요, 어질지 못한 자를 삼가야 할 것이다.〔無縱詭隨, 以謹無良.〕"라는 말이 나온다.

니, 저 푸른 하늘이 공에게 부여한 재주는 풍부하면서도 보답함이 인색한 것은 어찌된 것인가. 그것 또한 개탄할 만하다."라고 하였다. 드디어 공의 세계(世系)와 생몰과 자손록을 아래와 같이 서술하고 명으로 잇는다.

공의 휘는 범성(範成)이고 자는 만첨(萬瞻)이다. 문씨(文氏)는 신라 시대 벽상공신(壁上功臣) 다성(多省)을 시조로 한다. 고려 시대 말 판서를 지낸 근(瑾)에 이르러 비로소 합천(陜川)에 거주하였다. 그로부터 6대손 익형(益亨)은 조 문정공(曺文貞公)[88]을 섬겨서 학문과 행실로 이름이 났다. 그의 아들 면(勉)은 임진왜란 때 창의하여 왜적을 토벌하였으며, 그의 증손자는 진사가 된 휘 성휘(聖輝)이니 공의 고조부이다. 증조부는 휘가 명적(命迪)이고 조부는 휘가 규서(奎瑞)이다. 아버지는 휘가 계동(啓東)이며 어머니는 안동 권씨(安東權氏)로 참군(參軍)을 지낸 권성(權狨)의 따님이다. 생부는 휘가 계래(啓來)이고 생모는 성산 여씨(星山呂氏) 준거(俊擧)의 따님이다. 공은 원릉(元陵 영조의 능호) 신유년(1741, 영조17) 10월 모일에 태어나 건릉(健陵 정조 능호) 갑진년(1784, 정조8) 9월 모일에 돌아가시니 향년 44세이다. 묘소는 용계(龍溪) 선영 아래 사향(巳向) 언덕에 있다. 부인은 안동 권씨(安東權氏) 필정(必鼎)의 따님으로 2남 2녀를 두었다. 아들은 정유(正儒)

**88** 조 문정공(曺文貞公) : 조식(曺植, 1501~1572)을 말한다. 본관은 창녕(昌寧), 자는 건중(楗仲), 호는 남명(南冥), 시호는 문정(文貞)이다. 출사를 마다하고 일생을 강학과 학문에 전념하여 산림학자로 추앙되었다. 그는 경상 좌도의 거유(巨儒) 이황(李滉)과 같은 시대에 살면서 경상 우도를 대표하는 대유학자로 쌍벽을 이루었다. 저서로는 《남명집》, 《학기유편(學記類編)》 등이 있다.

와 정익(正翼)이고 딸은 강백현(姜伯顯)과 이호운(李虎運)에게 각각 시집갔다. 정유의 양자는 항조(恒祚)이고 정익의 양자는 상조(相祚)이다. 딸은 이관귀(李觀龜), 권진(權震), 노상문(盧尙文)에게 각각 시집갔고 나머지 딸은 미혼이다. 명은 다음과 같다.

| | |
|---|---|
| 무리에서 빼어난 용맹이 있었으나 | 有絶倫之勇 |
| 무를 숭상하지 않고 오직 의리를 숭상하였네 | 而不尙武惟尙義 |
| 동료들을 압도하는 기상이 있었으나 | 有壓流之氣 |
| 수식을 좋아하지 않고 오직 의범을 좋아하였네 | 而不好飾惟好懿 |
| 남보다 빼어난 재주가 있었으나 | 有出人之才 |
| 기예를 중시하지 않고 오직 덕을 중시했네 | 而不貴藝惟貴德 |
| 누가 그 자질의 아름다움과 행실의 돈독함과 같으랴 | 孰如其質之美而行之篤也 |
| 평생 업적 상고하면 우뚝하게 확립함이 있어 | 跡其平生之嶷嶷有立 |
| 대개 탁월하여 미칠 수 없는 것이 있네 | 盖卓乎有不可及者 |
| 참으로 남평 문씨의 현명한 자손으로 | 信乎其爲南平氏之賢子孫 |
| 강양 고을의 걸출한 사람이네 | 而江陽郡之傑巨人也 |

## 성균 생원 사암 이공 묘지명 병서
成均生員思庵李公墓誌銘 並序

공의 휘는 중목(重穆)이고 자는 국휴(國休)이며 성은 이씨(李氏)이고 본관은 여주(驪州)이다. 고려 시대 말에 제학(提學)을 지낸 휘가 행(行)이며 호가 기우자(騎牛子)라는 분은 문장(文章)과 절행(節行)으로 세상에 드러났다. 조선조 태조가 천명을 받아 왕이 되자 잠저(潛邸) 때의 구신(舊臣)으로 제일 먼저 공을 방문하였으나 벼슬에 나서지 않았으며 죽어서 문절(文節)의 시호를 받았다. 그의 아들은 휘가 적(迹)으로 조선조에 벼슬하여 예문관 제학(藝文館提學)을 지냈다. 그의 손자 휘 자(孜)는 양녕대군(讓寧大君)[89]의 사위가 되었다. 또 3대 뒤에 휘 태(迨)는 문과에 급제하여 한림원에 선발되었으나 권귀(權貴)에 거슬려 관직에 현달하지 못하였다. 그의 손자 휘 윤수(潤壽)에 이르러 밀양(密陽)으로부터 용궁(龍宮) 무이(武夷)로 이주하였다. 이분이 휘 백명(伯明)을 낳았다. 이분이 휘 장무(長茂)를 낳았는데, 자식이 없어서 그 형인 장영(長榮)의 아들로 생원을 지낸 휘 만엽(萬葉)을 양자로 들였으니, 이분이 공의 증조부이다. 조부의 휘는 지종(之宗)이고 아버지의 휘는 설(渫)인데, 대대로 유학을 본업으로 서로 전수하였다.

89 양녕대군(讓寧大君) : 이제(李褆, 1394~1462)로 태종의 맏아들이다. 자는 후백(厚伯), 시호는 강정(剛靖)이다. 1404년(태종4) 10세 때 세자로 책봉되었으나 막냇동생 충녕대군(忠寧大君)에게 왕위를 양보하였다. 세종의 묘정(廟庭)에 배향되었다.

어머니는 진성 이씨(眞城李氏)로 생원을 지낸 재창(再昌)의 따님이며 온계(溫溪) 정민공(貞愍公)[90]의 후손이다. 공은 숙종 경진년(1700, 숙종26) 9월 모일에 선성(宣城)의 외가에서 태어나 영조 무오년(1738, 영조14)에 생원에 합격하고 정해년(1767, 영조43) 11월 모일에 정침에서 고종(考終)하였으니, 향년 68세였다. 이듬해 정월에 구미(具美) 사향(巳向) 언덕에 장례를 지내니, 선영을 따른 것이다.

공은 타고난 자질이 자량(慈良)하고 독후(篤厚)하며 정개(貞介)하고 단근(端謹)하였다. 어릴 때부터 노는 것을 좋아하지 않았다. 처음에 재종조부 묵묵재(默默齋)에게 가르침을 받을 때 날마다 새벽에 일어나 세수하고 공부방의 모퉁이에 앉아서 공부하는데, 나아가고 머무르는 곳이 고정된 장소가 있어 척촌(尺寸)의 착오도 없었다. 이미 선생에게 물러나 방에 고요하게 앉아 저녁까지 글을 완미하고 외웠으며 한밤중에야 비로소 잠깐 잠들었다. 이와 같이 하기를 여러 해 동안 하며 게을리하지 않았다. 어버이를 효도로 봉양하여 항상 온갖 약을 갖추어 두었다가 필요할 때 대비하게 하였다. 부모님의 심지와 몸을 봉양함에 사랑과 공경이 모두 지극하여 한 가지 일도 뜻을 거스른 적이 없었다. 아버지는 성품이 강건하여 연소자들에게 가차없이 말과 낯빛에 드러내었지만,

**90** 온계(溫溪) 정민공(貞愍公) : 이해(李瀣, 1496~1550)이다. 본관은 진성(眞城), 자는 경명(景明), 호는 온계, 시호는 정민으로 이황(李滉)의 형이다. 1525년 진사에 합격하고, 문과에 급제하였다. 영주의 삼봉서원(三峰書院), 예안의 청계서원(淸溪書院)에 제향되었다.

유독 공에게는 온화한 얼굴로 가르쳤고, 일에 임하여 또한 공에게 자문하여 실행하였다. 어머니께서 만년에 오랫동안 중풍으로 고생하였는데, 해가 갈수록 병세가 심하였다. 공이 별도로 조용한 방을 지어 봉양하였는데, 매양 닭이 처음 울면 곧바로 달려가 안부를 살피며 몸 전체를 두루 안마해 준 다음 부축하여 앉힌 뒤에야 물러났다. 때때로 혹 조용히 어머니 앞에 나아가 옛날의 일과 공이 귀와 눈으로 보고 들은 것 중 기이하게 여길 만하고 기뻐할 만한 것을 이야기해 주어 어머니께서 즐겁게 듣고 소일하도록 하였다. 집에서 나갈 때 반드시 약속한 시간 전에 돌아와서 어머니에게 문에 기대어 자식이 오기를 기다리는 걱정을 끼치지 않았다. 부모상을 당하자 마음으로 슬퍼하고 몸을 훼손함이 지나쳐서 피눈물이 자리를 적시는 지경에 이르렀다.

종들이 죄를 지으면 자제들에게 넘겨주어 다스리게 하고 직접 꾸짖고 성낸 적이 없었다. 상제를 지킴을 전후상에 한결같이 하였다. 아버지께서 병석에 누워 있을 때 은어(銀魚)를 올리고 싶었으나 날이 가물어 물고기를 잡을 수가 없어서 올리지 못했는데, 이 때문에 종신토록 은어를 먹지 않았다. 일찍이 장례를 치른 뒤에 묘소 옆에 여막을 짓고 한 달에 여러 번씩 가서 성묘하고 머물렀는데, 뒤에 그 여막을 사암(思庵)이라 이름하였다.[91] 매일 새벽에

**91** 여막을 사암(思庵)이라 이름하였다 : 사암은 부모님을 간절히 생각하는 집이라는 말이다. 진사도(陳師道)가 지은 〈사정기(思亭記)〉를 보면, 진씨(甄氏) 성을 가진 사람이 어버이를 장례 지낸 뒤 그 묘소 가에 정자를 짓고 진사도에게 정자 이름을 지어 달라고 부탁하자 진사도가 자식이 어버이를 생각한다는 의미로 '사정(思亭)'이라고 이름하였다 한다. 《古文眞寶 後集》

반드시 가묘에 배알하는 것을 그만두지 않았다. 우애가 매우 돈독하였다. 공의 동생이 독한 염병에 걸린 적이 있었는데, 공이 정성을 다하여 치료하고 간호하여 허리띠를 풀고 자지 않고 눈을 붙이고 자지 않은 것이 거의 1개월이 되었다. 평상시 물건의 유무를 함께 공유하였고 맛있는 음식은 반드시 나누어 먹었다. 유씨(柳氏)에게 시집간 여동생이 병이 위독하자 집으로 데리고 와서 약으로 치료함을 지극히 하지 않음이 없었다. 여동생이 죽자 또 장례를 치르는 도를 극진히 하고 전답을 마련하여 사람에게 주어서 그의 묘소를 관리하도록 하였다. 양육을 받지 못하는 생질들을 거두어 기르기를 마치 자식처럼 사랑하였다.

공의 종형(宗兄) 모씨는 멀리서 우거하였는데 자주 쌀독이 비었다. 공이 이미 연속하여 음식을 보내 주었고 끝내는 병을 간호함, 상례를 치름, 반장(返葬)에 필요한 제반 도구를 갖춤 등을 모두 스스로 담당하였다. 아버지 때부터 종갓집을 보호함에 극진히 하지 않음이 없어서 별도로 약간의 전답을 마련하였는데, 공이 아버지께서 남긴 뜻을 이어받아 그 일을 주관하고 전답을 더 두었다. 인하여 토지 문권을 종갓집에 돌려주어 누대의 제사를 받들 수 있도록 해 주었다. 묵묵재의 상은 공이 상복을 입는 친족에 해당되지 않았다. 그러나 공이 일찍이 가르침을 받았다는 것으로 시마복(緦麻服)을 입었고, 심상(心喪)하는 삼 년 동안 잔치 자리에 참석하지 않았다. 시신에 넣는 물건과 관곽에 넣는 물건을 이미 모두 스스로 갖추었고 또 그의 사우(祠宇)를 건립하였다. 묵묵재가 돌아가신 뒤 그 아이들을 불쌍히 여겨 구휼하고 해마다 반드시 기제사의 제수를 도왔으며, 그 부인의 상에도 그렇게 하였다.

종당(宗黨) 중에서 의지할 데가 없어 배우지 못한 자가 있으면 문득 거두어 가르쳤다. 흉년이 들면 온 마을에 두루 곡식을 공급하였는데 매 순삭(旬朔)에 관곡(官穀)을 나누어 주듯이 하였다. 외숙부 지헌공(芝軒公)[92]이 노환에 걸린 지 오래되었는데, 공이 달마다 문후 인사를 드리고 맛있는 음식을 드렸다. 외사촌 두 명이 매우 가난하였는데, 또한 해마다 옷을 넣은 상자를 보내 도와주었다. 또 막내 외사촌의 고아가 된 딸을 거두어 길러 시집보내 주었다. 다른 이에게 이와 같이 한 경우가 또한 몇 사람이 있다. 이웃에 우거하는 사람 중에 부자간에 동시에 죽어서 지극히 가까운 친척도 없는 자가 있었는데, 공이 몸소 터를 잡아 장사를 지내게 하였다.

밖을 꾸미는 사람을 보면 반드시 엄하게 꾸짖었으니 그 마음의 방정함이 이와 같았다. 그러나 스스로 자신의 성격이 치우쳤다고 생각하여 항상 '관완(寬緩)' 두 글자에 힘을 썼다. 임종 때 자제들에게 말하기를 "평소에 검약에 뜻을 두어 의식주는 적당함을 취하고 그칠 것이다."라고 하였다. 염정(恬靜)한 것으로 스스로 지켰고 행동거지는 떳떳한 도리를 따랐으며, 몸에는 태만한 모습이 없었고 입으로는 비속한 말을 하지 않았다. 평상시에 방문 앞에는 항상 신이 가득하여 손님들과 재미있는 이야기를 진술하여 펼쳤지만 한결같이 간묵(簡默)한 태도로 초연하게 아는 지식이 없는 듯이 하였다. 객이 떠난 뒤에는 반드시 경전에 잠심하여 연구하기

**92** 지헌공(芝軒公) : 이현룡(李見龍, 1692～1765)을 말한다. 본관은 진성(眞城), 자는 국로(國老), 호는 읍지헌(挹芝軒)이다. 1726년(영조2) 진사에 합격하였다. 저서로는 《읍지헌유고》가 있다.

를 그만두지 않았다. 일찍이 재상집의 사람으로 공과 같은 해에 과거에 급제하여 이웃 고을에 고을 원으로 부임한 이가 의원(醫院)을 방문 차 마을에 도착하여 공을 만나 보기를 요구하였으나, 공은 질병을 핑계 대며 사양하였다. 또 서울의 명사(名士)가 공의 집과 혼인하기를 구하였으나 사절하며 허락하지 않았다. 공이 권세와 이익을 사모하지 않음이 또한 이와 같았다. 대저 책 읽기를 좋아하고 윤리에 독실하며 행실을 삼가기를 공과 같이 하는 자임에도 불구하고 다만 한 번 사마시에 합격한 것으로 임하에서 인생을 마치게 되었으니 어떻게 된 것인가.

부인 의인(宜人)은 광산 김씨(光山金氏)로 계암(溪巖) 선생[93]의 증손자인 김집(金鏶)의 따님이니, 유순(柔順)하고 자혜(慈惠)로웠다. 시부모를 섬김에 공경하고 삼감을 항상 처음 시집올 때와 같이 하였다. 매우 더워도 머리의 다리와 비녀를 제거한 적이 없었으며 중문 밖으로 나가지 않았다. 남편을 받듦에 덕을 어김이 없었다. 갑술년(1694, 숙종20)에 태어나 신사년(1761, 영조37)에 돌아가셨다. 장지는 구미(具美)의 공의 묘소 뒤 몇 보(步) 거리의 오향(午向) 언덕에 있다. 아들 하나를 두었으니 우섭(宇燮)이고 세 딸은 유일춘(柳一春), 김상억(金相億), 이우침(李宇琛)에게 각각 시집갔다. 우섭은 3남을 두었으니, 생원인 장우(章瑀), 양자로

**93** 계암(溪巖) 선생 : 김령(金坽, 1577~1641)이다. 본관은 광산(光山), 자는 자준(子峻), 호는 계암, 시호는 문정(文貞)이다. 유성룡(柳成龍)의 문인으로 1612년(광해군4) 문과에 급제하여 사헌부 지평을 역임하였다. 병자호란 때 예안에서 의병이 일어나자 가산을 털어 의병을 지원하였다. 저서로 《계암집》과 《계암일기》가 있다.

나간 장규(章奎), 장오(章五)이고 두 딸은 김우동(金佑東)과 박태령(朴台寧)에게 각각 시집갔다. 하루는 우섭 씨가 그의 아들 장우(章瑀)를 보내 상사(上舍) 유상춘(柳象春)[94] 씨가 지은 행장을 가지고 나에게 보여 주며 한마디 말을 구사하여 공의 묘지명을 지어 달라고 부탁하였다. 내가 사양하였으나 받아들여지지 않아 드디어 위와 같이 서술하고 다음과 같이 명으로 잇는다.

| | |
|---|---|
| 공자께서 네 가지로 가르치시니 | 子以四教 |
| 문과 행 그리고 충과 신이네[95] | 文行忠信 |
| 이 점에 능함이 있으면 | 有能於是 |
| 성문에 나아갈 수 있으리 | 聖門可進 |
| 아! 공의 천품은 | 嗟公天品 |
| 참으로 절개 있고 고고하였네 | 寔惟介特 |
| 부지런히 독서하고 윤리에 돈독하여 | 劬書篤倫 |
| 한결같은 정성으로 일을 해내었네 | 一誠攸克 |
| 고결함으로 자기를 처신하여 | 高潔處己 |
| 또한 무리들을 뛰어넘었네 | 亦超乎羣 |
| 내가 묘지명을 지어서 | 我誌其窆 |
| 후손에게 알리네 | 以詔後昆 |

**94** 유상춘(柳象春) : 1734~1804. 본관은 풍산(豊山), 자는 호여(皞如), 호는 유하(柳下)이다. 1762년(영조38) 식년시 2등으로 생원에 합격하였다. 저서로는 《유하집》이 있다.

**95** 공자께서……신이네 : 《논어》 〈술이(述而)〉에 나온다.

# 성균 진사 반남 박공 묘지
成均進士潘南朴公墓誌

퇴도(退陶) 선생이 일찍이 《주자서절요(朱子書節要)》[96]를 편찬하여 후학들에게 아름다운 은혜를 끼쳐 지금에 이르기까지 집집마다 이 책을 두어 읽고 외우는 것이 모두 이러하다. 가령 이 책을 가지고 공부하기를 지극히 하고 음미함을 깊이 하여 심신에 체득하고 실천에 드러내 보일 수 있다면 비록 학문의 조예에 고하의 차이가 있다고 하더라도 성현(聖賢)의 무리가 되는 데는 해가 없다. 그러나 이와 같이 하는 자를 또한 보기가 드물다. 지금 직장(直長) 박시원(朴時源) 군이 받들고 와서 나에게 보여 준 자기의 증조부 진사공(進士公)이 지은 《덕언(德言)》 한 편을 보니, 또한 《주자서절요》에 나아가 내용별로 나누고 주제별로 분류하여 각각 문목(門目)을 만들어, 조목에 따라 필사(筆寫)하며 편집하여 상고하고 열람하기에 편리하게 만들었는데, 자획(字畫)이 해정(楷正)하여 수미가 한결같았으니, 만일 《주자서절요》에 대하여 잠시도 잊지 않고 정성을 들여 터득함이 있지 않았다면, 어찌 족히 이런 일을 하는 데 관여할 수 있었겠는가. 또 내가 직장 군이 받들고

**96** 주자서절요(朱子書節要) : 퇴계(退溪) 이황(李滉)이 송(宋)나라의 대학자인 주희(朱熹)의 편지 중에서 긴요한 것들을 골라 모아 편찬한 것으로, 원래 책 이름은 《회암서절요(晦庵書節要)》이며 20권 10책이다. 이 책은 조선조 주자학을 정립하는 데 기여한 공로가 매우 지대하여, 조선 중기 이후 성리학의 정신사적 위상에서 중요한 역할을 차지하였다.

와서 나에게 보여 준 공에 대한 행록(行錄)을 보니, 공의 자질은 중후(重厚)하고 침심(沈深)함에 한결같아 조금이라도 경솔하고 부박한 뜻이 없고, 공의 행실은 충신(忠信)하고 독경(篤敬)함에 한결같아 조금이라도 겉으로 꾸미는 뜻이 없으니, 내가 나도 모르게 공경하며 감탄하기를 그만둘 수 없었다. 직장군이 또 나에게 공의 묘지를 지어 주기를 청하기에 사양하였으나 되지 않아 드디어 비루한 나의 의견을 위와 같이 쓴다. 인하여 공의 세계(世系), 생몰 연대, 자손록을 아래와 같이 기록한다.

공의 휘는 문엽(文曄)이고 자는 질겸(質兼)이며 본관은 반남(潘南)이다. 상세(上世)에 휘 상충(尙衷)이 있었으니, 고려 시대 직제학(直提學)을 지냈고 영의정(領議政)에 증직되었으며 시호는 문정(文正)이다. 그의 아들은 은(訔)으로 좌의정(左議政)을 지냈으며 시호가 평도(平度)이다. 5대를 지나서 휘 승임(承任)[97]은 대사간(大司諫)을 지냈는데, 경학(經學)과 문장(文章)으로 뛰어나 학자들이 소고(嘯皐) 선생이라 일컫는다. 그의 손자 종무(樅茂)[98]는 진사가 되었으며 호가 삼락당(三樂堂)인데, 조손간에 모두 서

**97** 승임(承任) : 박승임(1517~1586). 본관은 반남(潘南), 자는 중보(重甫), 호는 소고(嘯皐)이다. 1540년(중종35)에 진사와 문과에 급제하였다. 풍기 군수(豊基郡守)와 대사간(大司諫)을 역임하였다. 구산정사(龜山精舍)에 제향되었으며 저서로 《소고집》이 있다.

**98** 종무(樅茂) : 박종무(1582~1664). 본관은 반남(潘南), 자는 계직(季直), 호는 삼락당(三樂堂)이다. 1609년(광해군1) 사마시에 합격하였다. 이괄의 난 때 임금을 공주까지 호종하였으며 병자호란 이후 출사를 단념하고 학문에 전념하였다. 삼락사(三樂祠)에 제향되었다.

원이나 사당에 배향되었다. 종무의 아들은 합(炲)으로 사복시 정(司僕寺正)에 증직되었으며, 합의 아들은 사기(嗣基)로 좌승지(左承旨)에 증직되었으니, 곧 공의 아버지이다. 어머니는 숙부인(淑夫人) 안동 권씨(安東權氏)로 판결사(判決事) 권정오(權定吾)의 후손이며 학생(學生) 권시평(權是平)의 따님이다. 공은 숙종 갑인년(1674, 숙종 즉위년)에 태어나 32세에 사마시에 합격하여 성균관에 입학하였고 기해년(1719, 숙종45)에 죽어서 향년 46세이다. 순흥(順興) 이목곡(梨木谷) 병향(丙向) 언덕에 장례를 지냈다. 부인 진성 이씨(眞城李氏)와 의성 김씨(義城金氏)는 모두 자식이 없다. 셋째 부인 봉화 금씨(奉化琴氏)는 2남 2녀를 두었으니, 두 아들은 생원을 지낸 정렬(鼎烈), 정구(鼎九)이고 두 딸은 정서(鄭墅)와 조일규(趙一圭)에게 각각 시집갔다. 정렬은 5남 2녀를 두었으니, 5남은 사호(師虎), 사혁(師赫), 사립(師立), 사창(師昌), 사범(師範)이고, 2녀는 김황련(金黃鍊)과 이창순(李昌淳)에게 각각 시집갔다. 정구는 1남 2녀를 두었으니, 아들은 사표(師豹)이고 딸은 김양련(金良鍊)과 정중영(鄭重榮)에게 각각 시집갔다. 사호의 양자는 시림(時霖)이다. 사표의 아들은 시원(時源)이니, 곧 직장군(直長君)이다.

처음에 공이 자못 노둔하여 기억력이 뛰어나지 못하였다. 학교에 들어간 뒤로부터 독실하고 성실하며 게으름을 피우지 않아 문사(文詞)가 날로 진보하여 동학(同學) 가운데 재주가 민첩하여 공보다 뛰어났던 사람도 도리어 미칠 수가 없게 되었다. 성현의 책을 좋아하여 읽지 않음이 없었고 최고로 공부의 힘을 기울인 것은 《주자서절요》였다. 그러므로 일상생활의 모든 것이 여기서부터 나오지 않은 것이 없어서 평소에 몸을 단속하고 계칙하여 슬렁슬렁 지나지 않았다. 검약을 숭상하고 언행을 삼갔다. 어버이를 섬김에 정성과 효성을 극진히 하였다. 동생과 누이들을 우애함에 돈독하였고 처자식을 양육함에 엄정하였으며 종족과 향당을 대함에 화목하였다. 붕우를 선택함에 신중하여 자기가 생각하는 이상적인 벗이 아니면 교유하지 않았다. 빈객과 처함에 항상 고요하고 묵묵함으로 스스로 견지하였으나, 사리를 논변하는 데 이르러서는 고금의 일을 원용하고 증거로 삼아 명백하고도 통창(通暢)하게 밝혔다. 성격이 절개가 있고 깨끗하여 의리에 맞지 않은 것은 한 터럭도 구차하게 취하지 않았으니, 이것이 공의 생애의 대략이다.

대저 도는 비록 높고 깊음과 원대함에 지극하더라도, 그 실제는 민생(民生)의 이륜(彝倫) 밖으로 벗어나지 않는다. 공이 만나는 상황에 따라 분수를 다할 수 있음이 이와 같았으니, 어찌 세상에 도모하여 한 일이 없다고 하여 보잘것없게 여길 수가 있겠는가. 공이 편찬한 이 책을 읽은 자가 있다면 마땅히 나의 말이 늙은이의 이치에 맞지 않는 말이 아님을 알 수 있을 것이니, 이 점을 묘지로 쓴다.

## 괴담 처사 배군 묘지명 병서

### 槐潭處士裴君墓誌銘 並序

내가 과거에 "화산(花山 안동)에 배 처사(裵處士)라는 사람이 출중하여 대산(大山) 이 선생(李先生)의 문하에서 배웠으며 사람이 총명하고 특출하며 뜻을 돈독히 하고 행실을 힘써서 무리들 중에 그에 비교할 이가 드물다."라고 하는 말을 들었다. 그 이후 적막하게 다시는 그에 대한 소식을 듣지 못했기 때문에 처음에는 기이하게 여겼다가 끝에 가서는 의아하게 여기며 항상 마음에 생각하고 있었는데, 지금 처사의 아들 현두(顯斗)가 공의 유고 약간 권을 가지고 와서 나에게 보여 주고 인하여 눈물을 흘리며 묘지명을 지어 주기를 요구하면서 "아버지께서는 불행하게도 30세에 돌아가셔서 지업(志業)을 크게 이루지 못하였고 평소에 저술한 것도 오직 이것뿐입니다. 숨겨진 덕망과 그윽한 빛이 인하여 막히고 사라질까 매우 두렵기에 감히 묘지명을 지어 주기를 청합니다. 원하건대 집사께서는 부디 한 편의 글을 지어서 후세에 민몰되지 않게 해 주시면 은혜를 입음이 클 것입니다."라고 하였다.

내가 이미 처사가 일찍 세상을 떠난 것에 놀랐고 또 현두의 사람됨을 가상하게 여겨 곧바로 유고를 가지고 열람해 보니, 그 책에서 상수(象數)를 발휘(發揮)한 것과 유묘(幽眇)한 이치를 궁구한 것은 비록 고정(考亭 주자(朱子))의 원숙하고 노련한 벗이라 하더라도 이보다 지나칠 수 없을 듯하였다. 그리고 그중에 도학(道學)에 관한 여섯 개의 그림은 더욱 찬란하게 이치가 구비되어 성명(性命)의 근원을 천명함과 학문의 요체를 들어 보인 것이 모두 옛 성현의 은미한 뜻과 밝은 가르침에 근본하여 조리가 분명하고 맥락(脈絡)이 관통하였다. 한 번 봄에 이치가 명백하지 않음이 없는 것이 마치 손바닥을 가리키는 듯하였으며 또 앞 시대의 사람들이 밝히지 못했던 것을 밝힌 것이 많았으니, 만일 공부를 함이 극도로 친절(親切)하고 도에 나아감이 지극한 바가 있지 않았다면 어찌 그렇게 될 수 있었겠는가. 이것은 대개 대산 선생에게 배우고 난 뒤에 터득한 것이다. 그러나 애석하게도 대산 선생께서 얼마 있지 않아 돌아가시고 처사도 불행하게 단명하여 장도(長途)에 달리는 뛰어난 말로 하여금 문득 여기에 그치게 하고 말았으니, 하늘의 뜻은 과연 어떠한지 모르겠다.

처사의 이름은 상열(相說)이고 자는 군필(君弼)이며 본관은 흥해(興海)로 관찰사를 지낸 휘 삼익(三益)의 동생 휘 삼근(三近)의 7대손이다. 증조부는 응만(應萬)이고 조부는 행목(行睦)이다. 아버지는 집(緝)이고 어머니는 안동 권씨(安東權氏) 경여(慶餘)의 따님으로 원릉(元陵 영조의 능호) 기묘년(1759, 영조35) 12월 모일에 내성현(乃城縣) 유록동(呦鹿洞)에서 처사를 낳았다. 처사는 어려서 남다른 자질을 지녀서 겨우 글자를 배울 때 하나를 들으면 둘을 알 수 있었다. 집에 책이 없어서 처음에 《역학계몽(易學啓蒙)》을 빌려서 즉시 문을 닫고 침잠하며 연구하였는데, 몇 달 되지 않아 완전히 통달하였다. 이를 이어 율려(律呂), 산수(筭數), 천문(天文), 지리(地理), 도검(韜鈐)[99] 등의 책을 보아서 모

99 도검(韜鈐) : 고대의 병서(兵書)인 《육도(六韜)》와 《옥검편(玉鈐篇)》의 병칭이다.

두 묘리를 통달하였다. 더욱 복희씨의 《주역》에 깊이 탐구하여 《주역》의 이치를 잘 이용하는 뜻을 터득하여 거의 종일토록의 생활이 이 원리에서 벗어나지 않았다. 밤에는 천상(天象)을 관찰하여 별자리를 분변하고 낮에는 구고(句股)[100]를 펼쳐서 산천을 측량하였다. 일영대(日影臺)[101]를 만들어 시간을 계산하고 혼천의(渾天儀)[102]를 제작하여 천체(天體)의 도수를 살폈다. 또 기삼백(朞三百)을 추론하여 기영(氣盈)과 삭허(朔虛)를 모두 고르게 하였다.[103] 모두 스승에게 배우지 않고 나면서 알아 스스로 터득한 것이 이와 같았다.

호상(湖上)[104]에 유학함에 미쳐서는 드디어 옛날에 했던 공부를 다 버리고 수사(洙泗 공자)와 낙건(洛建 정주(程朱))의 학문에 마음을 오로지 쏟고 뜻을 전일하게 하였으니 대개 장차 공부가 진척

**100** 구고(句股) : 직각 삼각형을 표시하는 수학 용어이다. 직각을 낀 짧은 변이 구(句), 긴 변이 고(股)이다.

**101** 일영대(日影臺) : 태양 광선의 이동에 따라 그 그림자의 방향을 알아보는 대(臺)로 해시계를 말한다.

**102** 혼천의(渾天儀) : 《서경》에 나오는 선기옥형(璿璣玉衡)으로, 해·달·별의 천상(天象)을 그려서 천체의 운행과 위치를 관측하던 기계인데, 사각(四脚)의 틀 위에 올려 놓고 회전시키면서 관측하도록 되어 있다.

**103** 기삼백(朞三百)을……하였다 : 《서경》 기삼백(朞三百)의 주에 "기영(氣盈)과 삭허(朔虛)의 분한(分限)이 고르게 된다.〔氣朔分齊〕"라고 하였는데, 해가 하늘과 만나는 주기는 360일보다 5와 235/940일이 더 많은데 이를 기영이라 하고, 달이 해와 만나는 주기는 360일보다 5와 592/940일이 적은데 이를 삭허라 하니, 기영과 삭허를 합쳐서 윤달이 생긴다.《書傳 堯典 蔡沈注》

**104** 호상(湖上) : 안동 일직면에 있는 소호리(蘇湖里)로 이상정(李象靖)이 있었던 곳이다.

하고 진척하여 그침이 없어서 원대한 학업을 마칠 것 같았다. 처사와 같은 이는 어찌 뛰어난 재주와 호걸의 선비가 아니겠는가. 논자들은 장수하지 못한 왕중엄(王仲淹)[105]과 그 불행함이 같다고 말한다. 그러나 왕중엄이 살 때는 대산 선생과 같은 선각자가 없었기에 가령 오래 살았더라도 꼭 조그만 성취에 편안히 여기지 않을 리가 없었을 터이니, 어찌 처사가 같은 시대에 훌륭한 스승을 만남이 있어 결국에는 학문의 조예가 어떤 지경에 이를지 알 수 없을 정도였는데 갑자기 이와 같이 죽어 버리는 것과 같겠는가. 이것은 불행함이 왕중엄보다 더욱 심한 것이니, 아! 슬프도다.

처사는 응대함에 겸손하고 공경하였으며, 명령을 좇아 부지런히 움직이며 한결같이 순종함을 장자(長者)의 마음에 맞게 하였다. 부모를 섬김에 지극히 효성스러워 물을 긷고 절구질하는 일과 비천한 일 등 모든 것을 상황에 따라 어버이의 수고로움을 대신하지 않음이 없었다. 한 분뿐인 형에게 매우 우애롭게 대하여 잠자리와 책상을 반드시 함께하였다. 부부 사이에는 삼가 규문(閨門)이 엄숙하였다. 행의(行誼)가 순비(純備)하고 사람과의 응대가 곡진하니, 이에 이웃 사람들이 모두 기뻐하며 심복하였다. 문로(門老)들이 처사를 위하여 서재를 지어 거처하게 하니, 처사를 따라서 배운 자 중에 또한 성취한 사람이 많았다. 처사께서는 한결

**105** 왕중엄(王仲淹) : 왕통(王通, 584~617)을 말한다. 자는 중엄(仲淹), 사시(私諡)는 문중자(文中子)이며, 강주(絳州) 용문(龍門) 사람이다. 수(隋)나라 때 경학가로, 촉군 사호서좌(蜀郡司戶書佐), 촉왕 시독(蜀王侍讀) 등을 역임하였다. 육경(六經)의 효용을 중시하였으며, 그 체제를 본떠 여러 저술을 남겼으나 모두 전해지지 않고, 《논어》를 모방하여 지은 《중설(中說)》만 남아 있다.

같이 겸손하고 마음을 비워 공손한 태도로 아무런 능력이 없는 것처럼 보였다. 고을 사람들이 이것으로 더욱 칭찬하여 관찰사에게 벼슬을 천거하려고 하는 데 이르자 처사가 힘써 저지하였으니, 처사가 문달(聞達)을 구하지 않음이 대부분 이와 같았다.

성품이 아름다운 산수를 좋아하여 일찍이 단양(丹陽)[106]에 들어가 여러 승경을 차례로 유람하였으며, 집 주위의 회화나무 아래에 조그만 못을 파고 이름을 '직방(直方)'이라 하니, 안동(安東)의 선비들이 괴담 처사(槐潭處士)라 일컬었다. 저술로는 《성리찬요(聖理纂要)》, 《사서찬요(四書纂要)》, 《심경품목(心經稟目)》, 《서계쇄록(書計鎖錄)》, 《을수제강(乙數提綱)》이 있고, 《예설초록(禮說抄錄)》과 《역대초록(歷代抄錄)》 같은 것은 모두 책을 완성하지 못하였다고 한다.

대저 처사의 재주의 탁월함과 학문의 매진함에 있어서 인물이 아득히 적을 이때에 호상(湖上)의 문하생 입장에서 말한다면 정히 이른바 법중용상(法中龍象)[107]이라 할 것이다. 그리고 한미한 농포(農圃) 가운데서 분발하여 일어나 곧바로 우주 간의 일을 담당하고야 그만두려고 한 사람이니, 무리에서 고출(高出)하고 대중에서 빼어난 사람이기에 충분하다. 그러나 이미 이런 인재를 태어

**106** 단양(丹陽) : 충청도 단양이 아니라, 우탁(禹倬)을 모시는 단산서원(丹山書院)이 있는 영해(寧海)를 말한다. 우탁이 영해(寧海)의 사록(司祿)이 되어 나갔을 때 민심을 현혹하는 요신(妖神)의 신당(神堂)을 철폐하였는데, 영해 사람들이 그의 공로를 잊지 못하여 단산서원을 세워 추모하였다.

**107** 법중용상(法中龍象) : 불교 용어로, 대중에서 뛰어난 큰 스님을 말한다. 용은 어족(魚族)의 왕이고 상(象)은 짐승의 왕이므로 그렇게 말한다.

나게 해 놓고 곧바로 또 속히 목숨을 빼앗아 감이 이와 같아 학문을 마무리하지 못하게 하였으니, 내가 어찌 하늘에 원망을 돌려 하늘의 뜻이 과연 어떠한지를 알지 못하겠다고 생각하지 않을 수 있겠는가.

처사는 정조 기유년(1789, 정조13) 4월 모일에 죽어 묘소는 유록동(呦鹿洞) 묘좌(卯坐) 언덕에 있다. 장례를 지낼 때 모인 사람이 삼백여 명이었다. 부인은 풍산 김씨(豐山金氏)로 우추(遇秋)의 따님이다. 두 아들을 두었으니, 장남은 곧 현두(顯斗)이고 차남은 현기(顯箕)이다. 명은 다음과 같다.

| | |
|---|---|
| 처사의 태어남이 | 處士之生 |
| 어찌 우연이겠는가 | 夫豈偶然 |
| 신인이 그 마음을 비추어 보니 | 神人鑑其衷 |
| 앞서서는 태고 글자의 꿈을 꾸었고[108] | 則有太古字之夢作於先 |
| 이물이 그 상서로움을 드러내니 | 異物呈其瑞 |
| 집 앞에 팔괘상의 소나무가 자랐네[109] | 則有八卦象之松生於前 |

**108** 신인이……꾸었고 : 배상열의 문집 《괴담유고(槐潭遺稿)》 권1에 실려 있는 〈태고몽기(太古夢記)〉에 의하면, 배상열이 신축년(1781)에 의자에 기대어 낮잠을 잤는데, 노인이 나타나 주는 책에 '태고천토(太古天土)'라는 네 글자가 기록된 꿈을 꾸었다. 깨어나서는 이 글자가 《주역》의 사상기우(四象奇偶)를 말하는 것이라 생각하고 깊이 연구하여 쓴 글이 바로 이 기문이라고 한다.

**109** 이물이……자랐네 : 배상열의 문집 《괴담유고(槐潭遺稿)》 부록 권6에 실려 있는 김진동(金鎭東)이 지은 행장에 다음과 같은 이야기가 있다. 배상열이 사는 영해의 집 동산(東山)에 특이한 소나무가 자라고 있었다. 제일 아래 가지에서는 솔방울이 1개, 둘째 가지에서는 솔방울이 2개, 셋째 가지에서는 솔방울이 4개, 넷째 가지에

이것은 장차 세상에 크게 훌륭한 일을 하여 是盖將大有爲於世
문명의 덕을 걸어 以揭文明之德
하늘에 규벽의 찬란함을 두려 함이었네 有若奎壁之爛然於天
그러나 단 샘물은 쉽게 마르고 而醴泉易渴
영지는 뿌리가 없네[110] 靈芝無根
다만 사람에게 그 남은 향기를 실컷 먹이니 徒使人飫其餘芳
그 남긴 자취를 어루만지면서 흠모하며 애도하기가 끝이 없네
撫其遺塵而欽愛悼惜之無垠
나는 처사가 보답을 받는 것은 吾知處士之食報
반드시 뒷사람에게 있을 것임을 알겠네 其必在於後人也夫

서는 솔방울이 8개, 다섯째 가지에서는 16개, 여섯째 가지에서는 32개가 각각 달려 있었다. 제일 위의 가지에는 솔방울이 하나도 달려 있지 않았는데, 《주역》의 원리가 1태극에서 64괘로 나누어지듯이 앞으로 이 가지에 64개의 솔방울이 열리기를 바라며 아침저녁으로 가 보았다. 배상열은 이 소나무를 보고 만물은 각기 태극(太極)을 갖추고 있다는 것을 증험했다고 한다. 그런데 어느 날 초동(樵童)이 그 소나무를 베어 버렸는데, 그러자 배상열도 병이 들어 일어나지 못하여 죽고 말았다고 한다.

**110** 영지는 뿌리가 없네 : "영지는 뿌리가 없고 예천은 근원이 없네.〔靈芝無根, 醴泉無源.〕"라는 말은 삼국 시대의 학자인 우번(虞翻, 164~233)이 아우에게 보낸 편지에 보인다. 《天中記 卷43》

# 열부 박씨 묘지명 병서

## 烈婦朴氏墓誌銘 並序

열부(烈婦) 박씨(朴氏)는 본관이 함양(咸陽)이니, 이조 정랑(吏曹正郎) 박종린(朴從鱗)의 후손이다. 아버지는 한익(漢翼)으로 호가 북파(北坡)인데, 문학(文學)으로 당시에 추중을 받았다. 어머니는 안동 권씨(安東權氏)로 충재(冲齋 권벌(權橃)) 선생의 후손인 사원(思遠)의 따님이다. 열부는 정조 임인년(1782, 정조6) 7월 모일에 태어났다.

열부는 어려서 지극히 선량한 성품을 가지고 있었다. 13세에 아버지 상을 당하여 몸을 훼손함과 소식(素食)함을 어른과 같이 하였다. 20세에 본관이 평산(平山)인 신섭(申葉)의 아내가 되었다. 겨우 혼례를 올리자 곧바로 친정 어머니 상을 당하였다. 어머니가 바야흐로 병이 위독했을 때 열부가 손가락을 끊어 피를 어머니 입에 주입하였는데, 이 때문에 손가락에 병이 들었다. 이듬해에 남편 집에 시집와서 지극정성으로 시부모를 섬겼다. 남편이 이미 돌아가신 백부모에게 양자로 나가게 되자, 열부가 시부모에게 고하여 말하기를 "지금 상황에서 중요하게 여겨야 할 것이 양자로 나간 집에 있으니, 청컨대 저 곳에 오로지 신경을 쓰는 것이 옳을 것입니다."라고 하니, 시부모가 의롭게 여기고 허락하였다. 드디어 사당을 지었는데, 거처하는 집과 기슭 하나를 사이에 두었다. 열부가 사당에 맛있는 음식을 올리는 것을 빠뜨림이 없었다. 시부모가 그 집에 이르면 사당에 바친 음식은 모두 시부모께서

드시고 싶어 하는 것들이었다. 그러나 혹 드시지 않고 집으로 돌아가시면 반드시 음식을 뒤따라 보내 주었는데, 이것을 평상의 일로 삼았다.

무진년(1808, 순조8)에는 열부의 나이가 27세였는데, 남편이 창설(脹泄)의 증상이 점점 위독한 지경에 이르렀다. 열부가 정성을 다하여 치료하고 간호하여 진실로 병이 낫는 데 이롭기만 하면 비록 지극히 구하기 어려운 약이라 할지라도 집안의 재력을 염두에 두지 않고 반드시 구하여 사용하였다. 매일 한밤중에 목욕하고 하늘에 기도하여 자신이 대신 죽기를 빌었다. 남편이 장차 죽으려고 할 때 박씨를 돌아보며 말하기를 "다행히 어린 아들과 딸이 강보에 있으니, 내가 죽는다고 목숨을 끊지 말고 반드시 이 아이들을 보호하고 길러서 우리 종사(宗事)를 잇게 하시오."라고 하였다. 남편이 세상을 떠나자 박씨가 애달프게 울부짖으며 갑자기 기절하는 가운데서도 부신(附身)과 부관(附棺)의 물건들을 모두 친히 점검하고 꼼꼼하게 준비하여 빠뜨림이 없었다. 궤전(饋奠 사자에게 음식을 올리는 것)과 곡읍(哭泣)을 모두 예절을 따라 준수하여 정(情)에 지나치는 데 이르지 않았다.

장례를 치르게 되자 한 통의 영결문이 관을 묶어 놓은 종이 가운데에서 떨어졌는데, 그 내용은 대략 다음과 같았다. "남편은 지하에 편안히 돌아가시고 박명한 저는 남편에게 부탁받은 말이 간절하기에 차마 문득 스스로 목숨을 끊지 못하고 있습니다. 그러나 만약 대상(大祥)의 때에 이르게 되면 아이의 나이가 이미 다섯 살이니, 비록 엄마가 없어도 수화(水火)의 재앙을 면할 수 있을 것입니다. 마땅히 그날까지를 기다렸다가 남편을 따라 죽을 것입니다." 이해에 박씨가 어린 아이들을 보호하고 기르다가 시부모의 명령으로 원래의 시가 집에 와서 의지하고 있었거늘 그해 여름에 아들이 또 죽고 말았다. 박씨가 남편의 빈소가 있는 곳에 돌아가 지키기를 청하여 말하기를 "미망인이 남편에게 스스로 몸을 바칠 수 있는 것은 삼년상에 불과합니다. 목숨이 아직 붙어 있으니, 차마 남편의 빈소를 유폐(幽閉)시킬 수가 있겠습니까."라고 하였다. 시부모가 끝내 막을 수 없다는 것을 헤아려 허락해 주었다. 이로부터 시부모가 몸이 불편할 때가 아니면 열부가 문득 원래의 시가 집에 이른 적이 없었다.

신미년(1811, 순조11) 정월 초하루가 되자 갑자기 술과 음식을 마련하여 시부모에게 올리는데, 평상시 새해 하례(賀禮)를 올리는 것과 같이 하였다. 그러나 시부모가 그전에 하던 행동과 같지 않은 것을 괴이하게 여겼다. 또 어린 딸이 병이 들어 거의 죽을 날이 며칠 남지 않았지만, 행동거지가 그전과 다름이 없었고 안색에도 거의 표시가 없었다. 이에 시부모가 더욱 걱정하여 여종을 시켜 가서 지키게 하였다. 모월 모일에 박씨가 여종을 유도하여 밖으로 나가서 약을 구해 오게 하고는 자신은 남편이 살았을 때 쓰던 허리띠로 스스로 목을 매어 죽었다.

그 옆에 유서가 있었으니, 다음과 같았다. "불초 며느리 박(朴)은 감히 시부모에게 영결을 고합니다. 제가 남편이 돌아가시던 날에 즉시 따라 죽어야 했으나, 위로해 주시는 말을 들었습니다. 그래서 어린아이가 살아 있고 또 남편이 임종할 때 부탁하던 말을 염두에 둠에 차마 그 부탁을 저버릴 수가 없어서 애써 살아가며 대상의 날짜가 오기를 기다리고자 생각하였습니다. 그러나 지금 아들이 이미 죽었고 딸도 죽게 되었으니, 딸이 죽는 것은 비록 중요한 일에 관련되는 것이 없으나, 아들이 죽는 이런 지경에 이른 것은 남편의 부탁을 어긋나게 한 것입니다. 이에 다시는 대상이 될 때까지 기다릴 수가 없어서 결단하여 저승에 계시는 남편을 따라가기로 마음먹었습니다. 삼가 바라건대 시부모께서는 불초 며느리를 개의치 마시고 백세토록 건강하게 사십시오. 제가 죽은 뒤에는 남편의 반소매 옷과 홑바지는 장롱에 있으니 반드시 그것으로 제 몸을 덮어 주십시오." 또 말하기를 "마땅히 친정 오빠에게 몇 글자의 영결문을 지어야 하나 남편에게 돌아갈 뜻이 바쁘기에 그렇게 하지 못하였으니 만 가지로 괴로운 생각이 여기에 그칩니다." 라고 하였다. 열부의 나이가 겨우 30세였으니, 원근에서 이 소식을 들은 자가 눈물을 흘리고 감탄하며 칭찬하지 않음이 없었다.

절부(節婦)는 평소 성품이 고결하고 곧아 마음을 잡아 지키는 것이 정고(貞固)하여 흔들리지 않았다. 남편이 돌아가신[111] 뒤로부터 쑥대머리와 씻지 않은 더러운 얼굴로 지냈으며, 초종(初終) 때 입은 옷을 죽을 때까지 바꾸어 입지 않았다. 남편을 장례 치를 때 신주를 만들 여가가 없었기에 간절하게 그것을 만들려고 하는데 마음이 매우 절실하였는데, 죽은 뒤에 열부의 소장품을 조사해 보니, 신주를 만들 때 부탁할 여러 도구가 모두 완비되어 있지 않

**111** 남편이 돌아가신 : 원문 '주곡(晝哭)'은 낮에 곡하는 것으로 남편의 죽음을 슬퍼한다는 의미이다. 춘추 시대에 경강(敬姜)이 남편 목백(穆伯)의 상을 당해서는 낮에만 곡을 하고, 아들 문백(文伯)의 상을 당해서는 주야로 곡을 하였는데, 공자(孔子)가 이를 두고 예(禮)를 안다고 평했던 고사가 있다. 《禮記 檀弓下》

음이 없었다. 옷 상자 안에는 이불과 요 한 벌, 윗옷과 아래옷 한 벌이 있었는데, 모두 손수 만든 것으로 자신의 염습(斂襲)에 사용할 것이었다.

일찍이 친정 부모님의 기일에는 반드시 제수를 갖추어 도왔으며 계절마다 어린 동생에게 옷을 보내는 일을 해마다 평상의 일로 하였다. 남편이 죽은 뒤에는 그것을 끊고 하지 않았는데, 시부모가 "너는 어찌하여 갑자기 친정을 잊어버림이 이와 같은가."라고 물었다. 열부가 대답하기를 "평소에 친정에 물품을 보낸 것은 모두 남편의 명령을 기다려 실행하였는데, 지금 비록 친정을 잊을 수는 없지만, 시부모께서 살아 계시니, 한 자의 베와 한 톨의 쌀이라도 어찌 감히 사사로이 하겠습니까."라고 하였다. 이것은 열부에 있어서 진실로 조그만 행실이나 또한 웅어(熊魚)의 분변[112]이 본래부터 마음에 정해져 있어 그 도를 곡진히 하지 않은 것을 없음을 알 수 있으니, 일시에 갑자기 감개(感慨)하여 자살한 자와 비교할 것이 아니다. 아! 훌륭하구나.

바야흐로 열부를 남편의 묘소에 부장할 때 남편의 동생 모 씨가 열부의 행실을 기록하여 나에게 묘지명을 지어 주기를 청하였다. 내가 드디어 서술하기를 위와 같이 하고 다음과 같이 명으로 잇는다.

**112** 웅어(熊魚)의 분변 : 삶을 버리고 의리를 취하는〔捨生取義〕 분별력을 가진 훌륭한 사람을 말한다. 《맹자》 〈고자(告子) 상〉에, "생선도 내가 먹고 싶어 하는 바이며, 곰발바닥도 내가 먹고 싶어 하는 것이지만 이 두 가지를 겸하여 얻을 수 없다면 곰발바닥을 취하겠다. 삶도 내가 원하는 바이며 의리도 내가 원하는 것이지만, 이 두 가지를 겸하여 얻을 수 없다면 삶을 버리고 의리를 취하겠다."라고 하였다.

대저 남편이 죽음에 아내가 따라 죽는 것은 정조를 지키는 것이지만

夫夫死死烈也

그 마음이 어찌 정조를 지키는 것으로 아름답게 여겨 자결할 수 있으리요 然其心豈以烈爲美而能自決哉

애통함이 지극함에 구차히 살아갈 뜻 없었으니 哀痛之極無意苟活

오직 빨리 남편의 무덤으로 함께 돌아가는 것을 원했기 때문이네

惟願速與之同穴故耳

박씨가 남편에게 고한 것과 시부모에게 영결한 것을 보면

若朴氏者觀其告君子及舅姑訣

종용(從容)하게 의리를 취한 것이 其從容取義

비록 법도를 헤아리고 규범을 따르는 선비라 할지라도

雖士之絜衡蹈墨者

또한 갖추기 어려운 절조이니 亦難辦得之節也

누가 그 정조와 같으랴 누가 그 정조와 같으랴 如其烈如其烈

# 숙인 의성 김씨 묘지명 병서

淑人義城金氏墓誌銘 並序

숙인(淑人)은 성이 김씨(金氏)이다. 김씨는 의성군(義城君)에 봉해진 석(錫)이 시조이다. 그로부터 17대 뒤에 집의(執義)에 증직된 숭정처사(崇禎處士)로 호가 표은(瓢隱)이며 휘가 시온(是榲)인 분에 이른다. 이분이 휘 방걸(邦杰)을 낳으니 대사성(大司成)을 지냈다. 또 3대 뒤에 휘가 강한(江漢)이며 호가 난곡(蘭谷)[113]인 분은 청수(淸修)하고 독학(篤學)한 것으로 이름이 났으니, 곧 숙인의 아버지이다. 어머니는 영천 이씨(永川李氏)로 자암(紫巖) 이민환(李民寏)의 후손인 생원 이수시(李秀時)의 따님이다. 원릉(元陵 영조의 능호) 경신년(1740, 영조16) 8월 8일에 숙인이 태어났다. 경진년(1760, 영조36)에 전주 유씨(全州柳氏)에게 시집가서 전 부사(府使) 범휴(範休)의 아내가 되었다. 부사군(府使君)은 곧 공조 참의(工曹參議)를 지낸 휘 승현(升鉉)의 손자이며 참봉을 지낸 휘 도원(道源)의 아들이다. 부사군은 학행(學行)으로 당시에 천거를 받아 등용되어 세 고을의 군수를 역임하였다. 세 고을 중 고성(高城)과 안변(安邊)은 숙인이 같이 따라가 정치를 도왔다. 숙인이 금상(今上) 임술년(1802, 순조2) 6월 모일에 죽으

113 난곡(蘭谷) : 저본에는 '곡란(谷蘭)'으로 되어 있으나 오류이기에 고쳤다. 김강한(金江漢, 1719~1779)의 호이다. 본관은 의성, 자는 탁이(濯以)로 김성탁(金聖鐸)의 문인이다. 경학과 성리학에 조예가 깊었으며 저서로 《난곡집》이 있다.

니 향년 63세이다. 안동부(安東府) 나곡(羅谷) 선영 아래 손향(巽向) 언덕에 장례를 지냈다.

숙인은 어려서부터 유순(柔順)하고 정숙(靜淑)하였으며 아버지 난곡공도 매우 엄중하게 가르쳤다. 시집가서 시부모를 섬김에 효도와 공경이 지극하여 살림이 궁핍하다는 이유로 맛있는 음식을 공급하는 것을 빠뜨림이 없었다. 시아버지 노애공(蘆厓公)[114]이 오랫동안 병석에 있자 옷을 벗고 잔 적이 없었다. 비록 한밤중이라도 한 번 부르면 즉시 응답하고 일어났으며 미음을 올림에 때를 어기지 않았다. 매양 제사 때에는 정성과 청결을 극진히 하여 제수를 이미 다 갖추고는 앉아서 닭이 울기를 기다렸다. 평생토록 일을 처리함에 마음대로 재단함이 없었고 시부모의 명령이 아니면 한 톨의 쌀도 감히 사사로이 하지 않았다. 일념으로 공경하고 삼가기를 대개 삼십 년을 하루 같이 동일하였다. 난곡공이 죽은 뒤에 계속하여 도연(陶淵)의 변고[115]가 있었는데, 말이 변고에 미치

**114** 노애공(蘆厓公) : 유도원(柳道源, 1721~1791)을 말한다. 본관은 전주(全州), 자는 숙문(叔文), 호는 노애(蘆厓)이다. 유관현(柳觀鉉)의 아들이나, 유승현(柳升鉉)에게 입양되었다. 동생인 유장원(柳長源)과 함께 이상정(李象靖)의 문인이다. 저서로 《노애집》, 《퇴계선생문집고증(退溪先生文集攷證)》, 《일경록(日警錄)》 등이 있다.

**115** 도연(陶淵)의 변고 : 도연은 낙연(落淵)으로 안동의 임하(臨河)에서 남쪽으로 15리 되는 곳에 있는 용혈연(龍穴淵)을 말하는데, 지촌천(枝村川)과 신한천(神漢川)이 합류하는 하류에 있다. 양협이 서로 맞닿아 중간에 뾰족한 봉이 있으며, 석벽이 중단되어 폭포가 그사이에 걸려 있으니 도연폭포(陶淵瀑布)라 한다. 숙인의 아버지 김강한이 죽어 장례를 지낼 때 그 아들 낙유재(樂有齋) 김시기(金始器, 1747~1779)가 상여를 모시고 도연을 건너는데, 급류를 만나 상여가 휩쓸리게 되자 상여꾼들과

면 반드시 오열하며 울었고 종신토록 도연에서 나는 물고기를 먹지 않았다. 친정 부모의 기일에 해마다 닭과 쌀을 보내어 도왔다.

남편을 공경하기를 손님을 대하는 것과 같이 하여 남편이 출입할 때 반드시 일어났는데, 말년에 이르러서도 여전히 그렇게 하였다. 이르는 손님이 날로 가득 찼는데 비록 조금의 양식이라도 빌려서 음식을 마련하였으나 전혀 싫어하며 고달파하는 기색이 없었다. 항상 "사람의 집에 손님이 오지 않는다면 또한 끝이다."라고 말하였다. 동서들과 함께 한 방에 거처하며 화락함을 위주로 삼아 정애(情愛)함을 골육지친과 같이 대하였다. 분가하게 되자 귀한 물건으로 유기(鍮器) 접시 2개가 있었는데 그들에게 모두 주었다. 조카들을 어루만지기를 자기 자식처럼 하였다. 자식이 혹 죄를 지어 아버지에게 꾸지람을 받아 문밖으로 쫓겨나면 깊이 징계시키고자 하여 구제해 주거나 해결해 주지 않았으며, 심지어는 밥상을 대하여 밥을 먹지 않음으로써 자식을 경계시켰다. 항상 스스로 자랑하는 것을 악덕으로 생각하여 자식들에게 정성으로 자상하게 경계시켰다. 노복을 너그러움으로 대하고 악언을 한 적이 없었다. 혹시 노복들이 물건을 훔치는 것을 보면 일부러 다른 곳에 시선을 두어 보지 못한 것처럼 처신하여 집안 사람들에게 도둑으로 적발되지 않도록 하였다.[116] 이웃과 고을 사람들을 대함에 은혜로

모든 사람이 허겁지겁 벗어났지만 김시기는 상여를 안고 물에 떨어져 죽었다. 뒤에 관을 찾았는데 상주가 관을 안고 잠겨 있었다고 하니, 이것을 도연의 변고라 한다.

**116** 노복들이……하였다 : 유정문(柳鼎文)의 《수정재집(壽靜齋集)》 권11 〈선비유사(先妣遺事)〉에 "노복을 부림에 은애를 베풀기를 힘써서 우로의 은혜가 항상 많았다. 비록 과실이 있더라도 악언으로 나무라지 않았으며 대체로 너그럽게 용서하였

운 뜻을 두었다.

전후로 남편을 따라 관아에 갈 때 모두 쌍교(雙轎)[117]를 물리치고 타지 않으며 말하기를 "독교(獨轎)[118]도 매우 사치스러운데 어찌 이것을 사용하겠는가."라고 하였다. 부임지에 이르러서는 매양 이미 부들 채찍[119]의 뜻으로 정치하기를 남편에게 권하였다. 지방 수령의 부인이 되어 녹봉을 받은 것이 여러 해가 되었지만, 한결같이 궁검(窮儉)하고 간약(簡約)함으로 마음을 삼아 전일에 세웠던 규범을 조금도 변화시키지 않았다. 남편이 고성(高城)의 고을 원으로 있을 때 바닷가 백성들이 바치는 해산물을 관아의 종들에게 즉시 받아들이고 소란을 피우지 말 것을 경계하였으며 혹 며칠 동안 공급하지 않더라도 또한 불문에 부쳤다.[120] 관청의 여종

다. 혹 노복들의 절도 행각이 드러남을 보면 일부러 다른 곳으로 눈길을 두어서 보지 못한 것 같이 하였다. 자녀들이 절도죄를 적발하고자 하면 문득 그만두게 하고 말하기를 '그도 사람의 자식인데 부끄럽지 않겠는가.'라고 하였다.〔御婢使務施恩愛, 雨露常勝, 雖有罪過, 未嘗以惡言加之, 率皆寬恕, 或值其偸竊現露, 則故遊目他處, 若不見也, 子女欲摘之則輒止之曰 彼亦人子, 得不愧乎?〕"라 하였다.

**117** 쌍교(雙轎) : 말 두 마리가 앞뒤에서 끄는 가마이다.

**118** 독교(獨轎) : 말의 등에 가마를 얹어 놓은 가마이다.

**119** 부들 채찍 : 원문 '포편(蒲鞭)'은 때려도 아프지 않도록 부들 가지로 만든 회초리를 말한다. 후한(後漢) 때 유관(劉寬)이 남양 태수(南陽太守)로 있을 적에 인후(仁厚)한 성품으로 사람들의 과실을 많이 용서하였던바, 아전이나 백성들이 혹 과실을 지었을 경우에는 그를 포편으로 다스려서, 모욕적인 것만 느끼게 하고 끝내 고통을 주지 않았던 데서 온 말로, 전하여 관후(寬厚)한 형벌을 의미한다.

**120** 남편이……부쳤다 : 유정문(柳鼎文)의 《수정재집(壽靜齋集)》 권11 〈선비유사(先妣遺事)〉에 "고성 관아에 있을 때 바닷가 사람들이 날마다 해산물을 바쳤는데, 관아의 종들이 관례적으로 물리치는 것을 일삼았다. 이에 숙인이 말하기를 '그렇게

에게 바느질과 빨래를 시키는 일이 있으면 반드시 넉넉하게 시간을 주고 가혹하게 독촉하지 않았다.

남편이 안변(安邊)의 고을 원으로 있을 때 외아(外衙)[121]에서 물리친 세찬(歲饌 새해에 올리는 음식)을 아전들이 그 아내들로 하여금 내아(內衙)에 가져가게 하였으나, 내아의 숙인도 역시 물리쳤다. 다만 떡 한 그릇만 받고는 즉시 쌀을 채워서 돌려주었다. 매양 진수성찬이 밥상에 가득한 것을 보면 문득 젓가락을 멈추고 고향을 생각하였고, 그중에 멀리 고향에 보낼 수 있는 음식은 모두 손수 스스로 싸서 봉하여 부쳤다. 남편에게 말하기를 "지친(至親)이 바야흐로 굶고 있는데, 여기에 있으면서 우리만 포식하니, 음식이 목구멍에서 내려가지 않습니다. 어찌 그들과 함께 배부르게 먹을 것을 생각하지 않겠습니까. 뒷날 집에 돌아가면 또한 그들과 함께 굶주리는 것이 또한 옳지 않겠습니까."라고 하였다. 북쪽 변방 지역은 매우 추웠는데, 자제들이 털옷을 지어서 올리려고 하면 굳이 사양하며 그만두게 하였다. 집에 돌아옴에 남은 얼마간의 옷을 모두 가난한 일족들에게 나누어 주어 옷상자에는 남아

하지 마라. 관아의 부엌에서 부패되어 폐기될지언정 바닷가 백성들에게 살갗에 닿는 고통을 주는 것이 옳겠는가.'라고 하였다. 이로부터 혹 며칠간 공급하지 않더라도 또한 불문에 부치니 바닷가 백성들이 감화되어 공급하는 것을 더욱 부지런히 하였다. 〔高衙時, 海津日供饌物, 衙奴例以退卻爲事. 淑人曰勿爾也, 腐棄於官廚, 而剝膚於海氓可乎? 自是或數日闕供, 亦不問也. 浦氓感化, 所供益勤.〕"라고 하였다. 지방 관아의 관노들이 백성들이 바치는 물품에 공연한 트집을 잡아 더 나은 것을 가져오게 하던 폐단을 부인이 바로잡은 것이다.

**121** 외아(外衙) : 밖의 관아라는 말로 수령이 있는 집무실이다. 내아(內衙)는 부인이 있는 살림집이다.

있는 것이 없었다. 숙인을 염하던 날에 이것을 본 내외의 사람들이 모두 탄식하며 현명하게 여겼다.

숙인은 거처함에 고정된 장소가 있었고 베 짜는 일을 종일 하면서 베틀에서 떠나지 않았다. 목소리가 문밖으로 나가지 않았으며 성냄이 마음에서 싹트지 않았다. 말을 함에 진실함이 있어 한결같이 모두 성실하게 하여 털끝만큼도 없는 말을 더 보탬이 없었다. 젊어서 낳은 자식이 많이 죽어 자식의 병을 걱정하였으나 요괴한 무당을 불러 치유하는 것을 물리쳐 끊었다. 남편이 일찍이 자식이 요절함을 매우 애통이 여기자 숙인이 정색하며, "조균(朝菌)[122]의 조화이니 어찌 장부의 가슴에 오래 머물러 둡니까."라고 말하였다. 남편이 관직이 더욱 진급하자 항상 승진하는 것을 원하지 않았다. 하나의 옷을 입고 한 끼의 밥을 먹을 때 문득 임금의 은혜가 두터워 분수에 지나치다고 말하였다.

숙인의 성품과 도량, 식견과 아취가 인후(仁厚)하고 고원(高遠)함이 이미 이와 같았다. 총명함이 또한 남달라 자기에게 관련되는 일로 귀에 들은 모든 것은 역력하게 기억하지 않음이 없었다. 또한 오직 고요하고 묵묵하게 스스로 견지할 뿐 겸손하면서 아는 것이 없는 것 같이 하였다. 부사군(府使君)이 일찍 말하기를 "백발이 되도록 적자(赤子)의 마음을 잃지 않은 이는 오직 부인뿐이다."라고 하였다. 부사군의 숙부 동암공(東巖公)[123]이 또한 말

**122** 조균(朝菌) : 아침에 피어 저녁에 진다는 버섯으로 생명이 매우 짧음을 말한다. 《장자》 〈소요유(逍遙遊)〉에 "조균은 그믐과 초하루를 알지 못하고, 씽씽매미는 봄과 가을을 알지 못한다.〔朝菌不知晦朔, 蟪蛄不知春秋.〕"라고 하였다.

하기를 "우리 집안의 선대의 규범(閨範)이 매우 아름다운데, 만약 한 편의 글을 찬술한다면 이 질부(姪婦)도 마땅히 여기에 들어가야겠다."라고 하였다.

숙인은 2남 3녀를 두었으니, 아들은 노문(魯文)과 정문(鼎文)이고 딸은 생원 김현규(金顯奎), 장석경(張錫慶), 김양관(金養觀)에게 각각 시집갔다. 노문은 3남 1녀를 두었고 정문은 5남 1녀를 두었는데, 아들은 치경(致絅)이다. 김현규는 3남 4녀를 두었으니 아들은 용건(龍鍵)이고 딸은 김진락(金鎭洛)과 홍원표(洪元標)에게 각각 시집갔다. 장석경은 1남 2녀를 두었고 김양관은 2녀를 두었는데, 모두 어리다. 하루는 노문이 유사(遺事)를 가지고 묘지명을 지어 주기를 부탁하였고 부사군도 편지로 부탁하여 말하기를 "이런 아름다운 행실은 민멸시킬 수가 없는 것이다."라고 하였다. 내가 사양하였으나, 되지 않아 드디어 위와 같이 서술하고 다음과 같이 명으로 잇는다.

아! 아름다운 숙인이여 於休淑人
저 이름난 가문에서 빼어났네 秀彼名門
규방의 법도를 잘 따르고 壼範克順
부인의 덕이 매우 순수하였네 婦德孔純

**123** 동암공(東巖公) : 유장원(柳長源, 1724~1796)을 말한다. 본관은 전주(全州), 자는 숙원(叔遠), 호는 동암이다. 이상정(李象靖)의 제자로 이종수(李宗洙), 김종덕(金宗德)과 함께 '호문삼로(湖門三老)'라 불렸다. 저서로는 문집인 《동암집(東巖集)》 14권 7책과 예학 관련 저술인 《상변통고(常變通攷)》 30권 16책이 있다.

| | |
|---|---|
| 맑은 마음은 옥처럼 빛나고 | 淸心玉暎 |
| 화한 기운은 봄처럼 온화하였네 | 和氣春溫 |
| 안으로 시부모를 잘 받들고 | 內媚尊章 |
| 밖으로 친척과 화목하였네 | 外睦姻親 |
| 남편을 보필하고 도와 | 輔佐君子 |
| 정치의 행적이 순미하게 되었네 | 治行以醇 |
| 조그만 하자도 없어서 | 纖瑕不存 |
| 만년의 복이 모였네 | 晩福方臻 |
| 몰세토록 칭찬을 받음은 | 沒世見稱 |
| 모든 뇌문에서 동일하게 말했네 | 衆誄同云 |
| 아! 《고열녀전》[124]에 | 嗟哉古列 |
| 누가 숙인과 무리가 될까 | 其孰與倫 |
| 내가 이 때문에 묘지명을 지어 | 我故作誌 |
| 길이 알려지기를 기약하네 | 期永厥聞 |

**124** 고열녀전(古列女傳) : 서한(西漢)의 유향(劉向)이 지은 책으로, 일명 《열녀전(列女傳)》이라고도 한다. 고대의 모범적인 여인의 언행을 보인 100여 명의 행적을 기록하여 여자로서 지녀야 할 품덕(品德)을 제시한 책으로, 맹모삼천지교(孟母三遷之敎) 등이 실려 있다.

# 사촌 동생 철경에 대한 광지

從君哲卿壙誌

군의 이름은 명로(明魯)이고 자는 철경(哲卿)으로 나의 중부 창주(滄洲 정의모(鄭義模)) 선생의 셋째 아들이다. 어머니는 함양 박씨(咸陽朴氏)이다. 원릉(元陵 영조의 능호) 계해년(1743, 영조19) 6월 모일에 태어나 건릉(健陵 정조의 능호) 을사년(1785, 정조9) 정월 모일에 나이 겨우 43세로 죽었는데, 우산(愚山)의 하류(下流) 병향(丙向) 언덕에 장례를 지냈다. 그로부터 20년 뒤 갑자년(1804, 순조4)에 군의 종형 사앙(士仰 정종로의 자)이 군의 묘지석(墓誌石)에 다음과 같이 쓴다.

군은 살결이 희고 몸이 풍성하였으며 미목(眉目)이 그림과 같이 아름다웠다. 겨우 4세에 이미 천여 글자를 배웠으니 창주 선생이 매우 애지중지하였다. 그러나 병이 많아 독실하게 공부를 할 수 없었다. 14세에 창주 선생이 돌아가시자 가르치고 인도함이 더욱 엉성하게 되었다. 군은 아버지의 유명(遺命)을 따라 책상자를 지고 외삼촌 남야(南野)[125] 어른에게 가서 배웠는데, 거기서 몇 년을 공부하고 돌아왔다. 이로부터 더욱 분발하고 힘써서 학문

**125** 남야(南野) : 박손경(朴孫慶, 1713~1782)의 호이다. 본관은 함양(咸陽), 자는 효유(孝有)로 예천 용문면(龍門面) 상금곡리(上金谷里)에 거주하였다. 1753년(영조29) 참봉에 제수되었으나 부임하지 않았다. 박손경의 여동생이 정명로의 어머니이다. 저서에 《남야집》이 있다.

을 닦고 공부를 쌓아 조금도 게을리하지 않았다. 과거 시험 공부를 거의 수십 년 동안 하였으니, 사람들이 그의 문사(文詞)는 연꽃과 계수나무를 꺾음[126]에 넉넉함이 있을 것이라 생각하였지만, 운수가 사나워 끝내 한 번도 급제하지 못하였다. 그러나 군의 타고난 자질은 본래 도(道)에 가까웠고 평소의 뜻도 향상(向上)[127]에 있었기에 과거 시험에 낙방한 채 만년에 이르렀으니, 그윽이 그 뜻을 살펴보면 낙방한 것으로 인하여 과거 시험을 사절하고 실제의 터전에 공부를 전력하고자 한 것은 대개 마음에 품고서 잊지 않은 향상 공부의 뜻이 있었기 때문이다. 가령 하늘이 수명을 연장시켜 주어 넉넉하게 학문의 진리에 푹 잠겨 도리에 나아가는 공부를 지극하게 할 수 있게 하였다면 그 성취를 어찌 헤아릴 수 있었겠는가. 그러나 애석하게도 중도에 갑자기 꺾여서 뜻을 품은 채 세상을 떠났으니, 이것은 무슨 이치인가.

군이 비록 학문하는 것으로 자처하지는 않았지만, 마음을 다잡음이 높고 청결하였으며 자기 몸을 행함이 바르고 방정하였다. 집에 있을 때는 효제(孝悌)의 도를 극진히 하고 사람을 대함에는 겸손의 풍도가 있었다. 식견은 주밀하고 상세하였으며 언론은 간절하고도 주도면밀하였다. 일상생활에 나타나는 것은 모두가 옛 군자의 규범이 있었으니 대개 이미 6, 7분(分) 이상의 사람[128]이

**126** 연꽃과 계수나무를 꺾음 : 과거 시험의 소과와 대과에 합격함을 말한다. 소과인 생원과 진사에 급제하면 연꽃을 머리에 꽂기 때문에 연방(蓮榜)이라 하고 대과에 급제하면 계수나무를 꽂기 때문에 계방(桂榜)이라고 한다.

**127** 향상(向上) : 형이상학적인 도리(道理) 공부, 즉 성리학을 말한다.

었다. 군은 어려서 집이 무너질 때 다쳐서 왼쪽 뺨에 매우 큰 상처가 남아 있었다. 그러나 옥 같은 모습이 맑고 빛났으며 풍채가 빛남을 발하여 사람들이 그에게 상처가 있는 줄을 알지 못했다.

매양 맑은 새벽과 달 밝은 밤에 단정히 앉아 고인(古人)의 책을 읽으면 그 소리가 맑고 높아 마치 경쇠를 치며 옥을 깨뜨리는 것 같았다. 과거 시험 문장을 공부하는 것 외에 뜻에 따라 간간이 저술하였으니 그 저술은 빛나는 윤기가 참신하고 아름다워 비단을 오려 붙이고 비취 옷감을 잘라 모은 것 같았다. 함께 경전의 심오한 뜻을 토론하면 또한 정밀한 것을 꿰뚫고 오묘한 이치를 이해함이 많아 칼날을 맞이하듯 숙련되고[129] 털끝 같은 작은 것도 세밀히 분석하였다. 또 그의 따뜻한 화기(和氣)가 언어와 용모에 넘쳐나 곧바로 사람에게 순주(醇酒)를 마시게 하는 것 같았다. 오호라! 끝이로다. 지금 다시 어디에서 군을 볼 수 있을까.

군은 장수 황씨(長水黃氏)의 집안에 장가들어 두 아들을 두었는데, 한 명은 재주가 있었으나 20세 이전에 죽었고, 한 명은 질병이 있었으나 장가를 들 수 있어서 또한 이미 세 명의 아들을

**128** 6, 7분(分) 이상의 사람 : 《논어혹문(論語或問)》에 공자가 "내가 인(仁)을 좋아하는 사람과 불인(不仁)을 미워하는 사람을 보지 못했다."라고 한 것에 대하여 주자가 "이런 사람은 10분(分) 성덕(成德)한 사람은 아니나 이미 6, 7분(分)에 도달한 사람이다."라고 하였다. 그렇다면 6, 7분(分) 이상의 사람은 매우 뛰어난 사람임을 알 수 있다.

**129** 칼날을 맞이하듯 숙련되고 : 《장자》 〈양생주(養生主)〉에 나오는 포정(庖丁)이 소를 잡는 기술이 숙련되어 칼날을 뼈와 살 사이에 놀려도 빈 공간을 지나듯이 여유가 있었다고 하니, 일반적으로 기술이 숙련되고 능력이 많은 경우에 비유된다.

두었다. 그러므로 군은 마땅히 세 명의 손자들에게 보답을 받을 것이라고 생각하였는데, 불행하게도 모두 홍진에 걸려 죽고 말아서 군에게는 드디어 혈손이 없게 되었다. 유독 딸 한 명이 있어 송씨(宋氏)의 부인이 되어 생존하고 있다. 뒷날 혹 군의 후사가 되는 사람이 있더라도 군의 행실을 누가 알겠는가. 이에 눈물을 닦으며 군의 행적 한두 가지를 기록하여 상고할 수 있게 한다.

지은이 정종로(鄭宗魯)

1738년(영조14)~1816년(순조16). 본관은 진주(晉州), 자는 사앙(士仰), 호는 입재(立齋)이다. 우복(愚伏) 정경세(鄭經世)의 6대손으로, 외가인 함창(咸昌 : 지금의 문경군 영순면)에서 태어나 상주 우산(愚山)에서 살았다. 그는 가학을 전수받는 한편 당시 영중삼로(嶺中三老)로 불리던 대산(大山) 이상정(李象靖), 남야(南野) 박손경(朴遜慶), 백불암(百弗菴) 최흥원(崔興遠)의 문하에 나아가 영남학파의 학통을 계승하였다. 그중에 특히 이상정에게 배운 호문삼종(湖門三宗 : 鄭宗魯, 李宗洙, 金宗德)에 속하는 사람으로, 영남학파의 퇴계학통을 잇는 데 중추적인 역할을 하였다. 관직에 뜻이 없어 학문에만 매진하다가 만년에 천거로 광릉참봉(光陵參奉)과 함창 현감 등을 역임하였다. 이후 벼슬에서 물러나 향리에서 성리학 연구와 후학 양성 및 저술에 힘썼다. 그는 또 상주(尙州) 지역에서 일정한 학맥을 세웠는데, 서애와 우복에서 내려오는 학맥을 서애의 후손인 강고(江皐) 유심춘(柳尋春) → 낙파(洛坡) 유후조(柳厚祚) → 계당(溪堂) 유주목(柳疇睦)으로 잇게 하는 중추적인 역할을 하였다. 사후에 우산서원(愚山書院)에 배향되었으며, 저서로는 《입재집》이 있다.

옮긴이 김영옥(金英玉): 권38

경북대학교 한문학과 박사과정을 수료하였다. 영남문화연구원 국역연수실에서 강의하고 있다. 현재 한국고전번역원 권역별거점연구소 경북대학교 영남문화연구원 선임연구원으로 재직 중이다. 번역서로 《목재집(木齋集)1》, 《구사당집(九思堂集)2》, 《입재집(立齋集)1》, 《입재집(立齋集)6》 등이 있다.

옮긴이 송희준(宋熹準): 권39~권42

1958년 대구시 달성에서 태어났다. 경북대학교 사학과를 졸업하고 고려대학교 국어국문학과에서 한문학 전공으로 박사학위를 받았다. 계명대학교 한학촌 교수를 역임하였고 현재 한국고전번역원 권역별거점연구소 경북대학교 영남문화연구원 책임연구원으로 재직하고 있다. 역서로는 《사미헌집(四未軒集)》 권1~권3과 《대동운부군옥(大東韻府群玉)》 권11~권20(공역)이 있고, 편저서로는 《심경주해총편(心經註解叢編)》 10권과 《근사록주해총편(近思錄註解叢編)》 10권 등이 있으며, 저서로는 《조선의 마지막 문장》이 있다.

**한국고전번역원 권역별거점연구소협동번역사업**
**경북대학교 영남문화연구원 연구진**

연구책임자 정병호(경북대학교 한문학과 교수)
공동연구원 황위주(경북대학교 한문학과 교수)
책임연구원 송희준
선임연구원 김영옥
김승호
보조연구원 이미진
자문 이세동(경북대학교 중어중문학과 교수)

입재집 10

정종로 지음 | 김영옥 · 송희준 옮김

2020년 12월 31일 초판 1쇄 발행

편집 · 발행 경북대학교출판부 | 등록 1973년 10월 10일 ㉣97호

주소 대구시 북구 대학로 80

전화 053-950-3830 | 팩스 053-953-4692 | 이메일 press@knu.ac.kr



값 30,000원

ISBN 978-89-7180-547-3 94810
978-89-7180-469-8 (세트)